语法化与语法研究

（十）

吴福祥　杨永龙　龙海平　主编

商务印书馆
The Commercial Press
创于1897

图书在版编目(CIP)数据

语法化与语法研究.十/吴福祥,杨永龙,龙海平主编. —
北京:商务印书馆,2021
ISBN 978-7-100-19851-6

Ⅰ.①语… Ⅱ.①吴… ②杨… ③龙… Ⅲ.①汉语—
语法—文集 Ⅳ.①H14-53

中国版本图书馆 CIP 数据核字（2021）第 069535 号

YǓFǍHUÀ YǓ YǓFǍ YÁNJIŪ
语 法 化 与 语 法 研 究

（十）

吴福祥　杨永龙　龙海平　主编

商 务 印 书 馆 出 版
（北京王府井大街36号　邮政编码100710）
商 务 印 书 馆 发 行
北京艺辉伊航图文有限公司印刷
ISBN 978-7-100-19851-6

2021 年 8 月第 1 版　　　开本 850×1168 1/32
2021 年 8 月北京第 1 次印刷　印张 15⅜
定价:78.00 元

主编与编委

主编：吴福祥　　杨永龙　　龙海平

编委：何宛屏　　洪　波　　李宗江　　刘丹青

　　　龙海平　　吴　芳　　吴福祥　　杨永龙

　　　张谊生　　周卫华

目 录

1

"V 来 V 去"的构式搭配分析及其主观化理据

陈淑君　　魏在江

（广东外语外贸大学英语语言文化学院）

1　引言

"V 来 V 去"是汉语中特有的能产性很强的框架构式,如"跑来跑去""想来想去""说来说去"等。"来"和"去"本为表达趋向的动词,进入该构式后,"V 来 V 去"除了表达空间的往返运动,还可表达动作方式的反复和更为抽象的总结归纳义,凸显了人们将空间域投射到认知域的隐喻性思维,反映了大脑通过身体的物理属性来认知世界的具身认知方式。现有研究主要集中在构式的意义、句法和篇章功能、语法化过程等。（吕叔湘,1984:309;陈前瑞,2002;李晋霞,2002;刘志生,2004;曾传禄,2008;杨德峰,2012;周红,2017）大部分研究基于内省,缺乏大规模语料统计的验证。动

---

* 本文系国家社科基金重点项目"基于认知的英汉语法转喻对比研究"（16AYY001）、广东省哲学社科"十三五"规划项目"语言大数据驱动的跨语种构式智能检索"（GD18YWW02）,和广东省普通高校特色创新类项目"创新的扩散视角下中外合作办学项目的质量评估体系构建"（2017GXJK044）的阶段性成果。

1

词和构式之间存在怎样的语义关联和互动，从而反映出"V 来 V 去"构式的多义性及中心语义？如何从主观化这个认知视角来理解"V 来 V 去"的意义变化，即语法化过程？这些问题在以往的研究中或没有涉及，或较少涉及。

而在认知语言学领域，早期研究没有提供验证假设或对分析进行证伪的方法，近年来开始出现一种实证的转向。（王红卫，2020）鉴于此，本文基于北京语言大学汉语语料库（BCC），采用构式搭配分析法，对"V 来 V 去"中的"V"与构式之间的关联强度进行量化分析，再通过考察动词的语义类别来探讨"V 来 V 去"的构式多义性及核心义，并进一步从主观化的角度探讨该构式多义性的理据。

2 "V 来 V 去"的构式搭配强度计算

2.1 构式搭配分析法

构式搭配分析法（collostructional analysis）又称为共现词位分析法（collexeme analysis），由 Stefanowitsch & Gries（2003）提出，经不断发展（Gries & Stefanowitsch 2004；Gries 等 2005、2010），应用范围逐步拓宽。该方法以基于使用的构式语法为理论框架，采用量化方法聚焦构式与出现在这一构式的某个空位（slot）的词位（lexeme）之间的关联强度，即"构式搭配强度"（collostructional strength）。构式搭配分析将 1）词位 L 出现在构式 C 的频数 a、2）词位 L 出现在其他构式的频数 b、3）词位 L 之外的其他词位出现在构式 C 的频数 c、4）词位 L 之外的其他词位出现在其他构式的频数 d 列入二分表中(如表 1,其中斜体标粗表示该数据可以通过在语料库中查询获得),通过构式搭配分析软件 Coll. analysis 3.5a(Gries,2014)在 R 软件平台界面中用费歇尔精确检验(Fisher-Yates exact test)计算出构式搭配强度。其强度值与统计学上的 p 值对应关系为:coll. strength>3 则 p<0.001,coll. strength>2 则 p<0.01,coll. strength>1.30 则 p<0.05。构式搭配强度大于 1.30,即 p 值小于 0.05,则说明词位与构式为显著搭配。搭配强度值越大,则关联度越大。

表 1　构式搭配分析法

	动词 L	¬ 动词 L	总数
"V 来 V 去"	*a*	c	*a*+c
¬ "V 来 V 去"	b	d	b+d
总数	*a+b*	*c+d*	*N*

2.2　数据收集及计算结果

本文选择北京语言大学汉语语料库(BCC)为语料来源。我们以"V 来 V 去"为检索式进行在线检索得出初步结果,为确保检索结果的准确性,手工对初步结果中的每一项"V 来 V 去"(如"跑来跑去")进行频数复核,最终确定语料库中"V 来 V 去"构式 949 个。[①]

通过将"跑"在"V 来 V 去"的出现频数 1871,"跑"作为动词在 BCC 中的总频数 76,071,BCC 中所有动词的频数 236,580,775 和"V 来 V 去"构式在 BCC 中的总频数 29,515(表 2)这四个数据输入 R 平台的软件中,即可算出"跑"与"V 来 V 去"的构式搭配强度 16,243.34。强度值远远大于 3,说明"跑"与"V 来 V 去"构式的搭配强度较大,具有统计学意义上的显著相关性。

表 2　动词"跑"与"V 来 V 去"构式的交叉列表

	跑	¬ 跑	总数
"V 来 V 去"	1871	27,644	29,515
¬ "V 来 V 去"	74,200	236,477,060	236,551,260
总数	76,071	236,504,704	236,580,775

　　根据上述计算方法,我们分别对"V 来 V 去"949 个动词进行费歇尔精确检验,得出 131 个动词与"V 来 V 去"的搭配强度值大于 1.30,对应 $p < 0.05$,具有统计学意义上的显著相关性,即这131 个动词和该构式是相互吸引的。限于篇幅,表 3 仅呈现出与"V 来 V 去"构式搭配强度最大的 30 个动词。

表 3　与"V 来 V 去"构式搭配强度最大的 30 个动词列表

动词	频数	构式搭配强度	动词	频数	构式搭配强度	动词	频数	构式搭配强度
走	3498	28,879.72	绕	463	4,534.39	挤	258	2,040.59
跑	1871	16,243.34	扭	395	4,035.31	推	294	1,982.92
晃	1064	15,085.85	看	768	2,981.83	钻	229	1,812.09
踱	869	13,367.33	飘	309	2,646.26	窜	194	1,752.20
转	1695	13,274.00	爬	343	2,511.84	摸	227	1,693.64
飞	1285	10,194.99	游	313	2,470.39	动	293	1,689.28
滚	752	7,195.18	变	358	2,455.31	算	254	1,581.96
想	1788	6,802.94	翻	378	2,272.20	搬	190	1,274.24
说	1389	6,492.12	荡	209	2,053.12	传	208	1,254.13
跳	685	5,564.69	换	352	2,047.67	忙	199	1,232.61

　　从表 3 可以看出,动词的频数越高,并不意味着构式搭配强度越大。例如,动词"转"的频数 1695 大于"踱"的频数 869,但是前者与"V 来 V 去"的构式搭配强度却小于后者。这是因为构式搭配分析法考虑到了动词在语料库中的总频数。构式搭配分析法相对语料库语言学中传统的频数分析,采用了更为精确的统计方法,因此对于动词与构式之间的相互吸引程度具有更强的预测力。

3 "V来V去"构式的语义分析

3.1 动词语义类别

从语义类别来说,与"V来V去"构式关联强度较高的动词规约义呈现多样性。这131个动词都表示可以持续或者反复进行的动作。我们依据有无位移义对动词进行分类。

1)位移动词。位移动词可分为自移动词和他移动词。其中自移动词具有[+动向]特征,指的是人或物体自身引发物理位置的变化,如"走""跑""飞"。而他移动词不具有[+动向]特征,当其进入"V来V去"构式后,通过构式压制,构式语义表达为施动者使受动者的空间位置发生改变,如"推""搬""传"。

2)非位移动词。非位移动词根据抽象程度可分为非位移动作动词和心理动词。非位移动作动词指的是无位移义,进入构式也不发生位置变化的动作动词,如"看""算""忙"等。心理动词分为认知心理动词和情意心理动词。(张积家、陆爱桃,2007)能进入到"V来V去"构式的一般为表示人的情绪状态及变化的情意心理动词,如"想""纠结""琢磨"。而表示人的体验和感知的认知心理动词通常不能进入该构式,如"知道""感到""认为",原因在于该类动词表示的是人类对世界的终极认知结果,具有较强的稳定性,与构式中"来""去"表示的反复语义无法兼容。

3)虚化动词。"说""讲"本为非位移动作动词。考虑到"V来V去"的语用含义,当"说来说去""讲来讲去"在语境中丧失概念功能,不表示说话义,而是表达"总而言之""无论如何"之类的意义时,"说""讲"不再具有实在的行为义。因此,我们把这部分语义虚化的"说"和"讲"单独列出来,称之为虚化动词。

基于以上分类标准,我们把对不同类别的动词出现的类符(type frequency)和形符(token frequency)及构式搭配强度进行分析,得出表4。[②]

表4　不同语义类别动词的构式搭配分析

动词类型	类符	形符	构式搭配强度
位移动词	43(32.33%)	14,433(51.97%)	110,549.04
非位移动词[③]	88(66.17%)	12,230(44.04%)	47,061.18
虚化动词	2(1.5%)	1108(3.99%)	4,319.91

从表4可以看出,虽然位移动词的类符不及非位移动词的一半,但是因为使用频率高,所以其与"V来V去"构式的搭配强度值超过后者的两倍。相比而言,构式搭配强度值最小的为虚化动词,即丧失概念功能的"说来说去"和"讲来讲去"中的"说"和"讲"。

3.2 "V来V去"构式多义性

根据构式语法的语义一致性原则(Semantic Coherence)(Goldberg,1995:50),构式搭配分析法认为,因构式与其内部成员语义上兼容,所以两者在统计层面具有相互预测性。(房印杰,2018)因此,构式中不同类别的动词表征了构式不同的意义。基于表4,"V来V去"构式义主要分为三类,呈现出多义性。

一是当位移动词进入"V来V去"构式时,构式表达位移体在空间域的往返反复运动。记作A类"V来V去"。因为"来"和"去"已表征了位移的路径,"V"通常为方式动词。如图1所示:

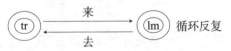

图1　空间域"V来V去"的意象图示[①]

---

① "tr"为 trajectur 的简缩,指射体;"lm"为 landmark 的简缩,指界标。

（1）他一会儿伏案执笔欲写又止，一会儿在屋内走来走去。

（2）文登粮食局反映说："有了定时运输，再不用把粮食搬来搬去了。"

二是当非位移动词进入构式时，"来"和"去"凸显虚拟反复位移，构式强调动作行为在时间域的反复，可以理解为"这样 V，那样 V"。记作 B 类"V 来 V 去"。如图 2：

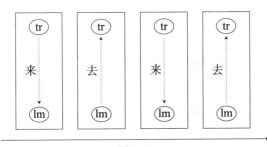

Time

图 2　时间域"V 来 V 去"的意象图示

（3）记得小时候看齐白石的画，看来看去也只是几只虾米，并且既不如池塘里的虾米那样好玩，也不如学校挂图上的那样仔细认真令我佩服。

（4）可是，他是一个生产工人，既不会画图，又不会制作，想来想去也想不出个好办法。

三是当虚化动词（部分"说""讲"）进入构式时，构式的实际行为义已经虚化，突出的是它的篇章功能。作为话语标记（discourse marker）可插入句首或句中，起到衔接的作用，相当于"总而言之""说到底"。此时构式不存在施动者，也无法补充，但存在一个更高层次的主语，即"言者主语"（speaker subject），也就是认知语法中所说的概念化者（conceptualizer）。此类记作 C 类"V 来 V 去"。如：

(5)达西先生,跳舞对于年轻人是多么可爱的一种娱乐!说来说去,什么都比不上跳舞,我认为这是上流社会里最出色的才艺。

(6)你看,感情不是性格,不是凭空虚拟之物,感情是一种知性的深度。讲来讲去还是这样:知识分子理应有独特的痛苦,这不是找来的,而是必须具备的。

3.3 "V来V去"构式的中心语义

Goldberg(1995:31—34)认为构式具有相对具体的中心语义,连同其他相互关联的语义形成构式网络,而并非只有一种固定的抽象语义。基于上文分析,"V来V去"构式的中心语义应为A类,即"位移体在空间域的往返反复运动"。原因如下:第一,相比B类和C类语义,A类构式义最具体,与人类运动经验性最相关。不管是从历时角度(Traugott,1988),还是从共时角度(Lakoff & Johnson,1980:109),具体的语义通常被认为最基础。情境编码假设(Scene Encoding Hypothesis)也指出"与基本句子类型相对应的构式把与人类经验有关的基本事件类型编码为这些构式的中心意义"(Goldberg,1995:39)。第二,从认知经济性的角度来看,第二和第三类语义可以看成是第一类语义的隐喻性或抽象延伸。第三,从量化的角度来看,Gries 等(2010:61)认为,与构式搭配强度最大的动词对构式整体意义最具表征性。从表4可以看出,与"V来V去"构式关联度最大的为位移动词,其搭配强度值远大于非位移动词和虚化动词之和。当位移动词进入构式后,构式主要表达的就是A类语义。

3.4 "V来V去"构式的反复义

无论动词为延续性动词或是瞬时性动词,当其进入"V来V

8

去"构式时,不管"来"和"去"是否表示具体的方向,它们对空间域或时间域进行分割,让动词标识的动作过程获得起点和终点,使"V"有界化(bounding),同时也对"V"进行了离散化(discretizing)操作。例如,"看"本来为同质(homogeneous)的延续性动词,而"看来看去"则变为异质(heterogeneous)的离散动词短语。朱德熙(1982:66—67)将动作反复的次数称之为"动量",把动作延续的时间称为"时量"。离散化操作后,"V来V去"中的动词重叠通过复元化(multiplexing)操作,实现了事件的多数化,同时导致时间的推移,从而增大了动量和时量。张旺熹(2006:69—73)认为,动词重叠把动作的动量和时量延伸到无界的范畴,形成无界小量。因此,"V来V去"具备了反复义和持续义。根据数量象似性原则,概念越复杂,表达的语义内容越多,人们所用的语言单位数量则越多。我们也可以得出,"V来V去"相比单独的"V"呈现了更丰富的语义。

4 "V来V去"构式多义性与主观化的关系

"V来V去"构式从A类到C类可以看成是"实词变虚"的语法化过程,此前部分研究已有涉猎。(李晋霞,2002;曾传禄,2008;周红,2017)。但大多数研究着重描述语言现象,对其语法化的机制讨论不够深入,更鲜有学者从主观化的认知视角来探寻"V来V去"构式多义性的理据。Traugott(1989)最早将主观化纳入语法化的研究框架,认为主观化是"意义趋向越来越根植于言者对命题内容的主观信念和态度"。Finegan(1995:4)认为,主观性的语言表达主要体现在三个方面:1)说话人的视角(perspective);2)说话

9

人的情感(affect);3)说话人的认知情态(epistemic modality)。我们主要从第一和第二方面来解释"V来V去"构式语法化中的主观化问题,也就是语言中非语法成分到表达主观性的语法成分经历了怎样的演变过程。

4.1 说话人的视角

Langacker(1985)认为语言的主观性与说话人/观察者的视角(perspective)有关。具体包含两点:第一,视角是引入"认知场景"(ground,简称 G),即言语事件(speech event)、其参与者(participants)和包括言语时间地点在内的即时的物理环境。(Langacker,1990)第二,视角是否将观察者或概念者编码为语言表达式的一部分。基于 Langacker(1991:216)的研究,"V来V去"构式所在的小句涉及两个关系,分别对应图 3 的 X 和 Y,以句(7)至(9)为例:

(7)他在房间里跑来跑去。④

(8)他在房间里看来看去,不知所措。

(9)说来说去,他还是选择了这个房间。

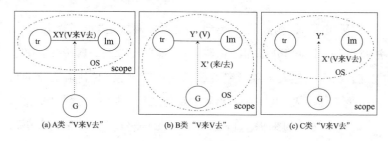

(a)A类 "V来V去"   (b)B类 "V来V去"   (c)C类 "V来V去"

图3 "V来V去"构式的主观化过程

Y 在客观轴上,表达的是句子主语控制的物理运动,即射体(trajector)"他"和界标(landmark)"房间"之间被客观识解的关

10

系;X 可以在客观轴上也可以在主观轴上,表示观察者/概念化者对客观情景进行的心理扫描(mental scanning)活动。前者是有具体概念内涵的,而后者更为抽象。

句(7)凸显的是主语/射体"他"在界标"房间"内的真实物理运动("跑来跑去"),X 在客观轴上与 Y 重叠,主语/射体为参照点。射体与界标之间的关系未引发"认知场景"(G),因此"认知场景"在述义范围(scope of predication,简称 scope)以外。虚线椭圆表示直接述义范围(immediate scope of predication,简称 IS),即在述义范围内得到最大凸显的内在区域,也就是台上区域(onstage region,简称 OS),如图 3 中的(a)。句(8)除了勾勒射体"他""看"这个客观动作,亦凸显了"来、去"的虚拟位移。而此时"他"仅表征句子主语(sentence subject),并非是位移的实际发出者。射体和界标之间的关系引发"认知场景",即观察者/概念化者进行心理扫描,是"来"和"去"虚拟位移的真正实施者。也就是说,概念化者是更高层次的主语——言者主语(speaker subject)。因此,Y 和 X分离,两者都得到凸显,"认知场景"即概念化者(G)登台进入到台上区域。概念化者所在的虚线圆圈意味着其并非一定要被语言表及,如图 3 中的(b)。在句(9)中,"说来说去"丧失命题意义,仅作为话语标记在篇章中起到衔接的作用,相当于"说到底""总而言之"。"说"的语义虚化,不存在施动者,句子主语也无法补出,仅存在更高层次的言者主语。因而关系 Y 的客观基础完全消失,处于主观轴上的、通过概念化者心理扫描而产生的 X 得到进一步的凸显。言者主语/概念化者也不能编码为表达式的一部分,G 退出台上区域,表现出更强的主观性,如图 3 中的(c)。由此可见,句(7)(8)(9)所代表的 A 类、B 类和 C 类"V 来 V 去"构式主观性不断增强,也就是关系的凸显"从客观轴调整到主观轴(realignment of some relationship from the objective axis to the subjective axis)"(Langacker,1990)。

4.2 说话人的情感

沈家煊(2001)认为,说话人的"情感"应宽泛地包括感情、情绪、意向、态度等。试比较以下句子:

(10)由于家长下班晚,很多小孩放学后在街上跑来跑去。

(11)事情是由他想采写东北著名劳动模范孟泰引起的。当时他去了东北,生活了一段时日,回来后也确实写出了若干草稿,但写来写去,一直不满意,后来就索性放弃了。

(12)不管怎么抓,我一心想的是为了完成商店的任务呀!零售商店的任务,说来说去不就是卖钱吗?

例(10)为 A 类格式,射体/主语"小孩"是位移的实际发出者,"跑来跑去"是对动作行为的客观描述,未传递出明显的感情色彩。例(11)为 B 类格式,"写来写去"表明射体/主语"他"为了写好模范故事而做出的持续性的努力和写作方式的反复尝试,本期待越写越好,但结果却一直不令人满意,表达出较为强烈的不满和失望的情绪。例(12)为 C 类"V 来 V 去",其与后续小句建立的是无条件让步关系,相当于"无论如何、总而言之、不管怎样"。(曾传禄,2008)无条件让步关系就是在任何条件下都不会改变,所以可以涉及非现实情况,传递出更为强烈的主观态度。

为进一步论证从 A 类到 C 类,"V 来 V 去"构式与其后续句是否传达逐步递增的感情和态度;我们在 2.2 小节收集到的"V 来 V 去"构式语料中采用随机取样的方法抽取 300 个例句,其中 10 个例句不合格,原因在于其形式上虽为"X 来 X 去",但是"X"不是

12

动词,如"一来一去、直来直去"。根据其"V 来 V 去"构式类型和后续小句结果表达情感类型,我们将剩下的 290 个例句分类如下。

表5 "V 来 V 去"构式后续句结果的情感分类

	"V 来 V 去"构式	后续句为"结果型"	积极义	消极义	中性义
A 类	166	31	8	8	15
B 类	122	114	9	55	50
C 类	2	2	0	1	1

从表 5 可以看出,在此样本中,A 类构式数量远远多于 B 类,而 C 类数量最少,与我们在前文计算的不同类别动词与"V 来 V 去"的构式搭配强度对比一致。A 类仅有 31 个例句后续小句表达"结果型",仅占 A 类数量的 18.67%,远远少于 B 类的 93.44%(114/122),大体符合前人的判断。(李晋霞,2002;曾传禄,2008)A 类中分别有 8、8、15 句传递情感积极义、消极义和中性义,没有表现出明显的倾向性。相比之下,B 类中有 55 句表达消极义,远远超过表达积极义的例句数量(9 句),因而本文不同意杨德峰(2012)关于 B 类后续小句表示的结果没有积极或消极的倾向性的说法。在语料中,C 类的"V 来 V 去"构式只有 2 句,无法从数量上判断其明显的情感倾向。但是其与后续小句形成的是无条件让步关系,在篇章上可用来揭示事物的缘由,表达了言者主语即评说者对所论述内容的主观态度,并且这一看法"对评说者而言具有唯一性、根本性和不变性"(曾传禄,2008)。此外,只有 C 类构式后面可以加上"呀、啊"等语气词,沈家煊(2001)认为语言中的韵律变化、语气词等手段都可以用来表达情感,涉及语音、构词、语法等各个方面。因此,C 类"V 来 V 去"构式传递出最为强烈的主观情感。

4.3 主观化对句法功能的反制约

刘正光(2011)指出主观化对句法限制可以进行消解的同时,

也有可能对句法行为带来限制,也就是说主观化对句法功能有反制约作用。

不同程度的主观性对"V来V去"构式的时间状语表达有不同的要求。具体来说,主观性越强,时间性就越低,即对时间状语的兼容程度就越低;主观性越弱,时间性就越高,即对时间状语的兼容程度就越高。由于C类"V来V去"构式的主观性最强,其时间性最低,因而C类构式无法添加时间状语,所以以下的表达不合格:

(13)不管怎么抓,我一心想的是为了完成商店的任务呀!零售商店的任务,说来说去(*说了一个小时/*说了一会)不就是卖钱吗?

A类和B类"V来V去"构式的主观性较弱,因而时间性较高,所以可以添加表示精确时间、详略程度较高的时间状语,如(14)和(15):

(14)小孩们笑哈哈地手舞足蹈,在草地上跑来跑去(跑了半个小时/跑了很久)。

(15)事情是由他想采写东北著名劳动模范孟泰引起的。当时他去了东北,生活了一段时日,回来后也确实写出了若干草稿,但写来写去(写了一个月),一直不满意,后来就索性放弃了。

此外,不同程度的主观性对"V来V去"构式对上下文的依存性也有影响。主观性越强,对上下文的依存性越强;主观性越弱,对上下文的依存性则越弱。这是因为当主观性增强时,该构式需要连同上下文来传递言说者的主观态度和看法。C类构式的主观性最强,最依赖上下文。其不具备述谓性,只能作为插入语起到篇章衔接作用,与后续部分形成无条件让步关系,从而引出言说者主观认定的看法,如(5)(6)(9)和(12)。A 类构式的客观性最强,主观性最弱,对上下文的依赖程度最低,充当谓语可以以结句形式出现,对是否有后续成分没有强制性,如(1)(2)(7)和(10)。B 类构式的主观性居中,对上下文的依存度比 A 类高但比 C 类低,因此 B 类虽然具有述谓性,但是其位于语流之中,通常前有语义上的铺垫,后有接续成分,如(3)(4)(8)和(11)。

5 结语

本文基于构式搭配分析法对"V 来 V 去"构式与各类动词之间的搭配强度进行了计算。通过统计和分析发现,该构式呈现出多义性,即空间域的往返运动(A 类)、时间域的反复(B 类)和话语标记(C 类)。从 A 类到 C 类经历了"实词变虚"的语法化过程。以此为基础,本文进一步从主观化的角度探讨了构式多义性的理据。从 A 类到 C 类,说话人的视角和情感的变化体现了主观性的逐渐增强,从而产生了不同的构式义。反过来,主观化对句法功能又进行了反制约。本文通过定量的语料库分析结合定性的研究视角,希望能促进汉语构式的量化实证性研究,并帮助检验语法化现象的已有理论。对"V 来 V 去"的探讨有助于我们加深对人类主观性思维的理解。

附 注

① 本文只考虑 $V_1 = V_2$ 的构式。

② 括号类百分数为该类动词占总量的百分比。

③　鉴于"说来说去""讲来讲去"既可以表达实际行为义,又可以虚化为话语标记,笔者在对"说"和"讲"这两个动词进行归类时,对含有"说来说去"或"讲来讲去"的各条语料进行检查,结合语境来判断其为非位移动词还是虚化动词。

④　本文例句除(7)至(9)为自创外,其他均出自 BCC(北京语言大学汉语语料库)。

参考文献

陈前瑞　2002　汉语反复体的考察,《语法研究和探索》(十一),商务印书馆。

房印杰　2018　搭配构式分析——应用与发展,《现代外语》第 3 期。

李晋霞　2002　"V 来 V 去"格式及其语法化,《语言研究》第 2 期。

刘正光　2011　主观化对句法限制的消解,《外语教学与研究》第 3 期。

刘志生　2004　近代汉语中的"V 来 V 去"格式考察,《古汉语研究》第 4 期。

吕叔湘　1984　《汉语语法论文集》(增订本),商务印书馆。

沈家煊　2001　语言的"主观性"和"主观化",《外语教学与研究》第 4 期。

王红卫　2020　认知语义学研究的实证转向,《外语学刊》第 3 期。

杨德峰　2012　再议"V 来 V 去"及与之相关的格式——基于语料库的研究,《世界汉语教学》第 2 期。

曾传禄　2008　也谈"V 来 V 去"格式及其语法化,《语言教学与研究》第 6 期。

张积家、陆爱桃　2007　汉语心理动词的组织和分类研究,《华南师范大学学报》(社会科学版)第 1 期。

张旺熹　2006　《汉语句法的认知结构研究》,北京大学出版社。

周　红　2017　对叠框架"X 来 X 去"的语法化和修辞化,《当代修辞学》第 1 期。

朱德熙　1982　《语法讲义》,商务印书馆。

Finegan, E.　1995　Subjectivity and subjectivisation: An introduction. In Stein, D. and Wright, S. (eds.). *Subjectivity and Subjectification*. Cambridge: CambridgeUniversity Press.

Goldberg, A. E.　1995　*Constructions: A Construction Grammar Approach to Argument Structure*. Chicago: The University of Chicago Press.

Gries, S. Th.   2014 Coll. analysis 3. 5. A script for R to compute perform col-
lostructional analyses (major update to handle larger corpora/frequen-
cies).

Gries, S. Th. , Hampe, B. and Schönefeld, D.   2005 Converging evidence:
Bringing together experimental and corpus data on the association of
verbs and constructions. *Cognitive Linguistics* 16.

Gries, S. Th. , Hampe, B. and Schönefeld, D.   2010 Converging evidence II:
More on the association of verbs and constructions. In Newman J. and
Rice, S. (eds.). *Empirical and Experimental Methods in Cognitive/
Functional Research*. Stanford, CA: CSLI.

Gries, S. Th. and Stefanowitsch, A.   2004 Extending collostructional analy-
sis: A corpus-based perspective on 'Alternation'. *International Journal
of Corpus Linguistics* 9.

Lakoff, G. , Mark, J.   1980 *Metaphors We Live By*. Chicago: University of
Chicago Press.

Langacker, R. W.   1985 Observations and speculations on subjectivity. In
Haiman, J. (ed.). *Iconicity in Syntax*. Amsterdam and Philadelphia:
John Benjamins.

Langacker, R. W.   1990 Subjectification. *Cognitive Linguistics* 1.

Langacker, R. W.   1991 *Foundations of Cognitive Grammar* (Vol. II). Stan-
ford: Stanford UP.

Stefanowitsch, A. and Gries, S. Th.   2003 Collostructions: Investigating the
interaction between words and constructions. *International Journal of
Corpus Linguistics* 8.

Traugott, E. C.   1988 Pragmatic strengthening and grammaticalization. *Berkeley
Linguistics Society* 14.

Traugott, E. C.   1989 On the rise of epistemic meanings in English: An exam-
ple of subjectification in semantic change. *Language* 64.

吴语后缀"生"的演变[*]

崔山佳

（浙江财经大学人文与传播学院国际汉语系）

1 引言

汉语历史上有"生"做后缀的用法。蒋绍愚、曹广顺（2005）在第三章"词缀"中说到了后缀"生"，认为后缀"生"可用于形容词、名词、动词、疑问代词和副词后，表示情状或样态。此前，张美兰（2001）说后缀"生"可分为形容词后缀、名词后缀、动词后缀、疑问代词后缀、副词后缀 5 种。雷文治（2002）认为"生"作为后缀有 4 种形式：（1）形容词的后缀，（2）疑问代词的后缀，（3）近指代词的后缀，（4）副词的后缀。很多学者提到，后缀"生"在元代以后趋于衰落，如蒋绍愚、曹广顺（2005：107）说："元代以后'生'缀趋于衰落，前代盛行的'（太）形容词·生'几乎不见，'疑问代词·生'和'副词·生'也主要见于'怎生''好生''偏生'这三个凝固的形式。"又如石锓（1994、1996）、董秀芳（2011）等持同样看法。杨荣祥（2002）

---

* 本文为国家社会科学基金项目"明清白话文献与吴语语法专题比较研究"（18BYY047）的阶段性成果。

也说,现代很多南方方言还保留着一些"X生"形式的副词,如"偏生、怪生、好生"。

其实,后缀"生"在近代汉语还有一种特殊用法,即"数量＋生",表示与数量有关的某种状态。唐宋萌芽,明清成熟,到现代吴语仍在运用,而且有所发展演变。

关于"生"缀的这种特殊用法,除上举蒋绍愚、曹广顺(2005)等以外,另有好多研究词缀"生"的学者没有提及,如蒋礼鸿(1981)、刘瑞明(1987)、袁宾(1989)、刘坚等(1992)、刘绪湖(1998)、刘志生(2000)、魏达纯(2004)、冯淑仪(2005)、蒋宗许(2009)、褚立红(2010)、王云路(2010)、周金萍(2012)、刘传鸿(2014)等。

2　近代汉语中的"数量＋生"

近代汉语有"数量＋生"的用法,最早出现于唐代,例如:

(1)海鲸露背横沧海,海波分作<u>两处生</u>。(唐·元稹《侠客行》诗)

不过,刘传鸿(2018:228)说:"石锓(1994:18)、刘瑞明(2006:128)、蒋宗许(2009:219)将句中'生'看作词缀。我们认为'生'乃普通动词,产生义。海波本不存在,因海鲸露背,故分作两处而产生。'波'与'生'的搭配很常见,如唐刘禹锡《杂曲歌辞·浪淘沙》:'流水淘沙不暂停,前波未灭后波生。'《古尊宿语录》卷三十七:'问:"无风为什么往往波生?"'"刘传鸿(2018:228)又说:"文献中未见'两处生'作为词语的其他用例。"

例(1)中的"生"乃是动词,这是对的。但说"文献中未见'两处生'作为词语的其他用例"却是不准确的。例如:

（2）若子孙化子孙，财从<u>两处</u>生，财既是<u>两处</u>生，宜两处求，或与人同求，大吉。（明·佚名《断易天机》第1部分）

上例是术数。上例比较特殊，"财从两处生"，是"从两处＋生"是状中结构，"生"是动词，做谓语；而后一句的"财既是两处生"，从下面例子可见，明代"数量＋生"中的"生"已经明显是后缀，我们以为可以作"数量＋生"理解，"生"是后缀。

至少从宋代起，"数量＋生"中的"生"已经语法化为后缀，例如：

（3）至角则随间数生起角柱。若十三间殿堂，则角柱比平柱生高一尺二寸；<u>十一间</u>生高一尺；<u>九间</u>生高八寸；<u>七间</u>生高六寸；<u>五间</u>生高四寸；<u>三间</u>生高二寸。（宋·李诫《营造法式·柱》）

（4）其檐至次角补间铺作心，椽头皆生出向外，渐至角梁：若<u>一间</u>生四寸；<u>三间</u>生五寸；<u>五间</u>生七寸。（宋·李诫《营造法式·檐》）

李诫是河南郑州管城县人（今河南新郑）。《营造法式》是我国古代最完整的建筑技术书籍。而且例子中的"X间生"与例（6）的"三间生"是一脉相承的。

宋儒语录也有例子，如：

（5）卦有<u>两样</u>生：有从两仪四象加倍生来底；有卦中互换，自生一卦底。（《朱子语类》卷67）

明代起例子多一些，例如：

（6）在房中仔细一看，他虽在厢楼上做房，后来又借他一间楼堆货，这楼却与妇人的房间同梁合柱，<u>三间</u>生，这间在右首，架梁上是空的，可以扒得。（明·陆人龙《型世言》第6回）

(7)这田弄得一片生,也不知个苗,分个草,眼见秋成没望了。(《型世言》第 33 回)

(8)红大道:"怎的叫石女儿?等我摸。"便一摸去,如个光烧饼,一片生的。(明·无名氏《一片情》第 6 回)

(9)其妇闻了哭倒在地道:"他怎的待我,我忍得丢了去嫁。且有这块肉在此,只当他在一般。你们要我嫁,我就吊死了,与他一块生去。"(明·桃源醉花主人《别有香》第 4 回)

以上是明代白话小说。清代白话小说也有,例如:

(10)看见那人是两块生的脸,满面是血,披头散发。(清·心远主人《二刻醒世恒言》上函第 12 回)

明代戏曲也有,例如:

(11)我有解,假如新人、新郎,那里是一处生的?(明·邓志谟《凤头鞋记》第 11 出)

(12)(净)依着你的主意,人也差不多两节生了。(明·姚子翼《祥麟现》第 12 出)

其他体裁的作品也有,例如:

(13)捱两个人色一堆生读书格好朋友,有船帮水,水帮船格情意,本来应该互相帮助,妞想到侬拨我卖了,真当令我伤心啊。(清·范寅《越谚》)

(14)春暖百花香,腰骨两秃生。(范寅《越谚》)

上面两例是记录当时越地(绍兴)方言的作品。

(15)当初个航船来得高大,这个曹龙朱客人才是长大汉子,房舱里却坐得下,照式目下这种航船只好做两段生了困个哉!(清·山阴黄子贞松筠《双球珠》第 11 回)

(16)明堂不觉微微醉,脸上红霞两片生。(清·陈端生

《再生缘》第39回)

上面两例是弹词。

北京语言大学BCC语料库也有两例,例如:

(17)师曰:"打碎香炉,不分宾主。"又遣问曰:"打得几块生?"(禅宗《续指月录》)

(18)姑姨姊妹一家生,抹粉涂脂把席登。(禅宗语录通集《宗鉴法林》第4部分)

上面两例都是禅宗语录。

还有"并排+生"的说法,例如:

(19)我里介末好像一字长蛇阵能,并排生跪下去。(清·曹春江《合欢图》第2回)

(20)众人看了他两个头是并排生的,真是怪不可言。(民国·佚名《上古秘史》第91回)

"并排+生"并非"数量+生"。"并"是动词,是"合在一起"的意思,确切地说,"并排+生"是"动+量+生"。"并排生"与"一排生"义近,所以,一般还是把它当作"数量+生"。

除李诚《营造法式》、禅宗语录、《朱子语类》、邓志谟的《风头鞋记》等少数作品不属吴语外,方言分布主要在吴语。

就语法功能来看,"数量+生"能做多种句法成分,如例(2)、例(5)、例(11)、例(12)、例(15)、例(20)做宾语,例(3)、例(4)做主语,例(6)、例(8)、例(11)、例(14)、例(16)、例(18)做谓语,例(7)、例(17)做补语,例(9)、例(13)、例(19)做状语,例(10)做定语。

《五灯会元》中有一例"生"与数字相结合,其意义是表示事物量的状况,如:

(21)何故?渠无所在,渠无名字,渠无面孔。才起一念追

求,如微尘汗,便隔十生五生。(《五灯会元》卷第十八)

这一例"生"直接与数字相结合,是"数+生",而绍兴方言中"生"与数字之间必须有量词或名词,两者是有区别的。(王敏红,2008:75)其他吴语方言也未见有"数+生"用法。据目前所知,"数+生"的用法昙花一现,以后未延续下来,属刘丹青(2011)所说的"废"。

石汝杰等(2005)收有"生"缀的这种特殊用法,"生"义项三是:"〈助〉一般用在数量词后,表示这样的组合形式。可作谓语、状语。"只是此词典把"生"当作助词,我们以为还是当作词缀好。石汝杰(2009:45—46)把"生"就当作后缀处理,"数量结构后加上'生',表示整体由几个部分构成",这就很正确。后来的白维国(2011)未收"生"的词缀义。但白维国(2015)收"生"的"词尾"义,又分两点:a)用在某些形容词、疑问代词、副词等之后。b)用在某些数量词组之后。例句一是《型世言》第6回。二是《一片情》第6回。例句滞后。

3 清末传教士文献中的"数量+生"

3.1 《宁波方言字语汇解》中的"数量+生"

《宁波方言字语汇解》(以下简称《汇解》)为美国旅甬传教士睦礼逊(William T. Morrison)编著,朱音尔、姚喜明、杨文波校注,游汝杰审订,2016年由上海大学出版社出版。"出版说明"中说:"本书记录了19世纪中后期宁波方言的语音、词汇、语法和大量自然口语语料,用于帮助当时初到宁波的外国人了解和学习宁波话,同时也对后人研究宁波方言历史面貌和演变有重大参考价值。"事实确实如此,《汇解》不但有很高的词汇价值,也有很高的语法价值。如单是"数量+生"就有不少。例如:十样生(第261页)、两接生(第334页)、一股生(第455页)、三股生(第455页)、弗是一班生(第499页)、一班生(第501页)。

《汇解》第455页对"一股生"做了注释:"绳、线之类的一股。后置的'生'意为'存在,在哪儿'。"大错。原因是不知"数量+生"是一种特殊的用法,吴语不少地方至今仍在使用,如绍兴、宁波、杭州、金华等。据我们目前所掌握的材料来看,现在基本在吴语区使用。而且,这种特殊的"生"的用法,近代汉语已有使用。我们认为这种用法的"生"是后缀。可参看崔山佳(2012、2016、2018)。

《汇解》第467页对"一种"做了注释:"一群。据注音应为'一种生'。"看注音是:"ih-tsong̍-sang̍。""sang̍"就是"生"。同页还有"一种蜜蜂",其注音是:"ih-tsong̍-sang̍ mih-fong̍。"中间也有"sang̍"(生),"一种蜜蜂"应是"一种生蜜蜂"。"一种生"也是"数量+生"。

3.2　宁波圣经土白中的"数量+生"

比《汇解》要晚一些的宁波圣经土白中也有"数量+生",例如:

(22)其就会分出<u>两号生</u>,正像看羊主顾分出胡羊山羊介。(马太 25:32)

(23)也弗单只为了一国百姓,还要收集拢箇醒゠散开间神明个儿子,拨其拉做<u>一个生</u>介。(约翰 11:52)(阮咏梅,2019:188—189)

3.3　台州圣经土白中的"数量+生"

比《汇解》要晚一些的台州圣经土白中也有"数量+生",例如:

（24）渠上面像杯，像球，像花，要用金子一块生。（出埃及记 25:31）

（25）以弗上面织出个花带要搭以弗一样织法，一块生，都用金钱、蓝、红，搭细麻布做。（出埃及记 28:8）

（26）从灯柱出个杈两杈下面有一个球，十块生，六杈都是一样。（出埃及记 37:21）

（27）渠就会分出两号生，像看羊主子分出绵羊山羊。（马太 25:32）

（28）也弗单只为个一国百姓死，也要收集个些散开上帝个儿因拨渠许做一个生。（约翰 11:52）

（29）个体里衣裳吪缝，因为从上到下做一件生。（约翰 19:23）（阮咏梅，2019:188—189）

以上可见，单是宁波、台州两地的传教士文献中就有近 20 例"数量＋生"，充分证明传教士文献是汉语史研究中的重要贡献。因为传教士文献所调查的对象是口语性的语言，因此，是弥足珍贵的，值得我们好好深入、全面研究。

4 现代吴语中的"数量＋生"

4.1 浙江吴语的"数量＋生"

宁波方言有"数量＋生"。朱彰年等（1991:234）收"生"："词缀，多用在数量词后面:两剐～｜两隔～｜一排～｜三股～。"

朱彰年等（1996:61）收"生"，义项二是:"〈词缀〉多用在数量词后面。"例如:两剐生、两隔生、一排生、三股生。

汤珍珠等（1997:208）收"生"："后缀成分，用在量词后面，构成

'数＋量＋生'或'指代＋量＋生'的三字格式。"如"两隔生""四股生""做堆生摆的""西瓜切勒四瓜生"。汤珍珠等(1997:214)收"两瓜生""两样生""两隔生"。

周志锋(2012:227)也说到宁波方言的"数量＋生":"AB 为数量词。表示与数量有关的某种状态。"例如:一排生、三股生、两架生(屁股跌勒两架生)、两隔生(新妇搭阿婆总归有眼两隔生个)。

朱彰年等(2016)是朱彰年等(1991)的修订版。朱彰年等(2016:309)也收"生":"后缀,多用在数量词后面,表示与数量有关的某种状态:一排～|两隔～|三股～|屁股磕勒两架～|东西做堆～安的。"又如:儿歌:蹑蹑奔进戏文场,屁股会搋两架生,膏药会贴两皮箱。(朱彰年等,2016:153)份成三股生。(朱彰年等,2016:155)朱彰年等(2016:229)收"一排生":"形容并列排在一起:～三只书橱。也说'挨排生''挨面排'。"

余姚方言也有,如肖萍(2011:250)。

鄞州方言也有。如肖萍等(2014:303、308)。

奉化方言也说,例如:

(30)子丑寅卯辰未降,东方发白天大亮,百鸟做窠<u>百样生</u>,老鹰做窠高得猛。……百鸟百兽百虫长,各自做窠<u>百样生</u>。(《动物做窠》,陈峰,2017:89)

绍兴方言也有,如王敏红(2008)、盛益民(2014)。吴子慧(2007:58)也举有绍兴方言的"数量＋生"的例子,如:

(31)勿<u>一堆生</u>去_{不一块儿去}。

嵊州长乐话也有,如钱曾怡(2008)。又如:

(32)偓嵊县家啦啦一般是一个家族聚<u>一堆生</u>吃年夜饭个,所以讲就是以长辈为主,比如讲长辈长哪块,小辈就大家

过去,团团圆圆个烧个一桌两桌。(施俊,2019:138—139)

施俊(2019:142)把"一堆生"翻译成"一起"。

诸暨方言也有,如普通话"他家一下子死了三头猪",诸暨方言是这样说的:

> (33)[渠拉]屋里厢<u>一卯生</u>死掉三个猪。(孙宜志等,2019:110)

杭州方言也有,如鲍士杰(1998)。

萧山方言也有,如[日]大西博子(1999:136、138)。

金华方言也有,如曹耘(曹志耘)(1987)、曹志耘(1996)、许宝华等(1999)。

缙云方言也有,如吴越等(2012:270)。

温岭方言也有,如阮咏梅(2013:140)。

温州方言也有,如郑张尚芳(2008:99)。

以上是书面上的方言记载。我们曾调查浙江籍的学生,"数量+生"的分布范围更广:湖州(周利丽、吴智敏)、舟山(王诗岚)、镇海(李倩)、余姚(干露)、慈溪(赵开翼)、新昌(梁泽芳)、诸暨(李丹红)、余杭(蒋赛乐)、富阳(侯洁敏、汪利、孙争舸、俞麟靓)、桐庐(高静)、浦江(吴佳文)、武义(韩洁琼)、兰溪(叶青)、嘉兴(范瑶佳)、海盐(杨雪丽)、椒江(许琴樱)、黄岩(黄超玲)、天台(王婷婷)、龙游(陈晓婕)。

4.2　上海、江苏吴语的"数量+生"

上海崇明话也有。李荣(2002)就提及:崇明:⑦用在数量结构后,构成形容词:一埭～_{笔直一行那样}┃两条～_{像两条那样}。

虽然没有说明这是后缀用法,但实际就是后缀。

汤志祥、褚半农、陈夏青等先生说,上海话也有"数量+生"说

27

法,如莘庄、嘉定等地。但李荣(2002)未提及上海话"生"的后缀用法,游汝杰(2014)也未提到后缀"生",但在说到量词"样"时说:"'一样生'是'一个样儿'的意思,'两样生'是'不一样'的意思。普通话没有这两个词。"

李荣(2002:43)收"一埭生",是崇明话,义项有二:一是"一系列":一埭生乱七八糟个事体—系列乱七八糟的事情。 二是"一行":排队排一埭生。

张惠英(2009:164)在说到崇明方言的"词头词尾"时说到"生":"'生'用作形容性词尾,多在'一、两、个'组成的相当于量词结构的词末,形容像那个样子。"这里的"词头"是指"前缀","词尾"是指"后缀"。例如:

(34)几个小囡坐勒一排生几个小孩坐成一排的样子。

(35)营生一摊生做勿完活儿很多很多做不完。"一摊/一滩"指很多东西在一起。

(36)沟沿上有一簇生个荠沟沿上有一簇一簇的荠菜。

(37)一张钞票拨夷揪勒一团生一张钞票被他揪成团儿了。

(38)几家新房子起勒一埭生几家新房盖成一行的样子。

(39)夷个人牌气两样生个他的脾气跟我们不一样。

另如"一只生成片的样子""一条生成条的样子"。

江苏海门方言也有。王洪钟(2011:270)在第五章词汇部分的数词、量词部分举有如下的例子:一摊生、一团生、一排生、一埭生、一簇生。

以上例子与崇明方言一样。因为崇明话与海门实际上是同一个方言。

江苏启东方言也有。(由浙江工业大学硕士朱洪慧提供)

江苏苏州方言也有,据苏州人史濛辉、蔡佞两位先生说,苏州话也有"数量＋生",如"一样生""两段生"等,但使用频率不高。

从上面的方言地理分布来看,"数量＋生"全属于吴语,以江苏海门、启东为最北部,以浙江温州为最南端,以浙江衢州龙游县为最西部,龙游靠近金华,而衢州人(市区)姜巧颖同学只介绍了"数量＋头":"一块头/两块头/五块头钞票。"未提及"数量＋生"。又询问过本人指导的硕士王丹丹,其家乡是衢州的常山,她说凭语感指出常山无此说法。

4.3 现当代作品等中的"数量＋生"

朱自清的散文中也有例子,如:

(40)船家照他们的"规矩",要将这一对儿生剌剌的分开;男人不好意思做声,女的却抢着说,"我们是'一堆生'的!"太亲热的字眼,竟在"规规矩矩的"航船里说了! 于是船家命令的嚷道:"我们有我们的规矩,不管你'一堆生'不'一堆生'的!"大家都微笑了。 有的沉吟的说:"一堆生的?"有的惊奇的说:"一'堆'生的!"有的嘲讽的说:"哼,一堆生的!"(朱自清《航船中的文明》)

朱自清先生出生于江苏省东海县(今连云港市东海县平明镇)。但原籍浙江绍兴。上例前面还有"说得满口好绍兴的杭州话"的话,显然属于杭州方言。文中对"一堆生"做了原注:"一块儿"也。

浙江作家的小说中也有,例如:

(41)这份人家也是,三个儿子三样生,时局真要乱下去,你得给我们作个证,我可没掺和他们的杭家的事。(王旭烽《茶人三部曲》上部)

《杭州日报》(来自北京语言大学 BCC 语料库"报刊")中也有好几例,如:

(42)普通话是要推广的,但千万不要因为推广普通话而使地方戏曲三不像四样生。(《评弹何必说普通话》,《杭州日报》下午版 1997 - 9 - 19)

(43)只是好唐诗宋词,学着涂鸦,又每每与格律相悖,成为四不像六样生排列整齐的"死",遭众人笑。(《愤读记》,《杭州日报》1988 - 6 - 20)

浙江的谚语中也有,例如:

(44)乌大菱壳,余拢一堆生。(《中国谚语集成·浙江卷》第 142 页)

(45)春暖百花香,腰骨三段生。(《中国谚语集成·浙江卷》第 289 页)

(46)冤家夫妻颊棕绷,擂来擂去一堆生。(《中国谚语集成·浙江卷》第 370 页)

(47)铜锣一声响,坐拢一桌生。(《中国谚语集成·浙江卷》第 419 页)

上面 4 例都是绍兴的谚语,从中也可证明绍兴方言中"数量＋生"用法的普遍性。

浙江的歌谣中也有,例如:

(48)因儿子呀因儿子,

等你爹爹回转来,

请来东庄王木匠,

把一间房子隔做五间生。(《中国歌谣集成·浙江

卷》第 231 页）

上例是余杭歌谣。

5 "数量＋生"的性质与功能

5.1 性质

蒋宗许(2009:225)说:"关于'生'缀的作用,学者们曾做过很有意义的探索,志村良治(1984)分析了'太 X 生',认为这种组合起到了对状态的积极、主观的强调。曹广顺(1995)认为,'生'缀用在形容词后,在原词的意义上增加了强调、夸张的意味;用在名词之后时,它把对人的称呼,变成了对人物特征的描写,使这些名词具备了形容词的功能;用在动词之后时,可以把动作变成相对静止的状态,使之具有形容词的性质,用来描摹人或事物的情状,充当描写性谓语。""生"用在数量短语后面,也使"数量＋生"整个结构具有状态,具有形容词性质。也就是说,"数量＋生"的这种特殊用法,是"形容词/名词/动词＋生"用法的一种扩展。

5.2 功能

从语法功能来看,"数量＋生"可做补语,如"屁股跌勒两架生";可做宾语,如"新妇搭阿婆总归有眼两隔生个""蹂蹂奔进戏文场,屁股会揉两架生,膏药会贴两皮箱""排队排一埭生";可做主语,如"一排生三只书橱";可做定语,如"一埭生乱七八糟个事体""沟沿上有一簇生个茜";可做状语,如"营生一摊生做勿完";可做谓语,如"夷个人脾气两样生个"。可见,就语法功能来看,古今也是一致的。

6 吴语后缀"生"的演变

刘丹青(2017b:67)说:"历史比较语言学的方法贡献就在于突破这个限制,而且他们更进一步的研究发现,到了后代,文献里面所记载的语言,反而是比较新的,而更古老的东西,恰好存活在活生生的口语里面。这个倒是孔老夫子早就说过的,'礼失而求诸野'。"

汉语方言的事实确实如此。不过到了现代,吴语的"数量＋生"又有不少演变。具体有以下几点:

6.1 数量＋名＋生

吴语除了有"数量＋生"外,还有"数量＋名＋生"。与"数量＋生"相比,形式更复杂,即增加了中间的名词。主要分布在绍兴和金华。

绍兴方言的例子如:

(49)两本生——两本书生

三样生——三样东西生

四袋生——四袋米生(王敏红,2008:74)

盛益民(2014:121)描述得更细致,在这种结构中,数量短语修饰的名词也能出现。名词能出现在两个不同的句法位置:"Num＋Cl＋N＋生"和"Num＋Cl＋生＋N"。这两种结构在语义上没有差别,差别只在句法上:只有当整个结构充当状语时,才既可以用"Num＋Cl＋N＋生",也可以用"Num＋Cl＋生＋N",例如:

(50)a.我作阿兴<u>一个寝室生</u>蹲过啯 <small>我跟阿兴住过同一个寝室。</small>

b.我作阿兴<u>一个生寝室</u>蹲过啯。

(51)a.我作渠<u>两张眠床生</u>困带 <small>我跟他睡在两张不同的床。</small>

b.我作渠<u>两张生</u>眠床困带。

盛益民(2014:122)说,在其他的句法位置中,都只能用"Num＋Cl＋N＋生",而不能用"Num＋Cl＋生＋N",例如:

(52)a.我作渠是<u>两个学堂生</u>嗰 <small>我和他是两个学校的。</small>

b.＊我作渠是两个生学堂嗰。

这也是比较特别的,从而也证明绍兴话的"数量＋生"是比较成熟的说法。

诸暨方言也有,例如:

(53)割゠么一记话么,割゠句话传到外头去呢,传得有割゠有割゠<u>一个村宕生</u>割゠,一头是西、村宕东边一头是,西,西边么是西施,妹゠头么叫东施。(孙宜志等,2019:163—164)

金华方言的例子如:

(54)一个村生。(李荣,2002)

比较而言,绍兴方言"数量＋名＋生"使用频率更高一些。

6.2 数＋名＋生

王敏红(2008:74)说,绍兴方言也有数词直接加名词后再加"生"的形式,例如:

(55)一个村堂生——一村堂生

一个学堂生——一学堂生

两只篮生——゠两篮生

前面的"一个村堂生""一个学堂生""两只篮生"是"数量＋名＋生",后面的"一村堂生""一学堂生""两篮生"是"数＋名＋生"。

以上"数量＋名＋生"与"数＋名＋生"的用法,近代汉语未见。

诸暨方言也有,例如:

（56）好，屋里头轮也轮只小鸭，一潮小鸭话介〓割〓陶锅里头话割〓一陶锅<u>生</u>割〓去煤拨〓客〓。

（57）<u>一夜头生</u>割〓偷得去啊。（孙宜志等，2019：128）

例（56）中的"陶锅"就是"锅"，是名词。例（57）中的"夜头"是"夜"，也是名词。

6.3　量＋生

还有"量＋生"，主要分布在绍兴、金华。与"数量＋生"相比，形式更简单，即省略了前面的数词。

盛益民（2014：121）说，"一堆生"当中的数词"一"还可以省略，例如：

（58）鹅血呆歇鸡血里<u>堆生</u>烧进咚<small>鹅血等会儿一起烧进鸡血当中。</small>

金华方言的例子如：

（59）我和佢<u>起生</u>去<small>我和他一起去。</small>

（60）一样生的摆<u>块生</u><small>一样的放在一块儿。</small>〔曹耘（曹志耘），1987：92〕

曹耘（曹志耘）（1987：92）说到金华汤溪方言中的后缀"生"："生"只用在数量词后（数词"一"常可省去），如既可说"一样生"，又可省略说"样生"。

这种"量＋生"的用法也是比较特殊的，不但近代汉语未见，其他方言也比较少见，是绍兴方言"量名"结构的一种体现，也与绍兴方言的"量名"结构比较常见有一定关系。（王福堂，2015：353；魏业群等，2016；盛益民等，2016）金华方言也有"量名"结构。（陈兴伟，1992；曹志耘等，2016：598）

6.4　量打/加量＋生

还有"A打A＋生"，主要分布在台州、宁波，例如：

（61）萝卜切阿粒打粒生_{萝卜被切成一粒一粒的。}

（62）佢烧来咯面根打根生咯_{他烧的面条很好，都是整根整根的。}（叶晨，2011:233）

奉化方言也有类似说法，例如：

（63）东西堆打堆生摆好_{东西一堆一堆放好。}

（64）西瓜瓜打瓜生切好_{西瓜一块一块切好。}

上面的例子，"生"是用在量词特殊重叠式"A 打 A"后面，是"A 打 A＋生"，很特殊。

台州方言既有"A 打 A"，又有"C 加 C"，因此，也有"A 加 A＋生"的说法，例如：

（65）香蕉拨我切作粒加粒生阿咯_{香蕉被我切成一粒一粒了。}（叶晨，2011:49）

6.5　量量＋生/相

还有"AA＋生"的说法，例如：

（66）荔枝栗子粒粒生，

　　　枝枝节节保爹娘。（《中国歌谣集成·浙江卷》第125 页）

上例是宁海歌谣。上面的"粒粒＋生"与前面的"C 打 C＋生"应该有内在联系。同时，"粒粒生"属于"CC＋生"，即"量词重叠＋生"，也是一种比较特殊的重叠形式。

嵊州长乐话也有，如：样样生_{每一样}、年年生_{每年}。例如：

（67）样样生都好葛。（钱曾怡，2008:312—313）

嵊州长乐话也有"量量相"，如"日日相_{每天}"。（钱曾怡，2008:313）"年年"后面用"生"，"日日"后面用"相"，显然，"相"与"生"语义是相同的。

上面的"样样生""年年生""日日相"都已经词汇化为副词。

嵊州与宁海中间隔了一个新昌,长乐又处于靠近新昌,所以,方言相近也属正常。

以上的用法也是近代汉语所没有的。

6.6　数量＋生/相

阮咏梅(2013:140)说台州的温岭方言有:"'数量短语＋生/相'。数量短语后加'生'(泽国等)或'相'(太平等),表示人或事物呈现的单位或形式。"例如:

(68)拨个块蛋糕分成三块生/相把这块蛋糕分成三块。

(69)几张桌拼来一张生/相几张桌子拼成一张。

温岭方言比较特殊的是"相",相比"生","生"属于典型范畴,而"相"就不属于原型范畴,只是个别方言点有此用法。

6.7　动/形＋量＋生

前面举过清·曹春江《合欢图》第2回与民国·佚名《上古秘史》第91回的"并排生","并"是动词。吴语中现在仍有"动＋量＋生",且动词有所增加,宁波方言中除仍有"并排生"的说法外,还有义同"一排生"的"挨排生","挨"也是动词。还有"做堆生","做"是形容词。奉化方言也有"做堆生""做埠生""做埭生",还有"做份ρ生""做家生"等。

6.8　指示代词＋量＋生

还有"各样＋生"的说法,例如:

(70)前世同娘定定当,

今下与娘各样生。(《中国歌谣集成·浙江卷》第645页)
上例是苍南歌谣。奉化方言也有"各样＋生"的说法。

"各"是指示代词,所以"各样＋生"是"指示代词＋量＋生",又是一种新的用法。

6.9 量词为动量词与时量词

近代汉语中量词都是名量词,现在有的方言的动量词与时量词也能进入"数量＋生"。奉化方言有"做埭_次生""三日生""五年生"等说法。

6.10 形容词＋生

崇明方言不但有"数量＋生",还有如下的用法:热气蓬生_{热气腾腾的样子}、冷气摊生_{很冷清的样子}、骨棱枝生_{形容肌肉少骨头多的样子}。这里的"生"具有"……的样子"的语义,也是表示状态,与"数量＋生"在语义上是相同的,也很有特点。(张惠英,2009:164)这与近代汉语中的"(太)形容词＋生"有区别。钟兆华(2015:549)举有如下例子:

(71)学画鸦黄半未成,垂肩軃袖<u>太憨生</u>。(唐•虞世南《应诏嘲司女花》诗)

(72)(敬)云:"忽然百味珍馔来时作摩生?"师曰:"太与摩<u>新鲜生</u>。(南唐•静、筠二禅师《祖堂集》卷7)

(73)梅蕊重重何俗甚,丁香千结苦<u>粗生</u>。(宋•李清照《摊破浣溪沙》)

(74)我已无官何所恋,可怜汝亦<u>太痴生</u>。(清•纪昀《阅微草堂笔记•滦阳销夏录•师犬堂》)

近代汉语中的"(太)形容词＋生",形容词是单音节的,也有双音节的,更多的是"太＋形容词＋生",这与崇明方言的四字格形式很不同。

6.11 "数量＋生"的词汇化

还有一些"数量＋生"因为常用,已经词汇化。

鲍士杰(1998)《杭州方言词典》收有如下的"数量+生":

"两起生":"分开;不在一块儿。"例如:

> (75)卖的米不是一淘的,是两起生的。

"两样生的":"两样的。"

"一排生":"一个行列。"例如:

> (76)大家坐一排生。

"一堆生":"一起,一块儿。"例如:

> (77)他们两个人住勒一堆生得。

"一道生":"一起,一块儿。也作'一淘生'。"例如:

> (78)欠从小一道生读书。

> (79)他们一道生上班。

"一样生的":"一样的,多指相貌、脾气而言。"例如:

> (80)姐妹俩个是双胞胎,相貌儿一样生的,脾气也一样生的。

这里的"两+量+生""一+量+生"等已经词汇化,作为词条方言词典收入。

余杭方言有"一弯＝儿生－下子"(徐越等,2019:79),也已经词汇化。

朱彰年等(1996)收有如下的"数量+生":

"一排生":"〈形〉并排在一起。"也说"挨排生""挨面排"。例如:

> (81)一排生三只书橱。

"两隔生":"〈形〉形容不能合而为一,有隔阂。"例如:

> (82)油倒勒水里,总归两隔生咯。

以上说明宁波话这些"一/两+量+生"也已经词汇化。

词汇化了的"数量＋生"，一般是小的数词，如"一""两"。如宁波话有"西瓜切成十瓜生"，这"十瓜生"不可能词汇化。同时，成为词汇化的"数量＋生"都是常用的，使用频率高，常常容易词汇化。

还有如嵊州长乐话的"样样生""年年生""日日相"都已经词汇化。嵊州方言还有"堆生""一堆生"词汇化的用法。普通话"一起"，嵊州方言是"堆生""一堆生"。（施俊，2019：113、138）这"堆生"其实应该是"一堆生"的省略。又如普通话"叫小强一起去电影院看《刘三姐》"，嵊州方言是：

（83）喊小强<u>堆生</u>到电影院里去看《刘三姐》去。（施俊，2019：116）

6.12　方言分布范围缩小

方言地域分布范围有所缩小。古代作品中的"数量＋生"既分布在南方，又分布在北方，以南方为多。现在都分布在吴语，浙江分布范围广，苏南、上海有少量分布。所以，导致大多数年轻人已经不知道有这种用法，甚至有些方言学者也疏忽了。

参考文献

白维国主编　2011　《白话小说语言词典》，商务印书馆。

白维国主编　2015　《近代汉语词典》，上海教育出版社。

鲍士杰编纂　1998　《杭州方言词典》，江苏教育出版社。

曹广顺　1995　《近代汉语助词》，语文出版社。

曹　耘（曹志耘）　1987　金华汤溪方言的词法特点，《语言研究》第 1 期。

曹志耘编纂　1996　《金华方言词典》，江苏教育出版社。

曹志耘、〔日〕秋谷裕幸主编　2016　《吴语婺州方言研究》，商务印书馆。

陈　峰主编　2017　《奉化民间文艺·歌谣卷》，宁波出版社。

陈兴伟　1992　义乌方言量词前指示词与数词的省略，《中国语文》第 3 期。

褚立红　2010　论近代汉语时期"～生"的词性问题，《现代语文》第 2 期。

崔山佳　2012　词缀"生"补说,《语言研究集刊》(第 9 辑),上海辞书出版社。

崔山佳　2016　后缀"生"历时与共时考察,《吴语研究》(第 8 辑),上海教育出版社。

崔山佳　2018　《吴语语法共时与历时研究》,浙江大学出版社。

[日]大西博子　1999　《萧山方言研究》,[日]好文出版。

董秀芳　2011　《词汇化:汉语双音词的衍生和发展》(修订本),商务印书馆。

冯淑仪　2005　《敦煌变文集》和《祖堂集》的形容词、副词词尾,《语文研究》第 1 期。

蒋礼鸿　1981　《义府续貂》,中华书局。

蒋绍愚、曹广顺主编　2005　《近代汉语语法史研究综述》,商务印书馆。

蒋宗许　2009　《汉语词缀研究》,巴蜀书社。

雷文治主编　2002　《近代汉语虚词词典》,河北教育出版社。

李　荣主编　2002　《现代汉语方言大词典》,江苏教育出版社。

刘传鸿　2014　"(太)＋形容词＋生"组合中"生"的性质及来源,《中国语文》第 2 期。

刘传鸿　2018　《中古汉语词缀考辨》,北京大学出版社。

刘丹青　2011　汉语史语法类型特点在现代方言中的存废,《语言教学与研究》第 3 期。

刘丹青编著　2017a　《语法调查研究手册》(第二版),上海教育出版社。

刘丹青讲授,曹瑞炯整理　2017b　《语言类型学》,中西书局。

刘　坚、江蓝生、白维国、曹广顺　1992　《近代汉语虚词研究》,语文出版社。

刘瑞明　1987　古汉语词尾新增三例拟议,《兰州教育学院学报》第 1 期。

刘瑞明　2006　《近代汉语词尾"生"及研究源流详说》,《励耘学刊》第 2 辑。

刘绪湖　1998　近代汉语词尾功能示例,《乌鲁木齐成人教育学院学报》(综合版)第 1 期。

刘志生　2000　论近代汉语词缀"生"的用法及来源,《长沙电力学院学报》(社会科学版)第 2 期。

[美]睦礼逊(William T. Morrison)编著,朱音尔、姚喜明、杨文波校注,游汝杰审订　2016　《宁波方言字语汇解》,上海大学出版社。

阮咏梅　2013　《温岭方言研究》,中国社会科学出版社。

施　俊　2019　《浙江方言资源典藏·嵊州》,浙江大学出版社。

盛益民　2014　《吴语绍兴柯桥话参考语法》,南开大学博士学位论文。

盛益民、陶　寰、金春华　2016　准冠词型定指"量名"结构和准指示词型定指"量名"结构——从吴语绍兴方言看汉语方言定指"量名"结构的两种类型,《语言学论丛》第53辑,商务印书馆。

石　锓　1994　近代汉语词尾"生"的功能及来源,《丝路学刊》第4期。

石　锓　1996　近代汉语词尾"生"的功能,《古汉语研究》第2期。

石汝杰　2009　《吴语文献资料研究》,好文出版。

石汝杰、[日]宫田一郎主编　2005　《明清吴语词典》,上海辞书出版社。

孙宜志、陈杨积、程平姬、林丹丹　2019　《浙江方言资源典藏·诸暨》,浙江大学出版社。

[日]太田辰夫　2003　《中国语历史文法》,修订译本,蒋绍愚、徐昌华译,北京大学出版社。

汤珍珠、陈忠敏、吴新贤编纂　1997　《宁波方言词典》,江苏教育出版社。

王福堂　2015　《绍兴方言研究》,语文出版社。

王洪钟　2011　《海门方言研究》,中华书局。

王敏红　2008　词缀"生"在绍兴方言中的特殊用法,《绍兴文理学院学报》(哲学社会科学版)第3期。

王云路　2010　《中古汉语词汇史》,商务印书馆。

魏达纯　2004　《近代汉语简论》,广东高等教育出版社。

魏业群、崔山佳　2016　诸暨方言量名结构的考察,《语言研究》第1期。

吴　越、楼兴娟　2012　《缙云县方言志》,中西书局。

肖　萍　2011　《余姚方言志》,浙江大学出版社。

肖　萍、郑晓芳　2014　《鄞州方言研究》,浙江大学出版社。

徐　越、周汪融　2019　《浙江方言资源典藏·余杭》,浙江大学出版社。

杨荣祥　2002　副词词尾源流考察,《语言研究》第3期。

叶　晨　2011　台州方言中的量词重叠"ABA"式,载游汝杰等主编《吴语研究:第六届国际吴方言学术研讨会论文集》,上海教育出版社。

游汝杰主编　2014　《上海地区方言志》,复旦大学出版社。

袁　宾　1989　近代汉语后缀"生",《阅读与写作》第12期。

张惠英　2009　《崇明方言研究》,中国社会科学出版社。

张鲁明　2012　《淮安方言语法研究》,广西师范学院硕士学位论文。

张美兰　2001　《近代汉语语言研究》,天津教育出版社。

张其昀　2009　扬州方言表微标记"头",《中国语文》第5期。

张其昀　2010　扬州方言表微标记"一头"，载林华东主编《汉语方言语法新探索》，厦门大学出版社。

张　相　1953/1985　《诗词曲语辞汇释》，中华书局。

郑张尚芳　2008　《温州方言志》，中华书局。

志村良治著　1984　《中国中世语法史研究》，江蓝生、白维国译，中华书局。

中国民间文学集成全国编辑委员会、中国民间文学集成浙江卷编辑委员会
　　1995　《中国歌谣集成》（浙江卷），中国 ISBN 中心。

钟兆华　2015　《近代汉语虚词词典》，商务印书馆。

周金萍　2012　《五灯会元》中"生"字的义项、用法和功能，《文教资料》9月号下旬刊。

周志锋　2012　《周志锋解说宁波话》，语文出版社。

朱彰年、薛恭穆、周志锋、汪维辉编著　1991　《阿拉宁波话》，华东师范大学出版社。

朱彰年、薛恭穆、汪维辉、周志锋编著　1996　《宁波方言词典》，汉语大词典出版社。

朱彰年、薛恭穆、周志锋、汪维辉原著，周志锋、汪维辉修订　2016　《阿拉宁波话》，宁波出版社。

汉语语法化现象的一些特殊之处及其理论蕴含[*]

董秀芳

（北京大学中文系/中国语言学研究中心/
计算语言学教育部重点实验室）

0　引言

语法化是一种跨语言来看非常普遍的语言演变现象。就像其他语言现象一样，不同语言中发生的语法化既有共性，也有一些个性或类型特征。本文根据对汉语史中发生的语法化个案的考察，总结了在汉语中发生的语法化的一些较为特殊之处。这些特殊之处受到汉语的语言类型特征的制约，特别是受到汉语词法特点的制约，也受到汉语中其他较为普遍的演变趋势，如词汇化、双音化的影响。本文列出这些特殊之处并探讨其理论蕴含。

　＊　本文的研究得到 2015 年度教育部人文社会科学重点研究基地重大项目（项目编号：15JJD740001）、国家社科基金重大项目（项目编号：14ZDB098）的资助。本文曾在"汉语语法化的通与变国际学术研讨会暨第十一届海峡两岸汉语语法史研讨会"（台湾，2019 年 9 月）上宣读。感谢刘承慧、梁银峰等先生的意见。

1　虚词的双音化

语法化研究一般认为,随着语义功能的虚化,语音形式也会发生弱化(Hopper & Traugott,1993 等),这反映了语义与语音的共变,体现了语言的象似性:弱化的语音形式对应于空灵的语义。但是在汉语中,一些虚词的变化似乎违反了这一规律,有的虚词最初是单音节的,但后来出现了双音节形式,在语音形式上看起来不是减弱而是增强了。比如,假设连词"倘若、假使、若使、假若、倘使、设若"等都是双音形式,这些双音形式都是在原来的单音形式的基础之上并列复合而成的。副词中发生双音化的也不少,如"常常、渐渐、屡屡"等是在原来的单音形式上重叠形成,"也许、曾经"等是在原来的单音词的基础上合并邻近成分经跨层词汇化而形成的(董秀芳,2011[2002])。介词也有双音化现象,如"按照"是"按"的双音化形式。助动词中也有双音化现象,比如,"应该"是"应"的双音化形式,"可以"是"可"的双音化形式。

双音化是汉语词汇的一个显著的发展趋势,汉语的虚词发生双音化受这个趋势的影响,从而表现出不同于一般语法化规律的情形。可见,当语法化现象与特定语言中特定的演变现象共存时,就可能有一些较为特殊的表现。

发生双音化的虚词,语法化程度相对较低,而且发生双音化的虚词一般都是前置型的。连词、副词、介词都具有关联或引介的功能,出现在引入或修饰的成分之前,语法化程度相对较低,可以发生双音化;而体标记(如"了""着""过")、定语标记(如"的")等则是后置的,需要前附于动词性成分或名词性成分,语法化程度相对较高,就没有发生双音化。不发生双音化的虚词比发生双音化的虚词语法化程度高,这是符合弱的语音形式对应于虚的语义的语言象似性规律的。可见,即使在特殊的情形中,通则也仍然在一定程度上发挥着作用。

2 虚词变为不表义的词内成分而不是变为屈折词缀

Hopper & Traugott(2003)提出了以下的语法化链条(cline),认为一个形态句法演变只能按照从左到右的方向进行,是不可逆的:

实义词>语法词(虚词)>附着词>屈折词缀(>零形式)

在汉语发展史上,实词变为虚词的演变十分常见,但是虚词进一步变为附着词和屈折词缀的演变却几乎没有。[①]汉语中虚词的进一步演变一般不是变成屈折词缀,而是通过词汇化的方式进入词内,变为不贡献意义的词内成分。这种现象在汉语史上广泛存在。比如,"但是、可是、若是、总是、还是、要是"等一系列副词或连词中的"是",是经过词汇化从系动词(可能经由焦点标记)变成没有语义功能的词内成分的(董秀芳,2004);"按着、随着、凭着、当着、趁着、接着"等介词或连词中的"着",是经过词汇化由持续体标记变成不贡献语义的词内成分的(董秀芳,2003);"为了、罢了、对了、好了、算了、得了"等词中的"了"是经过词汇化由完成体标记变为不表义的词内成分的(董秀芳,2016[2004]);复数标记"们"参与的双音组合"我们""你们""他们""人们"也已经发生了词汇化(董秀芳,2016[2004]);等等。

这种和虚词有关的词汇化现象与汉语作为孤立语的类型特征有关,因为汉语的类型特征决定了汉语中不容易产生屈折词缀(董秀芳,2004;吴福祥,2005)。汉语中不容易产生屈折词缀与汉语的音节语义对应特点也有关,汉语中的绝大多数音节都是表义的,而且音节有声调的包裹,音节之间的差异性小,导致单音成分很难发生形态化。

从汉语虚词的走向中,我们也看到了语法化与词汇化的关联:词汇化可以在已经发生了语法化的形式(比如虚词)上进行,导致原来的虚词可以成为复音词中的一个不贡献语义的语音组成部分,或者说,词汇化可以成为语法化的一个后续演变(董秀芳,2006)。

3　动词性成分容易进入名词性成分出现的句法位置从而引发语法化

汉语是孤立语,形态变化很少,词类之间的界限也不太明确,特别是在古代汉语中。由于词类之间没有形式上的区分,因此词类之间可以无标记地转化,特别是动词和名词之间经常可以无标记地转化。这样,动词性成分就比较容易出现在原本由名词性成分占据的位置,从而形成多动词结构,进而引起语法化,因为多动词结构正是语法化的温床(董秀芳,2008)。这也从一个侧面表明了词法与句法之间的关联。汉语词法上形式标记少的特点为汉语的语法化提供了更大的可能性和灵活性。

董秀芳(2008)已指出了汉语史中不少由于动词性成分进入原先只能由名词性成分进入的位置而引起的语法化的个案。在这里,我们再举一些例子。

张谊生(2003)讨论了"个"从量词演变为结构助词的语法化过程。"个"作为量词,最初也是与名词性成分结合的。比如:

如一具牛,两个月秋耕,计得小亩三顷。(《齐民要术·杂说》)

缘无顺风,停宿三个日。(《入唐求法巡礼行记》"承和五年六月十三日")

"个"从量词演变为结构助词是发生在"V个VP"这样的结构中,即"个"后的成分变成了动词性成分。动词性成分最初进入"个"后的位置时,可以看作无标记的名词化了。比如:

学诗学剑,两般都没个成功。(《玉蟾先生诗余》)

你看我寻个自尽,觅个自刎。(《元曲选·曲江池》)

当越来越多的动词性成分进入"V个VP"之后,"个"就发生了重新分析,被看作引介补语的助词了。

再如董秀芳(2014)讨论的"有些"的演变。"些"在唐代时已出现,表示"量少"的意思。与"有"的搭配在唐诗中有用例,那时是当作"有"+"些"来理解,后接名词性成分(有时名词性成分因所指已知而没有出现)。如:

洧叟何所如,郑石唯有些。何当来说事,为君开流霞。(孟郊《至孝义渡寄郑军事唐二十五》诗,《全唐诗》卷378)

方通道才子佳人信有之,红娘看时,有些乖性儿。(王实甫《西厢记》第三本)

宋代以后开始出现了"有些+动词性成分(包括形容词)"的用例,如:

七十在前头,难言未老。只是中间有些好。(程大昌《感皇恩》,《全宋词》第三册)

今日老身东阁下探妗子回来,身子有些不快。(白朴《裴少俊墙头马上》第二折)

你端的不饮酒,敢有些怪我么?(关汉卿《钱大尹智宠谢天香》第四折)

为什么数量值的后面可以出现动词性或形容词性成分呢?这是因为汉语中的谓词性成分可以无标记地名词化,当动词或形容词转类为名词表达一种抽象的事物时其前就可以出现数量值。在现代汉语中这种用法并不罕见,如:一丝骄傲、几分不情愿。

最初,"有些＋动/形"结构仍可以看作动宾,可以表示存在某些抽象的事物。比如"身体有些沉重"可以理解为"身体上存在一些沉重的感觉"。但是当"有些＋动/形"组合越来越多时,"有些"就发生了重新分析,变为程度副词了。作为副词的"有些"指代一种不定量的程度,类似于英语中的 sort of、somewhat。

但宋代以后,"有＋些＋名词性成分"的句子依然大量使用。如:

那叶清虽是个主管,倒也有些义气。(《水浒传》第九十八回)

这样,"有些"就一直存在歧义分析,直到现代汉语也是如此,"有些"后面既可以接名词性成分也可以接动词性成分。

再比如,储泽祥(2014)讨论了"各种"的词汇化和语法化。"各种"最初也是后接 NP,表示"多种多样",本来是"各"与"种"两个词构成的短语。但在当代汉语的网络用语中,"各种"后面可以带上动词性成分或形容词性成分,如"各种表白""各种闹""各种收敛""各种不愉快"等。如(例子转引自储泽祥,2014):

那个男人看我百般不顺眼,只要是我男朋友和我在一起的时候就各种闹,各种劝分手,各种对我男友撒娇说想念。

他在学校各种调皮各种逃课,班主任怒了,叫他叫家长。

在"各种 VP"结构中"各"与"种"的分立性减弱,"各种"就变成了副词,表示类似的动作行为的多次出现。

之所以这类演变在汉语中如此常见,主要是因为汉语的词类没有形式标记。从认知上看,动词所表达的行为和事件实际也可以看作一种抽象的实体,因此在有的情况下可以作为名词来使用。沈家煊(2007、2009 等)的一系列研究提出了汉语的名动包含理论,指出汉语中的动词也是一种名词。汉语史上的这类演变现象也从一个侧面为这一理论提供了证据。

4　新获得的语法功能更容易与旧有的功能并存

由于汉语中的词缺少形态变化,尤其是不同词类的词上没有不同的形态标记,因此在汉语的语法化现象中,一个词语获得了新的功能,往往并不带来词形的任何变化。因此,一个形式的功能会不断地累积,造成丰富的一形多义,演变模式是 A>A、B>A、B、C(A、B、C 代表不同的功能),这是汉语语法化的一个显著特点(Xing,2015;董秀芳,2018)。

比如,董秀芳(2018)指出,在汉语历史上,有一些名词从指称具体的事物演变为描述与这种事物相关的性质或状态,从而由名词演变为了形容词。如"牢"从名词义"关牲畜或野兽的圈"发展出形容词义"牢固"。这种语义演变可以概括为从指别到描述,虽然造成了词性的变化,但是在词形上经常没有任何改变,从而造成了汉语中一些名词和形容词的同形或说一词多义中包含名词义项和形容词义项的现象。有些动词在演变过程中从指称具体的动作行为演变为描述与这种动作行为相关的性质或状态,从而变成了形容词。如"浮"从动词义"漂浮"发展出形容词义"浮躁、轻浮"。这种演变与从名词变为形容词的演变在类型和机制上都有平行和相似之处。动词也有指别功能,只是不是对物体的指别,而是对动作行为的指别,因此从动词到形容词的演变也可以归入从指别到描述的演变。由于汉语没有多少形态标记,因此与英语相比,汉语中从指别到描述的演变更容易发生,从而导致了更多的名形同形和动形同形。而在英语中,从名词或动词转变为形容词一般都需要加上词缀,比如,ice(名词)-icy(形容词)、break(动词)-broken(形容词),名词、动词与其相应的形容词在形式上很多是有差别的,因此在英语中名形同形和动形同形的情况要少得多。英语不算是典型的屈折语,形态已经有很大的退化,在典型的屈折语中就更不容易发生名形同形或动形同形的现象。

虽然名词或动词演变为形容词还是实词内部的变化,还不算语法化,但是在汉语中所体现的这一演变特点与语法化是一样的。汉语名词演变为后置词(方位词)、动词演变为介词或连词等典型的语法化现象,也往往与名词、动词向形容词演变一样,词类范畴发生了改变,但词形往往保持不变。比如,"把"作为动词和作为处置标记是同形的,"在"作为动词和作为介词是同形的,"上"作为名词、动词和后置词是同形的,"加上"作为动词和连词是同形的(董秀芳,2008),等等。

5　评价性形态的产生与发展

评价性形态(evaluative morphology,EM)最早由 Scalise(1984、1988)基于意大利语表示"指小"(小称)(diminutive)、"增量"(指大/大称)(augmentative)、"贬化"(pejorative)、"褒化"

(ameliorative)等的词缀提出。Scalise 认为这类形态是既不同于派生(derivation)也不同于屈折(inflection)的"第三类形态"(third morphology)。Beard(1995)把指小、增量、贬化、喜爱(affectionate)、表敬(honorific)等归入特殊的派生,称为"表达性派生(expressive derivation)",也就是将评价性形态归为派生;此后一些学者从类型学视角对评价性形态做了广泛调查(Körtvélyessy,2015;Grandi& Körtvélyessy,2015 等)。我们认同 Beard(1995)的观点,认为评价性形态可以归入派生,因为从整体上看评价性形态更符合派生的特征。董秀芳(2004、2016a:35—39)认为表达性派生在汉语词法中具有凸显性。本文使用评价性形态这一术语,因为这一术语目前看来是用得较多的。

评价性形态不改变词类,也不改变意义的领域,具有可选性(optional)和主观性(subjective)。比如,对于一个普通大小的物体,说话者可以不使用标记,也可以在一些情况下用指小形式指称,而在另一些情况下用增量形式指称,以表示不同的情感和主观态度与评价。

董秀芳(2016b)指出,汉语中的词缀和一些重叠都属于评价性形态。比如,北方话中名词的后缀"儿"除了可以表达指小,还可以表达喜爱,进一步泛化之后还可以表达非正式的风格色彩。河北黄骅话中动词后缀"哒"附加在具体动词之后,表达对动词所指示的动作行为的不喜欢的主观态度。"黑乎乎""傻乎乎""胖乎乎"等词语中的"乎乎"是一个表示增量的词缀,经常带有贬义。动词的重叠可以表达短时和轻松;形容词的重叠可以表达增量或减量,也可以表达喜爱;名词的重叠可以表达指小(比如四川方言)。因此,汉语的词法重叠基本都属于评价性形态。

董秀芳(2016b)指出,印欧语言中普遍存在的形态变化如名词变格和动词变位主要指示的就是动名之间的各种关系以及动词表达的事件与客观世界(特别是时间序列)的联系,而这些都是语言所要表达的内容中客观存在的。因此印欧语言中的形态主要是客观语义关系的语法化。虽然印欧语中也有一些词缀具有主观性,但是这样的词缀在整体中所占比例比较小。汉语没有名词变格和动词变位,汉语在名词和动词上附加的具有一定词缀性的成分全都是指示世界与人的关系,表明人对事物或行为、状态的看法和评价,即属于评价性形态。汉语中也有不属于评价性形态的词缀,如指人名词的复数后缀"们",体标记"了""着""过",以及古代汉语中曾存在过的表达致使的词缀或语音变化,但这样的成分在总体中所占比例是比较少的。因此,在汉语中没有演变为屈折词缀的语法化,但是有演变为评价性形态的语法化。研究评价性形态在汉语中的起源与发展应该成为汉语语法化研究中一个比较有特点的方面,这方面的研究还有待于开展。

比如,上古汉语中就已存在的具有实词性的重言有一部分就在后代经过词法化(murphologization)变成了ABB式词法模式中的重叠形式的后缀(董秀芳,待刊)。以"悠悠"为例。在《诗经》中,"悠悠"共出现17次。都是作为实词性成分出现的,可以做谓语,也可以做定语。如:

　　　思须与漕,我心悠悠。(《诗经·邶风·泉水》)

　　　悠悠苍天,曷其有所!(《诗经·唐风·鸨羽》)

唐代以后,"悠悠"除了可以单用之外,也可以作为类后缀出现,出现频率很高。据石锓(2010)的统计,唐五代时期有21个"A悠悠"形式[②]。如:

南冠朔服,俄泛泛以相亲;孤棹片帆,杳悠悠而未济。(袁不约《胡越同舟赋》,《全唐文》卷733)

故国三年一消息,终南渭水寒悠悠。(杜甫《锦树行》,《全唐诗》卷222)

到了现代汉语中,除了个别存古用法,"悠悠"基本只用为词缀,如"慢悠悠""颤悠悠""荡悠悠""轻悠悠"等。

"悠悠"的核心义素是"长",从"长"可以引申出"缓慢"义和"多"义。作为词缀的"悠悠"从"舒缓"和"久长"义又进一步虚化为表示增量。

再比如,"巴巴"最早出现于宋代,最初是实词,可以做谓语或状语,义为"急切的、特地的"。如:

十年愁眼泪巴巴,今日思家。(汪元量《一翦梅·怀旧》词)

深院静、月明风细。巴巴望晓,怎生捱、更迢递。(柳永《爪茉莉·秋夜》词)

在元代以后,出现了做形容词后缀的例子,如:

你看那独角牛身凛凛,貌堂堂,你这等瘦巴巴的,则怕你近不的他也。(无名氏《刘千病打独角牛》第一折)

美娘大惊道:"脏巴巴的,吐在哪里?"(《醒世恒言·卖油郎独占花魁》)

怕只怕狠巴巴(我)那个房下,我房下其实(有些)难说话。(冯梦龙《挂枝儿·惧内》)

作为词缀,"巴巴"的意义比较虚化,主要是表示增量,起加强程度的作用。

在现代汉语中,"巴巴"作为词缀比较能产,《现代汉语词典》(第7版)中收录了"巴巴"的词缀义,并收录了"干巴巴""急巴巴""紧巴巴"

"凶巴巴""皱巴巴"等词语。语料库中这样的词语实际还有一些。

6　结语

语言演变现象既有跨语言的共性，也受到特定语言类型特征的制约。我们在探讨语言演变规律时，一方面要考虑语言共性，一方面也必须结合特定语言的类型特征。

汉语语法化表现出的一些特殊之处基本都与汉语的词法特点有关。汉语的词汇在历史上出现了双音化倾向，双音节成为典型的汉语词的一种形式特征。双音化倾向不仅作用在实词上，也作用在虚词上。汉语作为孤立语，基本没有屈折词缀，这一词法特点决定了汉语虚词进一步的演变走向：不是变为屈折词缀，而是变为不贡献语义的词内成分。汉语不同词类之间没有形态上的区别，这一点也造成了汉语语法化的一些较为特殊之处。汉语的动词和名词之间的界线不是十分分明，动词经常可以无标记地名词化，因此动词性成分可以比较容易地进入原本只有名词性成分才能出现的句法位置，从而引发语法化。也是因为汉语的词类之间没有形态上的区分，当一个形式发生了语法化，获得了新的语法功能，改变了词类时，在形式上却可以没有任何改变，这就更多地造成了汉语中新的语法功能与旧的语法功能并存于同一形式的局面。汉语在词法上拥有的派生形式基本都属于评价性形态，包括一些词缀和重叠形式，这也是汉语在词法上的一个重要特点。我们可以从历时角度来探讨评价性形态成分的语法化。

语言之间词法的差异大于句法的差异。一个语言的词法特点与其句法特点是紧密联系在一起的，甚至可以说，一个语言的词法特点在一定程度上决定了该语言的整体面貌。从本文的研究还可以看出,一个语言的词法特点也影响着这个语言的演变特点。因此,必须对不同语言的词法特点进行深入研究,而目前汉语的词法研究仍属于薄弱环节,这正是需要加强的方面。

附 注

① 方言中是否存在虚词演变为屈折词缀的变化还值得进一步考察。

② 不过,石锓(2010)认为这些"A 悠悠"形式还不是词,因为组合是随意的和临时的。我们认为,虽然"悠悠"还有独立使用的情况,还不完全是严格意义上的词缀,但这个时期"A 悠悠"开始向派生词转化了。

参考文献

储泽祥 2014 网络语言里"各种"的词汇化和语法化,《语言学论丛》第 19 辑,66—86 页。

董秀芳 2003 论"X 着"的词汇化,《语言学论丛》第 28 辑,商务印书馆,138—151 页。

董秀芳 2004 "是"的进一步语法化:由虚词到词内成分,《当代语言学》第 1 期,35—44 页。

董秀芳 2006 词汇化与语法化的联系与区别:以汉语史中的一些词汇化为例,《21 世纪的中国语言学》(二),商务印书馆,6—35 页。

董秀芳 2008 汉语动转名的无标记性与汉语语法化模式的关联,《历史语言学研究》(第一辑),商务印书馆,191—200 页。

董秀芳 2011[2002] 《词汇化:汉语双音词的衍生和发展(修订本)》,商务印书馆。(初版,四川民族出版社,2002)

董秀芳 2014 从存在义到不定指代义和多量义:"有 X"类词语的词汇化,《历史语言学研究》(第八辑),商务印书馆,129—139 页。

董秀芳 2016a[2004] 《汉语的词库与词法》(第二版),北京大学出版社(初版 2004)。

董秀芳 2016b 主观性表达在汉语中的凸显性及其表现特征,《语言科学》

第 6 期,561—570 页。

董秀芳 2018 从指别到描述,《语文研究》第 3 期,1—7 页。

董秀芳 (待刊)上古汉语中的重叠及其演变:ABB 形容词词法模式的形成。

李思旭 2019 双音化在句法位置的分化作用——兼论汉语附着词前后转化的不对称,《汉语学习》第 3 期,16—28 页。

沈家煊 2007 汉语里的名词和动词,《汉藏语学报》第 1 期。

沈家煊 2009 我看汉语里的词类,《语言科学》第 1 期。

石　锓 2010 《汉语形容词重叠形式的历史发展》,商务印书馆。

吴福祥 2005 汉语语法化演变的几个类型学特征,《中国语文》第 6 期,483—494 页。

张家合 2007 元刊杂剧重叠构词研究,《聊城大学学报》第 3 期,86—89 页。

张谊生 2003 从量词到助词——量词"个"语法化过程的个案分析,《当代语言学》第 3 期,193—205 页。

Beard,R. 1995 *Lexeme-Morpheme Base Morphology*. Albany:State University of New York Press.

Grandi,N and Körtvélyessy,L. 2015 *The Handbook of Evaluative Morphology*. Edinburgh:Edinburgh University Press.

Hopper,P. & E. C. Traugott 1993 *Grammaticalization*. Cambridge:Cambridge University Press.

Hopper,Paul J. and Elizabeth C. Traugott 2003 *Grammaticalization*. 2nd Edition. Cambridge:Cambridge University Press.

Körtvélyessy,L. 2015 *Evaluative Morphology from Cross-Linguistic Perspective*. Newcastle upon Tyne:Cambridge Scholars Publishing.

Malicka-Kleparska,A. 1985 Parallel derivation and lexicalist morphology:The case of Polish diminutivization. In Gussmann,E. (ed.). *Phono-Morphology:Studies in the Interaction of Phonology and Morphology*. Lublin:Redakcja Wydawnictw Katolickiego Uniwersytetu Lubelskiego.

Scalise,S. 1984 *Generative Morphology*. Dordrecht,The Netherlands:Foris.

Scalise,S. 1988 The notion of "head" in morphology. In G. Booijand J. van Marle (eds.). *Yearbook of Morphology*. Dordrecht:Foris.

Xing,Janet Zhiqun 2015 A comparative study of semantic change in grammaticalization and lexicalization in Chinese and Germanic languages. *Studies in Language* 39 (3):593—633.

汉语方言处置标记到受益者标记的演变[*]

黄晓雪

（广州大学人文学院/语言服务研究中心）

0 引言

汉语绝大多数方言的受益范畴用"受益者标记＋N＋VP"格式表示，^①我们把这类句子称为"施益句"。受益者标记北方多用"给"，南方多用源于伴随介词的成分（黄晓雪，2018a、2018c）。也有用"把"的，主要见于江淮官话、赣语和湘语。受益者标记"把"是怎么来的？本文主要依据宿松话的材料来讨论这个问题。

1 宿松方言受益者标记"把"的用法及来源

宿松话属赣语。"把"字有多种用法，多种读音。1)"把握"中读$[pa^{42}]$。2)"一把菜"中读$[\cdot pa]$。3)"伞把""刀把"中读$[pa^{21}]$。

＊ 本研究是国家社科基金重大项目（15ZDB100）"中国境内语言语法化词库建设"的阶段性成果。

4)做给予动词读[ma⁴²]。5)做介词读[·ma]。②

介词"把"有多种用法:一、表处置,如"我把衣裳洗脱着我把衣服洗完了"。二、引进工具语,如"佢他把桶装水"。三、引进动作的受益者,如"你把我买滴肉你给我买点肉"。四、引进处所,如"那些人在把屋里跑"。

"把[·ma]"在宿松方言中是一个极其常见的受益者标记。③可以表服务受益,如例(1)(2),可以表替代受益,如例(3),还可以表接受受益,如例(4)。④

(1)你把伢着下衣裳你给孩子穿一下衣服。｜我把佢洗衣裳。｜佢今朝忙,你把佢舞下饭你给他做一下饭。｜你把奶奶捶下背。

(2)把客人倒滴茶给客人倒点水。｜把奶奶盛下饭。

(3)我去把佢看下夜我去替他值一下夜班。｜我不认得字,你把我写一封信我不认识字,你替我写一封信。｜我身上有带钱,你把我把下油钱我身上没有带钱,你替我付一下油钱。

(4)我去把毛伢买一套衣裳我去给小孩子买一套衣服。

(5)把佢求个情。｜把我讲一句公道话。

"把[·ma]"最基本的作用是做处置标记。

(6)我今朝上街把身上里的钱用得精光。

(7)我把锅里饭一下吃脱着我锅里的饭全吃了。

(8)你莫把佢里衣裳搞邋遢着你别把他的衣服搞脏了。

(9)把车修好着了。

(10)把房里检一下在把房里收拾了一下。

(11)今朝把猪有关倒今天没猪关着。

(12)你把书送在给哥哥。｜把钱还在给人家别人。｜你莫把钱借在佢你别把钱借给他。

（13）你把屋租在我哒你把房子租给我（"哒"是表祈使、请求的语气词）。

（14）把佢叫伯伯。

（15）佢把那些不相干里人当真心巴他把那些不相关的人当真人。

（16）把西瓜切成块。

（17）我把佢捶两拳在我把他捶了两拳。

（18）我把衣裳洗脱两到在我把衣服洗了两遍。

例（6）—（13）的用法跟普通话相当，动词后都不带宾语。例（14）带宾语，谓语动词为称呼类动词；例（15）带宾语，谓语动词为"当、作"类的三价动词；例（16）所带宾语为结果宾语，这跟普通话的情形也是一致的。

宿松方言中，"把"字句的谓语动词可以带受事宾语，形成"（N₁）＋把＋N₂＋V＋N₃"的格式：

（19）我把佢打破头在了。｜我把狗打断脚在把狗打断了腿。

（20）你把鸡脱拔下一下毛。｜把茄子搣脱蒂巴兖在把茄子蒂去掉了。

（21）把衣裳脱脱一件把衣服脱掉一件。

（22）我把地里捍下草我把地里草锄一下。

（23）你把衣裳拍下灰。｜你把脸上抹擦下水。

（24）我把桶里装倒水在我把桶里装好了水。｜把衫袖高头擦滴肥皂把衣服袖子上抹点肥皂。｜你把灯上加滴点油。｜把我碗里盛滴点饭。

（25）我把墙上贴几张画在了。｜我把地里种滴点红芋红薯。

（26）把白菜滴滴水给白菜浇点水。

（27）你把锄头斗下柄你把锄头柄安上。｜把衣裳紝下扣把衣服扣子缝上。｜我把家具漆下漆在我把家具上了油漆。

（28）你把车开下门。｜把你里鞋缇下带 把你的鞋带系一下。

例（19）有"损坏、损害"的意思，例（20）—（23）有"去除"的意思，这些句子 N_2 和 N_3 都可看作动作的受事。其中，例（19）—（21） N_3 是 N_2 的一部分，对 N_3 实施"损坏"或"去除"，意味着 N_2 也受到了较强影响；例（22）（23） N_2 和 N_3 只有领属关系，没有"整体-部分"的关系，"去除"的动作对 N_2 的影响不大， N_2 的受事性因而弱一些。

例（24）—（27）有"添加""补足"的意义，即通过在 N_2 所表达的事物上添加 N_3 而使 N_2 与 N_3 形成领有关系， N_2 都可看作 N_3 所在的处所（例 27 可看作广义的处所，这类句子还附带有"加工"义），但一般不能看作 V 的受事。例（28）动作 V 的发生并未损坏或去除 N_3 表达的事物，只是调整了"车门""鞋带"的状态，因而很难说 N_2 受到了多大影响。例（24）—（28）的 N_2 受事性都很弱。

典型的"把"字处置式，"把"后的名词是谓语动词的受事，是被处置的对象。在"（N_1）＋把＋N_2＋V＋N_3"格式里， N_2 受事性减弱，为其角色身份的改变提供了机会。如果"V＋N_3"表示的动作行为成为 N_2 的某种需要， N_2 就有可能改变角色身份，由被处置的角色变为接受服务的角色，"把"的作用也就由引进处置对象而变为引进受益者，整个句子因此转型为施益句。

N_2 由被处置的角色变为接受服务的角色，跟它的生命度也有关系。生命度越高， N_2 需要"V＋N_3"的自主性就越强，也就越容易发生角色转变。[5]试看下面几个句子：

（29）把桌子抹下灰。

（30）你把红芋苗滴滴水 你给红薯苗浇点水。

（31）我把毛伢洗下头 给小孩儿洗一下头。

60

（32）你把姆妈_{妈妈}捶下背。

（33）你把我着下鞋。

例（29）的"桌子"生命度最低。"抹下灰"这样的动作行为对桌子本身来说无所谓需不需要，完全是动作施行者对它的一种摆弄、一种处置。所以，这个句子看成施益句显得勉强，看成处置句要切合一些。例（30）的"红芋苗"、例（31）的"毛伢"有生命度，但不高。从"滴滴水""洗下头"能给"红芋苗""毛伢"带来实际利益说，可以把这两个句子看成施益句；可是，由于"红芋苗""毛伢"生命度不高，自主性弱，"滴滴水""洗下头"也未尝不可以看成是动作施行者对它们的一种摆弄、一种处置，跟处置句还没有完全摆脱干系。这两个句子介乎处置句和施益句之间，更倾向于施益句。例（32）与（31）句法完全相同，但（32）可以认为典型的施益句，（31）作为施益句则不是十分到位，原因正在于（32）里的"姆妈"比（31）里的"毛伢"生命度高。生命度高，自主性就高，也就更容易由被处置的角色转变为接受服务的角色。例（33）里面的"我"自己提出提供服务的要求，其自主性达到极致，这显然是生命度提升、自主性随之提升导致的结果。

处置式的谓语动词带受事宾语几乎无所限制，是宿松话的"把"能够变为受益者标记的根本原因。从处置标记到受益者标记的演变过程看，"把"首先进入的是服务受益，然后其功能扩展到替代受益和接受受益。服务受益隐含替代受益又隐含接受受益。于是有如下句子：

（34）你把姆妈_{妈妈}洗下碗。

对于"姆妈"而言，"洗碗"是她主动承担的或需要承担的事，由"你"替代姆妈洗碗也就替代了她的劳动，从而使她受益。

（35）我把姆妈_{妈妈}买一件衣裳。

"衣裳"归"姆妈"所有，句子可看成表示接受受益的施益句。

宿松话的"把"只能引进受益者，不能引进受损者。⑥表示受损的意义用处置式或被动句。如：

（36）你不用心念书，把大人里_的脸都丢尽着了。（致使义处置式）

你不用心念书，大人里脸都把在⑦你丢尽着了。（被动句）

2 "处置＞受益"的演变类型考察

汉语其他方言也有处置标记与受益者标记同形的情形。这些方言有属湘语的绥宁话⑧、属于老湘语的洞口话（胡云晚，2010），属江淮官话的舒城话、安庆话、桐城话，属赣语的潜山话、太湖话。

绥宁话的"把[pa⁵⁵]"（伍云姬主编，2009:64）：

（37）你把我杀嘎吧_{你把我杀了吧}！（处置标记）

（38）你把我杀嘎□[ki⁵⁵]_{你给我杀了他}！（受益者标记）

洞口老湘语的"把[ma²⁴/pa³¹]"和"捉[tso⁴⁴]"（胡云晚，2010:184、208）：

（39）把桌子拖行呱_{把桌子拖走}。｜捉衣衫清起_{把衣服清理好}。（处置标记）

（40）把/捉其治病_{给他治病}。｜我捉妹妹买起一身新衣衫_{我给妹妹买了一套新衣服}。（受益者标记）

舒城话的"把[pa²⁴]"：

（41）把苹果吃了。（处置标记）

(42)把侠们_{孩子}穿一下衣裳。｜他不认得字,你把他写封信_{你替他写封信}。(受益者标记)

安庆话的[·pa]:

(43)你把苹果吃掉哦。｜爹爹_{爷爷}把车胎修好着了。｜风把湖水吹皱着了。(处置标记)

(44)把我洗一下衣服_{给我洗一下衣服}。｜把他倒杯水_{给他倒杯水}。｜他不认得字,你把他写封信_{你替他写封信}。｜把伢子_{孩子}买一件衣裳。(受益者标记)

桐城话的"把[pa³³⁵]":

(45)你把鞋带系一下子。(处置标记)

(46)你把我洗一下衣裳。｜把他倒杯水。｜把奶奶捶背。｜他不认得字,你把他写封信_{你替他写封信}。｜把细伢_{孩子}买一件衣裳。(受益者标记)

潜山话的"把[·pa]":

(47)把佢头打破着了。(处置标记)

(48)把伢穿好衣。｜把大_爸盛一碗饭_{给你爸盛一碗饭}。｜我把佢买一双鞋_{我给他买一双鞋}。(受益者标记)

笔者调查,安庆话、桐城话和太湖话,处置式的谓语动词后面也可以带受事宾语,这一点跟宿松方言类似。太湖县跟宿松县相邻,"把"的用法跟宿松话基本相同,不再举例。安庆话例如[9]:

(49)把车开一下门。

桐城话例如:

(50)我把他打破着了头。

由宿松话、安庆话和桐城话的情形看,处置标记与受益者标记同形的方言有一个共同点,就是处置式都很发达,"把"的使用频率

63

非常高,适用的句法环境很宽泛,"N₁＋把＋N₂＋V＋N₃"格式的处置式使用比较普遍。这使得"把"演变为受益者标记成为可能。

3 "处置＞受益"演变的区域特征

"把"本是一个"持拿"义动词。在现代汉语方言中,"把"做"持拿"义动词的用法基本消失了。"持拿"义动词跟受益者标记没有关系。安庆话、桐城话、潜山话、宿松话、太湖话,"把"可用作"给"义动词,[⑩]而"给"义动词是受益者标记(包括引进受损者)的来源之一,北方官话的"给"、杭州话的"拨[pəʔ⁵]"[⑪]、祁门话的"分[fæ¹¹]"等,都是既用作给予义动词又用作受益者标记的。那么,宿松话的受益者标记"把"跟"给"义动词的"把"有关联吗?我们认为可能性不大。据黄晓雪、贺学贵(2018),"给"义动词到受益者标记的演变见于官话区(主要是北方官话)、部分吴语、闽语和徽语,其演变跟给予类双及物结构[⑫]"V给＋Nr＋Nt"(双宾 A 式)有关,双宾 A 式经过语用类推形成"V给＋Nr＋VP"格式,"V给＋Nr＋VP"由双宾结构重新分析为施益句的状中结构,"V给"语法化为受益者标记。但凡有源于"V给"的受益者标记的方言都有给予类双及物结构双宾 A 式,双宾 A 式是"给"义动词语法化为受益者标记的必要条件。属于赣语、湘语、客家话、粤语、南方官话(西南官话和江淮官话)的绝大多数方言没有双宾 A 式(或双宾 A 式不发达)。宿松话和太湖话基本没有给予类双及物结构双宾 A 式。只有当 Nr 是人称代词时,"送""还"等三价动词才偶尔用双宾 A 式,给予动词"把"则绝对不能用于双宾 A 式。给予动词"把"不能直接后续给予的对象,给予的对象要用"在"引进,如不说"把你一本

64

书",要说"把一本书在你""这本书把在你",给予动词"把"不具备演变为受益者标记的条件。有的方言如安徽舒城话的"把"只做处置标记和受益者标记,没有给予动词的用法,[⑬]受益者标记"把"跟给予义动词不相干。

根据张敏(2011),现代赣语、吴语、湘语、客家话、粤语、南方官话(西南官话和江淮官话)的绝大多数方言的给予动词都源于二价持拿义动词"拿、把、担、驮"等。持拿义动词的给予类双及物结构用介宾补语式,不用双宾 A 式。由持拿义动词演变来的给予动词一般仍然沿用介宾补语式(吴语和少数南方官话除外,详下文),这是这些方言给予类双及物结构没有双宾 A 式的原因。张先生认为,闽语双宾 A 式是古汉语遗留下来的,徽语本来就接近官话,所以也有双宾 A 式,而吴语的双宾 A 式则是官话渗透的结果,其成因跟宋室南迁有关。现代安庆话、桐城话给予动词既有"把",又有"给",给予类双及物结构既有介宾补语式,又有双宾 A 式(如"把/给你一本书",口语中多用"把")。我们认为,安庆话、桐城话的"把"用于双宾 A 式是受动词"给"的影响或受有双宾 A 式的官话影响的结果,其时间层次很晚。根据笔者调查,老派的安庆话的给予类双及物结构一般只用"把几件旧衣服把他给他几件旧衣服"类介宾补语式,不用双宾 A 式。洞口老湘语中,给予动词"把"可用于如下三类格式(胡云晚,2010:217—224):

介宾补语式:爷爷把呱五块钱乞其爷爷给了他五块钱。

双宾 B 式:我把两百块钱婶婶我给外婆两百块钱。

双宾 A 式:你把其书,我把其钢笔你给她书,我给她钢笔。

但以介宾补语式和双宾 B 式最为常见,双宾 A 式的使用频率不高,"且经常受限,多出现在互相对照的陈述语境或祈使句中……

也许这是普通话句法侵入方言的结果,但侵入力度还不够强大"。"捉"在洞口老湘语中还是一个"抓握"义动词,如"其我捉回来呱哩_{我把他抓回来了}"(例见胡云晚,2010:267),不能用作给予动词。可见,洞口老湘语的受益者标记"把"和"捉"在来源上都与给予动词无关。

4 余论

处置标记可以向受益者标记演变;反过来,受益者标记也可以向处置标记演变。从语义看,处置和受益也有相通之处。我们如要使某个对象受益或受损,则往往会对它实施某种动作行为,实施动作行为其实就是一种处置;而对某人或某物做某种处置也会使其受益或受损。这是处置式和施益句可以互相转化的语义方面的原因。

根据目前掌握的材料,这两种演变共存于同一方言的现象不多见。从地域分布看,"处置标记>受益者标记"的演变覆盖面并不十分广,主要分布在赣语、湘语、江淮官话等中部地区的方言中,南北两极区域的方言(包括南部吴语、闽语)都未见这种演变。赣语、湘语、江淮官话等方言,"动后限制"⑭的作用普遍比北方官话要弱。(张敏,2010)宿松方言有定的受事成分放在谓语动词后充任宾语很自然,如"我吃脱那一个苹果在_{我吃了那个苹果了}""今朝割脱那一亩田里谷在_{我今天把那一亩田的谷割了}",因而,处置式谓语动词后面再带上一个受事宾语是与这些方言的语法系统相和谐的。而"受益者标记>处置标记"的演变分布面较广,主要分布在吴语(如杭州的"拨[pəʔ⁴]",义乌的"分[fen⁵⁵]",湖州市的"搭[·təʔ]",江山的"帮

〔piaŋ⁴⁴〕",金华兰溪话的"替〔t'i³¹〕"等)、闽语(如福州话的"共")、徽语(如祁门话的"分")、客家话(如瑞金话的"跟")、西南官话(如开远话的"挨")、江淮官话(如湖北孝感话的"跟")、河南中原官话(如郑州、荥阳、中牟、许昌等方言的"给")、湘语(如洞口老湘语的"跟")及湖南乡话(如沅陵乡话的"跟")等粤语以外的南方方言,北方官话区很少见,主要见于河南的中原官话。⑮ 由于分布的区域有部分交叉重合,这两种演变模式也就有可能共存于同一方言,如洞口老湘语的"把/捉"和"跟"就分别经历了这两种演变。

附 注

① 现代广西境内的一些方言(如南宁白话、柳州话)有"VP+受益者标记+N"格式的施益句,黄晓雪、贺学贵(2018)认为,这类施益句的形成跟壮语的影响有关。本文不考察这类施益句。

② 与宿松毗邻的黄梅县,做给予动词和介词的"把"既可以读〔⸌ma〕和〔·ma〕,又可以读〔⸌pa〕和〔·pa〕,邻近的太湖县读〔⸌pa〕和〔·pa〕。由此可以断定宿松话读〔ma⁴²〕的给予动词、读〔·ma〕的介词,其本字就是"把"。

③ 除"把〔·ma〕"以外,宿松话的受益者标记还有"和""替"。但"和"很少用于接受受益。

④ "施益句"都带有使某人受益(包括受损)的意思。所谓"受益"大致可按语义分为三类:(一)服务受益:动作行为为某一对象而施行并使其受益。(二)接受受益:把某物给予某一对象并使其受益。(三)替代受益:代替某一对象的动作行为并使其受益。三类受益当中,服务受益是核心,接受受益和替代受益都隐含有服务受益的意思,都可看作服务受益的一种。

⑤ 下列句子 N_2 有生命度:

(1)我把牛喝滴点水。

(2)你把伢喝滴奶给孩子喂点奶。

N_2 是谓语动词的施事,又是 N_1 处置的对象,句法关系与施益句不同,"把"不能演变为受益者标记。本文不做讨论。

⑥ 宿松方言的受益者标记"和""跟""替"也都不能引进受损者。

⑦　宿松话用"把在"表被动,相当于普通话的"被"。

⑧　绥宁话的材料见曾常红、李建军(2009)。

⑨　例(49)—(51)多为老年人说,年轻人一般不这么说。例(52)(53)的说法无论老年人还是年轻人都说。

⑩　"把"的给予义的来源参见黄晓雪、李崇兴(2004)。

⑪　吴语有的方言如杭州话的"拨"可用作给予动词、受益者标记(包括受损)和处置标记,但我们认为处置标记"拨"来源于受益者标记。因为,吴语处置式不发达,不少方言中至今还没有处置式。根据盛益民(2010),绍兴柯桥话的"拨"只用作引进受益者的介词,不做处置标记;"作"用作引进受损者的介词,还可做处置标记,但绍兴话处置式不发达,处置标记"作"的用法受限制,即只能表达说话人主观上不期待的事件。盛文认为,"作"表处置的用法来源于引进受损者的介词(广义受益者标记)。也就是说,吴语中只存在受益者标记到处置式标记的演变,而不是相反,这一点跟处置式发达的宿松、安庆、洞口等地方言的"把"由处置标记到受益者标记的演变完全不同。关于吴语处置标记的来源及受益者标记到处置标记的演变详黄晓雪(2018b)。

⑫　根据刘丹青(2001)和张敏(2011),汉语方言的给予类双及物结构可分为五类:

双宾 A 式:北京话"给他书";

双宾 B 式:南京话"给书他"、广州话"畀书佢";

介宾补语式:北京话"送书给他";

介宾状语式:北京话"给他送书";

复合词式:北京话"送给他书"、中宁话"给给我一碗水"。

⑬　舒城话的"把"也没有做被动标记的用法。由此推测,舒城话的"把"在其方言历史上就没有发展出给予动词的用法。

⑭　"动后限制"即"动词后不容双宾构型之外的任何双成分",参见张敏(2010、2011)。

⑮　此类材料见朱德熙(1982:180—181)、曹茜蕾(2007)、黄晓雪(2018b)、马贝加等(2013)、陈泽平(2006)、陈瑶(2011)、王健(2004)、林素娥(2007)、万群(2013)、刘泽民(2006:195、208)、朱雨(2013)、王求是(2014:466、335)、金小栋(2017:8—34)、李炜等(2018)、胡云晚(2010:195—196)和杨蔚(1999:190—191)。黄晓雪(2019)认为,汉语方言的受益者标记至少有以下几个来源。(一)来源于"给"义动词,如"给""拨"等;(二)来源于伴随介

词,如"跟""和""同""搭""挨"等;(三)来源于替代义动词"替""代";(四)来源于帮助义动词"帮""助";(五)来源于处置标记,如"把""捉"。其中,前四类受益者标记都有发展为处置标记的现象。

参考文献

曹茜蕾 2007 汉语方言的处置标记的类型,《语言学论丛》第 36 辑,商务印书馆。

陈 瑶 2011 "给予"义动词兼做处置标记和被动标记的动因,《福建师范大学学报》第 5 期。

陈泽平 2006 福州方言处置介词"共"的语法化路径,《中国语文》第 3 期。

胡云晚 2010 《湘西南洞口老湘语虚词研究》,江西人民出版社。

黄晓雪 2018a 汉语方言伴随介词到受益格标记的演变,第九届汉语方言语法国际学术研讨会,2018 年 6 月 22—24 日,安徽大学。

黄晓雪 2018b 吴语处置标记的类型考察,*Journal of Chinese Linguistics* 46:177—198。

黄晓雪、贺学贵 2018 汉语方言与"给"义动词相关的受益者标记,《语言研究》第 4 期。

黄晓雪 2019 汉语方言受益者标记来源考察,《方言》第 4 期。

黄晓雪、李崇兴 2004 方言中"把"的给予义的来源,《语言研究》第 4 期。

金小栋 2017 汉语方言多功能介词的语义演变研究,中国社会科学院研究生院博士学位论文。

李 炜、刘亚男 2018 从多功能词"给"的不同表现看汉语官话语法类型,《语言研究》第 1 期。

林素娥 2007 北京话"给"表处置的来源之我见,《汉语学报》第 4 期。

刘丹青 2001 汉语给予类双及物结构的类型学考察,《中国语文》第 5 期。

刘泽民 2006 《瑞金方言研究》,文化艺术出版社,中国社会科学出版社。

马贝加、王 倩 2013 试论汉语介词从"所为"到"处置"的演变,《中国语文》第 1 期。

盛益民 2010 绍兴柯桥话多功能虚词"作"的语义演变——兼论太湖片吴语受益者标记来源的三种类型,《语言科学》第 2 期。

万 群 2013 关于处置、被动同形标记"给"和"把"的相关问题,《湖北工学院学报》第 2 期。

王 健 2004 "给"字句表处置的来源,《语文研究》第 4 期。

王求是 2014 《孝感方言研究》,华中师范大学出版社。

伍云姬主编 2009 《湖南方言的介词》,湖南师范大学出版社。

杨 蔚 1999 《沅陵乡话研究》,湖南教育出版社。

曾常红、李建军 2009 绥宁方言的介词,载伍云姬主编《湖南方言的介词》,湖南师范大学出版社。

张 敏 2010 "动后限制"的区域推移及其实质,中国语言的比较与类型学研究国际研讨会,2010 年 5 月 8—9 日,香港科技大学。

张 敏 2011 汉语方言双及物结构南北差异的成因:类型学研究引发的新问题,《中国语言学集刊》第 2 期。

朱德熙 1982 《语法讲义》,商务印书馆。

朱 雨 2013 开远方言中"挨"的介词功能与连词功能,《红河学院学报》第 5 期。

扎坝语的名物化和关系化

黄 阳

（西南交通大学人文学院）

0 引言

扎坝语(nDrapa；ISO 639—3：zhb)是藏缅语族羌语支中一种处于严重濒危状态的语言(Bradley,2007:356—357),分布于四川甘孜藏族自治州道孚县扎坝区、雅江县扎麦区以及理塘和新龙两县的部分村落,分为上、下扎坝两个方言区(孙宏开,1983;黄布凡,1990)。上扎坝方言由于受周边藏语牧区话及嘉戎语的影响,借入大量藏语词汇;讲下扎坝方言的村落紧靠雅江县城,受当地汉藏混合语"倒话"以及藏语影响较深。（Huang,2018）

以往研究中国境内民族语名物化问题时多借鉴汉语名物化标记"的"的句法分布、指称意义等相关研究框架。但随着跨语言研究的深入,不少语言学家发现东南亚众多语言中名物化的结构类型极其丰富,有的跟汉语相似,有的差异显著。大致分为两大类六小类:派生型(词汇型)名物化(derivational nominalization):将具有形容词功能的动词名物化为名词的定语(Genetti & Hilde-brandt,2004;Genetti,2007:206—207;Coupe,2007:208;Bartee,

2007:150;Genetti,2011:185;等等);将动词或动词性的词语派生为名词(朱德熙,1961;Noonan,1997:379;LaPolla & Huang,2003:223;Rao et al.,2019;Lu 等,2019;等等)。小句型名物化(clausal nominalization):将"想、看、觉得、喜欢"等情态、感官动词,某些能愿动词的补足语小句(complementation)名物化(Matisoff,1969、1972:241;Noonan,2008:220;Genetti,2011:172;等等);将表达"原因、时间、并列"等关系的状语从句名物化(Matisoff,1972;Genetti & Hildebrandt,2004:83;Coupe,2007:11;Noonan,2008;等等);将关系小句名物化,且作为嵌入式成分用来修饰核心名词(朱德熙,1961;DeLancey,2002:57;LaPolla & Huang,2003:224—228);将非嵌入(nonembedded)小句名物化(Matisoff,1972;Hargreaves,2005:19;Noonan,2008;DeLancey,2011;等等)。

Matisoff(1972)在研究拉祜语的名物化结构时第一次提出在某些藏缅语中"名物化-关系化-领属化"之间存在较为密切的联系,很多藏缅语中名物化标记同时能够连接关系小句和领属定语。随后半个多世纪涌现了一大批研究名物化的文献。有的从共时角度描写名物化结构的语法特点(Herring,1991;DeLancey,2002;Coupe,2007:201—236;Bartee,2007:99—103;Post,2007:752—781;LaPolla,2008;Noonan,2008;Lu 等,2019);有的通过跨语言比较从历史发展角度考察"名物化-关系化-领属化"三者在历史发展上的相关性及演变轨迹(Noonan,1997;Watters,2008;Genetti,2011);有的关注名物化跟关系小句的形态句法、语义特征以及语用表达(孙天心,2006;黄成龙、余文生,2007;DeLancey,2011:345;Shibatani,2018);有的还从区域类型学角度将藏缅语中这类表达名物化的方法看作"标准汉藏语型"的名物化模式(Bickel, 1999;DeLancey,1999)。本文以四川甘孜州雅江县木绒乡下扎坝方言为研究对象,首先对下扎坝方言木绒话名物化的形态句法特征进行细致描写,然后从历史角度考察名物化标记在下扎坝方言中的演变轨迹,最后通过与中国西南以及境外跨喜马拉雅区域的藏缅语进行比较,借助区域类型学的研究成果系统分析下扎坝方言中"名物化-关系化-领属化"结构之间的关系。

1 扎坝语名物化的类型和方式

单就名物化的形态句法表现形式看,藏缅语较汉语更加复杂多样;某些在汉语中无法名物化的结构在藏缅语中却能名物化。名物化不但是藏缅语极具重要性的形态句法特点,而且还和语义、语用因素有关(DeLancey,2011:345)。扎坝语的名物化也可分为派生型(词汇型)名物化和小句型名物化。前者同时能将动词、形容词派生为名词;后者不但能将关系小句名物化为核心论元的修饰语,还能在非嵌入式小句的句末添加名物化标记。扎坝语木绒话有三个常见的名物化标记,但只有一个由[名物化标记+领属标记]词汇化而来的附着型标记 mbə³³ rə³³ 才能同时充当派生型以及小句型名词化结构的语法标记。

扎坝语三个常见的名物化标记为 ji³³、ze³³ 和 mbə³³ rə³³。ji³³ 和 ze³³ 是最为典型的派生型名物化标记,它们只跟其他动词词根紧密结合,从不出现在关系小句与核心名词之间的位置。mbə³³ rə³³ 是由名物化标记 mbə³³ 跟领属标记 rə³³ 词汇化之后构成的一个附着型名物化标记,它除了充当派生型名物化标记外,还能出现在小句型名物化的句法结构中。rə³³是扎坝语中典型的领属格标记,主要添加在领属者和被领属对象之间。在自然语流中,常读成卷舌的 ʐə³³ ,例如:ŋa³³-ʐə³³-mno³³ mtʂʅ⁵³"我-的-豆子"、lo³³ ptʂa⁵⁵-ʐə³³-pɛ⁵³"学校-的-相片"。当领属标记 rə³³ 跟名物化标记 mbə³³融合时,同样充当名物化标记。

以下分别介绍扎坝语的名物化类型。

(一)派生型(词汇型)名物化

(1)去动词性的名物化(de-verbal nominalization)

名物化标记 ji³³ 添加在动词之后使其"拟人化",表示进行该动作行为的人。名物化之后的所指对象是动作行为的发出者,是典型的施事型名物化(agent nominalization)(Matisoff,1972;Noonan,1997:375)。例如:

ştso⁵⁵	教书	+	ji³³	ştso⁵⁵-ji³³	老师
və⁵⁵	来	+	ji³³	və⁵⁵-ji³³	来的人
lə⁵⁵kua⁵⁵	唱歌	+	ji³³	lə⁵⁵kua⁵⁵-ji³³	唱歌的人

名物化标记 ze³³ 添加在动词之后使其"物化",表示动作行为顺利进行、完成所依靠的工具或手段。名物化之后的所指对象是动作行为的承受者、动作进行所借助的工具和方式、动作的方位等,是典型的受事类名物化(patient nominalization)、工具类名物化(instrument nominalization)、处所类名物化(locative nominalization)(Genetti,2011:185—190)。例如:

受事类名物化

| kə⁵⁵htʂʅ⁵⁵ | 吃 | + | ze³³ | kə⁵⁵htʂʅ⁵⁵-ze³³ | 吃的东西 |
| ə⁵⁵ki⁵⁵ | 穿戴 | + | ze³³ | ə⁵⁵ki⁵⁵-ze³³ | 穿的衣服 |

工具类名物化

| lə⁵⁵mue⁵⁵ | 跳舞 | ＋ | ze³³ | lə⁵⁵mue⁵⁵-ze³³ | 跳舞的乐器 |
| khu⁵⁵hʦe⁵³ | 跳绳 | ＋ | ze³³ | khu⁵⁵hʦe⁵³-ze³³ | 跳绳的工具 |

处所类名物化

| ʑi²⁴ | 去 | ＋ | ze³³ | ʑi²⁴-ze³³ | 去的地方 |
| ə⁵⁵ʂʨe⁵³ | 站 | ＋ | ze³³ | ə⁵⁵ʂʨe⁵³-ze³³ | 站的地方 |

附着型名物化标记 mbə³³rə³³ 所出现的句法环境远远大于 ji³³ 和 ze³³。mbə³³rə³³ 不能充当施事型、受事型名物化标记,它仅仅出现在"具有形容词性的动词"之后将其派生为名词,名物化之后的成分置于核心名词之前做修饰语。扎坝语中具修饰性质的形容词大多处于核心成分之后,两者之间不需添加语法标记。例如:

| tē⁵³＋n̠i⁵⁵n̠i⁵³ | 红的灯 | ʦhɛ²⁴＋ʈʂue³³ʦue⁵³ | 干的菜 |
| 灯　红的 | | 菜　干的 | |

| dʑye²⁴＋kə⁵⁵mia³³ | 熟鱼 | | |
| 鱼　熟 | | | |

借用汉语语法体系,前人学者多将扎坝语中这类后置于核心名词的形容词看作能充当名词修饰语的典型形容词。上举形容词定语跟汉语的差别仅在于语序不同。但在某些藏缅语中,形容词和动词之间的分野比较模糊(LaPolla & Huang,2004:309—314;Genetti,2007:195—196),某些对应于汉语中典型形容词的事实上是具有形容词性质的动词(adjectival verb)。Genetti(2011:181)认为尼泊尔很多藏缅语中真正的形容词定语都处于核心名词之后,而那些具有形容词性质的动词只有当添加上名物化标记后才能充当修饰语。分别比较尼泊尔 Manange 语的以下两例。例

如(Genetti & Hildebrandt，2004：54、60)①：

(1)khye⁴² tʌrkya＝ri²² ŋʌ²² por⁵² yʌ²² mo²².

road white＝LOC 1sg take go COP

我把(哈达)带到通往(天堂)的白色大道上。

(2)kyu³¹ thyʌ-**pʌ**＝ri²² thē²² tʌ-ʦi²².

water big-**NMLZ**＝LOC throw become-PFT

(灰尘)散落到一大片的水中。

Genetti(2011：183)将例(2)中添加了名物化标记 -pʌ 充当修饰语的成分 thyʌ 看作具有形容词性质的动词，只把例(1)中处于核心名词之后的成分看作典型的形容词。扎坝语中也出现了一大批具形容词性质的动词，它们能单独充当谓语，充当谓语时必须带上趋向前缀。但只有跟名物化标记结合后才能充当修饰语。例如：

(3)tɛ⁵⁵ ʂʦə³³ ndu³³ kɛ⁵⁵ ʦʅ⁵⁵ [ʂti²⁴ te⁵⁵ mʨhe³³-mbə³³＝rə³³

康定 甘孜 最 富饶-NMLZ＝GEN

sha⁵⁵ ʨha⁵⁵] ʨi³³-ʈʂə⁵⁵-zɿɛ³³.

地方 COP-DUR-FACT

康定是(像)甘孜(那样)最富饶的地方。

(4)tə³³ mʦho⁵⁵ tʊ³³ zɿə⁵⁵-zə³³ [je⁵⁵ fi³³-mbə³³＝rə³³ zʅ²⁴-

LNK 3sg-LOC 小-NMLZ＝GEN DIMI-

pə³³ dʐə⁵⁵] zɿɛ³³.

孩子 COP

然后呢，他下面是(年龄)小的孩子。

扎坝语跟 Manange 语不同的是，添加了名物化标记 mbə³³ rə³³ 后充当修饰语的形容词性动词需置于核心名词之前，其他形容词定语放在核心名词之后。像扎坝语这样依靠不同语序表达不同词类功能的方法并非孤例。在尼泊尔 Dolakha Newar 语中添加了名物化标记的形容词性动词需要置于名词之间(Genetti,2007：388),跟扎坝语情况类似。根据我们的统计,在依据汉语语义调查出的 331 个扎坝语形容词中,有 196 个都必须带上趋向前缀,而趋向前缀是羌语支语言最具特殊性的动词形态(黄布凡,1994)。由此可见,扎坝语中有一批形容词并非典型的形容词,它们可能是具有形容词性质的动词,当添加上名物化标记后,被派生为名词充当其他名词的修饰语,两者有些类似于同位结构(黄成龙、余文生,2007)。

(2)去形容词性的名物化(de-adjectival nominalization)

这类名物化手段主要将附着型名物化标记 mbə^{33} rə^{33} 添加在典型的形容词之后,从而将形容词变为具有该类形容词性质的名词。被名物化之后的形容词可在句中自由充当主语、宾语等。例如:

(5)kə^{33} ʐɛ^{55} phɿ^{33} ɡɤ^{55}-khə^{33} ȵi^{55} ȵi^{55}-mbə^{33}＝rə^{33} nə^{33}
　　PROX. PL 苹果-LOC   红的-NMLZ＝GEN   CONJ

　　ndʐo^{55} nkhu^{33}-mbə^{33}＝rə^{33} ŋa^{33} ga^{33}-ʐɛ^{33}.
　　绿的-NMLZ＝GEN   1sg   喜欢-FACT

　　这些苹果,我喜欢红的和绿的。

(6)va^{55},   tʂhui^{55} tʂhui^{55}-mbə^{33}＝rə^{33} kə^{55}-she^{33},
　　猪   肥-NMLZ＝GEN   DIR-杀

　　dʑe^{55} dʑe^{55}-mbə^{33}＝rə^{33} ʐʅ^{24}-wu^{33} ə^{55}-lɛ^{33}.
　　瘦-NMLZ＝GEN   山-LOC   DIR-放

　　猪呢,宰掉肥的,瘦的放到山上去。

(二)小句型名物化

(1)关系化小句的名物化(relativizer)

由名物化小句充当关系化小句的功能演变是许多藏缅语学者长久以来研究的重点和难点。(Mazaudon,1978;DeLancey,1999;LaPolla,2008)事实上藏缅语的前置关系化小句一般不是真正的关系化小句,而是名物化结构。一个名物化小句以"名-名(修饰者-被修饰者)"结构出现在中心词之前,便得到一个关系化小句(黄成龙、余文生,2007)。关系化小句中存在某一语法空位(gapping)跟核心名词在语义上是同指的(co-referential)[②]。

扎坝语的关系化小句并不严格区分限定和非限定。(孙天心,2006)关系化小句在形式上采用非限定形式,内部不可出现体、人称等标记(就算语义上保持体、人称的一致,形式上也需将相应的语法标记删除),同时还需前置于核心论元。它跟核心名词之间使用名物化标记 $mbə^{33}rə^{33}$ 连接。下例中被关系化的论元成分在原句中的句法位置用 ø 表示。例如:

(7)[[ŋa^{55} tʂo^{24}-mbə^{33}=rə^{33} ø] khə^{55} ptʂha^{33}ptʂha^{33}]

1sg 看见-NMLZ=GEN 狗 花的

a^{55}-nkhu^{33} -dze^{33}dze^{33}-ɳi^{33}, ptsa^{55}la^{33} mue^{33}-tʂə^{33}-zɛ^{33}.

DIR-跳 -来来回回-ADV 玩耍 CVB-DUR-FACT

我亲眼看见的那只花狗跳来跳去,可好玩啦。

(8)[[ŋe^{53}a^{55}-fɕe^{55}-mbə^{33}=rə^{33} ø]ka^{55}tɕha^{55}]

1pl DIR-说-NMLZ=GEN 话

ndza^{55}-ndu^{55}-mba^{33}.

好的-AUX-INFER

(我猜测)我们说的话应该很好听吧。

在例(7)(8)中被关系化的成分"狗""话"是不同事件的直接宾语。扎坝语中除了直接宾语外，主语(例9)、间接宾语(例10)、旁语(例11)、领属语(例12)都能被关系化，它们同样也只能使用关系化标记 mbə³³rə³³。例如：

(9)[[ø z̩a⁵⁵ pha³³-wu³³ kə⁵⁵-hts̩⁵⁵ mə⁵⁵-ndu⁵⁵-<u>mbə³³＝rə³³</u>]

　　老鼠-DAT　　DIR-吃　　NEG-AUX-NMLZ＝GEN

　　lə³³lə⁵⁵]　kə⁵⁵la⁵⁵　mə⁵⁵-ji⁵⁵-ts̩ə³³-z̩ɛ³³.

　　猫　　　　好　　　NEG-COP-DUR-FACT

　　不能吃老鼠的猫不是好猫。

(10)[[ne⁵⁵ ø ɕhu³³mo⁵⁵ tə⁵⁵-khi³³-<u>mbə³³＝rə³³</u>]　shue⁵⁵]

　　2pl　松茸　　DIR-给-NMLZ＝GEN　人

　　və³³.

　　来.PFV

　　你们给松茸的人来了。

(11)[[ji²⁴ ə⁵⁵-thu⁵⁵-ze³³　ø　kə⁵⁵-mts̩hɛ⁵⁵-<u>mbə³³＝rə³³</u>]]

　　房子 DIR-修-NMLZ　　DIR-用-NMLZ＝GEN

　　jɛ³³pə⁵⁵　kə⁵⁵-mts̩hɛ⁵⁵-wu⁵⁵.

　　石头　　DIR-用-PFV

　　修房子用的石头用完了。

(12)[ø　gu⁵⁵tshe³³　ə⁵⁵ndza³³-<u>mbə³³＝rə³³</u>]　zɪ²⁴.

　　头发　　乱-NMLZ＝GEN　　女人

　　头发很乱的女人。

(2)非嵌入式小句的名物化(nominalization of nonembedded clause)

Matisoff(1972)认为藏缅语中某些不具依存性的非嵌入式小

句之后常常添加名物化标记,这样的名物化策略称为非嵌入式小句的名物化。这类名物化使一个动作事件具体化,可将其看作独立的事实,就如客观世界中的一个具体事物。

这类名物化手段常见于跨喜马拉雅区域的诸多藏缅语,中国西南部的景颇语、土家语、彝语(诺苏话)、某些藏语方言中都有过报道(Watters,2008;Lu 等,2019:92)。在扎坝语中非嵌入式小句名物化的情况比较少见,目前只在长篇故事中发现两例:

(13) $\textz_ɹ^{33}$ tə^{55} tə^{33}　hkia^{53}　tʂhə^{24}　də^{55}-tɕye^{55}　kə^{55}-tsho^{33}

年幼　　　LNK　脚　四-CL　　DIR-着地

ndʐui^{55}-ndu^{55}-mbə^{33}＝rə^{33}.

走-AUX-NMLZ＝GEN

事实就是年轻时能像那样用四条腿走路。

[→年幼的时候(是)能够像那样用四条腿走路(的)]。

(14) tə^{33} mtsho^{55}　kə^{33}ʐə^{55}　ndo^{55}-tha^{53}　ɲi^{33}-mbə^{33}＝rə^{33}＝nba^{33}.

LNK　　　PROX　胸口-LOC　痛-NMLZ＝GEN＝MOD

然后这个事实就是我胸口痛。

[→然后呢(我要说)这胸口那么痛吧]。

例(13)中 mbə^{33} rə^{33} 处于非限定小句的句末,例(14)中 mbə^{33} rə^{33} 不但处于句末,并且后面还可添加一个表示委婉、推测语气的语气词 nba^{33}。这两句都是表达完整事件的小句,若末尾添加了附着型名物化标记 mbə^{33} rə^{33},整个小句更像一个名词性成分。

(3)多个名物化标记的叠置

扎坝语中还常常出现多个名物化标记叠置的情况。叠置结构需按照[派生型名物化＋小句型名物化]的顺序排列,次序不可颠倒。在叠置的名物化标记中施事型名物化标记 ji^{33}出现在小句型名物化标记 mbə³³rə³³ 之前。需要注意的是,受事型名物化标记 ze³³ 不能跟 mbə³³rə³³ 叠置。例如:

(15) nɛ⁵⁵ve³³ ŋə³³-khə³³ ve³³ŋə⁵⁵ pha³³ tɕe⁵⁵-<u>ji³³-mbə³³=rə³³</u>

两兄弟-LOC 哥哥 大-NMLZ-NMLZ=GEN

xɔ⁵⁵mthu⁵⁵-z̺ɛ⁵³.

更加高-FACT

两兄弟里哥哥更高(哥哥比弟弟高)。

(16) [gue³³jɪ⁵⁵ so⁵⁵-ji³³-mbə³³=rə³³] pə³³dʑə⁵⁵

牛 放-NMLZ-NMLZ=GEN 孩子

ŋa⁵⁵ z̺ə⁵⁵ a⁵⁵tɕa⁵⁵ z̺ɛ³³.

1sg GEN 姐姐 COP

放牛的孩子是我的姐姐。

这种叠置的名物化标记体现了名物化标记的变化过程,是语言演变中常见的"分层(layering)"现象(Hopper,1991:22)。

2 名物化标记的来源和发展

由前文可知,扎坝语木绒话共有三个名物化标记 ji³³、ze³³ 和 mbə³³rə³³,都可充当派生型名物化标记。但三者中只有 mbə³³rə³³ 还能充当典型的小句型名物化标记,用来连接关系化小句、非嵌入式小句。值得注意的是,前文所举扎坝语名物化的所有类型中 mbə³³rə³³ 都以融合形式出现,而在语法标注时我们也都将其处理为[mbə³³+rə³³]的附着结构。许多汉藏语里名物化标记同时充当关系小句标记、领属标记的情况十分常见,为何在扎坝语中却使用一个由名物化标记 mbə³³ 跟领属标记 rə³³ 融合而来的语法标记

mbə³³rə³³ 充当多种功能？为何某些只接受名物化标记的结构不能单独跟 mbə³³ 组合？mbə³³ 到底是不是名物化标记？假若 mbə³³ 属于名物化标记，它的来源是什么？它为何必须跟 rə³³ 融合在一起出现？为解决以上问题，下文试图对 mbə³³rə³³ 的来源及相关发展进行考察。③

（一）原始藏缅语的存古

DeLancey(2002:57)认为在古藏语中有一个常见的名物化标记 -pa 同时用作关系化标记，在其他藏语支语言中 -pa 常常与过去发生的动作行为结合。当 -pa 出现在开音节或韵尾为 -ñ、-r、-l 的音节之后时可变读为浊音声母的 -ba(Beyer，1992:229)。名物化标记 -pa 或 -ba 还广泛见于境外某些藏缅语，例如尼泊尔 Limbu 语的 -ba、印度和不丹境内 Lepcha 语的 -pa、尼泊尔 Nar-Phu 语的 -pɛ。(van Driem，1987:198；Matisoff，2003:445；Noonan，2008)由此可见，原始藏缅语中应该存在一个名物化标记 -pa/-ba，跟扎坝语 mbə³³ 的情况十分相近。

Shirai(2010:288)发现扎坝语中有一个格标记 pɛrə 在上扎坝方言仲尼话以及下扎坝方言里分别具有 pɛrə、pɛzɁə 和 mpəzɁə 三种形式。前两种形式主要充当格标记；下扎坝方言中的 mpəzɁə 具有修饰、限定的功能。mpəzɁə 所具有的修饰、限定功能也完全符合下扎坝方言木绒话 mbə³³rə³³ 的情况。在上、下扎坝方言中，名物化标记 pɛrə 和 mbə³³rə³³ 中的语素 pɛ 和 mbə³³ 跟以上列举的境外藏缅语中名物化标记 -pa/-ba 的读音高度一致。上扎坝方言中一共有四个名物化标记 -mʌ、-pi/-pɛ、-hti、-zɛ，但只有 -mʌ、-pi/-pɛ 才能跟领属标记 -rʌ 融合成名物化标记 mʌrʌ 或 pɛrʌ。(Shirai，2019)上扎坝方言有 mʌrʌ 或 pɛrʌ 两读形式，应该跟内部语音演

82

变有关。Matisoff(2003:130—134)认为原始藏缅语的双唇音声母 *b-和 *m-在很多语言中有合流(merger)的趋势，常常是流音前的 *b-并入 *m-，所以在上扎坝方言中有两读形式也不足为奇。下扎坝方言木绒话的 mbə³³ 目前较为保守地读作 mb-，跟其他藏缅语中的 b-在读音上高度一致。

综上所述，不管是境外藏缅语的材料还是上扎坝方言的材料都证明下扎坝方言 mbə³³ rə³³ 中的 mbə³³ 应该是对原始藏缅语的存古，当它跟领属标记 rə³³ 一起出现时融合为复合词，构成一个附着型名物化标记 mbə³³ rə³³。

(二)名物化与领属化

扎坝语木绒话保留了原始藏缅语的名物化后缀 -pa/-ba，并进一步跟领属标记 zə³³ /rə³³ 融合为一个不可分割的附着型名物化标记 mbə³³ rə³³。在亚洲很多语言中，名物化标记跟领属标记同形(Matisoff,1972;DeLancey,1999)，汉语的领属标记"的"以及日语的 -no 亦是如此。可是对比其他藏缅语我们发现，许多语言都是将某一名物化标记直接用作领属标记。名物化标记之后就算能再添加领属标记，能接受这种[名物化标记＋领属标记]的结构也只限于部分类型的小句型名物化，在派生型名物化中很难发现使用这类标记方式。

就算在上扎坝方言里，领属标记 rʌ¹ 也能独立充当名物化标记，置于数量结构之后。后接 rʌ¹ 的名词性成分表达"全部"的意义。例如(Shirai,2019):

(17)ndaʑi³ nɛ=ndʑi=rʌ¹   ŋoro¹   ŋwipi¹   kʌ-ttʌ-a¹
    bow   two=CL=GEN   3sg   frontside   DIR-hit-PFV
    rɛ³.

NTFC

两把弓都卡在他的前方。

Shirai 虽然把 rʌ¹ 分析为领属格标记,但她随后明确强调 rʌ¹ 添加在数量结构之后一起充当一个名物化结构,rʌ¹ 只是少数情况下跟另一名物化标记 -mʌ 一起出现。因此在上扎坝方言中附着的名物化标记虽然比较常见,但并非必须使用。可是在下扎坝方言(木绒话中),例(17)中的 rʌ¹ 不能单独使用,必须以附着的 mbə³³rə³³ 形式出现。因此下扎坝方言木绒话中,名物化标记 mbə³³ 跟领属标记 rə³³ 的词汇化程度更深,当前已融合为一个不可分割的整体,这种结构的名物化标记在古藏语中能找到平行发展的例子。例如(DeLancey,2002):

    (18)slob＝dpon   med-pa-'i   brtul＝zhugs-chan

        teacher   not. exist-NMLZ-GEN ascetic

        'di.

    DEM

    这个没有老师的苦行僧。

而在当前的拉萨藏语中,当小句中的施事者被关系化且跟核心名词存在同指关系时,只能使用名物化标记 -mkhan,-mkhan 之后不可再接领属标记 -'i;当小句中表处所、受益对象等论元成分被关系化时,需要添加附着型名物化标记＝sa-'i(DeLancey,2002)。由此可见藏语在历史发展中经历了"附着型名物化标记→非附着型名物化标记"的形态变化。而上、下扎坝方言的情况跟古藏语高度一致:附着型名物化标记属于强势的形态结构。上扎坝方言根据"关系化成分在小句中充当施事还是受事"的原则区分出了 mʌrʌ、pɛrʌ 两个附着型名物化标记,而下扎坝方言中则统一使用 mbə³³ rə³³。

附着的 mbə³³ rə³³ 源于 mbə³³ 和 rə³³ 充当名物化标记功能上的类同。在语言演变过程中，某些实义语素常常被重新分析（reanalyze）为构词语素，而这一词汇化过程使语素之间的边界被打破，且在整体上有凝固性（Hopper & Traugott，2003：58）。由于 mbə³³ 和 rə³³ 常常在一起使用，因此被重新分析为一个附着的名词化标记 mbə³³ rə³³。这一变化具有规约性（conventionalization），至少当前下扎坝方言（木绒话）母语者已无法察觉 mbə³³ rə³³ 中 rə³³ 跟表领属的 zə³³ 相同，而是将整个附着型名物化标记 mbə³³ rə³³ 当作最常见的派生型或小句型名物化标记使用。

（三）mbə³³ rə³³ 语法功能的进一步演化

扎坝语木绒话源自原始藏缅语的名物化后缀 mbə³³ 跟自身的领属标记 zə³³/rə³³ 词汇化为附着型名物化标记 mbə³³ rə³³，它的主要功能是充当名物化、关系化标记。但在其演化过程中我们发现它还进一步发展出了其他功能。有时候 mbə³³ rə³³ 出现在名词性成分之后，从而构成［名词/名词短语＋mbə³³ rə³³］结构。该类结构中的 mbə³³ rə³³ 有些类似于英语中的定冠词 the。例（19）中名物化标记 mbə³³ rə³³ 跟数量词的合音形式 tɪ³³ "一个"同时出现，强调"一个佛法"为有定信息。例如：

(19) tə³³ mtsho⁵⁵   pe³³ ma³³ la³³，［tɕhu⁵⁵ lu⁵⁵
　　 LNK   　DM　　　　 佛法

　　 tɪ³³-mbə³³＝rə³³］　　 tɕhi⁵⁵ ta⁵⁵ 　 tɪ³³
　　 一:CL-NMLZ＝GEN 　哪样　　　 一:CL

　　 tɕa³³-zɛ³³？
　　 有-FACT

然后的话呢,佛法有(像)什么样子呢?

当名物化标记 mbə³³ rə³³ 跟指示词构成[指示词＋核心名词＋mbə³³ rə³³]框式结构时,主要用来标记受事成分(黄布凡,1990;Shirai,2010)。例如:

(20)nu⁵⁵ [tʊ³³ʐ̩ə⁵³ phu⁵⁵-ji⁵⁵-mbə³³＝rə³³]　　　　ʈʂo⁵⁵

2sg DIST　　乞讨-NMLZ-NMLZ＝GEN　看到.PFV

me³³?

Q

你看到那个乞讨的人(乞丐)了吗?

(→你把那个乞讨的人看见了吗?)

同时 mbə³³ rə³³ 还能跟"言说义"动词 dɛ³³"说/讲"结合,构成专用话语标记 dɛ³³ mbə³³ rə³³。由于受语流音变的影响,有时还可读成 dɛ³³ mbə³³ 或 dɛ³³ mə³³ rə³³。dɛ³³ mbə³³ rə³³ 的字面意义为"那样说的话",在语法性质上它跟"去动词性名物化"同出一辙。例如:

(21)tə³³ mʈʂho⁵⁵　　tʊ³³ʐ̩ə⁵⁵　　me²⁴　　pe³³ma³³　　ʈʂe³³sɛ⁵³

LNK　　　　DIST　　名字　DM　　　泽瑟

♯dɛ³³mbə³³rə³³♯　　dzɛ⁵⁵　ʈʂe⁵³dɛ³³ʈʂe³³?

DM　　　　　　　说　　为什么

那个国王的名字为啥叫泽瑟?

(→然后,这样说的话,那人的名字为啥叫泽瑟呢?)

3　名物化标记的语法化过程

扎坝语木绒话的三个名物化标记 ji³³、ze³³ 和 mbə³³ rə³³ 的来源并不相同。扎坝语从原始藏缅语里保留了一个名物化标记 mbə³³，并进而跟领属标记 zə³³/rə³³ 词汇化为一个结构较为凝固的名物化标记 mbə³³rə³³，最终发展出小句型名物化标记的功能。以下对扎坝语木绒话名物化的类型做一总结：

表 1　扎坝语木绒话的名物化类型及名物化标记的使用情况

	派生型名物化						小句型名物化
	去动词性名物化	去形容词性名物化	话语标记	有定标记	受事标记	关系小句标记	非嵌入小句名物化标记
-ji³³	+	−	−	−	−	−	−
−ze³³	+	−	−	+	+	+	+
＝mbə³³rə³³	+	−	+	+	+	+	+

由表 1 可知，在扎坝语木绒话中名物化跟关系化密切相关，符合 Matisoff(1972)所提出的东南亚语言具有"名物化-关系化-领属化"功能密切相关的论断。跟川西某些藏缅语略显不同的是，在扎坝语木绒话中只有一个通过名物化标记和领属标记词汇化之后的附着型名物化标记 mbə³³rə³³ 才能同时承担名物化和关系化的功能。许多藏缅语中"名物化-关系化-领属化"形式使用同一多功能的语法标记，扎坝语木绒话中"名物化-领属化"却使用不同标记，但两者有密切联系，以至于在表达"名物化-关系化"时需使用一个由"名物化标记 mbə³³"和"领属化标记 rə³³"融合而来的附着型名物化标记 mbə³³rə³³。这也反映出扎坝语木绒话中由"名物化"到"领属化"的演变正处于一个中间状态。

在历史演变上，关系化是名物化得以继续发展的重要环节，这也充分体现出许多语言中关系化源于名物化的推断。(DeLancey,1999;LaPolla,2008;Jany,2011;Shibatani,2018)根据扎坝语木绒话中名物化标记所具有的多种功能及类型，我们推测在扎坝语中名物化的演变经历了以下过程：

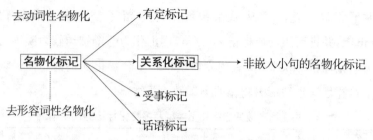

图1 扎坝语木绒话名物化标记的语法化路径

由图1可知,扎坝语木绒话能将某些名词性、动词性的词语名物化从而使其具备名词性的功能。这类词汇型名物化主要作用于构词层面,是一种较为能产的派生手段。根据被名物化之后名词成分语义特征的差别,扎坝语木绒话可使用施事类名物化标记 ji^{33}、受事类(工具类、处所类)名物化标记 ze^{33}、派生型名物化标记 mbə^{33} rə^{33}。mbə^{33} rə^{33} 添加在典型的形容词之后时,将形容词变为名词。名物化标记 mbə^{33} rə^{33} 可添加在某些指称义不明确的主语之后,这时它是一个有定标记(定冠词),这种由名词化标记演变为有定标记的情况还见于川西彝语(刘鸿勇、巫达,2005)。有时候名物化标记还可处于受事成分之后充当受事格标记,这跟扎坝语仅仅标记受事而不标记施事的反作格(anti-ergative)格标记系统有平行发展趋势。(LaPolla,2004)当 mbə^{33} rə^{33} 与"言说义"动词词汇化后,语法化为一个可在句中许多位置自由出现的话语标记,这一演变源于去动词性的名物化策略。

作为最关键的阶段,关系化是名物化进一步演变的中间环节。不管是从句法还是语义上看,扎坝语的关系化结构都类似于一个名物化结构。一方面它是一个前置于核心论元的修饰成分,另一方面它是一个跟核心论元同位排列的结构,两者在语义指向上相同。当关系化进一步发展后,它能作为非嵌入式结构,这时名物化标记置于句末充当非嵌入式名物化标记。

4 结语

本文尝试对扎坝语下扎坝方言木绒话的名物化结构以及可被名物化的语法成分进行描写,分析了不同名物化结构的语法功能,并就名物化标记的来源和语法化等问题进行了推测。研究显示,跟汉藏语系其他语言类似,扎坝语木绒话同样符合"名物化—关系化"的演变历程,但在名物化的具体语法表现上跟周边某些语言存在差异。这类差异可能源于自身的内部演变,也可能源于外部接触。就算是扎坝语方言内部,在名物化的语法表现上也存在差异。下扎坝方言名物化的特征可归纳为以下四点:

第一,下扎坝方言的名物化可分为派生型(词汇型)名物化和小句型名物化。派生型名物化有去动词化、去形容词化的功能。派生型名物化使用 ji^{33}、ze^{33} 和 $mbə^{33}rə^{33}$ 来标记。附着型名物化标记 $mbə^{33}rə^{33}$ 还能添加在做主语的名词以及受事之后分别充当有定标记、受事标记,并且还能跟"言说义"动词构成话语标记。

第二,小句型名物化是名物化的功能扩展。关系小句之后都能添加附着型名物化标记 $mbə^{33}rə^{33}$,被名物化的关系小句在语义上跟核心论元具有同指关系。

第三,$mbə^{33}rə^{33}$ 源于原始藏缅语名物化标记 -pa/-ba 跟下扎坝方言中领属标记 $z̺ə^{33}/rə^{33}$ 的词汇化。由于两者长期一起使用,已凝固为一个整体,在下扎坝方言中不可拆分使用。这类由[名物化标记+领属标记]凝固成的附着型名物化/关系化标记见于古藏语和境外藏缅语。

第四,藏缅语的名物化问题较汉语而言更加复杂。不同语言在名物化类型、名物化手段、名物化的来源和发展、名物化跟其他语法范畴之间的关联与限制等问题上都存在差异。例如草登嘉戎语中动词被名物化之后在句中还可表达程度、伴随或状态,类似助动词的功能;动词趋向前缀对被名物化之后的关系小句具有选择性。(孙天心,2006)而木雅语西部方言跟嘉戎语近似,动词趋向前缀对关系小句也具选择性(据笔者田野调查)。对名物化问题的分析应以具体语言材料为基础,同时借鉴当今类型学的研究成果。川西羌语支语言各具特色的名物化现象无疑为中国境内语言中名物化问题的研究提供了丰富的材料。

附　注

①　语法标注缩略语:1sg:1st person singular 第一人称单数;1pl:1st person plural 第一人称复数;2sg:2nd person singular 第二人称单数;2pl:2nd person plural 第二人称复数;3sg:3rd person singular 第三人称单数;ADV:adverbial 状语标记;AUX:auxiliary 助动词;CL:classifier 分类词;CONJ:conjunctive marker 并列连接标记;COP:copula 系词;CVB:converb 副动词;DAT:dative 与格标记;DEM:demonstrative 指示词;DIMI:diminutive 小称标记;DIR:directional prefix 趋向前缀;DIST:distal 远指代词;DM:discourse marker 话语标记;DUR:durative 持续体;FACT:factual 叙实信息示证;GEN:genitive 领属格标记;INFER:inference 推断示证;LNK:linker 分句连词;LOC:locative 处所格标记;MOD:modality 情态;NEG:negative 否定标记;NMLZ:nominalizer 名物化标记;NTFC:neutral factual 中性叙实信息(近似于叙实信息示证);PFV:perfective 完整体;PFT:perfect 完成体;PL:plural marker 复数标记;PROX:proximate 近指代词;Q:question particle 疑问词;♯…♯:嵌入的话语成分;ø:gapping 语法空位、zero morphology 零形态标记(不使用任何形态标记)。

②　需要说明的是,某些同样处于核心名词之前起修饰、限定作用,但并无一个句法语义空位(gapless)的补足语(complement)(如:[张三跳舞的]舞

90

伴)在扎坝语中也使用 mbə^{33} rə^{33} 连接。因此本文沿用功能学派的看法,将名词前的修饰、限定关系从句都处理为一类,并不严格区分补足语和附加语(adjunct)型的从句定语。(见 Huang,2016;LaPolla,2016 的相关讨论)

③ 名物化标记 ji^{33} 和 ze^{33} 的具体来源不详。目前较为清楚的是在扎坝语中两者都属于派生型,而不是小句型名物化标记。从功能分布上看,ji^{33} 和 ze^{33} 的语法功能并不如 mbə^{33} rə^{33} 丰富,因此本部分选取 mbə^{33} rə^{33} 这一多功能标记(poly-functional marker)作为研究对象。同时我们推测扎坝语名物化标记 ji^{33} 可能和格标记有联系。ji^{33} 在木雅语沙德话中是施事格、工具格标记(据笔者田野调查);在贵琼语中,多功能的名物化标记是 wu^{33} (Rao 等,2019),而 wu^{33} 在扎坝语中是与格、方位格标记。由此可见,在甘孜州以南的羌语支语言中,名物化标记跟格标记之间可能存在联系,但有关 ji^{33} 和 ze^{33} 的来源问题还需大量比较羌语支内部的亲属语言,才能进行系统考察。

参考文献

黄布凡　1990　扎坝语概况,《中央民族学院学报》第 4 期。

黄布凡　1994　藏缅语动词的趋向范畴,载马学良、胡坦、戴庆厦、黄布凡、傅爱兰主编《藏缅语新论》,中央民族学院出版社,第 133—151 页。

黄成龙、余文生　2007　羌语关系子句的类型,《汉藏语学报》第 1 期,商务印书馆。

刘鸿勇、巫　达　2005　论凉山彝语的"名＋(数)＋量＋su^{33}"结构,载李锦芳主编《汉藏语系量词研究》,中央民族大学出版社,第 83—101 页。

孙宏开　1983　六江流域的民族语言及其系属分类——兼述嘉陵江上游、雅鲁藏布江流域的民族语言,《民族学报》第 3 期,云南民族出版社。

孙天心　2006　草登嘉戎语的关系句,《语言暨语言学》第 4 期。

朱德熙　1961　说"的",《中国语文》12 月号。

Bartee,Ellen　2007　A grammar of Dongwang Tibetan. Ph. D. dissertation,University of California,Santa Barbara.

Beyer,Stephan　1992　*The Classical Tibetan Language*. Albany:State University of New York Press.

Bickel,Balthasar　1999　Nominalization and focus in some Kiranti languages. In Yogendra P. Yadava and Warren W. Glover (eds.). *Topics in Ne-*

palese Linguistics. Kathmandu: Royal Nepal Academy. 271—296.

Bradley, David 2007 East and Southeast Asia. In Christopher Moseley (ed.). *Encyclopedia of the World's Endangered Languages*. London & New York: Routledge. 349—424.

Coupe, A. R. 2007 *A Grammar of Mongsen Ao*. Berlin / New York: Mouton de Gruyter.

DeLancey, Scott 1999 Relativization in Tibetan. In Yogendra P. Yadava and Warren W. Glover (eds.). *Studies in Nepalese Linguistics*. Kathmandu: Kathmandu Royal Nepal Academy. 231—249.

DeLancey, Scott 2002 Relativization and nominalization in Bodic. In Patric Chew (ed.). *Proceedings of the Twenty-Eighth Annual Meeting of the Berkeley Linguistic Society: Special Session on Tibeto-Burman and Southwest Asian Linguistics*. Berkeley: Berkeley Linguistic Society. 55—72.

DeLancey, Scott 2011 Finite structures from clausal nominalization in Tibeto-Burman. In Foong Ha Yap, Karen Grunow-Hårsta and Janick Wrona (eds.). *Nominalization in Asian Languages: Diachronic and Typological Perspective*. Amsterdam: John Benjamins. 343—362.

Genetti, Carol 2007 *A Grammar of Dolakha Newar*. Berlin / New York: Mouton de Gruyter.

Genetti, Carol 2011 Nominalization in Tibeto-Burman languages of the Himalayan area: A typological perspective. In Foong Ha Yap, Karen Grunow-Hårsta and Janick Wrona (eds.). *Nominalization in Asian Languages: Diachronic and Typological Perspective*. Amsterdam: John Benjamins. 163—193.

Genetti, Carol and Kristine Hildebrandt 2004 The two adjective classes in Manange. In R. M. W. Dixon and Alexandra Y. Aikhenvald (eds.). *Adjective Classes: A Cross-Linguistic Typology*. Oxford: Oxford University Press. 74—96.

Hargreaves, David 2005 Agency and intentional action in Kathmandu Newar. *Himalayan Linguistic Journal* 5:1—48.

Herring, Susan C. 1991 Nominalization, relativization and attribution in Lotha, Angami, and Burmese. *Linguistics of the Tibeto-Burman Area* 14.

1:55—72.

Hopper,Paul J. 1991 On some principles of grammaticalization. In Elizabeth C. Traugott and Bernd Heine (eds.). *Approaches to Grammaticalization*. Amsterdam:John Benjamins. 17—36.

Hopper,Paul J. and Elizabeth C. Traugott 2003 *Grammaticalization*. Cambridge:Cambridge University Press.

Huang,C.-T. James 2016 The syntax and semantics of prenominals:Construction or composition? *Language and Linguistics* 17.4:431—475.

Huang, Yang 2018 Multifunctionality of the demonstrative enclitic in nDrapa. In *Proceedings of the 51st International Conference on Sino-Tibetan Languages and Linguistics*. Kyoto:Kyoto University. 348—356.

Jany,Carmen 2011 Clausal nominalization as relativization strategy in Chimariko. *International Journal of American Linguistis* 77.3:429—443.

LaPolla,Randy 2004 On nominal relational morphology in Tibeto-Burman. In Ying-chin Lin, Fang-min Hsu, Chun-chih Lee, Jackson T.-S. Sun, Hsiu-fang Yang and Dah-an Ho (eds.). *Studies on Sino-Tibetan Languages:Papers in Hornor of Professor Hwang-cherng Gong on His Seventieth Birthday*. Taipei:Academia Sinica. 43—73.

LaPolla,Randy 2008 Nominalization in Rawang. *Linguistics of the Tibeto-Burman Area* 31.2:45—65.

LaPolla, Randy 2016 Noun-modifying clause constructions in Sino-Tibetan languages. In Matsumoto Yoshiko and Bernard Comrie (eds.). *Noun-Modifying Clause Constructions in Languages of Eurasia*. Amsterdam: John Benjamins. 91—103.

LaPolla,Randy and Chenglong Huang 2003 *A Grammar of Qiang*. Berlin & New York:Mouton de Gruyter.

LaPolla,Randy and Chenglong Huang 2004 Adjectives in Qiang. In R. M. W. Dixon and Alexandra Y. Aikhenvald (eds.). *Adjective Classes:A Cross-Linguistic Typology*. Oxford:Oxford University Press. 306—322.

Lu, Man, Jeroen van de Weijer and Liu Zhengguang 2019 Nominalization and relativization in Tujia:A crosslinguistic perspective. *Linguistics of the Tibeto-Burman Area* 42.1:82—109.

Matisoff, James 1969 Verb concatenation in Lahu: The syntax and semantics of 'simple' juxtaposition. *Acta Linguistica Hafniensia* 12.1:69—120.

Matisoff, James 1972 Lahu nominalization, relativization, and genitivization. In J. Kimball (ed.). *Syntax and Semantics* I. New York: Seminar Press. 237—257.

Matisoff, James 2003 *Handbook of Proto-Tibeto-Burman: System and Philosophy of Sino-Tibetan Reconstruction.* Berkeley: University of California Press.

Mazaudon, Martine 1978 La formation des propositions relatives en Tibétain. *Bulletin de la Société de Linguistique de Paris* 73:401—414.

Noonan, Michael 1997 Versatile nominalizations. In Joan Bybee et al. (eds.). *Essays on Language Function and Language Type.* Amsterdam: John Benjamins. 373—394.

Noonan, Michael 2008 Nominalization in Bodic languages. In María José López-Couso and Elena Seoane (eds.). *Rethinking Grammaticalization: New Perspectives.* Amsterdam: John Benjamins. 219—237.

Post, Mark 2007 A grammar of Galo. Ph. D. dissertation, Research Centre for Linguistic Typology, La Trobe University.

Rao, Min, Yang Gao and Jess P. Gates 2019 Relativization in Guiqiong. *Linguistics of the Tibeto-Burman Area* 42.2:260—279.

Shibatani, Masayoshi 2018 Nominalization in crosslingusitic perspective. In Prashant Pardeshi & Taro Kageyama (eds.). *Handbook of Japanese Contrastive Linguistics.* Berlin & New York: Mouton de Gruyter. 345—410.

Shirai, Satoko 2010 ダパ語の格を表す形式，チベット＝ビルマ系言語の文法現象 1：格とその周辺. Kyoto: Linguistic Institute of the Kyoto University of Foreign Studies.

Shirai, Satoko 2019 N-based nominalization in nDrapa. Paper presented at the Fifth Workshop on Sino-Tibetan Languages of Southwest China, August 21—23, 2019. Tianjin: Nankai University.

van Driem, George 1987 *A Grammar of Limbu.* Berlin/New York: Mouton de Gruyter.

Watters, David 2008 Nominalization in the Kiranti and Central Himalayish languages of Nepal. *Linguistics of the Tibeto-Burman Area* 31.2:1—43.

双音化在语法化中分化作用的句法位置

——兼论汉语附着词前后转化的不对称

李思旭

（安徽大学文学院）

0 引言

有关双音化在语法化中的作用，普遍的观点认为是"融合"，即两个紧邻的单音节句法成分很容易发生边界消失而导致词汇化。李思旭(2011)则指出，双音化在语法化中由于句法位置的不同可以起"融合"和"分化"双重作用：双音化在句首、句尾主要起"融合"作用，在句中主要起"分化"作用。当时由于受到篇幅的限制，很多问题没能展开论述，本文将进一步探讨双音化的分化作用，并对一些貌似反例进行解释。与此同时，我们将引进"附缀化"（cliticization）这一概念，把汉语附着词的虚化跟人类语言普遍的语法化路径进行对比，进而指出汉语虚词语法化的共性特征和类型差异，最后探讨了人类语言附着词（包括"附从标记""附核标记"）前后转化的不对称。

所谓的"分化"就是处于一个双音节韵律单元中的两个高频率

共现的成分,由于其中一个虚化为功能性成分而具有了独立性,那么它们在语言使用中只可能是两个单音节成分的"共现",永远不可能"融合"为一个单位。(吴为善,2003)双音化在句中的分化作用主要体现在紧邻谓语动词的前后成分上,以谓语动词为中心又分为前置成分的分化和后置成分的分化。韵律轻重音在这一"分化"过程中起了非常重要的作用,主要表现为语义重心移动(或前或后),非重心成分虚化并伴随语音的弱化,这就导致韵律单元的"重音"位置也会移动。这样汉语双音步的"重音"模式就有两种可能:××,或者××。重音在前的××,可能导致后置成分虚化;重音在后的××,可能导致前置成分虚化。句中的谓语核心动词正好是语义重心,那么重音在动词上的××,就会导致结构助词、体标记和高频虚化的结果补语等这些后置成分的虚化;重音在动词上的××,就有可能导致助动词、副词等这些前置成分的虚化。下面将从动词后置成分的分化和动词前置成分的分化两个方面,来论证"双音化"在句中位置的分化作用。

1 双音化在谓语动词后的分化作用

根据谓语动词的复杂程度,Talmy(2000)把世界上的语言分为两种。第一种叫"动词构架语言"(verb-framed language),这类语言是用动词词根来表示路径,如果要表达方式或原因就必须用两个不同的动词短语,西班牙语、现代希腊语、日语、法语等属于此类。第二种叫"附目构架语言"(satellite-framed language),这类语言普遍把位移的路径(path)和位移的方式(manner)或原因(cause)表达在同一个谓语句里,谓语结构可以表示为"核心动词+

小品词（particle）"，其中的"小品词"可以是介词、动词、副词等，它们负载着重要的语法意义，包括动作的方向、终点、结果等。汉语、英语、德语、俄语等属于这一类。

更准确地说，"附目构架语言"的谓语结构，除了"核心动词＋小品词"之外，还有"小品词＋核心动词"。而后者应该说是汉语更为典型的结构，因为汉语动词后的"小品词"类型不多，主要有体貌标记和各种类型的补语，而动词之前的"小品词"类型较多，如副词、能愿动词、助动词等。

下面就结合类型上属于"附目构架语言"的汉语，分析由于双音化在句中位置的分化作用，导致谓语结构中的"单音节核心动词＋单音节小品词"虽然符合双音化的需求，但是两者却不能发生词汇化。这里的"单音节小品词"主要包括：体标记"了、着"，结构助词"个、得"，动后介词"在、到"。体标记"了、着"不能词汇化，李思旭（2011）已经做了较为详细的探讨，这里不再赘述，下文主要讨论结构助词"个、得"和介词"在、到"。

1.1　结构助词"个、得"

"V 个 VP"构式中的"个"，从量词到结构助词的语法化过程（张谊生，2003），可以有力地说明双音化的分化作用。

"个"一开始是以量词的身份用在"V 个 VP"构式中的，如：

（1）学诗学剑，两般都没个成功。（《玉蟾诗余》）

（2）你看我寻个自尽，觅个自刎。（《元曲选》）

在"V 个 VP"构式中，"个"从量词到助词的转变是在特定的句法环境中实现的，即"V 个 VP"中的 VP 必须是疑问代词。因为在疑问句中，由于语境吸收的作用，疑问代词的词义变得虚化，用于询问事物的"什么"可以询问方式。如：

(3)不是神不是鬼变个什么？（《景德传灯录》）

(4)祖云："急。"师云："急个什么？"（《景德传灯录》）

以上两句中的"什么"已不再表示疑问，由表反问转向了表否定。同时"个"的功能也发生了变化，由询问实体的指称性"什么"转为限定行为的方式性"什么"。在其他因素的共同作用下，量词"个"开始逐渐向助词转变。比如在语义上，"V个VP"的语义重心进一步向VP倾斜，V和VP之间的结构关系慢慢发生变化——由动宾转向动补。以下例句中的"个"已经是结构助词了。如：

(5)说着，便撕了个粉碎，递与丫头们说："快烧了罢。"（《红楼梦》）

(6)话说潘金莲在家恃宠生骄，颠寒作热，整日夜不得个宁静。（《金瓶梅》）

此外，在由述宾结构向述补结构转化的过程中，"个"的深层结构关系发生了从前加到插入，再到后附的转移。在典型动宾结构中，"个"在句法上都是其后面谓词性词语的附加成分，所以都是前加的；随着V和VP之间结构关系的转变，"个"的功能也发生了转变——成了一个后附成分。

(7)这是野意儿，不过是吃个新鲜。（《红楼梦》）

(8)你不用怕他，等我性子上来，把这醋罐打个稀烂，他才认得我呢！（《红楼梦》）

以上例句中的"吃个新鲜"必须分析为：吃/个新鲜；而"打个稀烂"则两可：打/个稀烂、打个/稀烂，都讲得通。只不过前一种分析强调结果，后一种分析强调情状。也就是说，随着VP性质的改变，"个"作为指称性标记的功能也随之逐渐丧失。在这一特定的句法环境中,在和谐机制的作用下,性质上"个"又从谓词前的名物化标记转变为动词后强调结果或状态的补语标记了;功能上"个"由前加转向了后附。最后"个"作为一个补语标记——结构助词正式形成了。

从上面的分析可以看出,构件"个"在构式"V 个 VP"中,从述宾结构中名词前的量词到述补结构中动补之间的结构助词,其虚化程度不断增加。但是由于双音化的分化作用,"个"与其前所依附的动词始终没有发生词汇化。汉语中用"得"引进补语也是一种最常见的形式,而跟"V 个 VP"相对应的是"V 得 VP"。

(9)哪些是好书……一般读者不一定<u>弄得</u>清楚。(《读书》)

(10)这种"自我批评"有多大的作用,大概只有"自我批评"者自己才能<u>搞得</u>清楚。(《人民日报》)

(11)哪怕是小学刚毕业的那些家庭妇女,她也能<u>搞得</u>明白,这个戏在讲什么。(《百家讲坛》)

跟"V 个 VP"中的"个"一样,"V 得 VP"中的助词"得"虽然也黏附于前面的单音节动词,但是由于双音化在句中的分化作用,致使助词"得"也没能发生词汇化。但是汉语中成词的双音节"V 得"也是有的,《现代汉语词典》(第 7 版)就收录了"取得、获得、懂得、值得、赢得"等,如"<u>取得</u>联系|<u>获得</u>宝贵的经验|<u>懂得</u>规矩"。我们认为这些"V 得"可能并不是通过词汇化而形成的,而是由汉语构词法直接产生的。

1.2 动后介词"在、到"

汉语普通话的单音节动词后接介词"在"或"到"的动介结构(朱德熙,1961;徐丹,1994;江蓝生,1994),如"<u>放在</u>桌子上""<u>跑到</u>门外边"等,其中介词的主要作用是引出处所宾语。在结构层次的划分上，本来应该是"放｜在桌子上""跑｜到门外边"，但是由于汉语的音步以双音节为主，那么在双音节韵律框架的整合作用下，更确切地说是韵律在句法中所起的临时作用下，产生了重新分析（reanalysis）：在进入动介结构前，"在桌子上"是一个介词短语；进入句子后由于外部结构的制约促发了重新分析，"在"依附到前面的动词上了，进而导致形式与意义之间的错配（mismatch），造成语音停顿是在介词之后而不是介词之前，如"放在｜桌子上""跑到｜门外边"。另外就是体标记必须插在介词之后而不是介词之前，如可以说"放在了桌子上""跑到了门外边"，但是不说"*放了在桌子上""*跑了到门外边"。

从上面的分析可以看出，无论是韵律节奏的切分还是插入体标记，都是在介词之后而不是动词之后。那么我们不禁要提出疑问，为什么介词"在""到"不会跟前面所依附的单音节动词发生词汇化呢？因为这已经满足了词汇化（或复合化）的条件，即在双音化趋势的作用下，两个高频率紧邻出现的单音节词，就有可能经过重新分析而削弱或者丧失其间的词汇边界，结合成一个双音节的语言单位。（Hopper & Traugott, 2003）

我们认为单音节动词、介词之所以不能词汇化，是因为双音化在句中位置所起的"分化"作用造成的。动词后面的介词"在""到"由于已经虚化，在读音上都读轻声"de"（这跟动词前面引进处所论元的读音未弱化的"在""到"形成鲜明对比），但是它们还都是独立的虚词，即使它们跟单音节动词高频率紧邻共现。

还需要注意的是，动词后面的介词"在""到"的性质并不是保持不变的，而是不断虚化的。江蓝生（2005）就把动词后面引进终点处所名词的介词"X"的虚化链，概括为四个阶段：动词（著）→介词(着/的)→词缀(ə)→零形式(φ)。从这个虚化链条我们可以看出,动词之后处所名词宾语之前的介词是不断虚化的:先是从实词虚化为虚词(即从动词虚化为介词),然后由于语音的简化(即只剩下一个央元音ə),再从介词变为一个只有读音而不表达任何意义的音系成分,最后由于失去了独立的音节位置靠动词加长读音来表示,从而出现了零形式。

以上链条的最后两环值得关注,这体现在两个方面。首先,它们跟真正的介词不同,语音上还是前面动词的附缀,不能跟后面的 NP 组成一个单位提取出来,说明其虚化程度已经非常高。这一变化极具当代语序类型学意义,因为在语法化过程中,表示同样功能的虚词,前置词比后置词在句法上更具独立性。动词后引进终点处所名词的介词"X"本来是前置词,跟后面的 NP 构成直接成分,即[X+NP];后来由于 X 不断发生虚化,句法上的独立性不断变弱,开始向前面的动词依附,在重新分析机制的作用下,此时的 X 不是跟后面的 NP 构成直接成分,而是跟前面的动词构成直接成分,即[V+X]。

$$V + [X + NP] \xrightarrow{\text{重新分析}} [V + X] + NP$$

其次,这里的介词从有独立音节到加长动词读音,跟一般意义上的词汇化有很大不同,因此我们不能据此认为介词跟动词发生词汇化了。因为词缀 ə 虽然附着在动词之后,但它还不是动词的构词成分,这与动词后面跟体标记"了、着、过"是一个道理。因为我们不能根据句子中谓语动词后面带完成体标记"了",就认为动词跟"了"发生词汇化了,把"了"看成动词的词内语素。

语法化链条的最后一环零形式的(φ),虽然已经是在动词上了,即动词的读音拉长,但是这跟词内语素还是有差异的。因为语素是最小的音义结合体,即语素不仅要有读音还要有意义,而长音的(:)由于不表达任何意义,只能算是一个音系符号。

2 双音化在谓语动词前的分化作用

双音化在谓语动词前的分化作用,主要体现在动词前面的助动词和副词上。要直接证明紧邻动词的助动词和副词不能跟动词发生词汇化比较困难,因为从共时平面静态地看,很多助动词和副词都可以跟动词紧邻共现。所以我们从反面来进行论证,即通过考察已经发生词汇化的助动词和副词,看其发生词汇化的句法环境。以下助动词、副词的词汇化都是发生在双谓词的连动句中,由于语义重心的后移,前一动词的地位开始降低,此时前项中的单音节动词跟前面的单音节助动词、副词就有可能发生词汇化。

2.1 助动词的词汇化

助动词"可"与其后动词构成的结构也可以发生词汇化。下面三例中的"可"都是一个助动词,是"可以"的意思;"能"是一个动词,是"胜任,能做到"的意思;"可能"是短语,表示"可以做到"。(董秀芳,2011)

(12)孟庄子之孝也,其他可能也。(《论语·子张》)

(13)毅骄纵滋甚,每览史籍,至蔺相如降屈于廉颇,辄绝叹以为不可能也。(《晋书·刘毅传》)

后来"可能"变为一个副词,表示推测。这一变化过程是在多动词句的语境中实现的。如下面例(14)中的"可能"还是"可以做到"的意思,但是与上面两例不同的是,这句的"可能"出现在一个谓词性的成分前,而这样的句法位置又正好是副词经常出现的位置。并且例中"可能"的语义也是非现实的,因为能够做到的事情并不一定都是现实发生的事,这样在语义上就与表示推测的副词有了相通之处,因为后者语义上也包含有非现实的语义。"可能"从一个句法结构变为一个副词,在语义上从对实际能力的客观说明转变为对情况的主观估计。

(14)我无钱财,但有方便,<u>可能</u>令汝大得珍宝。(《菩萨本缘经》)

再来看助动词"可以"的词汇化。"可以"是由助动词"可"和悬空介词"以"词汇化而来的双音节助动词。(何洪峰,2008)古代汉语"可以"原来的结构是"可・[以 O]"结构,如:

(15)恭俭岂可以<u>声音笑貌</u>为哉?(《孟子・离娄上》)

(16)兼爱天下,不可以<u>虚名</u>为也,必有其实。(《吕氏春秋・审应览》)

后来由于语用的原因,"以"字的宾语前移,造成悬空,构成"可・以ᵢ",如:

(17)<u>一言ᵢ</u>而可以ᵢ兴邦,有诸?(《论语・卫灵公》)

(18)<u>温故而知新</u>ᵢ,可以ᵢ为师矣。(《论语・为政》)

以上例句"以"宾位宾语的回指意味比较浓,但是有些结构中却很难找到"以"字空位的同指宾语,回指的意味非常弱,比如例(19)中有代词"斯"回指,"以"字空位宾语几乎没有回指意味了。

(19)子曰:"[尊五美,屏四恶]ᵢ,斯ᵢ可以从政矣。"(《论语・尧曰》)

"以"字空位宾语进一步虚化,变得无所指代,于是"以"字完成重新分析,凝固成助动词"可以"。例(20)是"可以"开头,例(21)和例(22)中的"可以"分别处在"不……不""而……不"框架中,此时的"以"字已经无悬空宾语而言了,所以这三句中的"可以"都已经是双音节助动词了。

(20)子曰:"中人以上,<u>可以</u>语上也;中人以下,不<u>可以</u>语上也。"(《论语·雍也》)

(21)诸侯不<u>可以</u>不示威。(《左转·昭公十三年》)

(22)将以为社稷主,为先祖后,而<u>可以</u>不致敬乎?(《礼记·效特性》)

以上讨论的是汉语的情况,再来看英语的例子。英语 have 在"have a book"中是一个实义动词,但是在"have a book to read"和"have to read a book"中已经是准助动词了,而在"have had a book"已经完全成为助动词了。此外,现代英语"try and＋V"这一并列结构,其中"try and"在特殊语境中已经可以重新分析为助动词了。(Hopper & Traugott,2003:50)

(23)a. I'll try and contact her. 我想联系她。

b. I'll try to contact her. 我试图联系她。

c. They have tried and failed to contact her. 他们已经尽力了,没有联系上她。

以上 a 句里 try 的用法跟 b、c 两句中的用法很不相同,a 句里的 try and 已经被储存为一个单一的词,try 的形态变化受到限制:1)and 在语音上黏着于 try(try-ən);2)动词 try 不能由 tried、trying 和 tries 等形态变化形式来替代;3)副词不能插在 try 和 and 之间,比如可以说"I'll try hard to contact her",但是不能说"*I'll try hard and contact her"。可见英语主要动词语法化为助动词是很常见的,但是英语的助动词发生词汇化的则很少见,比如英语的情态助动词是由早期的实义动词语法化而来,但它们还没有变成词缀。(Hopper & Traugott,2003:50)

下面我们来看"be going to"是如何词汇化为"be gonna"的。首先是表示目的性的 be going to 发生了重新分析,即从[I am going [to marry Bill]]被重新分析为[I [am going to] marry Bill]。重新分析一旦发生,be going to 就会经历助动词的典型变化,如 going to 中元音和辅音都已经弱化:going 的末尾音段由[ŋ]变为[n],同时 to 的起始音段由[t]变为[n]。由于-ing 和 to 之间的短语性界限已经不存在,所以 go-ing to 这三个语素之间就能够缩减词汇化为 gonna(读作[gʌnə]),如 Bill is gonna visit Bill。(Hopper & Traugott 2003:69)类似的还有 have to>hafta,get to>gotta 等这样急剧的语音缩减。

> 阶段Ⅰ: be　　　going　　　[to visit Bill]
> 　　　　　进行时　方向动词　[目的从句]
> 阶段Ⅱ: [be going to]　　visit　　　Bill
> 　　　　　(通过重新分析)　动作动词
> 阶段Ⅲ: [be going to]　　like　　　Bill
> 　　　　　时　　　　　　　动词
> 　　　　　(通过类推)
> 阶段Ⅳ: [be gonna]　　　like / visit　Bill
> 　　　　　(通过重新分析)

由上面的分析可见,从 be going to 词汇化为 be gonna 也是发生在谓语核心动词前面的状语位置上,因为它们后面还有谓语核心动词的存在。英语动词短语 want to 词汇化为助动词 wanna,

也经历了跟助动词 gonna 相似的历程和动因。这是因为 going to 和 want to 频繁出现的组合形式往往会变得自动化（automatization），即它们会被作为整体储存起来和作为组块来表达。此外，由于它们所表示的内容具有可预测性，因而人们在说的时候语速都比较快，这就为它们的缩减融合提供了动力。比如在英语口语中，"who do you want to see ?"（你想要见谁?）可以说成"who do you wanna see?"

需要强调的是，want to 词汇化为助动词 wanna 也要受句法条件的限制。比如"who do you want to see Bill ?"（你想要谁见比尔?）就不能说成"*who do you wanna see Bill?"这是因为句中的 who 是一个兼语，它既是 want 的宾语又是 see 的主语。其原位置是在 want 之后，移位以后在原位置留下了一个语迹（trace），这个语迹阻碍了 want to 之间发生词汇化，如：you want who to see Bill ? →who$_i$ do you want t$_i$ to see Bill ? 由于语迹正好位于 want 和 to 中间，因而 want 和 to 之间不能发生词汇化。

2.2　副词的词汇化

现代汉语副词可以分为描摹性、限制性和评注性三大类。（张谊生，2000a）其中限制性副词和评注性副词句法位置分布较为自由，都既可以在谓语动词之前的句中位置，也可以在主语之前的句首位置；描摹性副词的句法位置分布则比较固定，一般只能紧贴谓语核心动词之前，对相关动作行为、状态进行描写、刻画。

下面我们就以句法位置分布较为自由的评注性副词"其实"为例（董秀芳，2011），看其发生词汇化的句法位置分布，即到底是在句首发生词汇化，还是在句中发生词汇化。以下两例"其实"作为一个名词性结构充当句子的主语或宾语。

(24)夏后氏五十而贡,殷人七十而助,周人百亩而彻,<u>其实</u>皆什一也。(《孟子·滕文公下》)

(25)考之于经传,咸得<u>其实</u>,靡不协同。(《汉书·律历志》)

但是当"其实"前面有一个小句,并且其后出现的又是谓词性成分充当的谓语时,"其实"就有了被重新分析的可能。例(26)中的"其实"实际上表示"实际情况",但是已经有了演变为副词的苗头。由于"其实"前边有另外一个小句,又由于古汉语的主语经常省略,"其实"是一个无生名词,其语义凸显度不大,因而其主语地位变得不突出。再加上"其实"出现在谓词性成分前,所以有被当作副词的可能性。后来,"其实"词汇化为一个副词,义为"实际上",如例(27)。

(26)今立者乃在南阳,王莽尚据长安,虽欲以汉为名,<u>其实</u>无所受命,将何以见信于众乎?(《后汉书》)

(27)检四舞由来,<u>其实</u>已久。(《隋书·音乐志》)

再来看副词"几乎"的词汇化(董秀芳,2011)。以下两句中,"几"是一个动词,义为"接近","乎"是一个介词,与其宾语共同做动词的补足语。"几"与"乎"不在一个句法层次上。

(28)如知为君之难也,不<u>几乎</u>一言而兴邦乎?(《论语·子路》)

(29)《易》不可见,则乾坤或<u>几乎</u>息矣。(《易·系辞上》)

后来"几乎"发生了跨层黏合,变为一个副词,义为"差点儿",如下面例(30)中的"几乎"就是一个副词,"乎"不能再做介词理解,因为句子的核心动词是"吓破","几乎"在句子中做状语。

(30)这里素梅在房中心头丕丕的跳,<u>几乎</u>把个胆吓破了,

着实懊悔无尽。(《二刻拍案惊奇》)

以上"几乎"之所以能变为副词,根源于谓词性成分可以不改变外部形式就充当主语或宾语,因为汉语中谓词性成分的体词化是不需要外部标记的。当一个体词化了的谓词性成分充当介词"乎"的宾语时,单从形式上看"几乎"就位于一个谓词性成分之前,这是副词出现的典型句法位置,因而"几乎"就有了变为副词的可能。下面例(31)就是一个过渡性的例子,"几乎"出现在一个谓词性成分之前,既可以理解为"接近于家给人足的地步",也可以理解为"差不多家给人足",在这一理解下"几乎"就是一个副词了。

(31)时和年丰,百姓乐业,谷帛殷阜,<u>几乎</u>家给人足矣。
(《二十五史·晋书》)

总之,从上面对助动词"可能、可以"和副词"其实、几乎"词汇化过程的分析可以看到,它们发生词汇化的句法位置都是后续分句的句首状语位置,并且它们跟所在分句的谓语核心动词并不相邻,中间还夹杂着其他成分。也就是说,它们发生词汇化的句法位置都不是贴近核心动词,由此可见双音化在谓语核心动词前的分化作用是确实存在的。

此外,无论是双音节助动词还是双音节副词,它们发生词汇化都是在一定的句法环境中进行的:词语由位于单核心句中担任谓语核心,到担任双核心连动结构的前项。担任谓语核心的状中短语,状语跟动词之间的关系,较之动词与宾语的关系,更为疏远,这一点是状中短语难以发生词汇化的主要原因。连动结构的主要动词在后,受单音节助动词或单音节副词修饰的前项动词,由于处在非核心的位置上,在汉语双音节韵律的作用下,单音节助动词和单音节副词就会跟其紧邻的单音节动词发生词汇化,产生双音节助动词和双音节副词。

3 汉语附着词的语言类型学意义

3.1 汉语附着词语法化的个性特征

基于跨语言的考察，Hopper & Traugott(2003:7)提出了下面这个具有普遍意义的语法化斜坡(clines)：

实义词 ＞ 语法词 ＞ 附着词 ＞ 屈折词缀

其中实义词包括名词、动词、形容词，语法词包括副词、介词、连词、代词等，附着词包括各种助词(结构助词、时体助词)、量词。也就是说，在很多语言里语法词或附着词常常会经历一个形态化(morphologization)过程。但在汉语中一个功能词或附着词通常不是进一步语法化为屈折词缀，而是跟毗邻的词项"融合"成一个新的词汇项，原来的语法词或附着词成为新词汇项的一个"词内语素"。即汉语的语法词或附着词的后续演变是词汇化(lexicalization)而非形态化(董秀芳，2004；吴福祥，2005)。即：

实义词 ＞ 语法词 ＞ 附着词 ＞ 词内成分

但是通过上文的研究可以发现，汉语句中谓语动词后面的附着词，如结构助词"个""得"、单音节动词后面跟的介词"在""到"，虽然虚化程度很高，表现在语音上都已读轻声而且元音央化，语义上只有语法意义没有词汇意义，句法上黏附性非常强；虽然它们正好构成双音节，但是都没有跟其前面所依附的单音节动词发生词汇化，无论双音化的韵律框架的整合效应有多强。

汉语的附着词之所以没有像 Hopper & Traugott(2003)所概括的那样具有人类语言普遍意义的语法化模式或路径，除了双音化句中位置"分化"作用之外,还可能跟汉语的语言类型学特征有关(吴福祥,2005)。在形态变化较发达的语言里,附着词的语法化符合 Hopper & Traugott(2003)所概括的语法化模式,即虚化为屈折形态;汉语属于孤立语,在这样的语言里语法化不太可能会造成屈折形态成分的产生,但附着词可以进一步演变为词内成分。

从上文的反例可以看出,已经发生词汇化的附着词并不是在句中位置发生的,而是在句首或句尾。英语中也有从附着词变为词内成分的,而不是变为屈折词缀,当然这是极为少见的,英语的 let us 就是这样一种特例,它语法化路径是:let us＞let's＞lets。即第一人称复数代词首先是变得附着化(let's),而"词根＋附着形式"的 let's 进一步词汇化为 lets,其中的人称代词 us 更是经历了"词＞词缀＞音素(phoneme)"这一演变过程。(Hopper & Traugott,2003:12)当然这一词汇化过程的位置并不是在句中,而是在相当于连动结构的句首前项动词上。

需要强调指出的是,在形态变化丰富的屈折型语言里,屈折形态也可以演变为词内成分,比如景颇语的体貌助词很发达,体貌助词用在动词的后面可以表示各种不同的"体"和"貌"。动词做谓语时,大多要带体貌助词。由于体貌助词常跟在动词之后,结合较紧,其中有的已与动词融为一体,词汇化为一个词,(戴庆厦,2009)tsun^{33}tan^{55}"告诉"就是由动词 tsun^{33}"说"加上表示"显示貌"的tan^{55}词汇化而成的,例如:

　　　(32)ŋai^{33}　　e?^{55}　　　　tsun^{33}tan^{55}　　u?^{31}!

　　　　 我　　　(宾助)　告诉　　　　　(尾助)

　　　你告诉我吧!

此外，以上 Hopper & Traugott(2003)语法化斜坡的最末端是"屈折词缀"，还不太准确。因为"屈折词缀"还可以再进一步语法化，从形态成分变为语音成分，这跟汉语的词内成分有些类似。这种语法化过程被称为"去形态化"(demorphologization)，即通过这种演变，一个语素丧失了它对所构成词语的语法-语义贡献，并且成为该词结构不可辨别的部分，同时保留其原有的部分语音实体(Brinton & Traugott,2005:52)。比如在"never,nor,naught"等形式中，来源于古英语的词缀"ne"弱化(reduced)成为一个语音成分。(Brinton & Traugott,2005:57)

3.2 汉语附着词前后转化的不对称

以上讨论了汉语附着词语法化的个性特征，下面来看汉语附着词前后转化的不对称性。陆丙甫(Lu,1998)引述一系列国外文献，论证人类语言的前置词和后置词在黏附性方面是不对称的，后置词比前置词更倾向于成为黏着成分，即人类语言更倾向于使用后缀。比如 Culter 等(1985)指出，从人类语言总体上说后缀在分布上具有明显的优势。陆丙甫(2011,私人交流)则进一步认为，人类语言的附着词(adposition)在语法化方面存在着倾向性规律：附着词的语法化路径只能是从前置词(preposition)变为后置词(postposition)，不存在相反的路径，即从后置词变为前置词。用我们的话来说就是：前置词可以依附于其前面的成分而变为后置词；而后置词不可以重新分析为前置词。这个规律显示了前后置词相互转化的不对称性，它跟语法化的单向性原则一致。跟"单向性原则"存在反例一样，附着词前后转化的不对称性也有反例，目前我们找到的反例是日语 ga 和汉语"的话"。

日语 ga 可以从第一个从句的后缀(33a)，经过重新分析而变为第二个从句的独立连词（33b），从而经历了从句末前附着小品词（enclitic particle）去附着化（decliticization）为句首的独立连词这一过程。（Mathunmoto,1988:340）

(33)a. Taro-wa   wakai-**ga**,   yoku   yar-u(-yo).

       太郎-话题   年轻-ga   好   做-现在时(-yo)

       虽然太郎年纪小，但是他干得很好。

b. Taro-wa   wakai (-yo). **Ga**, yoku yar-u(-yo).

       太郎-话题 年轻-ga   但是 好   做-现在时(-yo)

       太郎年纪小。但是他干得很好。

Haspelmath(2004)明确指出，词汇化不一定是单向性假设的反例，只有去附着的变化才是单向性的真正反例，因为这种变化使得黏合度从高变低了，比如从词缀变为词的变化。以上日语 ga 的演变就经历了去附着化的过程，因而可以说是语法化单向性的典型反例。

日语 ga 不仅在语法化的单向性的反例上具有独特意义，而且在语序类型学中也有特殊性。Dryer(1992)在 625 种语言的基础之上得出了连词和小句之间的语序关联：OV 语言倾向于采用句后的从属连接词，即从属连接词处在一个句子的末尾，数据比例是38 比 17（在 55 种 OV 语言中，有 38 种语言采用句尾从属连接词，有 17 种语言采用句首从属连接词）。日语是 OV 语言，按照以上语言的普遍性来说，应该是从句首的前置连词演变为句尾的后置连词，但是日语的 ga 则恰恰相反，是从后置连词演变为前置连词，其动因值得进一步研究。

再来看汉语"的话"。江蓝生（2004）指出，在"说 NP/VP 的话"小句中，"NP/VP"就是"话"的具体内容，这使得"说"义动词

（"讲、提、商量"）的语义指向发生了变化：由明确指向中心语"话"，变为侧重指向修饰语，即修饰语"NP/VP"有变为"说"义动词宾语的倾向，这样原来的中心语"话"就容易被架空，在语义上"说NP/VP的话"就等同于"说NP/VP"；语义重心前移，引发结构关系的变动，"的"由后附于NP/VP变为前附于"话"，在语音上"的话"也发生轻读现象。即"NP/VP的话"短语摆脱"说……话"框架中动词"说"的制约，前移至句首做话题主语，再省略动词"说"，"的话"就可以被重新分析为后附的助词，如b句。

(34)a. 只管要去，别提这月钱的话。（《红楼梦》）

b. 这月钱的话，不归他管，由我来管。

需要强调的是，日语ga从后缀变为前置连词，即由依附黏着到独立自由，确实是语法化"单向性原则"的反例。但汉语"的话"则不一样，"的"原来是定语标记，变为双音词"的话"的前一语素，"的"不是独立的，它只能是前置语素，不是前置词。因此严格来说，"的话"还不是真正的反例。

此外，附着词前后转化的不对称这一规律也很好理解，前置词（比如前文的动后介词"在、到"）在动词后向前依附的倾向会进一步引起前置词语音的弱化及音变，而动词前介词短语中的前置词（比如"在教室学习"中的介词"在"）则不会弱化。另外，后置词无论在什么位置，只会依附于其前的NP，所以不会改变其后置词的性质；而前置词不但不一定黏着于其后的NP，而且还可能向其前的成分依附，而该成分并不是其直接成分，从而造成违背句法组合的附缀化（cliticization）。汉语的动词后面的介词"在""到"等虽然不断虚化，但是最终还是没有能够经过重新分析而变为词内成分。

跟汉语相似，英语中的"动词＋介词"结构也没有发生词汇化，动词和介词之间一直是短语关系，如 frown on、look into、put to 等。但是在国外一些形态变化丰富的语言中，动词后面介引处所的介词是很容易经重新分析而变为动词的词内成分的。大洋洲的 Kwamera 语用前置词 ia 表示处所（Lindstrom & Lynch，1994），如例（35a）；同时 ia 还可以经过重新分析词汇化为动词内部表示及物的后附缀（transitive postclitic），其作用是令不及物动词变为及物动词，如（35b）。

    （35）a. sa -ha -am -ara ｜ **ia** rukwanu imwa-ni.

            我-们-进行体-住 在 村庄 地方-她

            我们都住在她的村庄里。

        b. sa-ha-iputa-**ia** ｜ nei.

            我-们-爬-ia 树

            我们爬树。

    语言类型学中一个重要的语法概念，就是核心词与从属语之间的关系。表示两者之间关系的标记可以在从属语上，也可以在核心上。标记语法关系的显性成分（主要是格标记、附着词或小品词）附着在从属语上就是"附从标记"（denpendent-marking），附着在核心上就是"附核标记"（head-marking）。上文分析的动词后介词"在、到"在重新分析之后，跟动词组成一个句法单位，其实就经历了从"附从标记"到"附核标记"的转变，即：V＋［在｜到＋NP］→［V＋在｜到］＋NP。

    相似的还有汉语中新产生的一批词"X 于"，如"善于、勇于、敢于、等于、处于、忙于、至于"等，它们都是介词继续虚化与其前面的单音节动词经重新分析词汇化而来，这也经历了从"附从标记"（V＋［于＋NP］）到"附核标记"（V 于＋NP）的转变。此外上文讨论的"可以",原来的结构是"可+[以+O]",即"以"是"附从标记",后来由于宾语前移造成"可以"发生词汇化,此时的"以"变为"附核标记",即"可+[以+O]→O+[可+以]"。而从上面大洋洲 Kwamera 语的例句也可以看出,ia 由动词后的介词(35a),即附从标记,经过重新分析发展成动词的词内语素(35b),即附核标记。

以上讨论的是可以从附从标记转化为附核标记,下面来看不能转化的。现代汉语的定语标记"的"是典型的附从标记。朱德熙(1961)就指出,"S1 的、S2 的……Sn 的 M"一类格式(真的、善的、美的东西)的存在,最能证明"的"的后附性。所谓"后附成分"是指其中的"的"永远跟它们前面的成分组成语法单位,跟后面的成分不发生直接的语法关系。比如下面例(36)和例(37)中,"的"是附从标记的 a 句都可以说。把并列项合并提取的 b 句也都可以说,此时"(鸡、狗、马)的"和"牛的"中"的"还是附从标记:例(36b)是"的"附着于前面的并列项(鸡、狗、马);例(37b)是"的"后附于"牛"。唯一不能说的是例(37c)"(的皮、的肉和的骨头)",其中"的"从(37)a、b 两句的附从标记变为附核标记,并且是并列前置附核标记。

(36)a.拿鸡的、狗的、马的血来。

  b.拿(鸡、狗、马)的血来。

(37)a.拿牛的皮、牛的肉和牛的骨头来。

  b.拿牛的(皮、肉和骨头)来。

  c. * 拿牛(的皮、的肉和的骨头)来。

跟以上现代汉语情况相似,英语并列项中的附从标记"-'s"也是不能变为附核标记的,如下面例(38)a、b 两句中的"-'s"都是附从标记,句子成立;c句中主语并列后项"'s notes"中的"'s"远离领属从属语John,从而变为附核标记,句子不能说,这跟上面(37c)现代汉语的"的"相似。

(38)a. John's and Mary's books are on the table.

　　　b. John's books and John's notes are on the table.

　　　c. * John's books and 's notes are on the table.

古代汉语中的定语标记"之",则从未像现代汉语"的"和英语"-'s"那样成为后黏着成分,比如不能说"*拿鸡之、狗之、马之血来"。虽然在汉代有像例(36b)那样并列项合并提取的"取鸡、狗、马之血来"(《史记·平原君列传》)这样的例句,却未见"*取牛之皮、之肉、之骨来"这类说法。

需要说明的是,早期的现代英语中,类似(38c)中"'s"这样的前置却是合法的,如:"God's wills, 's blood, 's foot, 's death."(Jesperson,1909—1949)虽然汉语的定语标记"之"不能前置,如不能说"*取牛之皮、之肉、之骨来"。但是"修饰性指示词"用法的"之"却可以说,甲骨文里类似"之日、之夕、之五月"的用例在《殷墟文字丙编》里共有11例。(张敏,2003)以上我们所说的"的、之"不能从附从标记转化为附核标记,即不能从后置变为前置,指的是一般的中性语境。因为在一些特殊的骈合结构中,"的、之"是可以前置或作为附核标记的,这是为了满足凸显、强化多项并列中心语的语用需要而形成的特殊扩展式(张谊生,2000b),因而并不是我们观点的真正反例。

总之,以上附从标记和附核标记的转化,也验证了前后置词之间转化的不对称:标记语在前的附从标记,可以转化为标记语在后的附核标记,如上面讨论的汉语"V+在|到""X于""可以"等;而

标记语在后的附从标记,则不能转化为标记语在前的附核标记,如上面讨论的汉语定语标记"的"、英语的领属标记"-'s"。

4. 结语及余论

本文探讨了双音化在句中谓语核心动词前后的分化作用,进而解释了汉语句中动词后面补语位置的单音节附着成分("个、得""在、到")以及动词前面状语位置的单音节前附成分(助动词、副词),不能跟单音节核心动词发生词汇化的原因。然后我们引进了"附缀化"这一概念,把汉语附着词的虚化跟人类语言普遍的语法化路径进行对比,指出了汉语虚词语法化的共性特征和类型差异。最后探讨了人类语言附着词前后转化的不对称:前置词可以经过重新分析变为后置词,而后置词则不可以变为前置词;附从标记可以转化为附核标记,而附核标记则不可以转化为附从标记。

汉语句法成分的虚化难易度是不同的,主语、谓语、宾语的位置一般不会发生虚化,定语的位置也很难发生虚化,状语和补语的位置最容易发生虚化,但是却很难发生词汇化,我们认为,这主要是由于双音化在句中位置的分化作用造成的。由此可见,词汇化与语法化之间虽然存在着联系,但是两者之间的差异还是比较明显的。(Brinton & Traugott,2005:76—86)

本文借助已有相关研究成果,试图证明汉语中由于双音化在谓语动词前后具有的分化作用,阻断了单音节核心动词与其前后的单音节功能性成分之间发生词汇化的可能性。并尝试通过跨语言的比较,从语言类型学角度对与之相关的词汇化或语法化问题,做出理论上的概括与解释。此外,还有几点需要特别强调:

1)不论是国外的词汇化理论还是语法化理论,在跟汉语结合时,都要考虑到汉语的自身特征。我们不能盲目地把这些理论拿过来,直接解释汉语语法现象。比如本文就考察双音化这一汉语独有韵律特征对汉语句法的制约作用以及对汉语词汇化、语法化的影响。汉语句中位置的谓语动词前后成分之所以能产生分化,应该是多种因素综合作用的结果,除了韵律上的双音化之外,还需要句法、语义和语用等因素,但是韵律内部的双音化所起的作用无疑是最重要的,其他因素都是辅助的。其实,本文以及李思旭(2011)所讨论的双音化,并不只限于韵律层面,而是涉及韵律-句法-语义-语用的多层面互动。

2)虚化程度高的成分没有跟相邻的单音成分发生词汇化,好像跟双音化关系不大,而是跟虚化程度较高的成分的句法功能有关,只要它的功能凸显,与它构成的双音节就是句法结构,就不能词汇化,即双音化本身是不可能产生所谓的分化作用的。我们认为,这一观点表面上看好像有些道理,但是经不起深究。比如上文讨论的结构助词"个、得"和动词后面的介词"在、到",它们的虚化程度都很高并且功能也不凸显。按照上面的观点,它们跟前面的单音节谓语核心动词构成双音节成分应该是可以发生词汇化的,但是事实上却没有。

3)"融合"(fusion)是词汇化理论中的一个重要术语,是发生词汇化的重要体现。语法语素的"融合"普遍见于世界语言,特别是一些形态较丰富的语言,如德语、法语、俄语,而这些语言历史上并没有发生双音化趋势。那么,双音化会不会只是"融合"的一种结果(副现象)而非动因呢?我们认为这种观点颠倒了因果(或先后)关系。汉语双音化先是在词汇层面产生的,即汉语词汇由以单音词为主发展为以双音节为主,然后双音化作用于语法,对汉语语法产生一些制约作用[双音化在词汇层面和句法层面的不同表现,详见李思旭(2011)]。因而在汉语中双音化只能是"融合"的动因,永远不可能是"融合"的结果。由此可见,汉语双音化的"融合"跟词汇化中的"融合"殊途同归:它们虽然产生动因不同,但是所起作用的结果却是相同的——都输出词。

参考文献

戴庆厦 2009 景颇语词汇化分析,《民族语文》第 6 期。

董秀芳 2004 "是"的进一步语法化:由虚词到词内成分,《当代语言学》第 1 期。

董秀芳 2011 《词汇化:汉语双音词的衍生和发展》(修订本),商务印书馆。

何洪峰 2008 先秦介词"以"的悬空及其词汇化,《语言研究》第 4 期。

江蓝生 1994 "动词+X+地点词"句型中介词"的"探源,《古汉语研究》第 4 期。

江蓝生 2004 跨层非短语结构"的话"的词汇化,《中国语文》第 5 期。

江蓝生 2005 语法化程度的语音表现,载吴福祥主编《汉语语法化研究》,商务印书馆。

李思旭 2011 试论双音化在语法化中双重作用的句法位置,《世界汉语教学》第 2 期。

吴福祥 2005 汉语语法化演变的几个类型学特征,《中国语文》第 6 期。

吴为善 2003 双音化、语法化和韵律词的再分析,《汉语学习》第 2 期。

徐 丹 1994 关于汉语里的"动词+X+地点词"的句型,《中国语文》第 3 期。

张 敏 2003 从类型学看上古汉语定语标记"之"语法化的来源,载吴福祥、洪波主编《语法化与语法研究》(一),商务印书馆。

张谊生 2000a 《现代汉语副词研究》,学林出版社。

张谊生 2000b 试论结构助词"的"和"之"的前置——兼论现代汉语的骈合结构,《汉语学习》第 5 期。

张谊生 2003 从量词到助词——量词"个"语法化的个案分析,《当代语言学》第 3 期。

朱德熙 1961 说"的",《中国语文》第 12 期。

Brinton, Laurel and Elizabeth. C. Traugott 2005 *Lexicalization and Language Change*. Cambridge:Cambridge University Press.

Cutler, Anne, J. A. Hawkins and Gary Gilligan 1985 The suffixing preference:A processing explanation. *Linguistics* 23(5).

Dryer, Mattew. S. 1992 The Greenbergian word order correlation. *Language* 68(1).

Haspelmath, Martin 2004 On directionality in language change with particular reference to grammaticalization. In Olga Fischer, Muriel Norde and Harry Perridon(eds.). *Up and Down the Cline:The Nature of Grammaticalization*. 17—44. Amsterdam:John Benjamins.

Hopper, P. J. and Traugott, E. C. 2003 *Grammaticalization*. Cambridge:Cambridge University Press.

Jesperson, O. 1909—1949 *A Modern English Grammar on Historical Principles* I-VII. London:Allen and Unwin.

Lindstrom, L. and Lynch. J. 1994 *Kwamera*. Münch Newcastle:Lincom Europa.

Lu, Bingfu 1998 *Left-right Asymmetries of Word Order Variation:A Fuctional Explanation*. Los Angeles:University of Southern California dissertation.

Mathunmoto, Yoshihiro 1988 From bound grammatical makers to free discourse makers:History of some Japanese connectives. *Berkeley Linguistica Society* (14).

Talmy, L. 2000 *Towards a Congnitive Semantics* Vol. 1. Cambridge:The MIT Press.

Zwicky, Arnold and Geoffrey, Pullum 1983 Cliticization vs. inflection:English n't. *Language* 59(3).

"怪不得"的语义演变及其回溯推理

罗耀华　姜礼立

（华中师范大学文学院、
湖南师范大学南方语言文化研究中心）

0　引言

前贤关于"怪不得"的研究，主要集中在句法、语义、语用以及语义演变等方面，并取得了丰硕的成果。各家对于表示"不能责备"义的动词性"怪不得"的认识较为统一，但是对用于复句中表示"醒悟"义的"怪不得"属性的认知仍存在争议：《现代汉语八百词》（增订本）（1980）、《现代汉语虚词词典》（1998）、郑晓蕾（2005）、《商务馆学汉语词典》（2006）、董玲玲（2009）、张薇和李秉震（2011）、聂俊伟（2012）、《汉语大词典》（2012）、王利（2014）、《现代汉语词典》（第 7 版）（2016）、任今梦（2017）等将此类"怪不得"归入副词，而太田辰夫（1987）、张宝林（1996a）、张斌（2001）、周刚（2002）等认为这类"怪不得"应划入连词中。关于"怪不得"的演变历程各家观点也不统一：郑晓蕾（2005）、张富翠（2009）认为副词"怪不得"出现在清代；张薇、李秉震（2011）指出"怪不得"形式最早出现在元代；聂俊伟（2012）、张舒雨（2016）等则认为"怪不得"的副词用法出现在元代;张明友(2010)考察发现元代"怪不得"已虚化成话题标记;李宗江(2016)指出明代语篇标记"怪不得"已经形成。以上研究多是列出观点,但并未对"怪不得"的语义演变进行系统研究,专文研究"怪不得"的有陈宝珠(2010)、王利(2014)和任今梦(2017)。王文和任文均认为副词"怪不得"是由动词短语演变而来,但王文认为副词"怪不得"成词于清代,而任文则认为成词于元代。陈文又有所不同,认为清代"怪不得"已由动词短语演变成连词。

前贤时哲关于"怪不得"的研究,对我们有一定的启发,但我们认为"怪不得"的演变历程、演化机制以及语义识解等都还可以深入探讨。

1 "怪不得"的演变历程

《说文解字》:"怪,异也。从心,圣声"。《汉语大词典》"怪"有8个义项,动词用法有:a.惊异,觉得奇怪;b.责备,埋怨。"怪不得"中"怪"的初始义就来源于动词"责备、埋怨"义。

吴福祥(2009)考察"得"义语素的概念空间,并在此基础上把"得"的语法化路径概括为:"得"本为"获得"义他动词,先秦两汉文献里,"得"也可以用于他动词之后构成连动式"V得O";大约在魏晋六朝,"得"在非"得"义动词后逐渐虚化成表动作实现或有结果的动相补语;唐代,动相补语"得"在不同语境里开始发生多向语法化,一是在非已然语境里语法化为能性补语;二是在已然语境里演变为完整体标记;三是在"V得_{动相补语}"后接谓词性成分这一环境里语法化为结果/状态/程度补语标记;四是,表示某种结果/状态的述补结构"V 得 C"在未然语境里进一步语法化为能性述补结构，相应地，原来的结果/状态补语标记"得"演变为能性补语标记。我们赞同吴福祥（2009）构拟的"得"的语法化历程，如图 1 所示：

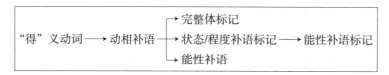

图1　汉语语素"得"的语法化历程

再看"不得"。不同的辞书有不同的解释。《现代汉语词典》（第 7 版）：·bu·de 助用在动词、形容词后面，表示不可以或不能够：去～｜要～｜动弹～｜马虎～。《现代汉语规范词典》（2004）：bùdé①动得不到；没有得到：求之～｜～要领。②动不能；不可以：会场内～吸烟。不得 bùde 动用在动词、形容词后面，表示不可以或不能够：动弹～｜马虎～。《汉语大词典》：不得 1. 不能得到；得不到。《诗·周南·关雎》："求之不得，寤寐思服。"2.不能；不可。唐王昌龄《浣纱女》："吴王在时不得出，今日公然来浣纱。"

从词条收录上看，《现代汉语词典》（第 7 版）只收录了谓词后的"不得"，《现代汉语规范词典》则明确将谓词前"不得"和谓词后"不得"处理为两个词条，而《汉语大词典》则将两种不同分布的"不得"置于一个义项之下未做区分。从词语定性上看，《现代汉语词典》将谓词后"不得"处理为助词，《现代汉语规范词典》将谓词后"不得"和谓词前"不得"都处理为动词，《汉语大词典》则未标注词性。李广瑜（2012）认为应区分两个"不得"，即将谓前"不得"和谓后"不得"作为两个词条收入。谓前"不得"读音为 bùdé，词性为助动词；谓后"不得"读音标注为 bu·de，词性为助词。

先秦时期

先秦时期的甲骨文和殷墟卜辞中，"不"就可以用为副词，表否定。（王绍新,1992；姜宝昌,1992）"得"的用法如前所论，"不"和"得"的组合，有如下用法：

（1）子墨子言曰："今者王公大人……然而不得富而得贫，不得众而得寡，不得治而得乱……是其故何也?"（墨子《墨子·尚贤》上第八）

（2）人既专一，则勇者不得独进，怯者不得独退，此用众之法也。（孙武《孙子兵法》）

（3）刑余罪人之丧，不得合族党，独属妻子，棺椁三寸，衣衾三领，不得饰棺，不得昼行。（荀况《荀子·礼论》）

例（1）中"不得……而得"并举，"不得"意思是"没有得到"，为否定副词"不"＋获得义动词"得"组成的短语；例（2）中的"不得"意思是"不能"；例（3）中的"不得"表示禁止，先秦时期的"不得"均出现在表示某种制度的场合，是对从事 VP 行为的一种否定性规定。先秦表禁止的"不得"的语义限制性较大，语气强硬，大多可以用施为动词"禁止"进行替换。（金颖,2011）后两种用法，均用于动词前。

两汉时期

这个时期，"不得"仍延续先秦时期的用法，例如：

（4）项王有背约之名……战胜而不得其赏，拔城而不得其封。（司马迁《史记》）

（5）故行险者不得履绳，出林者不得直道，夜行瞑目而前其手。（刘安《淮南子》）

（6）是故圣人使人各处其位，守其职，而不得相干也。（刘安《淮南子》）

例(4)中的"不得"意思是"得不到",为短语;例(5)中的"不得"为"不能";例(6)中的"不得"则表示禁止。同样,后两种用法,位于核心动词前。

唐宋时期

(7)一似八十老婆嫁与三岁儿子,年虽长大,要且被他三岁儿子索唤,不得自由。(《中华大藏经》卷四十七)

(8)师云:"火焰上泊不得,却归清凉世界去也。"(释道原《景德传灯录》)

(9)晋元帝制曰:"小功缌麻,或垂竟闻问,宜全服,不得服其残月,以为永制。"(杜佑《通典》)

例(7)"不得自由",意思是"得不到自由";例(8)"泊不得"意思是"不能停留";例(9)"不得"则表禁止。

李广瑜(2014)将"不得"语义演变的路径、方向及影响因素概括为:

路径	"不得(没得到)" → "不得(没达成/客观不能)" → "不得(认识不能)" → "不得(不许)"			
意义类	非主观意义	非主观意义	主观意义	交互主观意义
概念域	行域₁	行域₂	知域	言域
影响	句法环境变化		主观化	交互主观化
	完形隐喻		语用推理	语用推理
因素	叙述语境		推测语境	禁止语境

图 2 语义演变的路径、方向及影响因素

沈阳、冯胜利(2008)指出"得"在先秦时期一般表"可能",表"许可"出现较少,且只以否定义出现(否定句或反问句)。有了"不可能">"不许可"的演变,不许可即禁止,不被允许做则不能够做到,反之则不然。

我们认为,"不得"的演变,受出现环境的制约,可以分为"不得₁"和"不得₂":"不得₁"分布在动词前,"不得₂"分布在动词后。

"不得₁"的演变路径为:"不得"(没有得到)＞"不得"(不能)＞"不得"(禁止)。跟"得"的演变不同,"不得₁"在演变过程中,没有经历"动相补语"阶段。

"不得₂"相对复杂,分带宾语和不带宾语两种情形,即:A."V不得₂O";B."V不得₂"。A类表达客观地叙述一种事实,表示对某种客观事实的否定,而不表示禁止或劝阻;(于康,2004)李宗江(1994)归纳为:客观地报道某一动作实现的可能性。

A."V不得₂O"中"不得₂"的演变路径为:"不得"(没有得到)＞"不得"(不能),如"耐不得寂寞"。

B."V不得₂"中"不得₂"分两类,一类跟A相同,演变路径:"不得"(没有得到)＞"不得"(不能),如"进不得退不得";另外一类则表示禁止或劝阻,演变路径为:"不得"(没有得到)＞"不得"(禁止),如"去不得"。

"怪"与"不得"的结合,最早是以短语形式出现的,较早的用例出现在五代,例如:

(10)又因一日峰见师,便拦胸把云:"尽乾坤是个解脱门。把手拽教伊入,争奈不肯入!"师云:"和尚怪某甲不得。"(泉州昭庆寺僧《祖堂集》)

作为动词性短语,表示不能责怪、不应该责怪,往往在"怪"与"不得"之间插入宾语(代词)。如例(10)"和尚怪某甲不得",意为和尚不能怪某甲,"不得"作为能性补语,表示道义情态。

宋代,这种用例逐渐增多。例如:

(11)你明日且到了人家,我慢慢央人与你爹娘说通,他也须怪我不得。(冯梦龙《错斩崔宁》)

(12)怪他不得,你既不能用他,又无粮食与他吃,教他何

如得？（朱熹《朱子语类》）

线性序列上，紧密结合在一起的"怪不得"，在《现代汉语八百词》（增订版）、《商务馆学汉语词典》、《汉语大词典》、《现代汉语词典》（第7版）等工具书均有释义：怪不得，（动）不能责怪，该用法始于宋代。例如：

(13)（陈丈）又云："也怪不得州郡，欲添兵，诚无粮食给之，其势多招不得。"（朱熹《朱子语类》）

(14)某尝说，怪不得今日士大夫，是他心里无可作做，无可思量，"饱食终日，无所用心"，自然是只随利欲走。（朱熹《朱子语类》）

例(13)中"怪不得"已成词，"不"表示否定的语法意义，"得"为能性补语，"不得"组合成一个语法单位，跟在"怪"的后面，后带名词宾语"州郡"，"怪"为核心动词，"不得"为补语，整个为述补复合词。《汉语大词典》中也收录了动词"怪不得"，解释为：（动）不能责备，给出的初始例证即例(13)。例(14)"怪不得"后接体词性宾语，意为"不应该责怪今日士大夫"，"怪不得"虽然在线性序列上前后相连，但核心动词为"怪"，其结构层次为"怪‖不得丨今日士大夫"。

由于述语和补语之间的结合十分自由，且内部结构关系很明显，因此很多带宾的双音述补结构又不太像词汇词（董秀芳，2011：78）。所以这类词一般被称之为词法词（Di Sciullo ＆ Williams，1987）或短语词（吕叔湘，1979：11—25）。这一时期，动词"怪不得"也是如此，词汇化程度并不高，称为短语词（词法词）更为合适。首先，语义上"怪不得"并未专门化，词义比较透明，可以用"不能责怪"替换，如例(13)(14)；其次，结构上"怪"和"不得"的联系还比较

127

松散,中间还可以插入名词性宾语,如例(11)(12)。

这种动词用法的"怪不得"一直到现当代还有用例。例如:

(15)谁知他贪心不死……却怪不得王莽了。(黄士衡《西汉野史》)

(16)是的,躲到一个谁也找不到的地方……怪不得我了。(古龙《圆月弯刀》)

元代,"怪不得"后所带的宾语的类型开始扩展,由体词性宾语扩展为小句宾语。"怪不得"所带宾语的变化,是其发生演变的关键。例如:

(17)怪不得小生疑你,偌大一个宅堂,可怎生别没个儿郎,使得梅香来说勾当。(王实甫《西厢记杂剧》)

(18)(做揖科,云)小师父恕罪!……怪不得自古以来,儒门和俺两家做对头的。(徐征《全元曲·陈季卿误上竹叶舟》)

(19)普天下有的婆娘……(带云)也怪不得他赃埋我来。(臧懋循《元曲选·灰阑记》)

例(13)—(16)中"怪不得"的宾语均为体词性成分,"怪不得"为句中核心动词,意思是"不能责怪";而例(17)—(19)"怪不得"的宾语分别为"小生疑你""自古以来,儒门和俺两家做对头的""他赃埋我来"三个包含述谓结构的小句。由体词性宾语扩展到句子宾语,这为"怪不得"的语法范畴的变化提供了条件。例(17)—(19)的三个宾语小句中均含有消极色彩的词语如"疑""做对头""赃埋",可以做两解:例(17)例(18)的"小生疑你""儒门和俺两家做对头的"和例(19)的"他赃埋我来"都是已然发生的不好的事件,本该受到责备,但是事出有因,所以可以免于责备,故可理解为"不能责备"义;另一方面,也可以理解为说话人明白了某种原因,所以对先前觉得奇怪的事情有所醒悟,故可解作"醒悟"义。这正是"怪不得"语法化历程中的中间状态。

但当"怪不得"后接小句表达的是非消极事件时,"怪不得"已不再具有"责备"义,此时其已经演变成了表示"醒悟"义的语气副词,用来表达情态。这种用法在明代开始出现,例如:

(20)任君用道:"小生独处难捱,怪不得要在外边走走。"(凌濛初《二刻拍案惊奇》)

(21)萧后说道:"怪不得陛下这等注目,此女其实有几分颜色。"炀帝笑道:"朕几曾有错看的!"(齐东野人《隋炀帝艳史》)

例(20)(21)中的小句"要在外边走走"和"陛下这等注目"都是中性事件,"怪不得"只可理解为说话人(言者:魏撰之)对命题"要在外边走走""陛下这等注目"的幡然醒悟、理解的主观感情,不能理解为动词"不能责备"义。正如下文所讨论的那样,识解"怪不得",须进行回溯推理,"怪不得"由句中的主要动词,发展到非句子主要动词,并形成"怪不得 S"的格局,逐渐丧失主要动词地位,用来表达情态,称为命题外成分,表达说话人对命题的主观观点、态度和看法,具有主观性。

"怪不得"在由动词演变为语气副词的过程中,还经历了主观化。例如:

(22)这是你妈妈自家请我上门的,须怪不得别人。(凌濛初《二刻拍案惊奇》)

(23)亮祖看了一会,心中想道:"有这等的事,怪不得从来军士说,殿上神明像我。……也来拜他几拜。"(无名氏《英烈传》)

例(22)"怪不得"为句中谓语动词,具有命题功能,带体词宾语

"别人",阐述的是客观事实,具备客观意义,为句中的非认识情态。而(23)中"怪不得"为语气副词,具有情态功能,其辖域为后面的整个命题,它不再具备命题功能,而是用来表达言谈功能,由已知事实,运用回溯推理,得出"从来军士说,殿上神明像我"的原因。这样看来,"怪不得"作为语气副词,表达说话人对命题的主观评注,它是一个倾斜的现象,起初在形式和结构上以具体的、词汇的、客观的意义表达为主,在一定句法环境中反复使用,逐渐演变为抽象的、语用的、人际的和基于说话人的功能,并实现由命题功能变为言谈功能;由客观意义变为主观意义;由非认识情态变为认识情态的转变,实现主观化。

清代,"怪不得"的用例较明代明显增多。我们分别考察了明、清时期各20部作品,涵盖这两个时期具有代表性的通俗文学作品、笔记小说、传奇、戏曲和杂剧等。在这些文献语料中,明代"怪不得"出现了40例,而清代"怪不得"则出现了258例。清代"怪不得"后接小句的形态句法特征和感情色彩与明代相比,又有了一些新的发展:

A."怪不得"可位于小句前,单独使用,用作副词表"醒悟"义。例如:

(24)秋谷听了道:"怪不得,我说这里天津地方那里有你这样电气灯一般的人!原来果然是上海来的。"(张春帆《九尾龟》)

(25)季苇萧道:"怪不得,你是个美人,所以就爱美人了。"(吴敬梓《儒林外史》)

B."怪不得"后接的小句,还出现了含有褒义色彩的事件。例如:

（26）靳直大喜道："好孩子,怪不得侄儿夸你,说是诸葛复生！这个圈子,便是周瑜也跳不脱;何况文白!"（夏敬渠《野叟曝言》）

例（26）中"怪不得"后接的小句"侄儿夸你,说是诸葛复生！"含有褒义色彩的词语"夸""诸葛复生"等,所以小句"侄儿夸你,说是诸葛复生！"不再是表示对听话人或者他人有所伤害的事件,因此"怪不得"只能理解为表示"醒悟"义的语气副词。

C."怪不得"后接小句的主语可以是指物名词或者抽象名词（短语）,或者是零形式。例如:

（27）闺臣忖道:"怪不得碑记说他,'幼谙剑侠之术,长通元妙之机',果然竟有道理。"（李汝珍《镜花缘》）

（28）怪不得这十余天就出了三个案子,原来是黄昆所为。（张杰鑫、常杰淼《三剑侠》）

（29）紫芝道:"原来也打着了,怪不得那么惊天动地的。"（李汝珍《镜花缘》）

例（27）和（28）"怪不得"后接小句的主语分别是指物名词"碑记"和抽象名词短语"这十余天",而例（29）则是零形式。所以"怪不得"受后接小句主语的影响,其找不到可以明确责备的指人对象,因此只能理解为表"醒悟"义的语气副词。

上述变化说明"怪不得"语气副词的用法在清代已渐趋成熟。

明清时期,"怪不得"还出现了与"原来"共现,用于因果复句中,表示关联作用的用例。明代,该用法使用的频率极低,北大语料库仅出现2例。例如:

（30）撰之道:"怪不得闻俊卿道自己不好说,原来有许多委曲。……何由得成?"（凌濛初《二刻拍案惊奇》）

(31)怪不得师父要来化斋,原来是这般好处。(吴承恩《西游记》)

清代,这一用法明显增加,北大语料库中共出现79例。"怪不得"在用于因果分句之间,在发挥连接因果分句的功能时,使因果分句之间的关系更加明确。它既可以出现在先因后果句中,也可以出现在先果后因句中。太田辰夫(1987)、张宝林(1996a)、张斌(2001)、周刚(2002)等均将此类用法的"怪不得"归入连词,例如:

(32)秋谷不觉大怒道:"原来你这个人如此的不知好歹,怪不得张书玉要敲你的竹杠。……"秋谷说这几句话时声色俱厉。(张春帆《九尾龟》)

(33)知县一听,气得颜色更变:"怪不得这十余天就出了三个案子,原来是黄昆所为。"(张杰鑫、常杰淼《三剑侠》)

"原来"是因标,引导原因小句,"怪不得"是果标,引导结果小句。表醒悟的"怪不得"所在的语段,一般包括如下语义因子:A. 已实施的某行为;B. 表领悟的小句(内含"怪不得");C. 探究原因的小句。如例(32)已实施的行为"秋谷不觉大怒道";表领悟的小句"张书玉要敲你的竹杠";探究原因小句"你这个人如此的不知好歹"。例(33)同样可进行这样的分析。徐朝红(2017)指出,可以从句法功能和句法位置两个方面来辨析连词:关联性是基础,句法位置是关键。连词一般需具备两个基本特征:一是必须出现于关联场合;一是可以用于主语前后或只能用于主语之前。黄盛璋(1957)、赵元任(1979)、张宝林(1996)认为功能词只能出现在主语之前,一定是连词。明清时期,北大语料库中共有81例"怪不得"出现在"怪不得……原来""原来……怪不得"这类因果关系复句里,并且均位于小句句首,具有话语衔接的功能,故可理解为连词。但相较于典型的连词如"因为、所以"等,"怪不得"并非典型成员,一般还兼有表语气的作用。

归纳起来,"怪不得"的演变历程如图 3 所示:

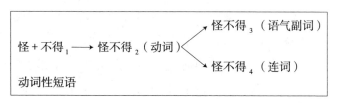

图 3 "怪不得"的演变历程

2 "怪不得"的演变机制

Crowley(1992)、Harris & Campbell(1995)、吴福祥(2005)以及 Peyraube(2008)等主张语法演变的机制一般只有三种:a. 类推(扩展);b. 重新分析;c. 借用。其中类推和重新分析是语法演变的内部机制,借用是语法演变的外部机制。吴福祥(2013)又基于上述研究,主张语法演变的基本机制有四种,即作为内部机制的重新分析和类推(扩展),以及作为外部机制的语法借用和语法复制。而诱发"怪不得"发生演变的机制主要是重新分析和类推。

2.1 重新分析

重新分析(reanalysis)就是指在没有改变表层结构形式的情况下,一个本来可以分析为(a,b),c 的结构,由于认知角度的变化,变成了 a,(b,c)。王灿龙(2005)指出:从根本上说,重新分析完全是听者(或读者)在接受语言编码后解码时所进行的一种心理认知活动,听者(或读者)不是顺着语言单位之间本来的句法关系来理解,而是按照自己的主观看法做另一种理解。也就是说,在句子结构不变的情况下,由于人的理解发生了变化,同一种语言形式被赋予了一种新的解释。重新分析可以对"怪不得"的语法化加以合理的解释。例如:

(34)每日这般用心弄时,虫子怎么蛀的? 这的是怪不得人,也怪不得虫子,你的不是。(佚名《朴通事》)

例(34)中"怪不得"为动词,它们与后面的成分构成动宾词组,结构层次为"怪不得|人""怪不得|虫子";但是随着句法环境的变化,"怪不得"后接成分不再是 NP 性成分,而是小句 S,"怪不得"一般位于小句句首,如例(17):

(35)怪不得小生疑你,偌大一个宅堂,可怎生别没个儿郎,使得梅香来说勾当。(王实甫《西厢记杂剧》)

例(35)"怪不得|小生疑你"可以做两种分析,一种是仍分析为动宾结构,另一种是将"怪不得|小生疑你"由动宾结构重新分析为状中结构。"怪不得"的语法化就是在状中结构中逐步完成的。

2.2 类推(扩展)

类推(extension)指的是一个句法模式的表层形式发生改变但并不涉及其底层结构直接或内在的改变。(Harris & Campbell,1995:51)类推(扩展)本身不涉及规则的改变,但是它可以通过扩大一个新规则的使用范围来改变一个语言的句法,因此很多语法演变往往涉及重新分析和类推(扩展)两种机制的交互作用。(吴福祥,2013)一般而言,语法化分两个步骤:先重新分析,然后类推(扩展)。重新分析存在于言语个体的大脑之中,只有通过类推,重新分析的结果才能外现。(李明、姜先周,2012)元代,当"怪不得"后接宾语由 NP(如例 13—14)扩展为小句 S(如例 17—19)时,

"怪不得＋后接成分"由动宾结构重新分析为状中结构。明清时期,"怪不得"又在类推(扩展)机制的作用下,其后接小句S由表示消极意义(如例17—19)扩展为表示非消极意义(如例20、21、26),其后接小句S的主语由有生主语(如例17—19)扩展到无生主语(如例27、28)或者零形主语(如例29),此时"怪不得"对后接小句的支配作用消失,"怪不得"用来表达说话人的主观观点和评价,即语气副词。

3 "怪不得"的语义演变与回溯推理

3.1 语义演变

做动词的"怪不得"是"不能责怪"的意思,后来为什么演变成"醒悟"义,语义如何演变的?《汉语大词典》中"怪"有8个义项,作为心理活动动词,人们普遍的心理为"少见多怪",尤其是奇异的事物,因其不同寻常,所以感到惊异和惊奇。领悟作为一种心理活动,包涵较为宽泛的内容:醒悟、顿悟、恍然、发现、明白、知道等都可纳入其中。当事态的发展与人的预期不符,人容易产生负向情绪,指责、责怪等心理活动也就形成了;而当人了解了事态如此发展的原因,也就有所领悟,自然不会再去责怪,不再觉得奇怪。"怪不得"的语义演变可归纳为图4:

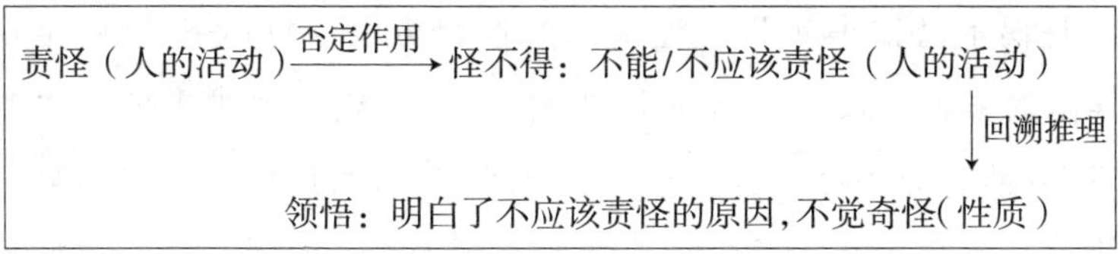

图4 "怪不得"的语义演变

（36）孙小官道："这是你妈妈自家请我上门的，须怪不得别人！……不必推掉得。"（凌濛初《二刻拍案惊奇》）

（37）我听了这话，暗想原来是个仕宦书香人家，怪不得他的夫人那样明理。（吴趼人《二十年目睹之怪现状》）

例（36）中的"怪不得"为动词，带体词性宾语"别人"，意为不能责怪。能带宾语，具有［＋指称性］，或为人称代词（我、你、他等），或为指人名词（别人、子瞻、士大夫）等；（37）中"怪不得"为语气副词，表明白了原因，不觉得奇怪，后接 S，具有［＋陈述性］，句法环境的变化，致使"怪不得"的语义功能发生变化，最终导致语法化。

3.2　回溯推理

"怪不得"的语义识解，须用回溯推理。张学立（2004）将其定义为：从已知事实出发，结合推论者的背景知识，借助充分条件假言推理的肯定后件式，由后件出发过渡到前件的一种非归纳的或然性推理。由已知事实去推断产生这一事实缘由的逻辑方法，一般逻辑形式为：$(q \rightarrow (\rightarrow q)) \rightarrow p$，前提为有效式：$q \rightarrow (p \rightarrow q)$。这是强调事实命题 q 为推理的逻辑起点，其前提为有效式，是一个蕴涵怪论。但是回溯推理的结论是或然的。因此，也可以用模态命题表示为：$(\Box q \rightarrow \leqslant (p\, q)) \rightarrow \Diamond p$。（陈江，2001）对于回溯推理，国内外哲学界提出过五种看法：A. 是结果推导原因的思维过程。B. 是由某个已知事实的命题推出导致该命题成立的理由的推理。C. 是揭示已知事实相关性范围的逻辑方法。D. 是前提由结论导出的推理。E. 是一种或然性推理，它是依据思维者的背景知识，借助充分条件假言推理的肯定后件式，由后件出发过渡到前件的逻辑推理。波兰学者齐姆宾斯基（Chimbinski）给出的推理形式：

p	（已提出的前提）
如果 q,那么 P	（通常被省略的前提）
q	（结论）

该模式得到国内学者普遍认同,但从直观上不能体现回溯推理结论的或然性,不易于从形式上将回溯推理与演绎推理区分开来。何向东(1985：260)的逻辑推理形式略有不同,可概括为：(q∧(p→q))→◇p。我们采信何向东模式,由于在结论中包含"可能"算子,在命题逻辑范围内不能做出判定,必须在模态逻辑系统内来解决这一问题,该模式更符合"怪不得"的语义模式：

> (38)话表郭公一闻田旺义是兵部田贵之侄,不由生嗔,暗思："怪不得横行霸道,苦害良民,仗势欺人。……进京本参田贵。"(储仁逊《八贤传》)

运用回溯推理,例(38)可形式化为：

> (39)q　田旺义是兵部田贵之侄。　　（已知事实）
>
> 如果 p,那么 q　如果田旺义敢横行霸道,苦害良民,那么可能与田旺是兵部田贵之侄有关。(隐含前提)
>
> 所以,,(可能)p　田旺义横行霸道,苦害良民,仗势欺人。(结论)

回溯推理得出的结论具有或然性,更符合可能世界(possible world)的观点,因为在不同的可能世界中,命题的真假情况是不同的,必须给出每一个可能的世界中的赋值。如例(37)作为事理"田旺义敢横行霸道,苦害良民,仗势欺人,是因为他是田贵之侄";作为事实"田旺义是兵部田贵之侄";推理则是"田旺义横行霸道,苦害良民,仗势欺人"。通过这一推理,"怪不得"就产生了"醒悟"义。

"怪不得"作为模态算子的主观性(subjectivity)反映出言者在说出一段话的同时,流露出说话人的主观观点、态度、评价等,留下自我的印记。回溯推理得出的结论具有或然性,甚至可连续进行推理:

> (40)怪不得有的时候,他对雨杭几乎是低声下气的,怪不得他看雨杭的眼神,总是带着歉意,怪不得他永远有一颗包容的心,去面对雨杭的骄傲和别扭,怪不得会把整个曾家的事业,毫无保留的交给他……怪不得,怪不得,怪不得……怪不得。(琼瑶《烟锁重楼》)

例(40)多次使用"怪不得",进行系列推理,得出结论 C_1、C_2…C_n,这些结论可能为真,可能未必,这样结论具有非必然性,符合"怪不得"表达情态具备的特点,甚至具备主观性。

4 结语

本文从历时的角度,对"怪不得"的演变历程与机制进行了详细探讨,并运用回溯推理的方法对"怪不得"的演变进行了语义识解。研究发现,动词"怪不得"产生于宋代,由述补短语"怪|不得"演化而来。而语气副词"怪不得"则是由动词"怪不得"演变而来,产生于明代。随着"怪不得"后接成分的扩展,由后接 NP 性成分逐步扩展为 S,当 S 表达是非消极事件时,"怪不得"对后接小句的支配作用消失,从而使"怪不得+后接成分"由动宾结构重新分析为状中结构,进而演变为语气副词。同样,受动词"怪不得"后接成分扩展的影响,"怪不得"在明清时期还可以与关联词"原来"共现,用于因果复句中,起关联作用,用作连词。但相较于典型的连词如"因为、所以"等,"怪不得"并非典型成员,一般还兼有表语气的作用。诱发、影响"怪不得"演变的机制主要是重新分析和类推(扩展)。

参考文献

陈宝珠　2010　"怪不得"的语法化,《文学界》(理论版)第 5 期。

陈　江　2001　论回溯推理的命题形式,《内蒙古师大学报》第 1 期。

董玲玲　2009　《"V 不得"的词汇化及其例证》,上海师范大学硕士学位论文。

董秀芳　2011　词汇化:汉语双音词的衍生和发展,商务印书馆。

何向东　1985　《逻辑学概论》,重庆出版社。

侯学超　1998　《现代汉语虚词词典》,北京大学出版社。

黄盛璋　1957　论连词跟副词的划分,《语文教学(华东)》第 8 期。

姜宝昌　1992　卜辞虚词试析,载程湘清主编《先秦汉语研究》,山东教育出版社。

金　颖　2011　《汉语否定语素复合词的形成演变研究》,广东人民出版社。

李广瑜　2012　辞书中"不得"处理献疑,《辞书研究》第 3 期。

李广瑜　2014　主观化视角下"不得"的语义演变,《古汉语研究》第 4 期。

李　明、姜先周　2012　试谈"类推"在语义演变中的地位,《汉语史学报》第十二辑。

李行健主编　2004　《现代汉语规范词典》,外语教学与研究出版社。

李宗江　1994　"V 得(不得)"与"V 得了(不了)",《中国语文》第 5 期。

李宗江　2016　近代汉语"醒悟"类语用标记及其演变,《江西科技师范大学学报》第 3 期。

鲁健骥、吕文华主编　2006　《商务馆学汉语词典》,商务印书馆。

吕叔湘　1979　《汉语语法分析问题》,商务印书馆。

吕叔湘　1980　《现代汉语八百词》(增订本),商务印书馆。

罗竹风主编　2012　《汉语大词典》,上海辞书出版社。

聂俊伟　2012　《现代汉语顿悟类语气副词研究》,河南大学硕士学位论文。

任今梦　2017　基于语料库的"怪不得"的语法化研究,《佳木斯职业学院学报》第 7 期。

沈　阳、冯胜利　2008　《当代语言学理论和汉语研究》,商务印书馆。

[日]太田辰夫　1987　《中国语历史文法》,北京大学出版社。

王灿龙　2005　词汇化二例——兼谈词汇化和语法化的关系,《当代语言学》第 3 期。

王　利　2014　"怪不得"的语法化,《汉字文化》第 1 期。

王绍新　1992　甲骨刻辞时代的词汇,载程湘清主编《先秦汉语研究》,山东教育出版社。

吴福祥　2005　汉语历史语法研究的目标,《古汉语研究》第 2 期。

吴福祥　2009　从"得"义动词到补语标记——东南亚语言的一种语法化区域,《中国语文》第 3 期。

吴福祥　2013　关于语法演变的机制,《古汉语研究》第 3 期。

肖奚强、钱如玉　2006　现代汉语副词研究综述,《云南师范大学学报》(对外汉语教学与研究版)第 3 期。

徐朝红　2017　《汉语连词语义演变研究》,湖南师范大学出版社。

于　康　2004　"V 不得"的否定焦点与语法化过程,《语文研究》第 2 期。

张宝林　1996a　连词的再分类,载胡明扬主编《词类问题考察》,北京语言学院出版社。

张宝林　1996b　关联副词的范围及其连词的区别,载胡明扬主编《词类问题考察》,北京语言学院出版社。

张　斌主编　2001　《现代汉语虚词词典》,商务印书馆。

张富翠　2009　"怪不得"的现状及其历史属性初探,《西南民族大学学报》(人文社科版)第 11 期。

张明友　2010　《"V 不得"的词汇化研究》,汕头大学硕士学位论文。

张舒雨　2016　《现代汉语领悟类语气副词研究》,南京师范大学硕士学位论文。

张　薇、李秉震　2011　"怪不得"之"醒悟义"的产生,《南开语言学刊》第 1 期。

张学立　2004　回溯推理新探,《黔南民族师范学院学报》第 1 期。

赵元任　1979　《汉语口语语法》,商务印书馆。

郑晓蕾　2005　《领悟类语气副词研究》,上海师范大学硕士学位论文。

中国社会科学院语言研究所词典编辑室　2016　《现代汉语词典》(第 7 版),商务印书馆。

周　刚　2002　《连词与相关问题》,安徽教育出版社。

Crowley, Terry 1992 *An Introduction to Historical Linguistics*. Oxford University Press.

Harris, Alice. C. and Lyle Campbell 1995 *Historical Syntax in Cross-linguistic Perspective*. Cambridge: Cambridge University Press.

Peyraube, Alain 2008 *Diachrony and Typology on Chinese Grammar*. Presented at New Directions in Historical Linguistics, ESF-DMLL Workshop. Lyon, France, 12—14 May.

图式性构式的边界：
边缘构例和变异构例

彭　睿

（新加坡国立大学文学暨社会科学院）

0　缘起

　　一个复合型图式性构式（以下简为"图式性构式"）通常持续性地准入（sanction）创新构例，因而会经历成员语义类型和范围的扩展（以下简称"扩展"），其特点是一定程度的偏离或不规范（Langacker，1987：68—69）。扩展的一个后果是，图式性构式都有相对稳定的语义类别多元性。根据具体语义特征，每个语义类别还可以细分为若干次类，次类成员也可以继续分类。我们把这种多元性程度称为"义类容量"（以下简为"容量"）（Peng，2017：68）。从共时角度看，图式性构式容量大小的一个衡量标准是其类型频率高低，而与文本频率的高低没有必然联系。举个例子，以其主动词的数量及语义范围为标准，汉语双宾句（如"张三送他一本书"）的容量远大于汉语溯因兼语句（如"我喜欢他老实"）；而在溯因兼语句内部，"情感"类（如"我喜欢他老实"）和"评鉴"类（如"他们笑我不会开车")的容量远大于"欺负"类(如"张三欺负李四瘦小")和"蒙骗"类(如"他老蒙我不识字")。(详见彭睿,2012)从历时角度看,图式性构式因为持续性扩展而致容量不断增大(称为"增量")。[①]如溯因兼语句在公元前 2—公元 1 世纪只有两个语义类型,到了现代汉语则增至七个语义类型(Peng,2013)。

在一定共时平面,任何图式性构式的容量都是有限的,说明扩展会受到某种阻力。用 Langacker(2008:249)的话来讲,图式性构式扩展中的创新不能突破"通常可以容忍的范围"。也正如 Lauwers & Willems(2011:1219)所言,语言变化中的创新是"语言系统所强加的限制条件和该系统所允许的灵活性(以及创造性)之间的妥协"。因此,任何图式性构式都有一个范围模糊的"边界"。说话人(母语者)对图式性构式边界的判断和构式性早前知识(即说话人对既有特定构式的形式和意义的理解)有关;她/他对这个边界有一个大致的认知,尽管在语言使用过程中不断创新,但通常不会明显逾越这一边界。(彭睿,2019)图式性构式的边界都是就一定共时平面而言的,也有相对稳定性,但可能因为图式性构式的创新(即历时扩展)而改变。

文献中尚未见对图式性构式边界问题的系统讨论。本文将不对这一问题进行全方位分析,而是把切入点放在处于图式性构式边界上的构例("边缘构例"),以及在这些构例基础上进一步发展、抽象意义已经出现变异的构例("变异构例")上。我们将对边缘构例和变异构例的特征进行初步描写,并讨论这两类构例的产生机制以及相互关系等理论问题。

1 图式性构式语义语用特征差异及相关现象

1.1 图式性构式的原型效应

图式性构式的构例之间在意义特征上呈现出"原型效应"（prototype effects）（Taylor,1995、1998；也见如 Goldberg,1995、2006、2009；Geeraert,1997；Langacker,2008；Bybee,2010）。不同构例与"原型"或"范例"之间的语义距离，可用语义语用特征的差别来衡量。这些构例在语义语用特征上有着不同程度的差异，但共享一种"基本意义"，或称"构式义"，即图式性构式所有构例都具备的抽象语义解释方式，区别于由构式原型或范例所体现出来的"典型意义"。除构式内部各成员以外，也存在一些和图式性构式表层形式一致但抽象语义解释方式不同的句子。我们先来观察两组汉语句子，其中(1)和(2)分别与双宾句和隐现句有关。

(1)a. 我每天供应学生一顿午饭。　（转引自李敏,2007）

　　b. 王老师教我们语法。　（同上）

　　c. 朱虹欠司雯母亲钱。　（同上）

　　d. 修了王家三扇门。　（转引自陆俭明,2002）

　　e. 我瞒过你什么事？　（转引自李临定,1986）

　　f. 张先生耽误了他五天时间。　（转引自徐杰,1999）

以上各句都可以形式化为"VP＋NP1＋NP2"，和双宾句一致。双宾句基本意义为"领有权转移"（陆俭明,2002）；张伯江(1999:176)所总结的"有意的给予性转移"当属双宾句的典型意义。以此为标准，(1a)是最典型的汉语双宾句，而(1b)和(1c)的典型性因各种原因而不同程度降低。（李敏,2007）另外三句，(1d)—(1f)，虽然表层形式上与前面几句相同,但意义解释方式不仅和汉语双宾句的典型语义特征差异明显,要与其基本意义挂钩也十分勉强。所以,这三句的双宾句资格是有争议的。(见如李临定,1986;徐杰,1999;张伯江,1999;陆俭明,2002;李敏,2007)

  (2)a. 前面来了一个人。

    b. 他家跑了几只羊。

    c. 窗上撕了个窟窿。   (转引自 Peng,2016a)

    d. 他们办公室接连感冒了三四个人。

             (转引自刘探宙,2009)

    e.(在出口名牌评选中)宁波上榜 11 个品牌。

            (《人民日报》2002 - 6 - 5)

    f. 这老人的家中现在已下岗了三个子女。

                (《天界名人》)

(2)中各句都可以形式化为"L+VP+NP",其中(2a)和(2b)都是典型隐现句,其基本意义是"在地点 L,NP 所指以行为 V 的方式出现或者消隐";(2c)和隐现句的这一意义特征有转喻性关联("窟窿"作为"撕"的结果而出现于"窗上"),但仍然可以理解为这种句子的构例(Peng,2016a)。把(2d)—(2f)归入隐现句就有些困难,因为几句都难以和隐现句基本意义发生直接或间接的关联。(见如李杰,2009;刘探宙,2009;任鹰,2009;沈家煊,2009;宣恒大,2011;Peng,2016a)

  图式性构式在每一历史时期都由一组独特的语义语用特征来制约。(Peng,2016a)这些特征为所有构例所共有,称为该构式的"语义-语用限制条件"(Peng,2013、2016a、2016b、2017)。(1)中各句和(2)中各句的差异可以具体地从它们的语用语义特征上看出来。以现代汉语隐现句为例,Peng(2016a)把这个构式的构例分为八个语义类别,表(一)所列为其中范例类别"LV 现隐 NP"类的限制条件(Peng,2016a:14):

表1　LV 现隐 NP 的限制条件

a. NP 所指以行为 V 的方式在地点 L 出现或消隐。
b. NP 所指隐现这一意义可以直观地解释。
c. L 是行为 V 发生的地点或者状态 V 出现或消隐的地点。
d. L 既可能是一个具体的立体空间,也可以是一个隐喻的空间。
e. V 直接影响 NP 所指的可见性(visibility)或即现性(availability)。
f. V 是非意愿性的。
g. V 具有隐现意义。
h. NP 所指在地点 L 变得可见或者不可见。
i. NP 所指既可能是实物性的,也可能是抽象的。
j. NP 所指既可能具有生命性,也可能具有非生命性。
k. NP 所指不是 L 的局部。

其中条件(a)—(c)属于隐现句的核心特征,其余条件属于这种构式的非核心特征。以这一组限制条件为标准,"LV 现隐 NP"和其余各语义类别的差别见下表(Peng,2016a:14):

表2　隐现句不同语义类别的特征差异

	LV 现隐 NP	LV 放射 NP	LV 降落 NP	LV 增减 NP	LV 移动 NP	LV 衰变 NP	LV 坍塌 NP	LV 破损 NP
a.	＋	＋	＋	＋	＋	＋	＋	＋
b.	＋	－	－	－	－	－	－	－
c.	＋	＋	－	＋	－	＋	＋	＋
d.	＋	＋	＋	＋	－	－	－	－
e.	＋	＋	＋	－	－	－	－	－
f.	＋	＋	＋	＋	－	＋	＋	＋
g.	＋	－	－	－	－	－	－	－
h.	＋	＋	＋	＋	＋	－	－	－
i.	＋	＋	－	－	－	－	－	－
j.	＋	－	＋	＋	＋	＋	＋	＋
k.	＋	＋	＋	＋	＋			

不同语义类别之间在语义特征差异上明显地呈现出了渐次性,包括非核心特征的丢失以及核心特征的弱化(即以隐喻或转喻的方式体现出来)或者丢失。(2c)句丢失了核心特征(b),同时其核心特征(a)和(c)均有弱化迹象,当属隐现构式的非核心成员。(2d)—(2f)几个句子的共同问题是缺乏(a)—(c)三个特征,也就是和隐现意义完全无涉,应当从隐现构式成员中排除出去。

1.2 "边缘构例"和"变异构例"

我们不妨区分两类构例。第一种情形,类似于(1b)和(1c),虽然在语义-语用限制条件上和构式范例或原型之间有距离,但仍与构式基本意义有一定关联。(2c)也可归入这一类。这类构例姑且称为"边缘构例",其最重要特点就是所属图式性构式核心特征的弱化以及非核心特征的丢失。第二种情形,如(1d)—(1f)和(2d)—(2f),形式上(包括表层形式和句法关系两方面)分别与双宾句及隐现句相同或相似,但抽象意义诠释方式与构式基本意义没有明显的关联性。如果一种构例和某种既有图式性构式实例形式(表层结构和语法关系)相同而抽象意义诠释方式不一致,但二者有着历时源流关系,这些构例即为这种既有构式的"变异构例"。

	构式形式特征	构式基本意义	构式典型意义
核心构例	＋	＋	＋
边缘构例	＋	＋	＋/－
变异构例	＋	－	－

这里"＋/－"表示偏离。图式性构式的核心构例、边缘构例与变异构例形成了一种"同形异义"现象。②

学界对边缘构例和变异构例都缺乏系统性研究。再拿汉语隐现句和双宾句来说,过去汉语学界对这两种构式范围的争议,

146

主要源于对其边缘构例和变异构例各自范围和相互关系等问题缺乏深入了解。以隐现句为例,对于以(2)中各例为代表的句子,学者们虽然认识到了这些句子在抽象意义上有差异,但讨论最多的问题却是它们到底有无隐现义,或者如何以别的抽象意义来统一诠释这些句子,而没有涉及诸如这些句子的差异是如何产生的问题。

边缘构例及变异构例都是从其与构式典型意义的距离以及是否符合构式基本意义这两方面来判定的,与其可接受度高低无关。成功的创新都必须在语言社区中获得一定范围的认同。边缘构例和变异构例也都是合法句子,与核心构例一样,两者也都经历了"创新+习用化"这样的过程,已经为说话人所接受,属成功的创新。前文提到,语言系统对创新既有限制条件,也允许一定的灵活性。边缘构例和变异构例正是这种妥协的产物。

1.2.1 关于边缘构例

边缘构例的"边缘性"特征与其所属图式性构式的语义容量大小有关。小容量构式的边缘构例和核心构例之间的语义距离并不明显。只有在大容量构式里,边缘构例的边缘性程度以及在构式中的地位问题才凸显出来。构例的边缘性程度有两种可能的衡量方式:(i)和最早构例语义类别的距离;(ii)和范例或原型的距离。[③]"范例"通常被定义为文本频率最高的构例(Goldberg,2006;Bybee,2010)。本文将以和构式范例或原型的距离为辨识边缘构例并衡量其边缘性程度的手段。

一个图式性构式的边缘构例往往不限于单一语义类别,这可以从(1d)—(1f)和(2d)—(2f)两组句子各自的内部差异上清楚看到。以下几句应是双宾句边缘构例(均转引自张伯江,1999):

(3)a.老师准我两天假。

b.老王答应我两张电影票。

c.老师问学生一个问题。

d.弟弟求我一件事。

按照张伯江(1999)的说法,以上几句要么涉及给予方式的隐喻(3a、3b),要么涉及句式语义的引申(3c、3d),都在一定程度偏离了"有意的给予性转移"这一典型意义。几句除了以不同方式与"领有权转移"这一双宾句基本意义发生关联以外,并没有其他清晰的共同语义特征。Peng(2016a)把如下三个句子都归入这种隐现句:

(4)a.电厂里坏了一架马达。

b.小腿上烫了个小红点。

c.他胳膊内侧磨掉了一层皮。

这几句依序为隐现句中的"衰变"(LV 衰变 NP)、"破损"(LV 破损 NP)和"坍塌"(LV 坍塌 NP)类构例。三类都是以转喻方式体现 NP 的隐现,但具体情形不同。在衰变类里,NP 所指的隐现是以其经历的变化(V)来转喻隐现义,衰变类中 NP 所指的隐现是以 V 的后果的方式表达的,而坍塌类中 NP 所指的隐现则是以这种变化的起因来转喻的。同样,除了以不同方式和隐现义有着较微弱的关联以外,这三类并没有其他明显的共同点,特别在抽象语义解释方式上差异明显。

边缘构例语义类型多元性也可以在汉语述评兼语句(VP1＋NP＋VP2)上清楚看到(均转引自 Peng,2016b):

(5)a.我有几个朋友都挺喜欢这车的。

b.(宣传单)上面印着一款杯子特价只要 20 元。

(6)a.郭德纲收个徒弟才半岁。

b.我发了篇文章被很多新浪博客转摘。

c.我鼻子为什么老能闻到一股怪味冲冲的？

在述评兼语句中，VP1 是 NP 被引介入句的方式（如存在、隐现或者其他变化），VP2 是说话人对 NP 特征的介绍或评价。这种构式的基本意义可以这样概括："以 VP1 方式存在、隐现或者变化的 NP 具有 VP2 这样的特征。"按照 Peng（2016b）的研究，（5a）和（5b）两句属于原型类别（V 存在 NV2），其抽象意义为"以 VP1 方式存在的 NP 具有 VP2 这样的特征"；（6a）（6b）和（6c）三句分别为边缘类别"关联"（V 关联 NV2）、"生成"（V 生成 NV2）和"经历"（V 经历 NV2）。这三个边缘类别的意义解释方式也有明显区别，主要体现在 NP 被引介入句的方式上（Peng，2016b:547）：

"关联"类：句子主语所指和 NP 之间建立起了婚姻、收养或师徒关系。

"生成"类：句子主语所指生成或制作了 NP。

"经历"类：句子主语所指意识到或参与了影响或涉及 NP 的行为事件。

NP 被引介入句方式的差异，决定了这三个边缘类别无法归入述评兼语句的同一语义类别。

1.2.2 关于变异构例

我们先看几个和隐现句共用表层形式"L＋VP＋NP"的句子：

（7）a.南京上半年离婚近 3 万对。

[http://blog. sciencenet. cn/blog-39946-1072854. html（2017－8－26）][①]

b.千年的培元果已熟了两个，为何不给我？

（《全能修真者》）

c. A 级通缉嫌犯 51 人中落网 34 人。

[《人民日报》(海外版) 2004－5－13]

d. 张岩所在的班级……考取了三十多个。

(《重生 1990 之官运亨通》)

e. 这么多人只及格了一个。

[https://haokan.baidu.com/v?pd＝wisenatural&
vid＝3783020330038241787(2019－1－31)]

同样,和(2d)—(2f)一样,以(7)中几句为代表的例子与隐现句的关系也一直为学者们所关注(详见李杰,2009;刘探宙,2009;任鹰,2009;沈家煊,2009)。我们的观点是,这些句子很难从"隐现"的角度来进行抽象语义解释,因此和隐现句无涉。前文提到,变异构例和相关既有图式性构式有着历时源流关系。所以,(7)中各句是不是汉语隐现句的变异构例,关键在于它们是不是在后者基础上产生的。Peng(2020)的研究显示,这些句子(称为"状态变化句")不仅仅和汉语隐现句[如(2a)—(2c)]同形,准确说是其中"衰变"(LV 衰变 NP)类构例(如"他们办公室接连感冒了三四个人")在语义上进一步演变的结果(相关演变机制简介见第 3 节),所以是隐现句的变异构例。(7)中几句的特别之处在于,一方面它们似乎共享一种抽象意义,即"以 L 为地点或范围的 NP 经历了 VP 这样的状态变化,其后果是 L 的影响力、声誉或能量等方面受到影响",但这个意义和隐现句没有清晰的关联;另一方面,着眼于 VP 所描述的变化,这些句子又分属不同的更小的语义类别。如在(7a)中,VP 所描述的是一种人际关系状态变化。在(7b)和(7c)中,VP 描述的分别是生理和司法状态的变化,而在(7d)和(7e)两句中,VP 描述的都是学业状态方面的变化。明显地,这些句子的具体语义解释是有差异的,也就是具有语义语用特征多元性。

1.2.1 节提到的(1d)("修了王家三扇门")、(1e)("我瞒过你什么事")和(1f)("张先生耽误了他五天时间")几个例子,都可以算作双宾句的变异构例。⑤陆俭明(2002)列举了一些符合"(总共/一共)动词+名1(指人与事)+名2(数量名结构)"这种条件的非给予义双宾句例子,如:

(8)a. 一共雇了王家五个人。

b. 一共撕了她九本书。

c. 那狗一共咬了王家三个人。

d. 一共处分了一班五个人。

e. 一共发现了王家五个密室。

以上各句的情形和(1d)—(1f)相似,也当属双宾句变异构例。一方面,这些句子很难直接或间接地以双宾句的基本意义"领有权转移"来进行诠释,因此应当被排除在汉语双宾句之外。另一方面,各句几无可能找到清楚的共同抽象意义,在语义语用特征上也具有多元性。

2 边缘构例和变异构例的产生机制及多元性成因

本节讨论边缘构例和变异构例的产生机制、语义语用特征多元性的成因及其他问题。

2.1 图式性构式历时扩展的"梯级效应"

De Smet(2013:8)主张,在扩散性变化(diffusional changes)中,每一次类推扩展都在一定程度上改变了后续扩展的基础,即形成了扩展前后阶段的链式关联,称为"类推链"。这一观察对图式性构式扩展研究很有意义。受此启发,Peng(2016a:25)提出了"构式早前知识和范例信息表征交互作用链"的观点。具体说,在图式性构式的扩展中,因语义语用限制条件的持续放宽,新构式被准入的基础不断改变。扩展前后阶段的链式关联在图式性构式扩展过程中的语义语用特征变化方面也体现得很明显。胡亚(2019)以构式最早出现的类别特征为原始限制条件,把出现新类别的历史时期与紧邻的前一时期特征进行对照,提出了一种"阶梯式"的比较模式。胡亚(2019:174)指出:"整体来看,构式每个时期新产生类别的特征是在上一个时期所有类别特征的基础上变化的,即已经出现的每个构式类别都为构式的整体语义特征贡献了意义。"这一说法和 De Smet(2013)的扩展前后阶段链式关联及 Peng(2016a)的"构式早前知识和范例信息表征交互作用链"是一致的。为方便讨论,我们不妨把扩展前后阶段的这种特征关联,称为图式性构式语义语用特征变化的"梯级效应"。

语义语用特征变化的梯级效应,不仅可以解释为什么那些和范例语义距离远的构例比那些和范例语义距离近的构例产生得晚,至少也可以部分地回答边缘构例产生机制的问题。边缘构例是依据和范例或原型的语义语用特征差距来确定的;和图式性构式语义语用特征变化的梯级效应直接相关的是,对一个图式性构式而言,其发展历史越长,容量就可能越大,边缘构例与范例之间的语义距离就越明显(详见 3.3 节)。作为梯级效应的一种历时后果,边缘构例的地位是可变的——随着具有更新语义语用特征构例的不断出现,先前的边缘构例既可能保持其地位,也可能被去边缘化。如 1—6 世纪时,汉语隐现句新产生的两个类别"放射"(LV放射 NP)和"增减"(LV 增减 NP)的构例具有边缘地位。到了

14—18世纪,随着"衰变"(LV 衰变 NP)、"破损"(LV 破损 NP)和"坍塌"(LV 坍塌 NP)的出现,"放射"和"增减"类构例的边缘地位被取代。

2.2 "语义稀释"和"语义变异"

梯级效应是就图式性构式语义语用特征集的整体变化而言的。着眼于这些特征内部结构的变化,Peng(2013)提出,图式性构式扩展体现为语义语用限制条件的放宽。这一观察对单一扩展维度来说没有大问题,但从构式整体发展的角度看就不太准确了。(详见3.3节)胡亚(2019:177)进一步提出了一个"语义关系互动模型",即在图式性构式的历时扩展中,"限制条件"和"准入条件"增减互动。具体说,就是"构式形成之初的原始限制条件逐渐放宽,但在构式扩展中又同时新增了一些准入条件,同时促进和限制构式的扩展。一方面,构式的本质特征(一直保存的原始限制条件和新增的限制条件)框定构式的范围并保持构式的基本特点;另一方面,新增的准入条件(包括限制条件放宽而转化来的)吸引更多新范例进入构式引发扩展"。这一观察深化了我们对图式性构式扩展中语义语用限制条件变化规律的认识。

1.2.1节提出把与范例或原型的语义距离作为辨识边缘构例并衡量其边缘性程度的手段,这种语义距离可用更具体的方式描写出来。受到胡亚(2019)的"语义关系互动"思路的启发,彭睿(2019)和Peng(2020)也把图式性构式限制条件分为两个部分,包括"区别性特征"(即原始限制条件)和"创新性特征"(即在扩展中获得的新限制条件),而且把创新性特征和区别性特征在形成构式抽象意义过程中的影响比(以下简称"特征比")当作衡量图式性构式语义语用特征变化的一种手段。这种特征比的变化可以从不同图式性层次来观察。从具体构例的角度看(微观层次),新构例准入越晚,特征比就可能越高。例如,在以汉语隐现句为例,"放射"(LV 放射 NP)和"增减"(LV 增减 NP)都出现于 1 世纪,而"移动"(LV 移动 NP)出现于 7 世纪。这三个类别的构例都有很清楚的隐现义特征,属于隐现句的核心类别。而前文提到的隐现句几个边缘构例类别,包括"衰变"(LV 衰变 NP)、"破损"(LV 破损 NP)和"坍塌"(LV 坍塌 NP)的具体例子,都是 14 世纪以后才出现,其隐现义都是以十分间接的方式体现出来的。很明显,这些边缘类别的特征比要高于那些核心类别。因此,特征比可以被当作确定不同构例的构式成员地位的一种方式。彭睿(2019)和 Peng(2020)把这种特征比的历时增长现象称为"语义稀释"(semantic dilution)。图式性构式创新构例准入阶段越晚,语义稀释度也越高。创新构例语义稀释度的提升,导致图式性构式在中观和宏观层次上的语义稀释度持续增高,不仅可能导致旧边缘构例的去边缘化,也可能导致新边缘构例的产生。

和图式性构式其他语义类别一样,一个边缘类别也可能因准入创新构例而提升语义稀释度,然后得到扩展。但与其他语义类别不同的是,边缘构例存在脱离其所属图式性构式的约束、发生异化并产生新图式性构式的可能。为此彭睿(2019)提出了图式性构式"扩展中的语义变异假设",Peng(2020)则予以了详细论证。根据这一假设,当新准入构例的特征比超越正常范围时,区别性特征就会失去其在语义诠释中的主导地位;而创新性特征增强到一定程度,就可能成为新语义的基础。边缘构例的特征比往往接近正常范围的临界值;在边缘构例基础上进一步创新的后果,可能就是保持既有表层形式和句法关系,但产生新的语义诠释方式,从而发展出新的图式性构式。这种"变异性扩展"(mutating extension)即是变异构例产生的机制。由语义稀释引起的变异现象,通常发生于 Peng(2013)所说的层级化和包容性增长到了相当程度之际,也即多发生在较大容量构式之上。

2.3 图式性构式的扩展原理

边缘构例和变异构例的产生及其多元性的成因和图式性构式语义语用特征创新机制和扩展模式有关。

2.3.1 图式性构式语义语用创新机制

为简便起见,我们之前的研究(Peng,2013、2016a、2017)都有意识地假定图式性构式历时扩展是一维性的(即沿单一语义方向演变);有关变异性扩展的讨论(彭睿,2019;Peng,2020)也不例外。这种方法对观察小容量图式性构式历史无妨,但要用来追踪大容量构式的扩展就需要更精准地思考了。图式性构式的语义扩展具有多维度性特征(见 Geeraert,1998;Colleman,2009)。如Geeraert(1998)主张,每一个扩展维度都对应于构式语义原型中的一个特别概念成分。以双宾构式为例,这种构式的语义原型(即"间接宾语是物质转移的接受者")中有三个主要的概念成分,分别是"接受者""转移"以及"转移的物质性或施益性",而双宾构式的意义变化可能以这三个方面为始点(Geeraert,1998:189)。这种决定图式性构式语义创新方向的概念成分可称为"承契特征"(junctional features)⑥(Peng,2020)。承契特征所决定的创新方向可以理解为和图式性构式基本意义适配的语义域。例如,除了"情感"和"评鉴"这两个最早的语义类别之外,溯因兼语句(V1NV2)历时地又陆续创新产生了"欺负""惩罚""恭贺""揍打"及"蒙骗"等五个类别(Peng,2013)。这五个类别的构例都符合溯因兼语构式的基本语义(即"句子主语所指因为 N 卷入 V2 而对其做出 V1 这样的反应"),但各自的语义域不同。前文提到,图式性构式在每一个历史时期都可由一组独特的语义语用限制条件来制约。(详见彭睿,2012;Peng,2013)那么,这些限制条件和承契特征之间是什么关系呢?我们的看法是,承契特征既可能是某单一限制条件,也可能是多个限制条件的综合。图式性构式不同语义类别的核心程度不同,那么是不是所有语义类别成员的限制条件都可能成为创新的基础呢?从理论上说,这是可能的。但是,范例因其高频率和高可及性(见如 Goldberg,2006;Bybee,2010),其限制条件更容易在扩展中被激活,也就更可能成为承契特征的构成要素。

我们在第 1 节提到了图式性构式历时扩展受限的问题。受限也是扩展机制的一部分。因此,我们目前的设想是,图式性构式语义语用创新机制由两个互动关系构成:a. 由交际目标义激发,以承契特征为基础;二者的互动关系决定创新的语义方向(Peng,2020)。b. 范例和构式性早前知识的互动。一方面,扩展以范例为模板;另一方面,构式性早前知识在诸多方面制约着创新,包括各成分的范围和特征、不同成分之间的关联和新构例的语义解释方式,也就是为新准入构式规定了抽象意义解释的基本范式。(Peng,2016a)这是我们建构图式性构式扩展模式的基础。

2.3.2 图式性构式的"系统发生式扩展模式"

胡亚(2019:177)提出了一个图式性构式的"多维扩展链"设想,主张图式性构式的扩展以原型为中心,"朝多个不同方向扩展,扩展线索都是构式的语义关系,只是不同方向所凸显的语义关系方面不同";同时,图式性构式扩展是由中心向外呈辐射状展开的,属"放射性范畴"。相较 Geeraert(1998),这一设想的价值特别地体现在构式与多维度两种观念的结合上,但也有很多关键问题需要进一步厘清。比如,"扩展线索"(相当于"承契特征")的性质和来源,如到底是范例(或原型)还是其他构例的语义语用特征。另外,如图式性构式不同维度的扩展都以构式原型为"中心",这个中心指的是语义语用特征创新的出发点(或者基础)还是模板呢? 不论是出发点还是模板,都至少有三方面问题需要面对。首先,这一模式似乎认定不同维度的扩展基础具有稳定性,因而就存在与前面提到的梯级效应之间如何协调的问题。梯级效应同样适用于图式性构式的范例/原型类别。所有语义类别都会因为持续性地准入新构例而得以扩展(详细讨论见 Peng,2016a),从而引起语义稀释度的提升,因此不同历时阶段的创新模板不同,不管创新是一维的还是多维的。其次,这一模式没有提及扩展的不同维度起始于不同时间层次的事实。如汉语隐现句的八个主要语义类别、溯因兼语句的七个主要语义类别,都是在不同历史时期产生的。再次,图式性构式扩展除了多维性特征,还存在多图式性层级问题。图式性构式的每一个主要语义类别又可细分为若干语义次类。例如,按照 Peng(2016a)的研究,汉语隐现句的八个主要语义类别中,范例类别 LV 现隐 NP 有六个语义次类("生长""出现""丢失""中断""死亡"和"出生"),这些语义次类极可能也是多维度扩展的结果。这种层级性在扩展模式中应予明确体现。

综上,"多维度""多图式性层级"和"多时间层次"是图式性构式历时扩展的三个关键;三者的整合才是触及这种演变本质特征的关键。因此,初步看,图式性构式历时经历的是一种"系统发生式扩展"(phylogenic extension),[⑦]其内涵至少包括如下几个基本点:

i   一个图式性构式历时地发生多维度扩展。

ii   每个维度的扩展都由交际需求驱动,创新方向则由"目标义–承契特征"的互动决定。

iii 不同维度的扩展通常时间层次不一致。

iv   多维度扩展可以发生于不同图式性层级;i、ii 和 iii 适用于每一个层级。

v   每个维度都可能产生新的图式性构式;取决于交际需求,新构式也可能多维度、多层次地扩展,也即遵循 ii, iii 和 iv 等规律。

其中承契特征或是既有构例的某单一限制条件,或为多个限制条件的整合。再补充几点。首先,系统发生式扩展模式和 3.1 节提到的梯级效应相容,即每个图式性层级和每个维度的扩展,都存在着前后阶段的链式关联问题。其次,这一模式和 Peng(2013)提出的"二维循环"说相容,即整个构式层级化和包容性增长循环性相互促进。再次,这一模式也和 Peng(2016a)提出的扩展整合模式相容,即遵循"范例的吸引作用导致创新,构式性早前知识制约创新"的原则。就是说,因为构式性早前知识的制约,在任何图式性层级和扩展维度上,当新构例依循范例被创造出来的时候,其偏离程度受构式性早前知识的限制。最后,大容量构式中,语义类别和构式范例的语义距离越远,越有可能以独立范例为模板发生多维度扩展。

关于系统发生式扩展的理论基础和具体个案分析,我们将在另一份研究中予以较完整呈现。

2.3.3 系统发生式扩展模式的解释力

系统发生式扩展模式可以清楚解释边缘构例和变异构例多元

性的成因。任何边缘构例都附属于一个具体扩展维度。决定图式性构式扩展维度的目标义和承契特征都具有不确定性,因此,创新构例偏离范例或原型语义语用特征的方式有多种可能性。这说明边缘构例的多元性是必然的。图式性构式扩展又是多图式性层级性和多时间层次性的,使得这种多元性的成因和具体呈现方式都更为复杂。变异构例是边缘构例变异性扩展的结果。一方面,边缘构例的多元性直接使得变异构例不可能局限于单一语义域;另一方面,变异性扩展自身也是沿多维度发生的。这两重因素使得变异构例不可避免地具有多元性特征。

系统发生式扩展模式也有助于厘清语义类别的产生顺序及其与范例之间语义距离的关系问题。不同语义类别的产生顺序与其和范例之间语义距离的对应关系,都是就单一语义类别而言的;跨类别(即跨维度)地看,未必合适。胡亚(2019)指出,这种对应关系的前提是所有语义类别的扩展方向一致,"若存在不同的方向,则原型偏离程度更大的并不一定比偏离程度小的类型出现时间更晚"(2019:176)。从系统发生式扩展模式的角度看,这种对应关系受阻,主要是由如下几个因素决定的。边缘构例是从语义语用特征的角度来定义的,与产生早晚本就不必然挂钩。而最根本的则是扩展的多维性。不同维度上的语义类别的区别往往体现在和整个图式性构式(即宏观层级)基本意义适配的语义域的差异,梯级效应是不适用的。而且,前面提到,大容量构式中的语义类别,和范例或原型语义距离越远或自身容量越大,就越有可能相对独立地扩展。不同语义类别各自扩展的幅度和方式都不同。因此,在大容量构式的扩展过程中,语义类别的产生顺序与其和范例之间的语义距离不对应的情形应属常见现象。

3 结语

图式性构式的边界不光存在边缘构例，也涉及在边缘构例基础上进一步发展、意义诠释方式出现变化的变异构例。边缘构例和变异构例的判定标准都是语义稀释度的变化，即创新性特征和区别性特征的影响力的此消彼长。两种构例都具有语义上的多元性。边缘构例多元性的形成可以归因于图式性构式历时扩展的梯级效应，即扩展的语义基础的链式变化，但更主要地是因为扩展的系统发生式特征，包括扩展的多维度性及创新方向由交际目标义和既有构例的语义语用特征的互动决定等。变异构例的多元性则是直接源于边缘构例多元性和变异性扩展自身的多维性。核心构例、边缘构例和变异构例之间具有同形异义关系，说明图式性构式历时扩展在形式特征变化方面具有保守性。这种保守性和扩展受制于语义的事实是相容的。

图式性构式扩展边缘现象和变异现象牵涉的理论问题很多，因篇幅限制，本文的相关讨论都只能浅尝辄止。举个例子，语义稀释度是一个新颖而十分有价值的研究课题。特别是扩展中的语义变异现象，未知的问题还很多，如这种变异必须跨越的语义稀释度门槛是什么。目前看来，这个门槛如果存在，应该是因构式而异的；普遍意义上（跨语言、跨构式类型）的门槛似应该不存在。正如 Peng (2020)所言，语义稀释度门槛的计算十分复杂，需要心理语言学、脑神经科学实验的介入；历时意义上的门槛问题尤为繁杂，难以在短时间内弄清。我们目前所能做的，就是加大跨语言个案调查的力度，尽量在语义语用特征这种传统意义上的证据基础上提出解释方案。

附 注

① 跨语言地也存在图式性构式容量减缩("减量")甚至最后在口语中消失的情形,例如汉语的"述评兼语句"(如"摩之热""打瓶破"等,见魏培泉,2000;梁银峰,2006;Peng,2006 等)。图式性构式的历时增量和历时减量并不能简单地看成两个相对的过程,后者的动因、机制和规律尚有待深入调查。

② 变异构例特指那些与图式性构式的既有实例(具体说,边缘构例)有历时源流关系的同形异义情形。同形异义现象成因复杂,除了变异性扩展,也可能由其他原因(如类推仿造)造成。汉语缺乏显性的格和限定性/非限定性[(in)finiteness]标记手段,有的同形异义情形的产生或许根源于汉语的这种类型学特征。我们讨论的变异构例和这两种情形的同形异义现象无关。

③ 理论上,范例或者原型和最早构例未必具有同一性。但我们所调查的汉语个案中,范例往往就是最早构例所属语义类别,而且其范例地位都保持不变。如 Peng(2016a)发现,在汉语隐现句历时扩展过程中,最早类别"现隐"类(LV 现隐 NP)的文本频率始终高于其他类别,保持着范例地位。汉语溯因兼语句的情况与此相似。(见彭睿,2012;Peng,2013)我们姑且假定(i)和(ii)两种语义距离具有一致性。

④ 括号内是句子在互联网上出现的日期。

⑤ 陆文只是从共时角度讨论了这些句子的"非给予义双宾句"构例的性质,但这些句子如何与汉语典型双宾句发生历时源流意义上的关联,尚有待论证。所以理论上,不排除这些句子与双宾句之间只是一般性同形异义关系。

⑥ 在题为"复合型图式性构式的扩展模型"的演讲中(中国社科院语言研究所,2018 年 10 月 25 日),我们曾经把这种概念成分称作"契接特征"。现改为"承契特征",内涵不变,但突出其"承继既有特征"及"契合目标义"的桥梁功能。

⑦ "系统发生学"(Phylogenetics),简称"谱系学",是研究生物个体或群体(例如物种或种群)之间演化历史和关系的理论方法。我们借用"系统发生"这一术语,主要是因为图式性构式扩展和生物物种或种群演化之间有着一定程度的相似性。

参考文献

胡 亚 2019 《图式性构式的历时演变:以汉语"连 XP 都/也 VP"构式为

个案》，新加坡国立大学博士学位论文。

李　杰　2009　试论发生句，《世界汉语教学》第 1 期。

李临定　1986　《现代汉语句型》，商务印书馆。

李　敏　2007　现代汉语双宾句的再认识，《语言教学与研究》第 6 期。

梁银峰　2006　《汉语动补结构的产生与演变》，学林出版社。

刘探宙　2009　一元非作格动词带宾语现象，《中国语文》第 2 期。

陆俭明　2002　再谈"吃了他三个苹果"一类结构的性质，《中国语文》第 4 期。

彭　睿　2012　溯因兼语句的可接受度和意义调查，《中国语文》第 6 期。

彭　睿　2019　关于图式性构式历时扩展的理论思考，《语言教学与研究》第 2 期。

任　鹰　2009　"领属"与"存现"：从概念的关联到构式的关联——也从"王冕死了父亲"的生成方式说起，《世界汉语教学》第 3 期。

沈家煊　2009　"计量得失"和"计较得失"：再论"王冕死了父亲"的句式意义和生成方式，《语言教学与研究》第 5 期。

魏培泉　2000　说中古汉语的使成结构，"中研院"历史语言研究所集刊第 71 本。

徐　杰　1999　"打碎了他四个杯子"与约束原则，《中国语文》第 3 期。

宣恒大　2011　《现代汉语隐现句研究》，安徽大学博士学位论文。

张伯江　1999　现代汉语的双及物结构式，《中国语文》第 3 期。

Bybee，Joan L.　2010　*Language，Usage and Cognition*. Cambridge：Cambridge University Press.

Colleman，Timothy　2009　The semantic range of the Dutch double object construction：A collostructional Perspective. *Constructions and Frames* 1（2）：190—221.

De Smet，Hendrik　2013　*Spreading Constructions：Diffusional Change in the English System of Complementation*. Oxford：Oxford University Press.

Geeraert，Dirk　1997　*Diachronic Prototype Semantics：A Contribution to Historical Lexicology*. Oxford：Clarendon Press.

Geeraert，Dirk　1998　The semantic structure of the indirect object in Dutch. Langendonck，Willy Van，and Belle，William Van Dative（eds.）. *Dative（Volume 2）：The Oretical and Contrastive Studies*. 185—210. Amsterdam/Philadelphia:John Benjamins.

Goldberg, Adele E. 1995 *Constructions:A Construction Grammar Approach to Argument Structure*. Chicago: University of Chicago Press.

Goldberg, Adele E. 2006 *Constructions at Work ; The Nature of Generalization in Language*. Oxford:Oxford University Press.

Goldberg, Adele E. 2009 The nature of generalization in language. *Cognitive Linguistics* 20(1):93—127.

Hampton, James A. 1995 Similarity-based categorization: The development of prototype theory. *Psychological Belgica* 35:103—125.

Hampton, James A. 1998 Similarity-based categorization and fuzziness of natural categories. *Cognition* 65: 137—165.

Hopper, Paul J. and Traugott, Elizabeth C. 2003 *Grammaticalization*. Cambridge:Cambridge University Press.

Langacker, Ronald W. 1987 *Foundations of Cognitive Grammar (Vol. I)*: *Theoretical Prerequisites*. Palo Alto: Stanford University Press.

Langacker, Ronald W. 2008 *Cognitive Grammar ;A Basic Introduction*. Oxford:Oxford University Press.

Lauwers, Peter and Dominique Willems 2011 Coercion: Definition and challenges, current approaches, and new trends. *Linguistics* 49(6):1219—1235.

Peng, Rui 2006 The development of Chinese pivotal constructions: The perspective of grammaticalization. Palo Alto, CA: Stanford PhD dissertation.

Peng, Rui 2013 A diachronic construction grammar account of the Chinese cause-complement pivotal Construction. *Language Sciences* 40:53—79.

Peng, Rui 2016a The integration of exemplars and prior knowledge in the extension of schematic constructions:Evidence from Chinese emerge-hide construction. *Language Sciences* 56:1—29.

Peng, Rui 2016b Chinese descriptive pivotal construction: Taxonomy and prototypicality. *Language & Linguistics* 17(4):529—573.

Peng, Rui 2017 *Pivotal Constructions in Chinese ; Diachronic, Synchronic, and Constructional Perspectives*. Amsterdam/Philadelphia:John Benjamins Publishing Company.

Peng, Rui 2020 Semantic dilution in the extension of complex and schematic constructions: Evidence from Chinese status-change construction. *Lingua* 238. https://doi.org/10.1016/j.lingua.2020.102807.

Taylor, John 1995 *Linguistic Categorization: Prototypes in Linguistic Theory*. 2nd end. Oxford: Oxford University Press.

Taylor, John   1998 Syntactic constructions as prototype categories. Michael Tomasello (ed.). *The New Psychology of Language: Cognitive and Functional Approaches to Language Structure*. 177—202. Hillsdale NJ: Lawrence Erlbaum Associates.

关于汉语副词"也"的主观化研究
——参照点结构图式下的认知理据分析 *

0 引言

孙宇雷（2021）对比日语提示助词「モ」，对"也"的主观化路径展开了基于对译语料库的对比研究。本研究将在这个基础上，扩大研究范围，以 CCL 语料库的语料为考察内容，深入研究汉语副词"也"的主观化。

1 研究基础

孙宇雷（2021）指出，对比日语提示助词「モ」的用法，"也"的原型为"同类提示"，从原型出发，归纳整合先行研究的不同说法，"也"扩张出"缓和语气""强调"以及"逆接"四大类型。同时，"强调"与日语提示助词「モ」的"极端例示""全面否定"相对应。在"极端例示"

* 本文是 2019 年博士后面上项目（2019M653250）及 2019 年广东省社科规划项目（GD19CYY21）的阶段性研究成果。

基础上演变出"逆条件",在"全面否定"的基础上演变出"无条件"。
与此同时,孙(2021)对"也"的主观化路径做了图式。(图 1)

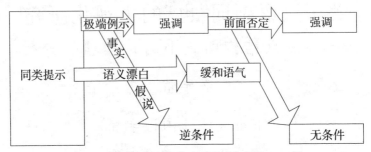

图 1　汉语副词"也"的主观化(孙宇雷,2021)

如图 1 所示,"同类提示"是"也"的原型,从"同类提示"到"缓和语气",经历了进一步"语义漂白"的过程;而从"同类提示"向"强调"用法扩张的过程中,通过"极端例示"和"全面否定",分别向"逆条件"和"无条件"扩张。本文将以 CCL 语料库的内容为考察资料,进一步探究副词"也"的使用实态,了解其语义扩张的过程。

2　理论模型

本研究所采用的理论模型是 Langacker(1993)年提出的"参照点结构"(reference point)图式,指"人们在认知新的、未知事物的时候,通常会通过已知的旧事物来进行"。认知过程如图 2 所示。

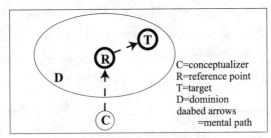

C=conceptualizer
R=reference point
T=target
D=dominion
daabed arrows
　　=mental path

图 2　参照点结构图式

如图 2 所示，C 指认知主体，R 指的是参照点，T 是认知对象。箭头表示认知主体在认知事物过程中的心理接触路径。D 表示 R 与 T 所共处的概念领域。将这个模型运用在汉语副词"也"的认知过程中，可得图 3。

关于汉语副词"也"的使用，结合吕叔湘（1980）、景士俊（1980）、沈开木（1983）、毕永娥（1994）、马真（1999）、张克定（1996）以及《现代汉语词典》（2020）、《新华大字典》（2020）的记述，我们已知，"也"最典型的表意功能在于表"类同"（亦作"同样"）。参考例（1）—（5）。

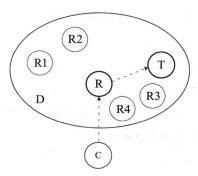

图 3 "也"的意象图式

（1）小王也来啦！

（2）你可能不够优秀，我也是。

（3）你也能成为明日之星。

（4）我能怎么办，我也很难过啊！

（5）虎父无犬子，"胡一刀"的儿子也成了一名出色的外科医生。

在（1）—（5）当中，小王、我、你、"胡一刀"的儿子，都是图 3 中的 R。这些 R 的特征都指向 T。与 R 类同，在 D 这个概念领域中,还有 R1、R2、R3、R4 等其他类同成分的存在。D 这个概念领域,相当于这些类同成分的"集合"。因此,在解读"也"的认知理据时,首先需要消化理解的概念就是"集合"。这个"集合"中的成员具有着类同的特征 T。

以下,从"集合"的概念出发,探讨汉语副词"也"的主观化过程。

3 "也"的主观化过程

3.1 委婉表达

"也"用作委婉表达时,多数情况下会以"也+"的形式出现。如例(6)(7)。

(6)你也真是的。

(7)韩长勃原先也还阔,往后才穷下来的。

在例(6)(7)当中,"也+"分别体现为"也真""也还"。作为加强语气的"也",去掉也不会影响句子成立。

(6')你真是的。

(7')韩长勃原先还阔,往后才穷下来的。

那么,"也"的存在与否,句意表达是否有差别呢? 答案是肯定的。(6)的语气包含着娇嗔,去掉"也"后,语气变成了责备。(7)与(7')在"还阔"这个定义上,是有差别的。"也还阔",表示"手头稍稍有些富余";而去掉"也"之后,"阔"就成了一个十分确定的概念,应该等同为"就是阔"。"也"的委婉用法,就好比在一个绝对的阈值周围加上了一些"弹性活动度",使这个值变得不那么"绝对"。

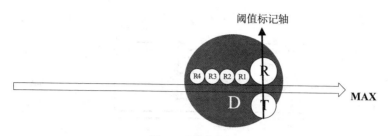

图 4　委婉的"也"

如图 4 所示,在横轴上,从左向右,标示着 R、T 为趋向 MAX(极值)的一个阈值。在"也"的句子当中,R 与 T 分别代表主语和谓语的成分。纵轴为标识 R、T 的阈值所设。R1、R2、R3、R4 都处于接近 R 的位置,但是尚未达到 R 的阈值。概念领域 D 揭示了由 R1、R2、R3、R4 等类同成分构成的集合。因此例(6)(7)当中被"也"提示的主语,均处于 D 这个集合中;而这个集合的特点就是:"游离接近 R 的阈值"。当句子去掉"也"的时候,对例如(6)(7)的心理接触路径就是直接由 R 到 T。两者都在阈值标记轴上,是绝对的;加上"也"之后,D 这个集合出现,实际被提示的主语变成了 R1、R2、R3、R4 这样游离接近阈值的存在。因此,句子整个因为"也"的存在变成了委婉表达,语气得到缓和。

3.2　与量化表达共现

当"也"与量化表达共现时,与 3.1 不同,通常为"数字+也+不+谓语"的形式。参照(8)(9)。

(8)两百个也不算多。五十个也不算少。

(9)一个也不能少。

去掉"也"之后,可得(8')(9')。

(8')两百个不算多。五十个不算少。

(9')一个不能少。

同样是与量化表达共现,(8)与(9)当中,"也"的用法不同。

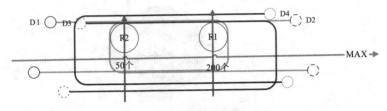

图5　与量化表达共现的"也"

图5展示了(8)与(8')的认知心理过程。R1、R2分别对应"200个"与"50个"。如图5所示,横轴从左向右,数值越来越大。D1、D2分别代表"不算多"与"不算少"的概念领域。当句子当中没有"也"的时候,R1、R2位于"不算多"与"不算少"的概念领域边缘;"也"的加入,提示了"不算多"与"不算少"的范围不仅仅是R1、R2,还暗示了其他"不算多"与"不算少"的成员存在。有了"也","不算多"与"不算少"的范围就变成了D3、D4。

与(8)类似,(9)(9')对应的认知图式为图6。

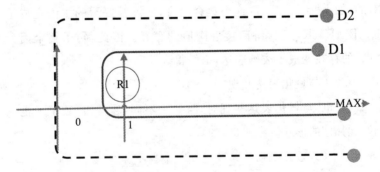

图6　与量化表达共现的"也"

如图6所示,横轴自左向右数值越来越大,R1所在位置为数值1。当句子没有"也"的时候,从数值1到所有对象,皆包含于D1(不能少)的概念领域中;当"也"加入时,"不能少"的概念领域进一步扩大,对应 D2;我们也可认定为趋近于"无条件"的用法。

与 3.1 还有一点不同,(8)(9)的谓语成分中,均存在主观判断。因此,图 5、图 6 范围内的概念领域,实质上是说话人主观判断的表述。另见例(10)。

(10)用淘宝网购,一百块也能买到好衣服。

例(10)同样适用于图 5。"一百块"对应 R2,"能买到好衣服"的对应范围是 D4。加上"也"之后,"一百块"并不是"能买到好衣服"的最低值,而是代表一种"例示",意味着"能买到好衣服"的阈值有了更多的"可调性"。

3.3 极端例示的"也"

除了委婉、量化共现,"也"还有一种"极端例示"用法。参照例(11)。

(11)修女也疯狂。

按照常识性推论,"修女"与"疯狂"是没有关联性的;由于"修女"是天主教、东正教、基督教圣公会以及信义宗等的女性修行人员,其信仰决定其行为、习惯等,应该是端庄贤淑的。那么,"修女也疯狂",意味着什么呢? 参照图 7。

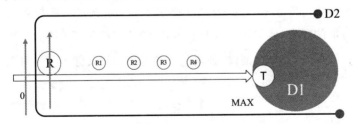

图 7　极端例示的"也"

如图 7 所示,R 代表"修女",T 代表"疯狂",D1 指"疯狂的要素集合;D1、T 均处在 MAX 的位置,而 R 则处于其反方向的一端。D2代表"也"的存在将 D1 的概念领域扩大至 R 处。由于 R 处于 T

的反方向一端,当 R 被收录进 T 的集合中时,会产生意外感;与此同时,由于集合的无限扩大,我们可以认定"疯狂"的这个性质波及了从 R 到 T 端的所有成员,因此得出结论"整个世界都疯狂了"。

3.4　与疑问词共现的"也"

共现用法中,第二种形式为"与疑问词"共现。在这种情况下,也是一种"无条件"用法。参照例(12)以及图 8。

(12)我什么也不要,只要你平安归来。

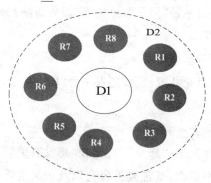

图 8　与疑问词共现的"也"

如图 8 所示,R1—R8 等,代表任意要素。预设的概念领域为 D1,而扩张后的概念领域为 D2;"什么也不要",意味着 D2 包含着所有可能的要素;换句话说,就是"不要"的范围扩张至无限大。而在这种情况下,是为了铺设、强调后句的重点:"只要你平安归来"。

4　结语

通过参照点理论模型的分析,我们可知,"也"的主观化过程是由"否定唯一"开始的。承认类同,即否定唯一,暗示指向 T 的 R 不唯一;由否定唯一进一步主观化,会呈现"模糊边界"的效果,委婉用法即此类,不使 R 与 T 单一对应,使其游移在预设 R 值的周边,这种"非针对"的认知方式,使整个句子表达更委婉;与量化表达共现时,"也"的语义功能是"极值否定",即提供一个数字,并否定这个数字为概念领域的边界。这种情况下,"边界"被加以调整,概念领域扩大;说话人展示出对概念领域适用范围的进一步肯定。另外,"也"在做关联词使用时,绝大多数也是在"极值"否定的情况下成立的;由极值否定再进一步,当"也"与疑问词共现时,句子成为"无条件"句式,概念领域适用于一切情形。"也"在复句中的用法,将在今后的研究中展开。

参考文献

毕永娥　1994　"也"在三个话语平面上的体现:多义性或抽象性,《功能主义与汉语语法》,北京语言学院出版社,79—93 页。

景士俊　1980　《现代汉语虚词》,内蒙古人民出版社,247—248 页。

吕叔湘　1980　《现代汉语八百词》,商务印书馆,201 页。

马　真　1999　《现代汉语虚词散论》,语文出版社,22—33 页。

沈开木　1983　表示"异中有同"的"也"字独用探索,《中国语文》第 1 期,1—8 页。

孙宇雷　2015　《日语逆接句中接续机能辞的体系化研究》,新华出版社,37—63 页。

孙宇雷　2021　《参照点结构模式下日语让步复句系统研究》,江苏人民出版社。

《新华大字典》编委会　2020　《新华大字典》(第 3 版),商务印书馆国际有限公司,1041 页。

张克定　1996　论提示中心副词"也",《河南大学学报》第 6 期,56—60 页。

中国社会科学院语言研究所词典编辑室　2020　《现代汉语词典》(第 7 版),商务印书馆,1528 页。

Langacker, Ronald, W. 1993 Reference point of constructions. *Cognitive Linguistics* 4 (1):1—38.

从有界到无界：
双音节形容词的性质化倾向[*]

唐旭日

（华中科技大学外国语学院）

0 引言

朱德熙（1997[1956]）依据语法功能将现代汉语形容词区分为两种类型：性质形容词和状态形容词，认为双音节形容词归属为性质形容词，但也带有状态形容词的特征。从历时角度看，双音节形容词的动态变化有三种可能：（1）基本不变；（2）从性质形容词转变为状态形容词；（3）从状态形容词转变为性质形容词。朱先生认为，"许多事实表明，双音形容词正处在从甲类成分（性质形容词）逐渐转化为乙类成分（状态形容词）的过程之中"[①]。朱先生给出的语言事实理据为：（1）双音形容词虽然是性质形容词，但也用于状态描写，表达说话人的主观评价。（2）双音形容词不能做状语，但可以通过重叠或添加"地"转化为相对应的状态形容词，如"粉光脂艳，端端正正坐在那里"。张伯江（2011）也认为，"几乎所有的状

---

* 本文受国家社科基金项目（20BYY172）资助，特致谢忱。

态形容词,都可以看作是从相应的性质形容词变化来的"。(3)双音形容词做谓语时,加上"的"之后,一般不能形成体词性结构,而是与状态形容词相当,如"她是直爽的,她什么都告诉我了"。

然而在调查双音形容词的语义演变过程中,我们发现另一种大量存在的现象——在形成新的典型搭配过程中,双音节形容词的语法功能从状态形容词逐渐转化为性质形容词。例如,"困难群众"是双音节形容词"困难"新获取的搭配,有三种句法实现形式:主谓结构、定中有标记结构和定中无标记结构。在搭配形成过程中,这三种形式出现的先后顺序为:主谓结构>>定中有标记结构>>定中无标记结构。如例1—3所示,例1中"困难"做谓语,具有状态形容词的功能,例3中"困难"做定语,具有典型的性质形容词功能。我们将这一现象称为双音节形容词的性质化。

(1)主谓结构:文新有些村庄经常有水患,群众生活困难。(1948)[②]

(2)定中有标记结构:对困难的群众进行救济,是我们国家的一项政策。(1981)

(3)定中无标记结构:借款给困难群众买耕牛、拖拉机。(1990)

本文采用语义演变计算方法(Tang,2018),分析了30多个双音节形容词在大规模历时语料库中的语义演变过程,发现双音节形容词性质化是一种大量存在的现象,并进一步提出,双音节形容词的性质化,反映了汉语语言社区存在一种从描写到分类的认知倾向,将主客观世界中原本"有界"的事物或现象,抽象归纳为"无界"的类别,从而达到认知世界的目的。

1 语义演变的计算方法

运用计算方法探索词语的语义变化规律、侦测语义变化类型是计算语言学的一个新兴研究领域。(Tang,2018)与传统方法比较,语义演变计算方法从大规模历时语料中快速采集语义演变数据,为大量分析语义演变实例,发现语义演变趋势提供了便利。

本文采用语义演变计算方法,快速获取双音节形容词在 1956年至 2012 年期间新近规约化的语义项,并以典型搭配形式给出。总体思路简述如下③:

A. 构建大规模历时语料库。自建《人民日报》历时语料库(以下简称"历时语料库"),包含《人民日报》1956 年至 2012 年文本,总体规模约为 5.6 亿词次。

B. 获取目标词的典型义项。给定目标词语,依据分布语义学思想(Distributional Semantics)(Bullinaria & Levy,2012;Firth,1957;Harris,1954;Levy 等,2015),从历时语料中自动归纳、获取该词语的义项类型及其历时概率分布,具体步骤如下。

(1) 定义 $\alpha_i = <w. b_i>$ 为词语 w 的一种典型义项,b_i 为 w 的典型搭配词集合;

(2) 定义 α_i 在某一年度的规约化程度 s_i 为 α_i 的平均互信息,获取 w 在历时语料库中各年度规约化程度,可组成规约化程度向量 v_i。

C. 获取 w 的新义。以规约化程度向量为基础,利用曲线拟合技术确定目标词语的语义演变模式,并依据语义演变模式确定目标词新获取的义项。

以形容词"困难"为例。在步骤 B 中,依据分布语义学获取"困难"的典型义项。"困难"在具体话语中的语义可以表征为该词语的上下文语境。词语的上下文语境包含许多信息,计算语言学中常采用词语搭配(林杏光,1990;朱永生,1996)表示目标词语的上下文语境。如例 4—6 中,"困难"的语义分别由"困难群体""困难百姓"和"经济困难"表征。

(4)不让困难群体受影响。 (2011)

(5)政府想着最困难的百姓。 (2010)

(6)经济困难高校新生可走"绿色通道"。 (2010)

为获取目标词语的准确、典型搭配,搭配获取过程中采取了以下两种措施:(1)依据对多种搭配获取算法(王素格等,2006;徐润华,2011;姚建民,2007)的分析,采用 Fisher's Exact Test 计算目标词和搭配词之间的关联强度,并选取关联强度最大的前 25 个搭配作为候选搭配;(2)在语料库中验证目标词和搭配词之间是否存在句法关系,去除不存在句法关系的搭配。采用上述措施可以从例 4—6 中获取的搭配分别为 AMOD(百姓,困难)[⑤],AMOD(群体,困难)和 NSUBJ(困难,经济),并判断"百姓困难""群体困难"和"经济困难"为典型搭配。

在步骤 C 中,采用洛基斯蒂函数拟合规约化程度向量 v_i,可获得三种类型的结果:规约化、动态稳定和义项消失,如图 1 所示。图 1a 为规约化类型,即规约化,其中 S 值为 0.0411,搭配"旅客,困难"在 1956 年至 2012 年期间规约化程度逐步增加;图 1b 是动态稳定类型,S=0.0075,搭配"疾苦,困难"和"实际困难"虽然在不同年份的频率不尽相同,但总体上保持稳定;图 1c 是义项消失

类型,搭配"困难局面"的 S 值为－0.0671,小于 0,说明该义项在
这一时期的使用频率逐步减少。

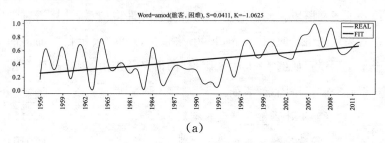

(a)

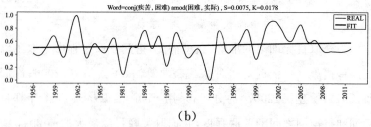

(b)

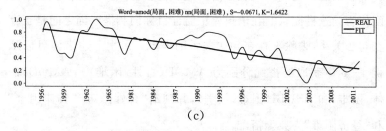

(c)

图 1　语义演变计算结果示例(图中 amod、conj 以及 nn 所表示的依存关系见脚注 6。REAL 为真实数据经过插值处理后的曲线,FIT 为拟合曲线。)

在步骤 C 中设置 S 阈值为 0.035,获取"困难"在 1956 年至 2012 年间新获得的语义项(或新的搭配词子集),如表 1 所示。参照图 1a 可以看出,S 值相对较大的搭配词与"困难"所形成的搭配在 1956 年至 2012 年期间规约化程度较高。

表 1 中"困难"的搭配词子集具有代表性,从两个方面体现了

"困难"在 1956 年至 2012 年期间的语义演变情况。首先,表 1 中的搭配是"困难"的典型搭配。在获取搭配时,算法采用 Fisher's Exact Test 方法,并选取了其中关联强度最大的搭配。因此,它们是"困难"的典型搭配,是"困难"在历时语料库中的典型用法的一部分;其次,表 1 中的搭配代表了"困难"在 1956 年至 2012 年期间的新颖用法。在语义演变模式筛选过程中,参数 S 的阈值设置≥0.035,说明表 1 中的搭配词与"困难"的搭配在此历史区间变化显著,规约化程度高。由此,表 1 中的搭配词体现了形容词"困难"在该历史时期的典型语义演变现象。

表 1　"困难"语义演变计算结果(S≥0.035)

目标词	搭配词子集
困难	①灾民、难民;②家庭;③群众;④企业、行业、职工;⑤子女、档案;⑥生活;⑦旅客

2　个案分析:"困难"的性质化倾向

一个双音节形容词搭配,其句法实现形式可细分为定中无标记结构、定中有标记结构和形容词主谓结构三种类型,三种句法实现形式所表达的语义功能也存在细微差异。按照构式语法(Goldberg,2005)的说法,上述三种句法结构也可称为三种构式,具有不同的构式义。

借助沈家煊(1997)对形容词、名词和句法功能三个范畴关系的讨论,可确定这三种构式的构式义。沈先生依据标记理论建立了形容词、名词和句法功能三个范畴之间的关联模式,如下所示:

无标记组配	无标记组配
恒久性	临时性
定语	谓语
性质形容词	状态形容词
类名	个体名

由右侧"无标记组配"可以推断,形容词主谓结构的主要功能是描写,其中形容词谓语描写某一特定个体的临时性状态。如例 1 中,"群众"为主题词,主语与群众生活相关,"困难"描写了当时历史条件下群众的生活状态。"困难"具有状态形容词的语法功能,因而可以直接做谓语。

由左侧"无标记组配"可引申中定中无标记构式的功能。在定中无标记构式中,形容词定语的主要功能是区别性的,表达单纯的属性以作为分类依据(沈家煊,1997;张国宪,2000;朱德熙,1997〔1956〕)。这种属性是类别的根本属性,具有恒久性。如例 3 表示一类特定人群,其主要属性特征是"生活、经济困难"。定中无标记构式是性质形容词的典型构式,具有区别、分类的功能。

定中有标记构式兼有描写和分类的功能。例如,当性质形容词位于构式的定语位置时,表达区别功能(范继淹,1979),整个构式的构式义也具有区别性,如"白的纸"区别于"红的纸"。双音节形容词位于定中有标记构式的定语位置时,在不同的语境下,构式表达的功能不同,可能表达类别区分,也可能表达状态描写。如例 7 中"困难"可以解释为状态描写,例 8 中"困难的群众"则更倾向于类别表达。

(7)既要照顾困难的群众,又要落实有关住房的各项政策。

(8)直接救济了特别困难的群众二百七十六万人。

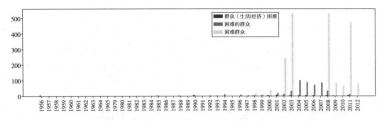

图 2 "困难 群众"搭配句法形式历时变化图

为调查搭配"困难 群众"在历时变化过程中"困难"的句法位置,我们从历时语料库中分别获取"群众生活/经济困难""困难的群众",以及"困难群众"三种用法的历年使用频次⑥,如图 2 所示。从图 2 中可以看出,主谓构式"群众生活(经济)困难"在 1956 年、1957 年和 1960 年已经存在,定中有标记构式在 1962 年、1985 等年度语料中出现,而定中无标记构式则在 1990 年首次出现。三种构式出现的时间顺序为:"主谓构式＞＞定中有标记构式＞＞定中无标记构式"。图 2 中的数据也可从功能角度解读为:在 1956 年之后的一段时间,语言社区采用主谓和定中有标记两种构式描述群众在生活、经济方面所存在的困难。在 1990 年,语言社区运用定中无标记构式的分类功能,将在生活、经济等方面存在困难的人群称为"困难群众",以区别于其他人群。其后,这一分类逐渐为语言社区所接受,并得到广泛运用。

采用类似方法调查表 1 中"困难"的所有其他搭配,结果如表 2 所示。表中数据可分为三种类型。第一种类型包括序号 1、2、3、4。这一类型与"困难 群众"一样,三类构式的第一次出现顺序遵循"主谓构式＞＞定中有标记构式＞＞定中无标记构式"顺序。

表2 "困难"搭配的构式类型和最早出现年度

序号	搭配	构式类型	最早年度	示例
1	困难灾民	主谓构式	1956	没有照顾灾民困难的问题。
		定中有标记	1956	对经济困难的灾民,还实行了赊销。
		定中无标记	2007	为困难灾民建房16间。
2	困难家庭	主谓结构	1956	有二十多个人因为家庭困难……
		定中有标记	1984	像吴恒举这样困难的家庭……
		定中无标记	1989	60%的儿童生活在困难家庭。
3	困难子女	主谓结构	1957	子女入学困难。
		无定中有标记	无	
		定中无标记	2011	不让一个困难子女上不起学。
4	困难旅客	主谓结构	1956	短途旅客乘车困难。
		定中有标记	无	
		定中无标记	?	如途中的停靠车,困难旅客的上下车等。
5	困难职工	主谓结构	1956	解决当前职工生活困难问题。
		定中有标记	1956	对特殊困难的职工就破例帮助他卸去包袱。
		定中无标记	1956	作为补助厂里困难职工的费用。
6	困难生活	主谓结构	1956	我们3户中的王小庞家中生活困难。
		定中有标记	1957	现在除4户过着困难的生活以外……
		定中无标记	1957	现在仍然过着困难生活的四分之一的老贫农户……
7	困难行业	主谓结构	1990	在目前本省、全国纺织行业普遍困难的情况下……
		定中有标记	1995	我国国有工业中最困难的行业之一——兵器工业
		定中无标记	1956	从困难行业和困难户着手。
8	困难企业	主谓结构	1962	全厂职工上下一心努力扭转企业困难局面。
		定中有标记	1988	请派我到最困难的企业中去。
		定中无标记	1956	其中有2141户困难企业
9	困难难民	无		
10	困难档案	无		

第二种类型包括序号7、8。它们的三类构式出现时间并没有遵循"主谓构式＞＞定中有标记构式＞＞定中无标记构式"这一规

律。然而调查全部数据发现,这一规律仍然存在。图3和图4分别给出了序号7和8搭配的三种构式的历时分布。可以看出,在1979年之前的较长时期,序号7和8搭配出现的频次很低。从1979开始,当两种搭配的使用频率不断增加时,三种构式出现的顺序在整体上仍然遵循上述规律。

第三种类型包括序号5、6、9、10,为无效搭配。其中5、6在1956年左右已经存在,因而无法判断三种构式出现的顺序,9、10无法在语料库中检索到这三种构式。

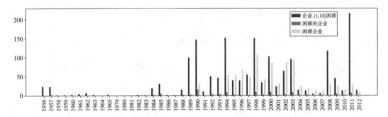

图3 "困难 企业"搭配的句法实现形式的历时分布

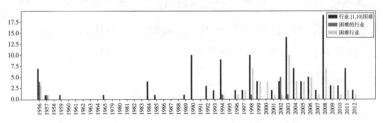

图4 "困难 行业"搭配的句法实现形式的历时分布

综合以上分析可知,形容词"困难"的典型新颖搭配,在历时发展过程中基本遵循了"主谓构式＞＞定中有标记构式＞＞定中无标记构式"的出现路径。"困难"首先出现在状态形容词的典型构式——主谓构式之中,随后才会出现在性质形容词的典型格式——定中无标记构式。这一过程,体现了双音节形容词在获取新义时的性质化倾向。

3 抽样分析

为进一步确认双音节形容词性质化是否为一种普遍现象,本文采用抽样方式,从《人民日报》2012 年文本中获取所有频次大于 25 的双音节形容词,从中随机抽取 100 个,并以"是否能够充当谓语"为标准从中获得 32 个形容词作为调查对象,采用第 2 节的方法调查这些形容词的新颖搭配的三类构式出现的先后顺序。

依据调查结果,32 个形容词可分为四种类型。按照 S>0.035 标准,第一种类型形容词没有新颖搭配。这类形容词共 15 个,分别为"浩然、统一、永远、高温、确切、空前、更好、可怜、集中、一致、得力、反复、清醒、高贵、稀罕"。

第二种类型的形容词与"困难"类似(见表 3)。这些形容词的典型搭配词的三种构式出现的顺序符合"主谓构式>>定中有标记构式>>定中无标记构式"的规律。其中包括"困难"的近义词"贫困",也包含部分高频形容词(如"贫困")和低频形容词(如"隐蔽")。

表 3 与"困难"类似的形容词

序号	目标形容词	频次	搭配词
1	隐蔽	27	斗争
2	棘手	60	问题、工作、事
3	详尽	40	注释
4	贫困	2564	县、山区、群众、乡、人口、学生、儿童、家庭、地区、村、乡村、社员、农民、农村
5	严格	300	制度、措施
6	高大	44	乔木

第三类形容词仅包含两个词语:"高效"和"高强"。这类词的

典型新颖搭配可区分为两小类。第一小类中,"高效"的搭配词包括"系统、原则、设备、技术","高强"的搭配词包括"武艺",这些词与"高效"构成的搭配符合性质化规律。另一小类中,"高效"的搭配词包括"经济区、体系、基地、服务、农业、灌溉","高强"的搭配词包括"钢筋"。这些词与"高效"的搭配都以定中无标记构式出现,在历时语料库中未出现主谓构式和定中有标记构式,"高效"和"高强"直接作为性质形容词修饰这些搭配词。

表4　第四类双音节形容词

序号	目标词	频次	遵循构式出现规律	无定中无标记构式
1	浪漫	86	故事、音乐	法国人
2	过硬	164	作风、知识、技能、素质、队伍、质量、班子、功夫、技术	政治、证据、军事、业务
3	睿智	37	头脑、目光、眼睛、决策、老人	魅力、哲理、形象、见解、头颅、大脑、神态、眼光
4	宽容	68	胸怀、情怀、气氛、姿态、态度、精神	形象、观众、眼光、心胸、老人、女儿、儿媳、人
5	忠诚	25		同志
6	可怕	40		事实

第四类形容词如表(4)所示,也分为两小类。其中第一小类搭配与"困难 群众"类似,有三类构式,遵循"主谓构式＞＞定中有标记构式＞＞定中无标记构式"规律。另一小类搭配也具有一个共同特征,即在历时语料库中未找到"定中无标记构式"。从功能角度分析,这两小类搭配形成鲜明对比。第一类搭配最后形成"定中无标记构式",说明语言社区经历抽象、归纳等认知过程,并最终将这些搭配所代表的类别区分开来,如"浪漫故事、过硬作风、宽容胸怀"等;而第二类搭配没有"定中无标记构式",说明语言社区没有或者无法对搭配所描述的现象进行抽象、归纳。其中原因是多方面的,

如形容词所表示的属性不是搭配词的本质的属性，也不足以作为分类的依据等，如"浪漫法国人"不能形成定中结构"*浪漫法国人"。

上述抽样分析说明，双音节形容词的性质化现象是大量存在的。其性质化过程的主要路径是"主谓构式＞＞定中有标记构式＞＞定中无标记构式"，语言社区借助于这三类构式，从描述现象开始，逐步归纳、抽象，形成分类，并通过"定中无标记构式"以语言的形式将分类结果固定下来。与此同时，数据分析也显示，有一部分搭配无法参与抽象和分类过程。

4　从有界到无界

沈家煊（1995）区分了认知上的"有界"和"无界"的对立，并论证了这种对立与语法结构紧密相关。例如，事物在空间方面的有界无界对立，在语法上表现为名词的可数和不可数；动作的有界无界对立，是区分"持续动词"和"非持续动词"的基础；"有界"与"无界"在汉语形容词中的表现，就是状态形容词与性质形容词之分。由于状态形容词的典型句法结构是定中有标记构式和主谓构式，而性质形容词的典型句法结构是定中无标记构式，因此，"有界"与"无界"的对立反映在句法结构上，就是"主谓构式和定中有标记构式"与"定中无标记构式"之间的对立。

由第 3 节的分析可知，双音节形容词在获取新的义项过程中，其出现路径是"主谓构式＞＞定中有标记构式＞＞定中无标记构式"。从有界无界的对立角度看，双音节形容词获取新义项的过程，也就是从有界到无界的过程。综合 Langacker（1987）、沈家煊（1995）、陆丙甫（1988）以及石毓智（2001）对有界与无界对立的相关

论述,从有界到无界的过程,也可以表述为以下认知变化过程:

有界→无界

异质→同质

连续→非连续

单指/专指→泛指/通指

连续→离散

对于双音节形容词而言,其新义项的获取,即双音节形容词应用于新的名词的过程,在本质上是语言社区逐渐认识事物(或现象),对事物(或现象)进行抽象和分类的过程。仍然以"困难"新获取的搭配"困难群众"为例,这一搭配从"主谓构式"向"定中无标记构式"的发展,也就是人们对现实世界中存在的单个的、各不相同的(即异质的)群众生活困难现象进行抽象分析,逐步将这些模糊的连续的现象分离出来,并发展出来"困难群众"这一概念,用以指称"生活存在各种困难的群众"这一群体。这一概念的出现,代表着人们的认识中形成了一个新的概念——"困难群众",并将"困难群众"与其他社会群体区分开来。同属于"困难群众"的个体在认知角度上是同质的。

由此,双音节形容词的性质化过程,是双音节形容词在语义演变过程中从有界到无界的过程,这一过程是人类一般认知机制的一个实例。对这一实例的分析,说明人们对客观世界的认识,存在一个从有界到无界的过程,倾向于对单个的连续的现象进行抽象,进而形成离散的同质化的概念。

5 结语

现代汉语中,"性质-状态"的二分是形容词句法功能的一种重要对立。双音节形容词往往兼有这两种句法功能。本文运用语义演变计算技术,采用抽样统计方法,调查了三十多个形容词的语义演变状况,发现许多双音节形容词存在性质化倾向,语义演变路径为"主谓构式＞＞定中有标记构式＞＞定中无标记构式"。从功能上看,双音节形容词的性质化倾向是语言社区对主客观世界中的一些现象进行认知的结果,体现了语言社区从描写连续的、异质的主客观现象到抽象、归纳并最终获得分类概念的认知操作过程。

附 注

① 括号内文字为作者所加。

② 本文中实例如未特别标明,均来自《人民日报》,括号内为年份。

③ 具体算法流程请参阅 Tang 等(2016)和 Tang(2018)。

④ 洛基斯蒂函数的具体解释,请参阅 Tang(2018)。

⑤ 这是依存语法中表示句法关系的形式。具体格式为:语法关系类型(中心词,依存词)。如:"AMOD(百姓,困难)"表示偏正关系,"百姓"为中心词,"困难"为形容词修饰词;又如"NSUBJ(困难,经济)"表示主谓关系,其中"经济"为主语,"困难"为谓语。此外,在图 1 中的 CONJ 表示并列结构,NN表示名词短语,不区分大小写。

⑥ 采用正则表达式获取这一数据,表达式如图 2 中的图例所示。其中"群众(生活经济)困难"可匹配"群众生活困难"和"群众经济困难"两种形式。

参考文献

范继淹 1979 "的"字短语代替名词的语义规则,《中国语文通讯》第 3 期。

林杏光 1990 词语搭配的性质与研究,《汉语学习》第 1 期,7—13 页。

陆丙甫 1988 《定语的外延性、内涵性和称谓性及其顺序》,北京大学出版社。

沈家煊 1995 "有界"与"无界",《中国语文》第 5 期,367—380 页。

沈家煊 1997 形容词句法功能的标记模式,《中国语文》第 4 期,242—

250 页。

石毓智　2001　《肯定和否定的对称与不对称》,北京语言大学出版社。

王素格、杨军玲、张　武　2006　自动获取汉语词语搭配,《中文信息学报》第6 期,31—37 页。

徐润华、陈小荷　2011　极大规模词语搭配库的建造和构成分析,《南京师范大学文学院学报》第 3 期,56—61 页。

姚建民、屈蕴茜、朱巧明、张　晶　2007　大规模语料库中自动搭配获取的统计方法研究,《计算机工程与设计》第 9 期,2154—2155,2180 页。

张伯江　2011　现代汉语形容词做谓语问题,《世界汉语教学》第 1 期,3—12 页。

张国宪　2000　现代汉语形容词的典型特征,《中国语文》第 5 期,447—458,480 页。

朱德熙　1997[1956]　《现代汉语语法研究》,商务印书馆。

朱永生　1996　搭配的语义基础和搭配研究的实际意义,《外国语》第 1 期,14—18 页。

Bullinaria, J. and Levy, J.　2012 Extracting semantic representations from word co-occurrence statistics: Stop-lists, stemming and SVD. *Behavior Research Methods* 44(3):890—907.

Firth, J. R.　1957 A synopsis of linguistic theory, 1930—1955. *Studies in Linguistic Analysis*. 1—32. Oxford: Blackwell.

Goldberg, A.　2005 *Constructions at Work : The Nature of Generalization in Language*. Oxford: Oxford University Press.

Harris, Z. S.　1954 Distributional structure. *Word* 10(2—3):146—162.

Langacker, R. W.　1987 *Foundations of Cognitive Grammar* I. Stanford, California: Stanford University Press.

Levy, O. , Goldberg, Y. and Dagan, I.　2015 Improving distributional similarity with lessons learned from word embeddings. *Bulletin De La Société Botanique De France* 75(3):552—555.

Manning, C. D. , Surdeanu, M. , Bauer, J. , Finkel, J. , Bethard, S. J. and McClosky, D.　2014 *The Stanford CoreNLP Natural Language Processing Toolkit*. Paper presented at the the 52nd Annual Meeting of the Association for Computational Linguistics: System Demonstrations.

Tang, X.   2018 A state-of-the-art of semantic change computation. *Natural Language Engineering* 24(5):649—676.

Tang, X. , Qu, W. and Chen, X.   2016 Semantic change computation: A successive approach. *World Wide Web-Internet & Web Information Systems* 19(3):375—415.

小句整合视角下条件句 "只要 P, 就 Q" 的演变研究

韦志刚　洪　波

（首都师范大学文学院）

1　引言

在现代汉语口语中我们会见到出现在句末的一类特殊助词，如下[①]：

(1)再说，不管环境怎么改变，只要你的心不变就好了。（当代·星云大师、刘长乐《传媒大亨与佛教宗师的对话：包容的智慧》）

(2)周拉奴笑笑："别管给谁办，我交钱就是了。"（当代·《1994 年报刊精选》）

(3)登上歌坛，跟着感觉走，潇洒走一回就结了。（当代·2000 年《人民日报》）

(4)那是人家的卧室，咱们不能胡来，我一个人上去搜一搜就成了。（当代·陈廷《蒋氏家族全传》）

(5)立刻把 F 小姐调到别的部门去吧！同时她的新工作必须比现在做的工作高一级，你就说公司希望她来担任这项

191

工作就得了。(当代·《哈佛管理培训系列全集·第十三单元》)

（6）打我没事，只要能妥善处理这事就算了。(当代·《1994年报刊精选》)

（7）你可以和司机交谈，了解当地的风土人情，小费按常识给就可以了。(当代·1996年《人民日报》)

以上例句中都有一个"就X了"结构出现在句末，有的前文中"只要"已经省略。吕叔湘(1980:320)认为陈述句句末的"就是了"有两种意义：一是"不用犹豫、怀疑"，二是"把事情往小了说"。太田辰夫(2003:357)将这类词称为"准句末助词"，他认为这些成分原来是全句的述语，虚化之后表示强调和限制的语气了，但陈述功能还没有完全去掉。我们认为以上例句中类似语气词的"就好了"等都可以在句末起到说话人有意降低祈使语力(illocutionary force)的作用，是将条件复句中条件－结果之间的客观逻辑关系主观化，传达说话人的言者态度和立场，因此具有主观交互性。除"好了"已经发展为句末助词，同类结构的其他词依然保留陈述性。

目前学界关于这类结构的来源和形成过程有以下两种观点：一种观点是认为来源于"完成义"动词与"了"的组配，比如李小军(2009)对语气词"好了"进行了话语功能分析和来源探析；高增霞(2010)注意到这类结构中的共同语义特征，指出"达成"义词语具有发展为语气词的较强倾向。另外一种观点看到了"X了"所在的结构式，认为来源于条件复句，比如李宗江(2008)指出"就是了"来源于"X＝SP＋(ad＋V＋了)结构"；刘顺等(2014)注意到了句子整体的表述功能为"便是(了)"语气意义的形成奠定了基础；宋文辉(2015)指出"X就是了"构式来源于充分条件复句的主句。石飞

192

(2019)指出句末"就是了"立场表达的形成机制和其所处充分条件句有着密切关系。

以上两种观点主要是从词汇化和语法化视角出发对"就 X 了"结构的演变进行分析,本文拟从小句整合的视角出发审视从条件复句"只要 P,就 Q"到紧缩句"X 就 Y",再到句末助词的演变过程,并对其话语功能和立场进行归纳和总结。

2　小句整合下的"X 就 Y"

"X 就 Y"结构来源于充分条件复句"只要 P,就 Q",是两个小句整合的结果。整合后的"X 就 Y"依然保留了 X 是实现 Y 的最低条件关系。在条件复句中,"P"和"Q"都是彼此独立的小句,而在"X 就 Y"中,"X"和"Y"很难独立分开,整个结构更容易理解为一体。比如:

(8)晚上自己洗澡,洗发液也不用直接用水冲冲就完了!（当代·微博@shuyangma）

(9)中国男篮实力获认可,主帅霸气回应:干就完了,还准备啥啊!（当代·腾讯视频新闻标题）

小句整合(clause integration)指两个本来独立的小句合并为一个带有一套语法关系的单一小句的现象(Haboud,1997:213)。两个独立的事件现在被当作一个单一事件来处理。由于汉语中没有一致关系,我们很难从形态角度出发来审视汉语的小句整合现象。

小句整合涉及句法的历时演变,复句经过整合可以演变为单一小句。Givón(2001、2006)认为小句整合包括三个阶段:主从复合句—复杂小句—单一小句。Hopper & Traugott(2003,张丽丽译,2013:222)根据[依存][内嵌]两个特征用一个连续统描写小句整合的语法化历程:并连(parataxis)—主次(hypotaxis)—从属(subordination)。高增霞(2005)指出汉语中也存在小句整合的连续统:复句—复杂谓语句—简单句。赵雅青(2014)考察了汉语有标紧缩句的形成过程,指出汉语小句整合的斜坡:小句联合>小句复合>小句黏合>小句亲合>小句糅合>小句融合。

结合前人的研究②,我们认为在小句整合的过程中涉及四个参项:

① 韵律模式,小句整合的结果是否发生韵律模式的改变(停顿消失、语调融合)

② 成分省略,前后小句主语的省略情况

③ 语义依存,小句间的语义关联是否紧密

④ 结构内嵌,小句间在句法上是否存在控制与受控

"X 就 Y"结构的演变和形成经历了从两个独立的、复杂度高的小句整合成语义关联紧密、单一小句的过程。根据语义、句法形式和韵律模式等特征,我们将"X 就 Y"的演变过程分析为准备、形成和发展三个大阶段,九个具体的小阶段:

2.1 准备阶段

2.1.1 准备阶段 I:"只要＋小句"结构的形成

"只"和"要"连用,最早出现在唐朝,是"仅仅需要"的意思,后接名词短语,比如:

(10)生前适意无过酒,身后遗言只要诗。(唐·《全唐诗·许坚·同家兄哭乔侍郎》)

(11)长者还钱八十贯,董永只要百千强。(五代·《敦煌变文集新书·卷五·董永变文》)

唐五代时期就已有后接小句的用法。"只要"的位置还比较灵活,可以出现在前一小句,也可以出现在后一小句。比如:

(12)如山僧指示人处,只要尔不受人惑。(唐·《镇州临济慧照禅师语录》)

(13)只要门徒发信根,万般一切由心识。(五代·《敦煌变文集新书·维摩诘经讲经文》)

副词"只"和动词"要"结合在一起,此时的"要"意义比较实在,还不能理解为条件连词。

2.1.2　准备阶段Ⅱ:"只要 Q,便 P"结构的形成

我们在宋代文献《朱子语类》中发现大量"只要 P,便 Q"的条件复句,在复句中 P 和 Q 两个小句保持一定的独立性:

(14)上蔡只要说得泊然处,便有些庄老。(宋·《朱子语类·论语十六》)

(15)只要穷得这道理,便是天理。(宋·《朱子语类·卷九·学三》)

在以上诸例中"只要"引导的小句,与"便"引导的小句形成条件和结果的语义关系,"只要"的语义虚化,逐渐成为连词。宋元之后"就"开始出现替代"便",形成"只要 P,就 Q"的复句结构。

2.2　形成阶段

2.2.1　形成阶段Ⅰ:"只要 P,就 Q"结构的出现

"就"最早在先秦时代是动词,梅祖麟(1984)指出副词"就"在元代才出现。"就"替换"便"是一个长期的过程,元代早期多用"便",后期渐用"就"。根据刘顺等(2014)的研究,到明朝晚期,"便是(了)"很少使用,直到在现代汉语中"就是(了)"才完全取代了"便是(了)"。如:

(16)只要姐姐许小生做一程伴,便当倾囊相赠,有何虑哉!(元·石君宝《杂剧·李亚仙花酒曲江池》)

(17)你到官中,少不得问你,只要说的冤枉,这包待制就将前案与你翻了。(元·李行道《杂剧·包待制智勘灰阑记》)

我们可以将这个阶段的小句整合特征总结如下:

语义特征	两个事件施事不同,主语不同
句法形式特征	两个小句形式上独立,有标记词"只要"和"就"
韵律特征	两个小句中间有停顿,有独立的语调和语气

2.2.2　形成阶段Ⅱ:"只要 P,就 Q"结构主语一致

在这个阶段,前后小句依然形式独立,但是小句主语一致,语义关联程度提高,如:

(18)又走了半日,已自是白龙江口上,只要转身,就进到江里面,离了大海,怎么不是家门?(明·罗懋登《三宝太监西洋记》第九十七回)

(19)伯伯,你孩儿情愿不要家财,只要傍着祖坟上埋葬了我父母这两把骨殖,我便仍到潞州去了。(明·凌濛初《初刻拍案惊奇》卷三十三)

我们可以将这个阶段的小句整合特征总结如下:

语义特征	两个事件施事相同,主语相同
句法形式特征	两个小句形式上独立,有标记词"只要"和"就"
韵律特征	两个小句中间有停顿,有独立的语调和语气

2.2.3　形成阶段Ⅲ:"只要 P1,P2(P3,P4)就 Q"

充分条件句更加强调条件小句,因此是语义重心所在,根据象似性原则,"相对简单概念由相对简单形式表达,相对复杂概念由相对复杂概念表达"(张敏,1998:153),在这个阶段,条件小句"P"

的语义内容不断扩张,形式也由单一小句扩张为两个、三个,甚至多个小句。而结果小句"就 Q"语义内容趋于固定,表示结果达成,形式也趋于固化。比如:

(20)只要六两茶礼,备盛些的担盘进来,即讨了去就是。(清·坐花散人《风流悟》第六回)

(21)只要带了侄儿进去,好好的作文章,早早的回来,写出来请咱们的世交老先生们看了,等着爷儿两个都报了喜,就完了。(清·曹雪芹《红楼梦》第一百一十九回)

我们可以将这个阶段的小句整合特征总结如下:

语义特征	多个事件施事不同,结果小句指向整个事件
句法形式特征	多个小句形式上独立,有标记词"只要"和"就"
韵律特征	多个小句中间有停顿,有独立的语调和语气

条件小句的语义重心在这个阶段得以全面展现,对条件小句的强调,使条件小句成为全句的焦点信息和重音所在。

2.2.4　形成阶段Ⅳ:"只要 P 就 Q"

随着前后小句语义关联逐渐紧密,处于背景位置的结果小句语义逐渐弱化,形式逐渐缩减,句子的特性也逐渐丧失,开始非句化(desententialization)③,前后小句之间的语音停顿消失,语调发生融合,条件复句逐渐整合为一个紧缩句,比如:

(22)宝钗说道:"一月只要两次就够了。"(清·曹雪芹《红楼梦》第三十七回)

(23)那贾大人全仗我家的西府里才得做了这么大官,只要打发个人去一说就完了。(清·曹雪芹《红楼梦》第一百零四回)

我们可以将这个阶段的小句整合特征总结如下:

语义特征	两个事件施事不同,结果小句指向整个事件
句法形式特征	紧缩为一个单句,有标记词"只要"和"就"
韵律特征	小句中间的停顿渐趋消失,语调渐趋融合,重音在条件小句

2.3 发展阶段

2.3.1 发展阶段Ⅰ:"X 就 Y 了"

在这个阶段,结构式更加紧缩,其典型表现就是连词"只要"在语境中已经省略,可以不用出现;结果小句 Q 进一步固化,由完结义动词、属性义动词"Y"和"了"组成,整个结构"X 就 Y 了"只有一个标记词"就",依然可以表示最低条件关系。比如:

(24)我觉得走到三十岁这一段路上,就按照自己的节奏,<u>坚持往下走就好了</u>。(当代·微博@纸怪兽 vs 木头人)

(25)虽说她是个蛮夷,但<u>长得美就够了</u>,你说是不是?(当代·楼采凝《狩猎将军的心》)

我们可以将这个阶段的小句整合特征总结如下:

语义特征	两个事件施事不同,结果小句指向整个事件
句法形式特征	紧缩为一个单句,只有标记词 "就"
韵律特征	小句中间的停顿完全消失,语调完全融合,重音在条件小句

2.3.2 发展阶段Ⅱ:"X 就 Y"

在这个阶段,句尾的"了"逐渐脱离,形式缩减,"达成义"动词"Y"与副词"就"联系更加紧密,根据象似性原则,代表前后事件关系更加紧密,小句整合程度进一步加深。如:

(26)今天剪完头,理发师问我行不行,我戴眼镜看一眼,真想说一句,<u>兄弟你开心就行</u>。(当代·微博@Loading -- ing)

(27)真是感谢,<u>请把我放在火车站就可以</u>。(当代·言妍

《荒雾奇缘》)

我们可以将这个阶段的小句整合特征总结如下:

语义特征	两个事件施事不同,结果小句指向整个事件
句法形式特征	紧缩为一个单句,只有标记词"就",句末"了"消失
韵律特征	小句中间的停顿完全消失,语调完全融合,重音在条件小句

2.3.3 发展阶段Ⅱ+:"X好了"

我们在语料库中还可以看到"X就好了"结构省略"就"之后,单独用"X好了"的情况,此时"好了"已经高度词汇化和语法化,更像一个语气词附着在整个小句上。比如:

(28)熟人会给你说,那东西你拿去好了,或者会说我们之间还分啥你我。(当代·微博@方子强)

(29)和尚怔怔的望了他片刻,只有把馒头放在他身旁的草堆上,道:"馒头就放在这里,施主自便好了。"(当代·马荣成《风云续集》)

我们可以将这个阶段的小句整合特征总结如下:

语义特征	两个事件施事不同,结果小句指向整个事件
句法形式特征	紧缩为一个单句,没有标记词,有句末的"了"
韵律特征	小句中间停顿彻底消失,语调彻底融合,重音在条件小句

上例中的"好了"都出现在具有指令义或建议义的小句之后,形成一种弱断言语气,删去之后不影响句子的合法性也不影响命题表达。我们将这类出现在句末的"好了"称为句末助词。句末助词是语法上的非必有成分和语义上的非实义成分(徐晶凝,2008:28)。而弱断言语气正是来自最低条件义,即说话人有意通过降低听话人对事件达成的预期量,来降低指令或建议的语力,增强指令

和建议的接受度。值得注意的是,这种情况目前只有"好了",其他如"成了、可以了"等还需要与"就"结合,这说明"X 就 Y"结构内部发展并不均衡。

2.4 "X 就 Y(了)"小句整合的历时过程

"X 就 Y(了)"紧缩小句经历了由复句到单句的整合过程,根据以上分析,可以总结为如下:

【准备阶段】:

Ⅰ "只要＋小句"结构

(30)只要门徒发信根,万般一切由心识。(五代·《敦煌变文集新书·维摩诘经讲经文》)

Ⅱ "只要 P,便 Q"结构

(31)只要穷得这道理,便是天理。(宋·《朱子语类·学三》)

【形成阶段】:

Ⅲ "只要 P,就 Q"结构

(32)你到官中,少不得问你,只要说的冤枉,这包待制就将前案与你翻了。(元·李行道《杂剧·包待制智勘灰阑记》)

Ⅳ "只要 P,就 Q"结构主语一致

(33)你只要打两只野兽,就可去得的了。(清·唐芸洲《七剑十三侠》第九十回)

Ⅴ "只要 P1,P2(P3,P4)就 Q"结构

(34)只要带了侄儿进去,好好的作文章,早早的回来,写出来请咱们的世交老先生们看了,等着爷儿两个都报了喜,就完了。(清·曹雪芹《红楼梦》第一百一十九回)

Ⅵ "只要 P 就 Q"结构

（35）宝玉劝道："无妨碍的，<u>只要</u>明白<u>就是了</u>。"（清·曹雪芹《红楼梦》第一百一十八回）

【发展阶段】：

Ⅶ "X就Y了"结构

（36）虽说她是个蛮夷，但<u>长得美就够了</u>，你说是不是？（当代·楼采凝《狩猎将军的心》）

Ⅷ "X就Y"结构

（37）一大早起来就给儿子做了蛋挞～嚯嚯嚯嚯让儿子给吃没了，你<u>开心就好</u>。（当代·微博@吃耳朵的眼睛）

Ⅸ "X好了"结构

（38）随便发发，<u>你们也随便看看好了</u>。（当代·微博@Lammong）

"今天的词法是昨天的句法，今天的句法是昨天的章法。"（Givón，1971）"X就Y（了）"由两个独立小句整合为有条件标记的复句，再到省缺标记"只要"，单独用"就"来表示，再到最后标记词完全省略，整个演化过程经历了如下过程：

篇章→复句→整合单句→准句末助词→句末助词

2.5 话语功能

李小军（2009）在分析语气词"好了"的话语功能时指出"好了"的语气功能可以分为两类：（一）表"妥善处理"，说话人自认为如此处理很妥善，觉得听话人不须担心、牵挂；（二）表"随意，轻描淡写"，来源于前者。我们在李文的语料中发现在第一类功能的例句中主语都是第二人称，并且都在提出一个新的建议，如：

（39）"爹爹"，媳妇以感动的，颤抖的声音说："<u>你老人家搬来好了</u>，我们搬走……"（曾卓《老人和他的家族》，转引自李小

军,2009)

　　(40)"你就跟我一道睡好了。"李学文,为某种热情所支撑着,说:"你看,我可以把铺拉大一点。"(曾卓《同床》,转引自李小军,2009)

"你老人家搬来好了",建议让对方搬来;"你就跟我一道睡好了"建议对方跟自己一起睡。"好了"分布的语境都在指令类的建议中。

第二个功能表"随意,轻描淡写"的例句,如:

　　(41)颂莲说,呛,怎么又是我的错了?算我胡说好了,其实谁想管你们的事?(苏童《妻妾成群》,转引自李小军,2009)

　　(42)宁宁:"嗨,阿春。"起明:"叫阿姨。"宁宁:"人美国人都兴叫名字。是吧? 阿春。"阿春:"没关系。反正只差一个字。叫我阿春好了。"(方方《北京人在纽约》,转引自李小军,2009)

"算我胡说好了"和"叫我阿春好了"都省略了主语"你","好了"降低了命令-建议的语力,缓和了说话语气,去掉之后的"算我胡说"和"叫我阿春"命令-建议式语气明显增强。

　　我们基本认同李文的观点,但这两种功能的表述不够准确。朱丽师(2018)将句末语气词"好了"区分为三种语义-句法类型:最低条件义、任由义和纯粹祈使语气。实际上一个句末助词只有一个核心的功能性语法意义,当该句末助词与不同类型的小句组合时,该句末助词的核心功能性语法意义会因小句概念性语法意义的变化和差异而呈现出实体化倾向(姚双云等,2015:39),把句末助词在具体句子中各种实体化的语法意义提取出来就是句末助词的功能性语法意义。我们认为句末的准助词"好了"来源于充分条

件句的结果小句,其核心功能仍然与"X 就 Y(了)"构式中"就 Y
(了)"功能一致,起降低祈使语力的作用,表达说话人委婉建议的
语气,语用目的是减少谈话阻力,以便促成结果的实现。

3　"X 就 Y(了)"小句整合的机制和动因

语言的演变机制是语言在使用中所发生的过程,而且是产生
语言的过程。(Bybee,2001:190,引自 Traugott & Trousdale,
2019:58)"X 就 Y(了)"的演变机制与充分条件句有非常密切的联
系,这一点毋庸置疑。而语言演变的动因通常来自语言系统的外
部,信息结构的完形重塑(re-configuration)是推动"X 就 Y(了)"
小句整合的基本动因。

3.1　信息结构的完形重塑

在条件句中,结果的实现往往依赖于条件的实现,所以从句往
往对应的是背景,主句对应的往往是焦点。条件部分发生在前,往
往是确定的、已知的,而结果部分发生在后,往往是未知的、不定
的。此时条件句焦点语义如下表:

	条件小句	结果小句
时间顺序	靠前	靠后
已知/未知	已知	未知
原因/结果	原因	结果
新/旧信息	旧信息	新信息
前景/背景	背景	前景(焦点)

值得注意的是,在"只要 P,便 Q"充分条件句的产生初期(宋
朝),语义重心可以在条件小句,也可以在结果小句,当结果小句占
据语义重心时,往往为后文提供新信息和延续话题。比如:

(43)若今看得太极处分明,则必能见得天下许多道理条件皆自此出,事事物物上皆有个<u>道理</u>,元无亏欠也。今之学者自是不知为学之要。<u>只要穷得这道理,便是天理</u>。虽圣人不作,<u>这天理</u>自在天地间。……天地间只是<u>这个道理</u>流行周遍。(宋·《朱子语类·学三》)

在上面这段话中,条件小句"只要穷得这道理"中"这道理"指上文"天下许多道理条件皆自此出,事事物物上皆有个道理",为已知信息;结果小句"便是天理"中的"天理"在上文未提及,在下文出现,属于新信息,结果小句引出后文对"虽圣人不作,天理自在天地间"的论述,并成为后文行文的中心论点。此时结果小句是全句的焦点。

当结果小句由已知信息担任时,往往用以强调条件的必要性,此时条件句是前景信息。比如:

(44)(净云)姨姨,恰才元和秀才要来姨姨家<u>使把钞</u>,姨姨心下如何?

(正旦云)妹夫,你说了就是。则俺母亲<u>有些利害</u>,不当稳便。(唱)……

(末云)那里有这<u>般利害</u>的?只是<u>多与他些钱钞便了</u>。(正旦唱)

【青哥儿】俺娘呵外相儿卜分十分慈善,就地里百般百般机变。那怕你堆积黄金到北斗边,他自有锦套儿腾掀,甜唾儿粘连,俏泛儿勾牵,假意儿熬煎,辘轴儿盘旋,钢钻儿钻研,<u>不消得迤欢买笑几多年早下翻了你个穷原宪</u>。

(末云)料得小生决不到此,<u>只要姐姐许小生做一程伴,便当倾囊相赠</u>,有何虑哉!(正旦唱)(元·石君宝《杂剧·李亚

仙花酒曲江池》）

在例（44）的上下文中，画横线语境提供了"女子的母亲很厉害，如果要去女子家提亲，就会被女子母亲要很多钱"这样的背景信息，并且上文"末云"也说了"只是多与他些钱钞便了"，所以说话人早知道这个结果，在"给钱"是已知信息的情况下，结果小句的"倾囊相赠"是顺势而为的高可及信息，句末反问句"有何虑哉"也再次验证结果小句不可能是新信息。在结果小句是说话双方共享信息的情况下，条件小句"只要姐姐许小生做一程伴"在句中才是说话人强调的重点，是新信息。

此时条件句焦点语义如下表：

	条件小句	结果小句
时间顺序	靠前	靠后
已知/未知	未知	已知（可预料）
原因/结果	原因	结果
新/旧信息	新信息	旧信息
前景/背景	前景（焦点）	背景

当条件句中的结果小句可以由上下文的语境可以推知，具备高可及性，由此信息焦点由结果小句转移到了条件小句。洪波（2009、2017、2019）提出并反复论证了信息结构的完形重塑是语法化的基本动因。当说话人强调条件复句中的条件小句时，便会以条件小句为前景信息重新规划句子的信息完形结构，即句子信息结构的图形重塑，从而引发重新分析，条件小句成为前景，结果小句成为背景。

"美就够了""干就完了"这类"X就Y（了）"构式，说话人在使用时，首先选择以高可及的结果"就Y（了）"为视点，然后根据结果提出实现的最低条件"X"，体现了说话人的视点和观察方向。在充分条件句中，结果是存在于交谈双方的共享信息中的，是说话人选取的视点,从结果出发溯源达成的最低条件,表达事情容易做、结果容易达成的断言,因此充分条件句更强调结果达成的最低条件,焦点在于条件,而不是结果。

正是因为充分条件句"只要 P,就 Q"的逻辑语义关系是强调实现结果的最低条件,而整个复句的语义重心在于传达逻辑关系,所以结果信息作为会话双方的背景信息或共享信息,具有很高的可及性,在高频使用的情况下,非常容易凝固并弱化。条件小句作为新信息,在交谈中需要通过重音的方式不断强化其前景的地位。

3.2 平行虚化和词汇化的不平衡

所谓平行虚化,是指不同词汇单位由于分布在相同的句法环境中受到相同的因素影响,从而出现方向相同的虚化。(洪波,2000)

分布于条件句结果小句的"好、是、成、结、得、行、算"等完结义和属性义动词,实词意义相同或相近,语义指向条件句事件的结果,在复句中位于句末的位置,受到信息结构的图形重塑的影响,由于长期处于背景位置,逐渐固化并虚化,形成了"X 就 Y(了)"结构。其中使用频率最高的具有评价语义的"好了"已经虚化为句末助词,其他完结义和属性义动词也有朝这个方向演变的趋势。

结果小句"就 Y(了)"的词汇化和语法化,是在信息结构中的背景位置上发生的,单音节完结义动词和属性义动词与体标记"了"出现在句末,表示事件结果的达成或事件结束。高频使用后,原来的句法语义结构"就＋Y(了)"被重新分析为"就 Y＋(了)",句尾的"了"成为羡余结构。"了"有时可以省略不说,比如"吃了就成""试试就行",但在某些结构中必须存在,比如"干就完了"的"了"就不能省略,这表明"就 Y＋(了)"内部词汇化程度和语法化程度发展得并不均衡。

3.3 概念整合

Givón(2001:328)提出一个认知上的"形式-功能"平行关系：两个事件状态在语义上或语用上结合得越紧密，对它们进行编码的小句在语法上也就结合得越紧密。小句整合的过程必然涉及认知上的整合过程。

Fauconnier & Turner(1998)创立了概念整合理论，概念整合理论就是将两个输入心理空间(input mental space)通过跨空间的部分映现(cross-space mapping)匹配起来，将两个输入空间中映现匹配的部分有选择地投射到第三个空间，得到一个动态解释的整合空间(blended space)。

条件复句结构中条件小句和结果小句同属于类属空间"事件表达"，最初来自两个独立的事件，分属两个不同的心理空间，并通过概念整合，建立起新的心理空间"只要 P，就 Q"结构。如下图所示：

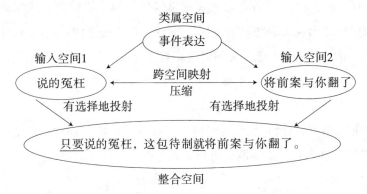

类属于事件表达的输入空间 1 和输入空间 2 通过压缩和跨空间映射联系起来，形成一个新的整合空间，凸显两个事件之间的条件和结果关系。

随着"只要 P，就 Q"心理空间的形成，句法结构框架也随之浮

现,通过与角色和事件整合,就可以持续地形成"只要 P,就 Q"新的具体用例,这一阶段的整合机制可以图示为:

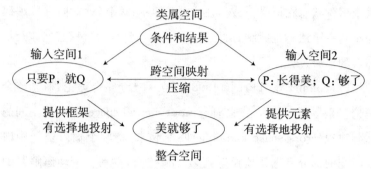

语义层面的概念整合往往伴随语言形式层面的整合,两个独立小句整合为单一紧缩句的过程是一个语义、语用多层次共融的过程。

3.4 韵律因素和短时记忆因素

在小句整合的末端,如"干就完了,吃了就行,知道就成,美就够了,开心就好"等诸多形式表现出强烈的四字格倾向。沈家煊(2019)指出从大语法着眼,四言格是汉语的语法形式,四言格式化是汉语的语法化。条件复句通过小句整合最终在口语中形成的四字格,正是汉语四字格的体现。

另外在口语中传达信息时,会受到人类短时记忆的限制。根据相关研究,短时记忆的容量限度一般为 7 加减 2,注意的跨度一般为 4 加减 1,而 7 加减 2 可以大致看作 4 加减 1 的翻倍。(沈家煊,2019)

4 小结

条件句"只要 P,就 Q"从复句到单一小句的整合过程涉及了语义、句法、语用、韵律等多层因素,是一个相对复杂的过程。

　　小句整合涉及小句降级和去句化,在形态发达的语言中会表现出更多形态方面的变化,在没有一致关系的汉语中我们只能通过借助韵律模式、成分省略、语义依存、结构内嵌等参项来观察小句整合的过程。通过对条件句"只要 P,就 Q"小句整合过程的描写和梳理,我们认为完形认知下的信息结构图形重塑是小句整合的动因,概念整合是小句整合的认知条件,同时小句整合的结果会受到汉语四言格的影响,有较强的四言格倾向。目前对小句整合的研究还不够深入,有待于更多的探索和发现。

附　注

① 本文语料来源于 CCL、BCC 和语料库在线等网络语料库。

② Givón(2001、2006)认为小句整合的主要句法形式参数有六个:a. 共指论元的表达形式;b. 语法关系;c. 两个动词的邻接程度;d. 限定动词的形态标记;e. 两个小句的邻接程度;f. 语调曲线。Hopper & Traugott(1993[2003]:170)根据两个参项"依存"和"内嵌"来区分并连、主次和从属;赵雅青(2014)提出汉语小句整合斜坡的五个参项:语音停顿、成分省略、语义依存、结构内嵌、句间界限。

③ 非句化(desententialization)指小句逐渐失去做"句子"资格成为一个词的过程。(Lehmann,1988;高增霞,2005)

参考文献

高增霞　2005　从非句化角度看汉语的小句整合,《中国语文》第 1 期。

高增霞　2010　"达成"义与构式、语气的互动——兼谈语气词的句法特征,《语法研究与探索》(十五),商务印书馆。

洪　波　2000　论平行虚化,《汉语史研究集刊》(第二辑),巴蜀书社。

洪　波　2009　完形认知与"(np)v 得 vp"句式 a 段的话题化与反话题化,《语法化与语法研究》(四),商务印书馆。

洪　波、关　键　2017　"V/A得慌"的词汇化及"得慌"的词缀化——再论语法化的完形动因,载吴福祥、陈前瑞主编《语法化与语法化研究》(八),商务印书馆。

洪　波、张艳玲　2019　"是……底(的)"的构式化、构式演变及相关问题,《历史语言学研究》(第十三辑),商务印书馆。

李小军　2009　语气词"好了"的话语功能,《世界汉语教学》第4期。

李宗江　2008　近代汉语完成动词向句末虚成分的演变,《历史语言学研究》(第一辑),商务印书馆。

刘　顺、潘　文　2014　"便是(了)"的词汇化与语法化——兼论语气词"就是(了)"的形成,《语言科学》第1期。

吕叔湘　1980　《现代汉语八百词》,商务印书馆。

梅祖麟　1984　从语言史看几本元杂剧宾白的写作时期,《语言学论丛》第十三辑,商务印书馆。

沈家煊　2019　说四言格,《世界汉语教学》第3期。

石　飞　2019　句末"就是了"的话语立场与话语功能,《汉语学习》第6期。

宋文辉　2015　小句语法化为语气标记二例,载吴福祥、汪国胜主编《语法化与语法研究》(七),商务印书馆。

[日]太田辰夫　2003　《中国语历史文法》(第二版),北京大学出版社。

徐晶凝　2008　情态表达与时体表达的相互渗透——兼谈语气助词的范围确定,《汉语学习》第1期。

姚双云、雷　曦、朱　芸、高　娟　2015　澳门中文与"的"相关的若干语法变异,《云南师范大学学报》(哲学社会科学版)第1期。

张　敏　1998　《认知语言学与汉语名词短语》,中国社会科学出版社。

赵雅青　2014　《历时视角下的汉语有标紧缩句及其紧缩机制》,华中师范大学博士学位论文。

朱丽师　2018　语法化过程中的结构省缩和语义保留——以语气词"好了"为例,《湖北社会科学》第9期。

Gilles Fauconnier and Mark Turner　1998 Conceptual integration networks. *Cognitive Science*. Vol. 22(2):133—187.

Givón, T.　1971 Historical syntax and synchronic morphology: An archaeologist's field trip. In Givón T. (ed.). *The Diachrony of Grammar*. Vol. I. 3—26. Amsterdam:Benjamins.

Givón, T. 2001 *Syntax: A Functional-Typological Introduction*. Vol. I & II. Amsterdam: Benjamins.

Givón, T. 2006 Multiple routes to clause union : The diachrony of syntactic complexity. Ms. The Rice Linguistics Society Eleventh Biennial Symposium: Intertheoretical Approaches to Complex Verb Constructions.

Haboud, Marleen 1997 Grammaticalization, clause union and grammatical relations in Ecuadorian Highland Spanish. In Givón T. (ed.). *Grammatical relations: A Functionalist Perspective*. 199—227. Amsterdam: Benjamins.

Lehmann, Christian 1988 Towards a typology of clause linkage. In Haiman & Thompson (eds.). *Clause Combining in Grammar and Discourse*. Amsterdam: Benjamins.

Paul J. Hopper and Elizabeth Closs Traugott 2003 *Grammaticalization*. Cambridge: Cambridge University Press. 张丽丽译,《语法化》,台湾"中研院"语言学研究所,2013。

Traugott & Trousdale 2019 《构式化与构式演变》,詹芳琼、郑友阶译,商务印书馆。

也谈语法化的机制和动因

吴福祥

（北京语言大学语言科学院/
历史语言学研究中心）

0　引言

　　语法化研究的一个重要目标是对已观察到的语法化现象进行解释，亦即回答：一个给定的语法化演变，为什么会发生以及如何进行的。因此，语法化的机制和动因问题无疑是语法化理论的核心内容，也一直是语法化研究的重点课题。近四十余年来，汉语学界跟普通语言学界一样，一直有很多的语法化研究是围绕语法化的机制和动因等理论问题来展开的，这些研究很大程度上拓展了汉语语法化和汉语历史语法的研究领域，加深了我们对汉语语法演变的了解和认识。本文的主要目的是对这些研究成果进行述评，同时也对语法化的机制和动因等理论问题做一些初步的思考和探讨。

1 相关研究述评

1.1 汉语学界的相关研究

汉语学界对语法化理论的了解以及对语法化研究的兴趣,很大程度上与 20 世纪八九十年代汉语学界的两项理论研究以及若干成果引介密切相关。20 世纪 80 年代,解惠全(1987)的《论实词的虚化》是汉语学界首次对语法化(实词虚化)进行理论探讨的一篇重要文献。该文基于古汉语虚词演化的事实对语法化(实词虚化)的条件、机制以及特点等问题进行了比较深入的分析。解先生认为:"实词的虚化,要以意义为依据,以句法地位为途径。也就是说一个实词转化为虚词,一般是由于经常出现在一些适于表现某种语法关系的位置上,从而引起词义的逐渐虚化,并进而实现句法地位的固定,转化为虚词。""由于实词虚化要以意义为依据,所以一个实词转化为虚词以后,二者在意义上总是有着或多或少或远或近的联系。""一些实词虚化为虚词以后,在具体使用时,还往往保持着原来实词在造句方面的某些特点。""虚化一般要以比较抽象的意义为依据,因此那些非常具体的概念的实词就不易虚化。"这些观察和论断都非常有理论深度,也是非常有学术价值的。

八年之后,刘坚等(1995)的《论诱发汉语词汇语法化的若干因素》对汉语语法化的若干理论问题进行了更加系统的讨论。该文认为导致汉语词汇语法化的诱因主要有四,即句法位置的改变、词义变化、语境影响和重新分析。文章对汉语语法化演变的条件、机制和动因做了比较系统、深入的理论分析和探讨,对后来的汉语语法化研究有比较深刻的影响。不过该文有一个明显的缺陷:"诱发因素"概念上不够明确,实际上,作者讨论的四个诱发因素多数并非语法化的动因:"句法位置的改变"和"词义变化"应是语法化条件,"重新分析"当为语法化机制,大约只有"语境影响"勉强可算作语法化动因。①

20 世纪 90 年代,在刘坚等(1995)发表前后,沈家煊(1994、1998)、孙朝奋(1994)和文旭(1998)等对国外语法化研究的重要成果和经典文献进行了综述,引发了汉语学界对语法化研究的关注和兴趣,特别是沈家煊的《"语法化"研究综观》(1994)和《实词虚化的机制——〈演化而来的语法〉评介》(1998)对语法化的若干理论问题有非常深入、精到的述评,很大程度上成为后来汉语学界讨论语法化动因和机制问题的重要参考。

刘坚等(1995)和沈家煊(1994、1998)之后,汉语学界讨论语法化机制和动因的成果不断涌现。下面按时间顺序介绍几项有代表性的研究成果。②

(一)洪波的《论汉语实词虚化的机制》(1998)和《论平行虚化》(2000)是讨论语法化机制和类型的重要文献。洪波(2000)认为:"实词虚化是在一定条件下由于某种因素的影响而发生的,能够直接影响一个词汇单位,使它发生虚化的因素,我们称之为虚化机制。具体地说,虚化机制是指那些能直接导致词汇单位丧失其原有的词汇意义和语法意义,使它获得某种新的语法意义,并使其语法性质和语法功能发生根本性变化的因素。"洪波(1998、2000)主张:"汉语实词虚化的机制有两种:一是认知因素,一是句法语义因素。在这两种机制中,句法语义因素是主要机制,汉语大多数的实词虚化都是受句法结构和句法语义的影响而发生的。"③

显而易见,洪先生对虚化(语法化)机制的分析和概括,相当程度上是对解惠全(1987)的进一步阐发和深化,具有相当的深度。不过问题是,作者视为虚化机制的"句法语义因素",到底应视为语法化机制还是语法化条件? 另一方面,作者所说的"认知因素",是归为动因合适还是看作机制合适? 这些问题可能还需要进一步讨论。

(二)孙锡信(2002)的《语法化机制探赜》重点讨论语法化机制,但也涉及语法化动因问题。后者(即"语法化动因")孙先生表述为"引致语法化的原因",他认为主要有四种,即语法变化(包括"句法位置变化""配合关系变化"以及"句法功能变化")、语义变化、语用变化和认知变化。至于语法化的机制,孙先生认为主要有认同、弱化、移位、泛化、类推、诱化以及暗喻。

不难看出,孙锡信(2002)跟刘坚等(1995)一样,未能仔细辨析和准确区分过程、条件、机制和动因这些术语在概念上的异同;另一方面,作者并列的若干虚化机制中,有些具有上下位关系,譬如"诱化"和"类推"以及"泛化"和"弱化"等。

(三)马清华(2003)《词汇语法化的动因》也是较早对语法化的机制和动因进行关注的文献之一。不过,马文的主要观点和看法似乎有些与众不同。马先生认为语法化的动因主要有四种:"语法化动因概其要者,不外乎现实作用力、心理力量、语言接触、语言内部力量四种。"至于语法化机制,马氏认为有狭义和广义两类:"狭义语法化机制指语法化方式,广义语法化机制包括诱因和方式。"

马文的一个突出问题是对语法化机制、动因和条件等概念不加区分,以致将一些语法化的条件当作动因。另一方面,马文列出的语法化动因的清单略显驳杂和烦琐。

(四)王寅、严辰松(2005)《语法化的特征、动因和机制——认知语言学视野中的语法化研究》基于国外语法化研究的相关成果对语法化的动因、机制、特征和条件等问题做了比较全面的讨论，其中有些论述不乏新意。作者认为，高频率重复和惯常化是语法化的必要条件；语法化的动因包括语言接触、创新用法、误解和误用以及语用理据；语法化的机制是重新分析和类推，其演变的方式则有隐喻、转喻和主观化等。这些看法大都持之有故、言之成理。不过，作者所认定的语法化动因有些具有上下位关系，比如"创新用法"或可视为"语用理据"的小类；另外，作者所列的动因中有些很可能是偶发现象，未必具有普遍性，比如"误解和误用"；最后，"主观化"是否为语法化动因，仍有争议，至于"主观性"肯定不是语法化的动因。

（五）沈家煊(2009)《跟语法化机制有关的三对概念》是一篇讨论语法化机制的重要文献。作者将语法化机制归结为"类推和回推""隐喻和转喻""糅合和截搭"三对概念，认为这三对概念既有联系又有区别：类推和回推是从推理方式上讲的，隐喻和转喻是从表达方式上讲的，糅合和截搭是从操作方式上讲的。作者认为，要深入探究语法化的机制，不能忽视糅合和截搭这样的心理操作方式。

沈先生以汉语的实例对这三对与语法化机制有关的概念做出了清晰、精到的辨析和阐述，具有很高的学术价值。不过，糅合和截搭是否可以视为语法化的机制，恐怕见仁见智。我们觉得将其视为句法生成或句法演变的机制似更恰当，看成语法化机制则殊为勉强。

（六）李宗江(2009)《关于语法化机制研究的几点看法》对国内学者有关语法化机制和动因的诸种看法进行了详细的分析和检讨，认为以往在对语法化现象进行解释的时候，学者们经常用到

"条件、因素、原因、诱因、动因、依据、途径、机制"等概念,其中谈得比较多的是机制,但到底语法化的机制指的是什么,各家的说法差别很大,有的所指宽泛,有的所指狭窄,使用较为混乱,大家似乎没有统一的理解,各说各的,这种情况不利于研究的开展。

李文比较详细地分析了词义的虚化、语法位置的变化、使用频率、语法类型、语言接触、结构相似性和语义相宜性等国内语言学界经常讨论的导致语法演变的因素,认为把这些因素视为语法化动因或机制并不具有很强的说服力。

李文主张将影响语法化的因素区分为动因和机制两个概念:"所谓动因指的是一个实词或结构式在语法化发生时所处的条件,这些条件是影响语法化发生的可能性因素,包括语言间的影响,所处的语言类型和语法系统的特点,语法系统中其他的语法变化,实词的语法位置、语义特征、语境条件等等,这些因素的存在是语法化现象发生的必要条件,但不是充分条件。所谓机制,指的是影响语法化发生的现实因素,是语法化现象由输入端到输出端的具体途径和桥梁……具体的语法化机制包括导致新的语法意义产生的机制和导致新的语法功能产生的机制。前者主要是隐喻和语用推理,后者主要是类推和重新分析。"

我们认为,李宗江(2009)对以往学者有关语法化机制和动因的各种看法所做的分析和质疑中肯可信,文章提出的关于语法化机制的看法也能成立。不过,作者对语法化动因的理解和界定尚可商榷,在我们看来,"一个实词或结构式在语法化发生时所处的条件,这些条件是影响语法化发生的可能性因素……",将这样的"条件"视为语法化条件似更准确。

(七)张谊生(2016)《试论语法化的动因和机制》对语法化的动

因和机制问题做了迄今最为全面的讨论。作者认为,动因与机制的关系可以概括为:动因是为什么(why)演化,涉及可能性、前提、基础、环境、必要条件、各种可能因素;机制是怎么样(how)演化,涉及现实性、表现、过程、状况、充分条件、各种现实因素。作者主张汉语语法化的动因主要包括"语篇交际的语用因素""人类认知的心理因素""语言接触的社会因素""语言互动的内部因素"等四个方面,而语法化的机制则主要涉及"相邻句位""泛化与虚化""隐喻与转喻""类推与反推""和谐转化""语境吸收""分界改变""重新分析""竞争更新""叠加强化"等 10 个方面。

张文从语用、认知、语言接触以及语言系统四个方面对语法化动因进行了比较全面的分析和归纳,饶有新意,但对语法化的机制的讨论尚有可商。首先,作者给出的语法化机制的分类略显繁杂。其次,作者认定的语法化机制中有些可能不是典型的语法化机制。譬如"相邻句位"应是语法化的条件而非机制,"泛化与虚化"更像语法化的过程或后果,至于"叠加强化"和"竞争更新"充其量只能视为与语法化相关的过程或现象,其本身并非语法化演变,更非语法化机制。最后,有些机制之间是上下位关系,不宜并列。譬如"分界改变"原是重新分析的一种类型。

（八）江蓝生（2016）《超常组合与语义羡余——汉语语法化诱因新探》基于汉语语法化现象的深入观察和分析,对汉语语法化的诱因及其相关的动因、条件和机制等问题提出了新的思考和看法。江先生认为,以往文献里提及的语义相宜性和特定的句法结构、句法位置只是语法化的前提条件,不是语法化的真正诱因;常规结构式的非典型组合和特殊的语义关系才是真正的诱因。从本质上说,语法化的诱因是原有的结构和语义平衡被打破,语法化的实现是变异句结构和语义关系新平衡的建立。江先生主张语法化的真正诱因有二,一是常规结构式组合成分变异,二是结构式语义羡余;前者是一般诱因,后者是特殊诱因。

跟刘坚等(1995)不同,江蓝生(2016)对"诱因"做了明确的界定:"本文所指的诱因,不仅包括语义和结构上的先决条件、必要条件,更主要指向语法化的充分条件(sufficient conditions),是指引发语法化的深层次的结构和语义上的条件。"显而易见,江先生所说的"诱因"概念上有别于"动因"和"机制",而隶属于条件范畴。不过,语法化现象的发生是否具有"充分条件",仍是一个需要深入讨论的问题。因为毕竟语法化跟其他语言演变一样,其发生本质上是或然的,也就是说,一个语言成分即使满足语法化的一切条件,具备语法化的所有动因,也并非必然地会发生语法化。(Hopper and Traugott,2003)

综上所述,近四十余年来,汉语学界对语法化动因和机制的讨论,加深了我们对语法化理论的了解,也提升了汉语语法化研究的学术层次,对推动汉语语法化研究的深入发展起到了积极作用。但另一方面,以往的研究也显现一些不足和局限。首先,正如李宗江(2009)所指出的,很多学者对语法化机制、动因、途径等概念的理解不尽一致,以致各家的说法差别很大。其次,有很多文献对语法化的条件、动因和机制缺乏明确的界定和清晰的辨识,以致常常贴错标签。最后,也有一些文献主要是综括前人已有成果,缺少原创性研究。④

1.2　普通语言学界的相关研究

相较于汉语学界,普通语言学界有关语法化机制和动因的研究,成果相对丰硕,不过分歧也很大。不同学派的语言学家由于理论假设和学术背景各异,对语法化机制和动因的理解和阐述也有所不同。限于学力和篇幅,下面只能对功能学派语言学家的相关研究和成果进行简介。

1.2.1 关于语法化的机制

语法化机制是功能学派的语法化学家关注较多的问题。下面对几位代表性的语言学家的观点加以介绍。

(一)Elizabeth Traugott 是关注语法化机制研究的学者之一,她在与 Hopper 合著的《语法化》(Hopper and Traugott 1993、2003)中设有专章讨论语法化机制,主张语法化有两个基本的机制:"重新分析"和"类推"。二者的区别是:重新分析改变底层形式,引起规则的改变;类推改变表层形式,导致规则的扩散,但不造成规则的改变。重新分析是在语言结构的"组合"轴上起作用,类推则是在语言成分的"聚合"轴上起作用。只有重新分析才能产生新的语法结构,但类推在语法化过程中的作用也很重要。类推是"显性的"(overt),即在表层形式上会有体现;重新分析则是"隐性的"(covert),在表层形式上看不出来。表层形式上有了变化,才能肯定确实发生了演变。换言之,只有通过类推,属于个体"创新"性质的重新分析才能最终实现为规约化的"演变"。

在 Traugott(2011a)里,Traugott 大约是受 Joan Bybee 的影响,将"重复"(repetition)视为语法化的机制之一。因此在她看来,语法化有三个机制:重新分析、类推和重复。

Traugott 提出的"重新分析""类推"这两个语法化机制也是公认的形态-句法演变和语音-音系演变的机制。值得注意的是,语法化过程中语义演变的机制并没有包含在她所认定的语法化机制之中。

（二）Bernd Heine 主张的语法化机制与大多数学者不同，他（Heine，2003：579；Heine ＆ Kuteva，2002：2）认为语法化有四个机制："去语义化"（desemanticization）、"扩展"（extension）、"去范畴化"（decategorialization）和"销蚀"（erosion）。按照 Heine（2003：578—579）的说法，这四个机制分别关联于语言的四个模块："去语义化"与语义相关，是指一个语言成分失去意义内容；"扩展"与语用相关，是指一个语言成分用于新的语境；"去范畴化"与形态句法相关，是指源形式（如词汇成分）所具有的形态句法特征的逐渐丧失；"销蚀"与语音-音系相关，是指语音实体的丧失。

值得注意的是，"去语义化""扩展""去范畴化"和"销蚀"这四个"机制"在 Bernd Heine 的另一些文献里被表述为语法化"参数"（parameter）。⑤ 其实在我们看来，"去语义化""扩展""去范畴化"和"销蚀"看成语法化参数或者语法化特点，似更合适。

（三）Joan Bybee 对语法化机制的看法颇富特色。她（Bybee，2003a）认为语法化过程本质上是"仪式化"（ritualization）。因为仪式化（适应、自动化和解放）的发生导源于重复（repetition），所以 Bybee 强调语法化最基本的机制是重复。有鉴于此，Bybee（2003a）从凸显重复在语法化过程中的决定性作用这个角度将语法化重新定义为：一个频繁使用的词汇序列或语素序列自动化为一个单一的加工单位。

Bybee（2003b、2006、2009）主张，语法化的两个最基本和最普遍的机制是"重复"和"语用推理"（pragmatic inferencing）。重复（自动化/适应）和语用推理是跨语言的语法化乃至形态句法和语义演变的主要机制，这两种机制以一种可预测的方式作用于特定语言的成分，从而导致跨语言演变路径的出现，然后这些演变路径又产生出共时的语言结构。因为这些演变路径是通过跨语言相同的机制来实现的,所以它们彼此相像;因为这些演变路径是在不同语言里产生的,所以演变的结果相似而不等同。

另一方面,在 Bybee(2007)里,她又认为语法化的机制主要有三,即泛化(虚化)、隐喻、推理(语用强化)。

最令人匪夷所思的是,在 Bybee(2015:124—136)里,Bybee 又主张语法化具有 8 个机制,即"组块与语音弱化"(chunking and phonetic reduction)、"特化与聚合对比的消失"(specialization or loss of paradigmatic contrast)、"范畴扩展"(category expansion)、"去范畴化"(decategorization)、"位置固定"(fixing of position)、"虚化或泛化"(meaning change:bleaching or generalization)、"语境吸收"(semantic change by adding meaning from the context)以及"隐喻"(metaphor)。不难看出,她所列举的这些机制中有些并非语法化机制,而是语法化的特点或语法化的结果。

(四)跟 Traugott 不同,Olga Fischer(Fischer and Rosenbach,2000:14—17;Fischer,2007:121—122)对语法化机制的讨论更聚焦于语法化过程中的语义演变。她认为 Traugott 提出的"类推"和"重新分析"这两个语法化机制主要是就语法化过程中的结构演变而言的,如果从语法化过程中的语义演变来看,那么语法化的两个基本机制无疑是隐喻和转喻。

(五)Rhee(2009)主张语法化的机制涉及形态、句法、语义和音系等不同方面,他认为语法化中的语义演变主要有 10 个机制,即"语用推理"(pragmatic inference)、"隐喻"(metaphor)、"转喻"(metonymy)、"框架化"(schematicization)、"视角化"(perspectivization)、"原型扩展"(prototype extension)、"焦点框架变异"

(frame-of-focus variation)、"重新解释"(reinterpretation)、"主观化"(subjectification)以及"交互主观化"(intersubjectification)。Rhee(2009)认为这10个机制是语法化的"真正的机制"(true mechanisms),利用这些机制可以对语法化过程中的语义演变进行解释。值得注意的是,Rhee(2009)主张上述机制之间的关系并非平等和并列的,其间具有包容和层级关系。具体说,语用推理包含隐喻和转喻,而其他7个机制则分属隐喻或转喻,其中"视角化""原型扩展""焦点框架变异""重新解释""主观化"和"交互主观化"等6个机制属于转喻,而"框架化"同时属于转喻和隐喻。

按照Rhee(2009)的观点,语法化中的语义演变机制实际上是一个层级系统,其中语用推理是层级最高的机制,包含了所有其他9个机制。不过,语用推理到底是语法化机制还是语法化动因,学界有不同看法。譬如Hopper and Traugott(1993、2003)将语用推理看成语法化的语用因素而非机制。另一方面,框架化、视角化、原型扩展、焦点框架变异、主观化、交互主观化是不是语法化中的语义演变机制,可能也会见仁见智。

1.2.2 关于语法化的动因

相较于语法化机制的研究而言,普通语言学界有关语法化动因的讨论则显得薄弱,而且在一些具体问题上也未能取得共识。我们认为,语法化既是语言演变的子集,那么其动因与语言演变的一般动因应无不同。以往文献中提到的语言演变的动因主要有三类:语言习得(language acquisition)、语言使用(language use)和语言接触(language contact)。其中不同学派的语言学家对这些动因的强调和关注程度有所不同,生成学派把"儿童语言习得"看作语法演变的唯一动因,功能学派则主张"语言使用"是语法演变的主要动因,而接触语言学界更多关注的是"语言接触"在语言演变中的促动作用。(参看 Hopper and Traugott,1993、2003)下面拟从语言使用的角度对有关语法化动因的一些代表性看法和观点略做介绍。

Elizabeth Traugott(Hopper & Traugott,1993、2003;Traugott and Dasher,2002)认为,语法化的发生导源于交际过程中言谈双方的意义协商和策略互动。这种意义协商和策略互动具体表现为语用推理,而后者实现为隐喻和转喻两个过程。在 Traugott(1999)和 Traugott and Dasher(2002)里,Traugott 提出与语用推理相关的"语义演变的诱使性推理理论"(the invited inferencing theory of semantic change),这种理论模型更为清晰地刻画出交际过程中言谈双方意义协商和互动策略所引发的语义演变和语法化过程。其基本观点是,语义演变导源于话语过程中的"诱使性推理"(invited inferencing),即说话人在使用一个话语成分时,有意识地将其语用含义传递给受话人,促使受话人来推理和解读,受话人利用 R 原则[指 Grice(1975)"适量准则"中的"不过量准则"]推导出"语句例意义"(utterance-token meaning)。如果这个作为创新用法的语句例意义扩展到更多语境,并变成特定言语社会的一种显著(salient)的用法,那么该语句例意义就会通过规约化变成"语句型意义"(utterance-type meaning),最后语句型意义通过"语义化"(semanticizating)变成这个语言成分新的编码意义(new coded meaning)。"诱使性推理"包含说话人的策略性行为("诱使")和听话人的反应("推理")两个方面,它是言谈事件中说听双方互动的产物。

跟 Traugott 从话语角度探讨语法化动因不同,Heine 等

224

(1991a)从认知角度来思考语法化的动因,他认为语法化本质上可解释为以解决问题(problem-solving)为主要目标这一过程的结果。这个过程的特点是通过一个事物来表达、理解和解释另一个事物,而人类认知的自然倾向和一般规律是从具体到抽象,即用相对具体的概念来理解、解释或描写比较抽象的概念,由此引发语义演变并导致语法化过程的发生。因此,他认为语法化过程的发生主要是由认知等语言外的因素(extralinguistic factors)促动的。

此外,Lehmann(1985:315、1995:1265)主张语法化的发生导源于言者对语言表达创新性和表情性(expressiveness)的追求。Haspelmath(1999)基于 Keller(1994)"无形手"(the invisible-hand)的理论来解释语法化的单向性原则,他提出的铺张准则(the maxim of extravagance)也可以用来解释语法化发生的动因。

1.2.3　分析与讨论

以上,我们对普通语言学界有关语法化机制和动因的研究做了粗略介绍,从中可以看出,跟汉语学界一样,普通语言学界对语法化机制和动因的看法也不尽一致,其中有些问题值得关注和讨论。

首先,跟汉语学界的研究一样,普通语言学界很多文献对语法化的机制、动因、条件、特点等概念缺乏明确的界定和清晰的辨识,以致各家说法分歧较大。例如:

(一)动因和机制界限不清,二者多有混淆,以致同样一个过程,有的学者视为语法化动因,而另一学者则视为语法化机制。譬如语用推理,Traugott 视为语法化动因,而 Bybee 以及 Rhee 则看作语法化机制。

(二)语法化动因和语法化特点未能细辨。比如 Heine(2003)

主张"去语义化""扩展""去范畴化"和"销蚀"是语法化的 4 个机制,但在我们看来,更适合看成语法化的参数或语法化特点。又如 Bybee(2015)论述的 8 个语法化机制中,"组块和语音弱化""专化和聚合对比的消失""范畴扩展""去范畴化""位置固定""虚化或泛化""语境吸收"均非语法化机制,而应视为语法化的特点或语法化的结果。换言之,Bybee(2015)声称的 8 个语法化机制中,大约只有隐喻可视为语法化机制。

(三)语法化动因和语法化条件未能厘清。譬如 Bybee 在多篇文献中主张"重复"是语法化最基本的机制,此外,大约受 Bybee 影响,Traugott(2011a)也将"重复"视为语法化的三个机制之一。重复导致一个语言成分的高频使用,显然对该成分语法化的发生起到作用,但这种作用或效应是视为机制还是看成条件则需要讨论,我们更倾向于后者。

(四)语法化机制和结果未能明辨。比如 Rhee(2009)将主观化和交互主观化视为语法化中的语义演变的机制,大约是受 Traugott 的影响。但我们认为,此二者应视为语义演变的结果,而非语法化的机制。

其次,有些文献对语法化机制的概括未能全面。我们认为,既然语法化过程包含语用-语义、形态-句法和语音-音系三个子过程(参见 Heine and Reh, 1984;Heine and Kuteva, 2002;Heine, 2003;吴福祥,2003),那么我们提出的语法化机制应该能解释和说明上述三个方面的演变。但事实上有些学者在讨论语法化机制时并未注意到这个问题,譬如 Traugott(Hopper and Traugott, 1993、2003)主张语法化只有重新分析和类推两个机制,而我们知道,重新分析和类推历来被认为是形态句法演变和音系演变的机制,尽管 Traugott 强调,重新分析与转喻相关、类推与隐喻相关,但重新分析和类推并不等同于转喻和隐喻,所以 Traugott 提出的语法化机制似乎并不能解释和说明语法化过程中的语义演变,换言之,语法化过程中语义演变的机制并没有包含在她所认定的语法化机制之中。另一方面,跟 Traugott 不同,Fischer(2007)对语法化机制的讨论聚焦于语义演变,她主张语法化的机制主要是隐喻和转喻。显然,Fischer 提出的语法化机制也未能照顾到语法化过程中的形态句法演变和音系演变。

再次,重新分析和类推相对而言是最无异议的语法化机制,不过近些年来也有学者对这两个机制的作用和特点提出一些不同看法。

(一)关于重新分析在语法化中的作用。Haspelmath(1998)主张,重新分析和语法化是两种不同的句法演变,二者并不相互关联。他认为绝大多数句法演变是"纯"语法化("pure" grammaticalization)的实例,可以在语法化理论框架内得到解释,不必诉诸重新分析。因此他不认为重新分析是语法化的机制,相反,他主张语法化本身是句法演变的主要机制。(参看 Haspelmath,1998:315、344—346)

此外,Bybee(2007、2009)也认为,重新分析在语法化过程中的作用微不足道,她甚至断言重新分析本质上只不过是语言学家对渐变而复杂的语法化过程的一种事后描述(post hoc description)。

(二)语法化中的重新分析未必是顿变和双向的。在历史语言学领域中,重新分析通常被认为是一种离散的过程,所以是一种顿变(abrupt change)。但 Traugott(2011a)认为,语法化过程中的重新分析尽管是一个离散过程,但它并非必然地涉及一种"跳跃"(saltation),而实际上可看成一些微小的步骤。从这个意义上说,语法化中的重新分析其实是一种渐变而非顿变。另一方面,重新分析以往通常被看成是双向的,但 Bybee(2011)主张,一般的重新分析可能是双向的,但语法化过程中的重新分析则是单向的。也就是说,语法化中的重新分析在性质和特征上有别于一般的重新分析。

(三)作为语法化动因的类推。一般认为,类推是语法化的机制之一。但近年来,也有学者主张,类推在语法化过程中的性质和地位有两种:一是语法化的动因,在这种情形里类推先于重新分析发生;另一种是语法化的机制,在这种情形里类推后于重新分析发生。Lehmann(2004)将语法化分为两种类型:一种是不涉及类推的"纯语法化"(pure grammaticalization without analogy),这种语法化过程跟类推全然无关。另一种是"类推导向的语法化"(analogically-oriented grammaticalization),这种语法化是由类推模式驱动的,在这种语法化过程中"类推"是动因而非机制。他举的例子是拉丁语领有动词 *habere* 演变为当代罗曼语将来时后缀,认为这个语法化过程是受罗曼语能产的动词变形后缀模式类推发生的。

Traugott(2011a)也认为类推有时也可以驱动语法化过程的发生,并举英语程度副词 *a lot of* 和 *a shred* 的语法化演变为例。鉴于类推既是语法化演变的动因,又是语法化演变的机制,Traugott(2011a)认为有必要将作为动因的类推思维和作为机制的类推过程在术语上区分开来,主张前者(=动因)仍叫类推(analogy),后者(=机制)叫"类推化"(analogization)。

(四)关于基于约束的类推。Kiparsky(2012[2005])主张类推演变是一种语法优化(grammar optimization),即通过消除无理据的(unmotivated)的语法复杂性或语法特异性(idiosyncrasy)而达到结构经济。Kiparsky(2012[2005])认为类推有两种类型,一是"基于范本的类推"(exemplar-based analogy),这是传统意义上的类推;另一种是"基于约束的类推"(constraints-based analogy),这是以往学界未曾注意的类推。语法化也是一种类推,是一种普遍语法驱动的类推(UG-driven analogy)。跟普通的类推(基于范本的类推)不同,语法化是一种"非基于范本的"(non-exemplar-based)类推。所以,跟普通的类推一样,语法化也是一种语法优化。而所谓的"去语法化"实则是一种基于范本的类推(即普通的类推)。因为语法化作为一种语法优化是受语言的普遍原则和制约驱动的,而这些原则在不同的语言中是相同的,所以语法化一定是单向性的。这就意味着根本不可能存在自发的去语法化现象,文献里提到的一些所谓"去语法化"实例,其实都是基于范本的普通的类推演变。

2 语法化的机制和动因

正如很多学者所正确指出的,语法化的机制和动因是语法化理论的重要组成部分,前者解释语法化现象为何发生,后者回答语法化过程如何实现。为讨论的方便,在探讨语法化机制和动因之前,我们先提出几个基本假设和一般主张。

第一,功能主义语言学派特别是基于语言使用(use-based)理论认为,语言本身不会发生演变,改变语言的是语言使用者。换言之,语言演变不是源于语言系统本身,而是源于语言使用过程。

(Bybee,2001;Traugott,2011a)既然语言的演变发生于语言使用之中,那么语言演变的机制和动因自然应从人类的信息交流活动和语言使用过程中来寻找,而不是从语言系统内部去观察。从这个意义上说,语言演变的机制和动因一定跟语言使用和信息交流中言谈双方的策略互动和认知操作有关。

第二,语法化的机制和动因有不同的概括层次。所提出或假设的语法化机制和动因不能过于具体和局部,应具有一定的普遍性。因为任何一个语法化过程的发生可能都有其特定的诱因、条件和机制,如果不对这些诱因、条件和机制加以抽象和概括,那么语法化的机制和动因的数量就可能非常之多,这样的机制和动因就会因为缺乏普遍性而意义不大。因此,语言演变的机制和动因的清单越简单、概括,也就越有普遍性和最优化。

第三,我们提出的语法化机制和动因,应该能解释和说明语法化的不同子过程,也就是说,我们所假设的机制和动因对语法化过程中的语用-语义演变、形态-句法演变和语音-音系演变等不同方面均能涉及和覆盖。

第四,既然语法化是语言演变的子集,那么我们提出的语法化机制和动因跟语言演变的一般机制和动因应该没有本质上的不同。换言之,我们提出的语法化机制和动因并非语法化过程所独有,它们也是其他语言演变子集(形态演变、句法演变、语义演变以及语音和音系演变)的动因和机制。

基于上述假设,下面谈谈我们对语法化机制和动因的看法。

2.1 语法化的机制

我们主张语法化有 5 个基本的机制,即"隐喻""转喻""重新分析""类推"和"语法复制"(grammatical replication)。其中,隐喻、转喻、重新分析和类推是语法化的内部机制,通常与特定语言的内部动因有关,是语言独立发生的语法化的主要途径。语法复制是语法化的外部机制,涉及被影响语言之外的演变动因,即导源于"语言接触"。另一方面,在语法化的内部机制中,隐喻和转喻是语法化过程中语义演变的机制,重新分析和类推是语法化过程中形态-句法演变和语音-音系演变的机制。

2.1.1 隐喻与转喻

隐喻和转喻是语义演变的两个基本的机制。在语法化过程的语义演变中,它们同样也发挥重要作用。"隐喻"指的是不同认知域内概念之间的投射(mapping),即"源域"(source domain)内的一个相对具体的概念投射到"目标域"(target source)内的一个相对抽象的概念。(参看沈家煊,2004:243)这种"投射"不是任意的,而是由概念之间的相似关系以及类推原则促动的;而且这种投射是单向的。因为隐喻操作涉及两个不同的认知域,所以它通常是一种作用于语言聚合关系的顿变(abrupt change)。另一方面,"转喻"指的是同一个认知域内概念之间的"过渡"(transition),即从一个概念过渡到另一个与之相关的概念。(参看沈家煊,2004:243)这种"过渡"的动因是概念之间的邻接性(contiguity)和索引性(indexicality)以及认知上的联想(association)过程。因为"转喻"涉及的是同一个认知域内概念的"过渡",所以它是一种作用于语言组合关系的渐变(gradual change)。(参看吴福祥,2007)

在具体的语法化过程中,隐喻体现为一个语义成分基于意义感知的相似性而发生变化,在性质上具有类同性(analogical)和相似性(iconic)。转喻体现为一个语义成分基于意义感知的邻接性(contiguity)而发生变化,在性质上具有相关性和索引性(indexical)。(参看 Anttila,1972;Traugott,1988)

一般认为,隐喻机制在时空(spatio-temporal)概念的演变中最为常见。Bernd Heine 及其同事(Heine 等,1991b;Heine and Claudi,1986)曾讨论非洲语言中大量"身体部位概念＞空间概念"以及"空间概念＞时间概念"的语义演变实例,认为其机制是"SPACE IS AN OBJECT"(空间是物体)和"TIME IS SPACE"(时间是空间)这样的隐喻操作。譬如西非埃维语(Ewe)的 *megbé*(Heine 等,1991a:65—66):

(1)*épé*　　　　*megbé*　　*fá*　　　(他的背是凉的)

3SG. POSS　　back　　　be. cold

'His back is cold'

(2a)*é -le*　*xɔ*　*á*　　*megbé*　(他在房子后面)

3SG-be　house DEF　behind

'He is behind the house'

(2b)*é-nɔ*　　*megbé*　　　(他待在后面)

3SG-stay　　behind

'He stays back'

(3)*é-kú*　　*le*　　*é-megbé*

3SG-die　be　3SG. POSS -behind(他死在他之后)

'He died after him'

(4)*é-tsí*　　　　*megbé*　　　(他智力迟钝)

3SG-remain　　behind

'He is backward/dull'

例(1)的 *megbé* 指的是人体部位,因此属于"物体"范畴的概念。在例(2)里,这个词表达"空间"义(SPACE),它既可以用作后置词,如例(2a);也可以用作副词,如(2b)。⑥ 例(3)里 *megbé* 表达的是"时间"义(TIME)。最后,例(4)的 *megbé* 是"智力迟钝"的意思,这个意义既非指称某个物体,也非表达某个时间/空间概念,而是表达一种"性质"(QUALITY)范畴。另一方面,在形态句法上,*megbé* 由人体部位名词语法化为表示空间和时间的后置词。

语法化过程中时空隐喻的实例,文献中经常提及的还有"'去'义动词>将来时标记"(如英语的 *I'm going to go*)、"'来'义动词>完成体标记"(如法语 *je viens de le faire*)以及见于很多语言的运动动词演变成格标记的实例。(Traugott,1988)

在另一些语法化过程中,比如从属小句标记(从属连词)、情态动词、量级小词(scalar particles)以及话语标记和语用标记的演化过程中,转喻则是基本的语义演变机制。比如现代英语的原因连词 *since* 源于古英语的时间连词 *sittan* 'from the time that',让步连词 *while* 源自古英语表达时间的名词性语串 *pa pwile pe* 'at the time that'(Traugott,1982、1988、1990 [1987]);近代汉语的条件小句连词"後"源于时间小句连词,而后者最终由过程动词经过方位名词、后置词演变而来。(吴福祥,2007)又如英语 *since*、德语 *infolgedessen*、法语 *puisque*、西班牙语 *pues*、瑞典语 *eftersom*、爱沙尼亚语 *paräst*、芬兰语 *koska*,等等,这些原因连词都是由原先的时间连词通过转喻机制语法化而来。(Traugott and König,1991)

2.1.2 重新分析与类推

重新分析和类推是语言演变的内部机制,通常与特定语言的内部动因有关。重新分析历来被视为句法演变最重要的机制。诚如 Langacker(1977:57)所言:"虽然在句法领域并非所有的历时发展都涉及重新分析,但重新分析无疑是句法演变的主要机制,如果我们想要知道句法演变为什么发生以及如何发生,那么我们应该对重新分析有深入的了解。"类推也是语言演变的重要机制,不过,鉴于"类推"(analogy)这个术语在文献中用于不同的含义,有些学者在讨论语法演变的机制时避免使用这一术语。[⑦]我们这里所说的"类推",指的是传统上所说的类推的一个次类,即"类推性扩展"(analogical extension),概念上等同于 Harris and Campbell(1995)的"扩展"(extension)。

关于"重新分析"和"类推"这两种演变机制,Hopper and Traugott(1993、2003)和 Harris and Campbell(1995:50)均有非常深入的讨论。按照 Harris & Campbell(1995:50—51)的界定,"重新分析"是指改变了一个句法模式的底层结构但不涉及其表层形式的任何直接或内在的改变;"类推"(analogical extension)是指一个句法模式的表层形式发生改变但并不涉及其底层结构直接或内在的改变。[⑨]类推本身不涉及规则的改变,但它可以通过扩大一个新规则的使用范围来改变一个语言的句法。在很多语法化过程中,重新分析和类推这两个机制互为补充、协同作用:前者改变一个语言表达式的底层结构而引起规则的改变,后者影响其表层形式而导致规则的扩散。比如英语将来时结构式 *be going to* 的演变就是重新分析和扩展两种机制共同作用的结果。下面的(5)中,a 句的 *be going to*(locative term)是典型的位移结构式,c 句的 *be going to* 则是典型的将来时标记,而 b 句的 *be going to*(VP)则有位移结构式和将来时结构式两种可能的分析:

(5)a. *John is going to Paris.*

b. *John is going to visit Bill.*

c. *John is going to like Bill.*

实际上，*be going to* 的演变包含以下四个阶段（参看 Hopper & Traugott,2003:69）：

(6)阶段 1：　*be*　　　　　　*going*　　　　[*to visit Bill*]

　　　　　进行体助动词　　位移动词　　[目的小句]

阶段 2：　[*be going to*]　*visit Bill*

　　　　　将来时标记　　　动作动词

阶段 3：　[*be going to*]　*like Bill*

　　　　　　　　　　　　　状态动词

阶段 4：　[*gona*]　　　*like/visit Bill*

阶段 1 到阶段 2 的演变，涉及句子底层结构的改变，演变的机制是重新分析。阶段 2 到阶段 3，句子的底层结构未发生改变，发生变化的是句子的表层形式：谓语动词由动作动词扩展为状态动词，换言之，阶段 2 到阶段 3 的演变涉及的是类推。从阶段 3 到阶段 4，*going to* 弱化为 *gona*，黏聚性发生了改变，演变的机制是重新分析。

2.1.3　语法复制

语法复制是指一种语言（复制语）仿照另一语言（模式语）的某种语法模式，产生出一种新的语法结构或语法概念。语法复制包括"语法意义复制"和"语法结构复制"两个方面。前者是指一个语言（复制语）对另一个语言（模式语）的语法概念或语法概念演变过程的复制，后者是一个语言（复制语）对另一个语言（模式语）语法结构的复制。

"语法意义复制"典型的情形是接触引发的语法化，即一个语言受另一个语言影响而发生的语法化过程（Heine and Kuteva,

2003:533;吴福祥,2009:193)。

Heine and Kuteva(2006)的研究表明,在欧洲语言特别是"均质欧洲语"(Standard Average European)中,⑩曾发生过若干接触引发的语法化过程,最主要的有:

(7)a. 数值为 ONE("一")的数词语法化为不定冠词。

b. THAT("那")义远指代词语法化为定冠词。

c. 含动词 HAVE("有")的述谓性领有结构式语法化为含助动词 HAVE ("有")的完成体(perfect)结构式。

d. 伴随介词语法化为工具介词。

e. 疑问代词语法化为关系代词。

这些语法化过程最先在罗曼语(或其前身拉丁语)中发生,然后被日耳曼语复制,最后逐渐扩散到整个"均质欧洲语"区域,其结果是导致"均质欧洲语"相关区域特征的出现。

2.2　语法化的动因

如前所述,语法化的动因与人类使用语言进行信息交流的活动有关。人类在用语言进行信息交流时有一些普遍的倾向:首先,言谈参与者(特别是言者)追求并确保信息交流的成功和效率[说的话须让别人(容易)听懂和理解];其次,说话人在话语产出时往往追求创新性和表达力(说的话听起来新奇、生动、形象);最后,也是最重要的,信息交流过程中言谈双方为保证交流的成功需要互动和协商(交谈的时候双方要"会聊天")。据此,我们把语法化的动因概括为三个方面,即效率性动因、创新性动因和互动性动因,尽管三者在概念上或有交叉和重叠。

如前所述,除了语言使用,语言接触也会导致"接触引发的语法化"(contact-induced grammaticalization)的发生,后者是指语言接触过程中一个语言受另一个语言影响而发生语法化。因此语法化的发生还有一个外部动因，即语言接触。我们把这种动因称之为"接触性动因"。

（一）效率性动因

效率性动因可以 Heine（Heine 等，1991a；Heine，2003）和Lehmann（1985、1993）为代表。譬如 Heine（2003）认为："语法化的主要动因是为了成功地交流信息。为此，人类一个突出的策略是，使用那些本指具体的、易于理解和（/或）清晰描述的意义的语言形式，来表达不太具体、不易理解和描述不太清楚的意义内容。正因如此，词汇成分或语法化程度较低的语言形式被用来表达语法化程度较高的功能。因此，语法化本质上是这样的一个过程：指称具体意义（源意义）的语言成分在特定的语境中被用来编码语法意义（目标意义）。"

（二）创新性动因

创新性动因可以 Keller（1994）的"无形手"理论和 Haspelmath（1999）的"铺张"准则为代表。

（三）互动性动因

互动性动因主要是指信息交流过程中言谈双方的策略互动和意义协商引发了语法化过程。这种看法以 Traugott（Traugott，1999、2010、2011b、2017、2018；Traugott and Dasher，2002）"语义演变的诱使性推理理论"（The invited inferencing theory of semantic change，IITSC）为代表。

（四）接触性动因

关于语法化的语言接触动因，Heine 和 Kuteva 已有大量深入的研究，可参看 Heine 和 Kuteva（2003、2005、2006、2007、2008）。

3 结语

本文在前人的基础上讨论语法化的机制和动因,主要观点是:

(1)因为语言的演变发生于语言使用之中,语言演变的机制和动因应从人类的信息交流活动和语言使用过程中来寻找,而不是从语言系统内部去观察。语言演变(包括语法化)的机制和动因一定跟语言使用和信息交流中言谈双方的策略互动和认知操作有关。

(2)语法化的发生具有四个动因,即效率性动因、创新性动因、互动性动因和接触性动因,其中前三者为语法化的内部动因,后者(接触性动因)是语法化的外部动因。

(3)语法化的基本机制有五个,即隐喻、转喻、重新分析、类推(扩展)和语法复制。其中,隐喻、转喻、重新分析和类推是语法化的内部机制,语法复制是语法化的外部机制。

附 注

① 事实上,洪波(1998)很早就指出该文的上述局限:把重新分析列为虚化的一种诱因,我们认为是不妥当的。重新分析是指"没有改变表层表达形式的结构变化",虚化发生以后导致原结构关系的变化,这是虚化的结果,而不是诱因。除了重新分析之外,句法位置的改变和词义的变化两种因素也只是间接因素,它们的作用是改变或扩大了某些实词的句法分布,从而为实词虚化创造了条件。……所以,我们认为句法位置的改变和词义的变化只是为实词虚化创造了条件,但不是实词虚化的机制。

② 贝罗贝(Peyraube,2008、2017)从汉语语法演变的角度讨论语法演变的机制和动因,试图建立一个新的汉语语法演变的模型。贝罗贝主张语法演变有三个机制:类推(包括"去语法化")、重新分析(包括语法化和"功能更

新”）、外借。至于语法演变的动因,他认为主要有语义-语用演变(隐喻、语用推理、主观化)以及音系演变。因为贝先生在这些文献里讨论的是语法演变的机制和动因,而非语法化的机制和动因,故这里不再具体介绍。

③　此外,洪波、王丹霞(2007)以及洪波(2009)从认知角度出发,认为完形(gestalt)认知是语法化的根本动因。

④　国内汉语学界近年来有关语法化机制和动因的研究,亦可参看洪波等(2017)。

⑤　例如 Heine & Kuteva(2005:15、2006:43、2007:33—34、2008:81、2009:149)

⑥　Heine 等(1991a:65) 将(2a)的 *megbé* 分析为副词,(2b)的 *megbé* 分析为后置词。我们怀疑是笔误,故予以改之。

⑦　例如 Heine(2002、2003)以及 Harris and Campbell(1995)。

⑧　按照 Harris & Campbell (1995:50)的说法,这里的“底层结构”(underlying structure) 包括这些信息:成分组构 (constituency)、层次结构 (hierarchical structure)、语类性质 (category labels)、语法关系 (grammatical relations) 以及黏聚性 (cohesion);而“表层形式”(surface manifestation)则包括形态标记(morphological marking)和语序(word order)。

⑨　“类推”在 Harris & Campbell (1995)里用的术语是“扩展”(extension)。

⑩　“均质欧洲语”指的是欧洲境内的一种语言区域,参看 Haspelmath (2001)。

参考文献

洪　波　1998　论汉语实词虚化的机制,载郭锡良主编《古汉语语法论文集》,语文出版社。

洪　波　2000　论平行虚化,《汉语史研究集刊》第二辑,巴蜀书社。

洪　波　2009　完形认知与“(NP)V 得 VP”句式 A 段的话题化与反话题化,载吴福祥、崔希亮主编《语法化与语法研究》(四),商务印书馆。

洪　波、龙海平、Bernd Heine　2017　新世纪以来语法化研究综观,《历史语言学研究》(十一),商务印书馆。

洪　波、王丹霞　2007　命令标记“与我”“给我”的语法化及词汇化问题探

析,载沈家煊、吴福祥、李宗江主编《语法化与语法研究》(三),商务印
书馆。

江蓝生 2016 超常组合与语义羡余——汉语语法化诱因新探,《中国语文》
第 5 期。

李宗江 2009 关于语法化机制研究的几点看法,载吴福祥、崔希亮主编《语
法化与语法研究》(四),商务印书馆。

刘 坚、曹广顺、吴福祥 1995 论诱发汉语词汇语法化的若干因素,《中国
语文》第 3 期。

马清华 2003 词汇语法化的动因,《汉语学习》第 2 期。

沈家煊 1994 "语法化"研究综观,《外语教学与研究》第 4 期。

沈家煊 1998 实词虚化的机制——《演化而来的语法》评介,《当代语言学》
第 3 期。

沈家煊 2004 语用原则、语用推理和语义演变,《外语教学与研究》第 4 期。

沈家煊 2009 跟语法化机制有关的三对概念,载吴福祥、崔希亮主编《语法
化与语法研究》(四),商务印书馆。

孙朝奋 1994 《虚化论》评介,《国外语言学》第 4 期。

孙锡信 2002 语法化机制探赜,载《纪念王力先生百年诞辰学术论文集》编
辑委员会编《纪念王力先生百年诞辰学术论文集》,商务印书馆。

王 寅、严辰松 2005 语法化的特征、动因和机制——认知语言学视野中
的语法化研究,《解放军外国语学院学报》第 4 期。

文 旭 1998 《语法化》简介,《当代语言学》第 3 期。

吴福祥 2003 关于语法化的单向性问题,《当代语言学》第 4 期。

吴福祥 2007 汉语方所词语"後"的语义演变,《中国语文》第 6 期。

吴福祥 2009 语法化的新视野——接触引发的语法化《当代语言学》第
3 期。

解惠全 1987 论实词的虚化,《语言研究论丛》第四辑,南开大学出版社。

张谊生 2016 试论语法化的动因和机制,《历史语言学研究》(十),商务印
书馆。

Anttila, Raimo 1972 *An Introduction to Historical and Comparative Linguistics*. New York: Macmillan.

Bybee, Joan 2001 *Phonology and Language Use*. Cambridge: Cambridge University Press.

Bybee, Joan 2003a Mechanisms of change in grammaticization: The role of frequency. In Brian Joseph and Richard Janda (eds.). *The Handbook of Historical Linguistics*. 602—623. Oxford: Blackwell.

Bybee, Joan 2003b Cognitive processes in grammaticalization. In Michael Tomasello (ed.). *The New Psychology of Language: Cognitive and Functional Approaches to Language Structure*. Volume II. 145—167. New Jersey: Lawrence Erlbaum Associates.

Bybee, Joan 2006 Language change and universals. In Ricardo Mairal and Juana Gil (eds.). *Linguistic Universals*. 179—194. Cambridge: Cambridge University Press.

Bybee, Joan 2007 Diachronic linguistics. In D. Geeraerts and H. Cuyckens (eds.). *The Oxford Handbook of Cognitive Linguistics*. 945—987. Oxford: Oxford University Press.

Bybee, Joan 2009 Grammaticization-implications for a theory of language. In J. Guo, E. Lieven, S. Ervin-Tripp, N. Budwig, S. Özçalişkan and K. Nakamura (eds.). *Crosslinguistic Approaches to the Psychology of Language: Research in the Tradition of Dan Isaac Slobin*. 345—355. New York: Taylor and Francis Group, LLC.

Bybee, Joan 2011 Usage-based theory and grammaticalization. In Heiko Narrog and Bernd Heine (eds.). *The Oxford Handbook of Grammaticalization*. 69—78. Oxford: Oxford University Press.

Bybee, Joan 2015 *Language Change*. Cambridge: Cambridge University Press.

Fischer, Olga 2007 *Morphosyntactic Change: Functional and Formal Perspectives*. New York/Oxford: Oxford University Press.

Fischer, Olga and Anette Rosenbach 2000 Introduction. In Olga Fischer, Anette Rosenbach and Dieter Stein (eds.). *Pathways of Change: Grammaticalization in English*. 1—37. Benjiamins.

Grice, H. Paul 1975 Logic and conversation. In Peter Cole and Jerry L. Morgan. (eds.). *Speech Acts*. 41—58. New York: Academic Press.

Harris, Alice and Lyle Campbell 1995 *Historical Syntax in Cross-linguistic Perspective*. Cambridge: Cambridge University Press.

Haspelmath, Martin 1998 Does grammaticalization need reanalysis? *Studies in Language* 22. 2:315—351.

Haspelmath, Martin 1999 Why is grammaticalization irreversible? *Linguistics* 37. 6:1043—1068.

Haspelmath, Martin 2001 The European linguistic area: Standard Average European. In M. Haspelmath, E. König, W. Oesterreicher and W. Raible (eds.). *Language Typology and Language Universals. An International Handbook*. Vol. 2. 1492—1510. Berlin: de Gruyter.

Heine, Bernd 2003 Grammaticalization. In Brian Joseph & Richard Janda (eds.). *The Handbook of Historical Linguistics*. 575—601. Blackwell Publishing.

Heine, Bernd and Mechthild Reh 1984 *Grammaticalization and Reanalysis in African Languages*. Hamburg: Helmut Buske Verlag.

Heine, Bernd and Tania Kuteva 2002 *World Lexicon of Grammaticalization*. Cambridge: Cambridge University Press.

Heine, Bernd and Tania Kuteva 2003 On contact-induced grammaticalization. *Studies in Language* 27. 3:529—572.

Heine, Bernd and Tania Kutava 2005 *Language Contact and Grammatical Change*. Cambridge: Cambridge University Press.

Heine, Bernd and Tania Kuteva 2006 *The Changing Languages of Europe*. Oxford: Oxford University Press.

Heine, Bernd and Tania Kuteva 2007 *The Genesis of Grammar : A Reconstruction*. Oxford/New York: Oxford University Press.

Heine, Bernd and Tania Kuteva 2008 Constraints on contact-induced linguistic change. *Journal of Language Contact – THEMA* 2 (2008). 57—90.

Heine, Bernd and Tania Kuteva 2009 The genesis of grammar: On combining nouns. In Rudie Botha and Henriette de Swart (eds.). *Language Evolution : The View from Restricted Linguistic Systems*. 139—177. Utrecht: LOT.

Heine, Bernd and Ulrike Claudi 1986 *On the Rise of Grammatical Categories : Some Examples from Maa*. Berlin: Dietrich Reimer.

Heine, Bernd, Ulrike Claudi and Friederike Hünnemeyer 1991a *Grammaticali-*

zation : *A Conceptual Framework*. Chicago : University of Chicago Press.

Heine, Bernd, Ulrike Claudi and Friederike Hünnemeyer 1991b From cognition to grammar : Evidence from African languages. In Elizabeth Closs Traugott & Bernd Heine (eds.). *Approaches to Grammaticalization*. Vol. 1. 149—187. Amsterdam : Benjamins.

Hopper, Paul and Elizabeth Traugott 1993 *Grammaticalization*. Cambridge : Cambridge University Press.

Hopper, Paul and Elizabeth Traugott 2003 *Grammaticalization*. second edition. Cambridge : Cambridge University Press.

Keller, Rudi 1994 *Language Change : The Invisible Hand in Language*. London : Routledge.

Kiparsky, Paul 2012 [2005] Grammaticalization as optimization. In Dianne Jonas, John Whitman and Andrew Garrett (eds.). *Grammatical Change : Origins, Nature, Outcomes*. 15—51. Oxford : Oxford University Press.

Langacker, Ronald W. 1977 Syntactic reanalysis. In Charles N. Li (ed.). *Mechanisms of Syntactic Change*. 57—140. Austin and London : University of Texas Press.

Lehmann, Christian 1985 Grammaticalization : Synchronic variation and diachronic change. *Lingua e Stile* 20. 3 : 303—318.

Lehmann, Christian 1993 Theoretical implications of processes of grammaticalization. In W. A. Foley (ed.). *The Role of Theory in Language Description*. 315—340. Berlin : Mouton de Gruyter.

Lehmann, Christian 1995 [1982] *Thoughts on Grammaticalization*. Munich : Lincom Europa.

Lehmann, Christian 1995 Synsemantika. In Joachim Jacobs et al. (eds.). *Syntax : Ein internationales Handbuch zeitgenössischer Forschung*. 1251—1266. Berlin : de Gruyter.

Lehmann, Christian 2004 Theory and method in grammaticalization. In Gabriele Diewald (ed.). *Grammatikalisierung*. Berlin : Mouton de Gruyter. 152—187.

Peyraube, Alain (贝罗贝) 2008 Diachrony and typology on Chinese grammar. Presented at New Directions in Historical Linguistics, ESF-DMLL

Workshop. Lyon, France, 12—14 May 2008.

Peyraube, Alain（贝罗贝）2017 Syntactico-semantic change in Chinese: Processes of analogy, reanalysis, external borrowing. In G. Peng & F. Wang (eds.). *New Horizons in Evolutionary Linguistics*. Hong Kong: *Journal of Chinese Linguistics*. Monograph Series 27. pp. 191—221.

Rhee, Seongha 2009 Thoughts on semantic change mechanisms in grammaticalization. *The Journal of Linguistic Science* 51. 175—204.

Traugott, Elizabeth Closs 1982 From propositional to textual and expressive meanings: Some semantic-pragmatic aspects of grammaticalization. In Winfred P. Lehmann and Yakov Malkiel (eds.). *Perspectives on Historical Linguistics*. 245—271. Amsterdam: Benjamins.

Traugott, Elizabeth Closs 1988 Pragmatic strengthening and grammaticalization. In Shelley Axmaker, Annie Jaisser and Helen Singmaster (eds.). *Proceedings of the Fourteenth Annual Meeting of the Berkeley-Linguistics Society*. 406—416. Berkeley: Berkeley Linguistics Society.

Traugott, Elizabeth Closs 1990 [1987] From less to more situated in language: The unidirectionality of semantic change. In Sylvia M. Adamson, Vivien Law, Nigel Vincent and Susan M. Wright (eds.). *Papers from the Fifth International Conference on English Historical Linguistics*. Amsterdam: Benjamins.

Traugott, Elizabeth Closs 1999 The role of pragmatics in semantic change. In Jef Verschueren (ed.). *Pragmatics in 1998: Selected Papers from the 6th International Pragmatics Conference*. Vol. II. 93—102. Antwerp: International Pragmatics Association.

Traugott, Elizabeth Closs 2010 Dialogic contexts as motivations for syntactic change. In Robert A. Cloutier, Anne Marie Hamilton-Brehm and William Kretzschmar (eds.). *Variation and Change in English Grammar and Lexicon*. 11—27. Berlin: De Gruyter Mouton.

Traugott, Elizabeth Closs 2011a Grammaticalization and mechanisms of change. In Heiko Narrog and Bernd Heine (eds.). *The Oxford Handbook of Grammaticalization*. 19—30. Oxford: Oxford University Press.

Traugott, Elizabeth Closs 2011b Pragmatics and language change. In Keith

Allan and Kasia Jaszczolt (eds.). *The Cambridge Handbook of Prag-matics*. 549—565. Cambridge:Cambridge University Press.

Traugott,Elizabeth Closs 2017 Semantics and lexicon. In Laurel Brinton & Alexander Bergs (eds.). *Historical Outlines from Sound to Text*. 123—139. De Gruyter Mouton.

Traugott,Elizabeth Closs 2018 Rethinking the role of invited inferencing in change from the perspective of Interactional. *Open Linguistics* 4:19—34.

Traugott, Elizabeth Closs and Ekkehard König 1991 The semantics-prag-matics of grammaticalization revisited. In Elizabeth Closs Traugott & Bernd Heine (eds.). *Approaches to Grammaticalization*. Vol. 1. 189—218. Amsterdam:Benjamins.

Traugott,Elizabeth Closs and Richard Dasher 2002 *Regularity in Semantic Change*. Cambridge:Cambridge University Press.

从共时和历时角度论汉语姿态动词[*]

肖　琳　[法]贝罗贝

（法国社会科学高等研究院/
法国国家科学研究中心）

1　引言

自 Newman（2002a、2002b）以来，姿态动词，特别是"坐"*sit*、
"站"*stand* 和"躺"*lie* 三个基本词汇已在不同语言家族得到广泛关
注和研究。这些研究初涉语言类型学及认知语言学领域。进一步
的研究同样在一些东亚和东南亚语言中展开：韩语（见 Song，
2002）、南亚语系（见 Enfield，2002）、藏缅语系（见 Post，2008；
Noonan & Grunow-Harsta，2002）等。然而，姿态动词在普通话
和其他汉语族语言（Sinitic languages）中的研究，不论是共时还是
历时，似乎没有得到过多关注，现仅有汪维辉、秋谷裕幸（2010）和
殷晓杰、张家合、张文锦（2019）的研究可供参考，前者有关"站"类
动词，后者有关"躺"类动词。

---

　　* 特此感谢汪维辉教授、吴福祥教授、龙海平教授和吴芳教授的珍贵意见和建议，
以及 2019 年 10 月在三峡大学举办的第十届汉语语法化问题国际学术讨论会上，为我
们的发言建言献策的各位同行挚友。

本篇文章旨在为填补该方面的研究不足做微小贡献。我们的主要议题有：

1. 姿态动词的静态义（stative）vs 动态义（dynamic）用法是否同形？动态指进入姿态的动作（action of entering into a posture）；静态指动作的持续结果，也做保持姿态的动作（state resulted from that action，也称"at-rest" position）

2. 姿态动词从本义到引申义使用何种演变方式？隐喻（metaphorical extension）？转喻或语用推理（metonymyzation/pragmatic inferencing）？

3. 汉语姿态动词能否启动语法化机制链条，如其他语言中姿态动词可语法化成体标记？

4. 原始不及物姿态动词是否已被及物化？

2　议题讨论

2.1　静态（sative）/动态（dynamic）

"坐""站""躺"三类姿态动词表示"持坐姿""持站姿""持躺姿"静态义的时候，所需的感知运动控制（sensorimotor control）参量存在明显差异（见 Newman，2002a）。具体表现如下，"站"类身体上半部和下半部均保持竖直，保持长时间站立需最多感知运动控制，最难维持但视野最广阔。"坐"类身体下半部呈放松状，更易保持，需中等感知运动控制。最后，"躺"类完全不受控制，需最低感知运动控制，"躺"是和"睡觉"搭配的姿势。换言之，从"站""坐"到"躺"，其对应感知运动控制参量呈现递阶式减少变化。

语言在用单一词项描述姿势的方式上有所不同。例如英文表

述 *I sat on a chair* 有两种意思：*I sat myself down on the chair* 或 *I was sitting on a chair*(*and I did not move*)。又如法语表达复杂一些，不直接使用原型动词，而需要助词"*être*"加姿态动词的过去分词形式，整体表静态意义：*être debout*（站着），*être assis*（坐着），*être couché/allongé*（躺着）。法语姿态动词动态意义，由动词的代动词形式表达：*se tenir debout*（站起来），*s'asseoir*（坐下），*s'allonger*（躺下）。因此，它们不太像动词，被编码为形容词或过去分词更为一致。跨语言研究近期有可靠论证：动态义可从静态义中衍生而来。汉语也不例外，实际上，汉语姿态动词的动态表达经常要组合使用路径动词（path verb），如：坐下（*sit down*），站起来（*stand up*），躺下（*lie down*），站住（*stand up*）等。

2.2 基本义>扩展义

我们认为，姿态动词基本义到扩展义的派生机制是语义扩展（semantic extension）。我们理解语义扩展不是一种共时体系的多义词关系，而是语言系统和认知系统中，随时间推演而发生的历时演变关系。参见 Enfield(2002)。

姿态动词的使用主体可扩展到非人类别［－Human］，进而概念化出一些实体姿态表达，如以下英语例子：

　　(1)*The computer sits on the table.*

　　(2)*The house stands on private property.*

　　(3)*Her clothes are lying on the floor.*

以上例子中"坐""站""躺"的主语已不再是姿态动词的核心人类主语用法，这种表达普遍受限制。根据可扩展到非人主语的程度，姿态动词在不同类型语言中的使用和表述各不相同。如法语姿态动词只限于有生命［＋Animate］主语，英语则没有该限制。

如以下英语和法语用例：

(4a)*Le cheval est debout sous l'arbre.* =

(4b)*The horse is standing under the tree.*

(5a)*Mon chien peut se tenir debout sur deux pattes.* =

(5b)*My dog can stand up on two feet.*

(6a)** Le vase précieux est debout sur le piano.* =

(6b)*The precious vase stands on the piano.*

由此可见，英语姿态动词的扩展义比法语灵活，但次于荷兰语，详见 Lemmens(2002)。汉语在这方面更像英语，详见后文。汉语姿态动词可有如例(7)一样的非生命[−Animate] 主语表达：

(7)烛台立在柜子上。

2.3 语法化

跨语言研究表明，姿态动词可语法化成助词、指示词及体标记，特别是进行-持续体标记。Kuteva(1999)和之后 Lichtenberk(2002)的研究指出这样一条语法化路径：posture＞locative/existential use＞aspectual use。

澳洲语言中有关 *standing*、*sitting* 和 *lying* 的例子参见 Austin(1998)。属罗曼语系的西班牙语中，"躺"可做惯常体标记。大量语料显示，姿态动词语法化成功能词的概率远低于"去""来""(存现义)有""给""做"类动词。参见 Heine & Kuteva(2002)。老挝语中很著名的现象是很多动词(如"到""来""完""去""给""拿")可做体标记和情态标记，姿态动词"站""坐""躺"并无语法化用法(见 Enfield,2002)。

如果姿态动词没被语法化成时-体-语气标记(TAM,Tense-Aspect-Modality)，它们通常在连动结构中出现，形成"associate posture constructions" "V_POSTURE + V_ACTION":

> (8)他坐着看书。
>
> (9)他站着睡觉。
>
> (10)她躺着运动。

这三个姿态动词也可以出现在存现句中,替代"有"的位置:

> (11)门前站着一个警察/有一个警察。
>
> (12)炕上坐着一位老太婆/有一位老太婆。
>
> (13)柜子上躺着一只猫/有一只猫。

2.4 不及物动词及物化

姿态动词是典型的不及物动词,有时可被及物化。Dixon (1991:286 及后页)认为"可及物可不及物"(ambitransitive)指(基础义)不及物动词,同时具有及物性的现象。汉语中三个基本姿态动词"站""坐""躺"便是如此,见下例:

> (14a)她站门口儿等你。=
>
> (14b)她站在门口儿等你。
>
> (15a)你坐椅子(上)。=
>
> (15b)你坐在椅子上。
>
> (16a)你躺床(上),我躺炕(上)。=
>
> (16b)你躺在床上我躺在炕上。

(15a)和(16a)例中,处所介词"在"和方位词"上"均可隐现,即便它们出现时可能句子表意更为清晰自然。

为何会如此?因为姿态动词的处所宾语,应由搭配该姿态动词的相关实体充当:"坐"搭配"椅子""沙发"等;"躺"搭配"床""炕"等。如果我们把"坐"的典型相关宾语"椅子"换成与动作"坐"不相关的宾语,如"黑板""镜子"等,句子就不自然,甚至不可接受。

"躺"也是如此：

> (17)*你坐镜子。

> (18)*你躺黑板上。

3 三个基本姿态动词的分析

3.1 "立"

"立"字在甲骨文中已有用例，一直到明代仍在使用。有基本义也有扩展义。

3.1.1 基本义

静态义：

> (19)豕人立而啼。(《左传·庄公八年》)

> (20)晏平仲端委立于虎门之外。(《左传·昭公十年》)

> (21)孟子见梁惠王，王立于沼上，顾鸿雁麋鹿。(《孟子·梁惠王上》)

动态义(使动用法)：

> (22)乃立囚。(《左传·襄公二十六年》)

3.1.2 "立"的扩展义

> (23)是以隐公立而奉之。(《左传·隐公元年》)

"立"在上例中有"确立统治者"的意思。

"立"还有"签订(文书)"(例24)、"立即、即刻"的意思，如下例：

> (24)孔明曰：如此，立下文书。(《三国演义》第四九回)

3.1.3 "立"的双音节词汇

中古汉语中还有"立"的双音节表述。最常见的有"立地"，既有本义(例25、例26)也有扩展义(例27)：

(25)甚人来投此处？早早开门,莫教奴家立地。(《张协状元》第十出)(见白维国,2011)

(26)师教他身边立地。(《祖堂集·江西马祖》)

(27)当处对面平章,立地便书文契。(敦煌《变文集》卷四)

最后一例中,"立地"的意思是"立刻"。"立地"有时还有扩展义"停止"。

"立"的其他双音节词汇还有"立等"(表"立刻")、"立扎"(表"停止")。例如:

(28)立等知县差人把雷横捉拿到官。(《水浒传》第五十一回)

(29)早来到山坡直下,冻钦钦的难立扎。(《元曲选·灰阑记》第三折)

最后,值得注意的是"立"在当代汉语中依旧使用,但仅用于无生命[－Animate]主语,见下例:

(30)书立在架子上。

3.2 "站"

"站"出现较晚,大约在唐代(公元 10 世纪),直到明代(公元 15 世纪)才开始广泛使用,《元刊杂剧三十种》中只用"立",而不用"站",有关"站"的历史年代讨论,参见汪维辉和秋谷裕幸(2010)。中古晚期到现代汉语"站"的一些句子静态意义"站着"(例 31、32、33)及动态意义"站起来"(例 34、35)并不是很容易区分,即便是在有上下文的情况下:

(31)众人都来前面站,合多合少等我散。(《清平山堂画本·快嘴李翠莲记》)

(32)平儿站在炕沿边。(《红楼梦》第六回)(见白维国,2011)

(33)公子连忙回身,向着他两个规规矩矩的一站。(《儿

女英雄传》第三十四回)

(34)要一领净席,等我窦娥站立。(《元曲选·窦娥冤》第三折)

上例中出现双音节词汇"站立",当代汉语中仍在使用,并且只能说"站立"而不说"立站"。后文中我们会看到双音节词汇"躺卧"而不说"卧躺"。

(35)罢罢罢,你站在一边,我替你报复去。(《元曲选·竹叶舟》楔子)(《元刊杂剧三十种》也收录《竹叶舟》,但是是节选版,没有楔子,故无此例)

"站"还有其他扩展义,比如"停"的意思,包括非人主语用法(见例37):

(36)我们这位小姐专爱站门子。(《官场》第三十回)

(37)黑压压的站了一街的车。(《红楼梦》第二十九回)

上述现代汉语"站"的扩展义用法今天仍在使用,其他当代汉语"站"的扩展义见下例:

(38)特斯拉和拼多多打起来了,你站谁?

(39)这个假设站不住脚。

"立"和"站"(明代以来接替"立")的扩展义用法均由转喻(metaphorical extension)和语义推理(pragmatic inferencing)演变而来。通过上面的举例,我们可以看到"立"和"站"可引出[±有生命]([± Animated])主语的处所位置,它们将是所有姿态动词中此类用法最为灵活的(详见后文)。韩语的情况恰巧也是如此,甚至更明显,因为韩语的"*sit*""*lie*"只能应用于有生命的主体。另一方面,韩语的"*sit*""*lie*"进而语法化成进行体标记,但"*stand*"并没有(见 Song,2002)。

3.3 "坐"

至少在中世纪之前,中国古代并没有现代意义上的座位,更没有椅子。那么,"坐"在当时须理解为"坐在脚跟上"。请看例句:

(40)孔丘与其门弟子闲坐。(《墨子》卷九)

(41)李智、黄四约坐,伯爵赶送出去。(《金瓶梅词话》第四十六回)

(42)那春梅坐着纹丝也不动。(《金瓶梅词话》第四十六回)

"坐"这个姿态动词特别有意思的是,它自中世纪以来一直被普遍使用,其引申的意思有"住""留""居住、栖息"。这一点并不意外。在其他语言中,"坐"的义项经常出现"住""留"等多义扩展(见Newman,2002a)。属藏缅语系的 Chantyal 语中,"sit"是唯一的姿势动词,其意义已经远远超出了一个基本姿势动词的表达范围。它拥有众多扩展义,包括"住""在一个地方""停留""保持""休息"。参见 Noonan & Grunow-Harsta(2002),他们还提出 SIT>STAY>LIVE/REMAIN>BE 的语义衍生假设。见下例:

(43)燕子时来往,从坐不经冬。(《敦煌变文集·燕子赋》)

(44)空闲石[拾]得坐,雀儿起[岂]自专。(同上)

(45)向吾宅里坐,却捉主人欺。(同上)

(46)昨来到和尚处问佛法,轻忽底后生来东石头上坐。(《祖堂集》卷四)

(47)马大师下八十八人坐道场。(《祖堂集》卷十六)

毫无疑问,不那么常见的是"坐"的其他扩展义,而它们却非常丰富。"坐"="放""安放""置"(见例48、49),这个扩展义在当代汉语中,特别是在书面语中一直沿用(见例50);"坐"="展延"(见例51);"坐"="就""突然"(见江蓝生、曹广顺,1997,唐代例子如

52和53);"坐"＝"徒然"(例54);"坐"还可以是将来时标记、致使动词、原因介词、递进连词等。

(48)小王下来把壶坐在火上。(《金瓶梅词话》四十六回)

(49)不防火盆上坐着一锡瓶酒,推到了。(同上)

(50)屋子中央蹲着煤炉,上面坐一壶水,正冒着热气,唑唑地唱着歌。(《人民日报》1981年5月30日第5版)

(51)你把这墙拆了,坐出东边一步去。(《醒世姻缘传》第三十五回)

(52)同心一人去,坐觉长安空。(白居易《别元九后咏所怀》)

(53)闷到杨公池水头,坐逢扬子镇东州。(杜甫《答杨梓州》)

(54)唯觉乖亲燕,坐度此芳年。(韦应物《清明日忆诸弟》)

"坐"的这些扩展意义,很多不再是纯粹的动词,而有副词、助词、介词甚至连词的特征。我们判定这是经典的语法化演变。这些演变过程发生在唐五代时期,即从7世纪到10世纪。

"坐"的扩展义在方言中的使用一定更加丰富,这值得深入研究。在老北京话中"坐窝儿、坐地儿、坐地窝儿、坐根儿"表示"当时、正当、立即、马上"之义,也表示"原本、本来"之义。例如:"坐窝儿你买的时候就该好好儿看看""他刚一开口,坐地儿就让我给顶回去了""我大哥坐地儿就住在这儿""坐根儿是他拉我来的""坐窝儿我就认为这段文章里有误"。(见卢小群,2017;徐世荣,1990)

3.4 "躺"

"躺"大致出现在元代,此前,"躺"的一个旧词形式是源自上古汉语的"卧",意为"伏身休息"(略有别于以后的"躺")。参见殷晓杰、张家合和张文锦(2019)。

(55)有欲为王留行者,坐而言。不应,隐几而卧。(《孟子·

公孙丑下》)

元代首次出现"躺"的用例,写作"倘"。更多"躺"的用例相继出现在元杂剧中(如例56),但"倘"相对少。只在《水浒传》(16世纪)出现2例,《金瓶梅词话》(1610年)22例,《平妖传》(16世纪)8例。参见刘君敬(2011)。要等到《红楼梦》(18世纪)和《儿女英雄传》(19世纪)才频繁出现。请看例子:

(56)杀下个妇女血泊里倘着身躯。(《古今杂剧·赵氏孤儿》)

(57)站着的都是我邓老九的房子,躺着的都是我邓老九的地。(《儿女英雄传》第21回)

"躺"的本义和"坐""站""立"一样,兼有动态义和静态义:

(58)你躺一会吧。(动态义)

(59)病人在床上躺着。(静态义)

(60)他躺在床上。(兼有动态义和静态义)

不同于"坐""站""立"的是,"躺"几乎没有扩展义,所以"躺"没有语法化演变。但也有极少数较灵活的用法,如表示*lying on the credit rolls*:

(61)我不能躺在功劳簿上睡大觉。(袁隆平)

在结束本小节前,我们想再回到上文2.1中提到的静态义(持站姿、持坐姿或持卧姿,即"保持静止姿态")和动态义的二分法。纵观汉语历史演变进程,正如上文提到的,这两种状态并不总是容易区分,这取决于语境。通常上下文语境足够支持选择一种语义解读而不是另一种,要等到近代汉语末期和现代汉语初期,才能看到静/动态义的句法区分手段。

然而,这种区别不像法语那样,通过动词形态变化手段系统而明确地表达出来(见上文),而是通过词序手段来表达。其结果不排除歧义的可能，如英语中 *I sat on a chair* 可以有两个意思：(i)我坐在椅子上(动态)，或(ii)我坐在椅子上［而我没有动］(静态)。

实际上，汉语姿态动词后带体标记，并出现在处所短语之后的情况，如例(62—64)，只能有静态义。但处所短语前置于姿态动词时，仍然兼具静态和动态义，如例(65—67)：

(62)我在台阶上站着。(静态，非动态)

(63)他在椅子上坐着。(静态，非动态)

(64)她在地上躺着。(静态，非动态)

(65)我站在台阶上。(静态，兼动态)

(66)他坐在椅子。(静态，兼动态)

(67)她躺在地上。(静态，兼动态)

换言之，汉语的情况类似英语，但也不尽相同。汉语排除歧义更多还是看语境，也取决于处所短语的性质(如例 68 vs 69)或姿态动词的主语是否有为生命体(如例 70 vs 71)。姿态动词出现在句末时经常只能做静态解读。

(68)她在棺材里躺着。(静态)

(69)她躺在棺材里。(静态，非动态)

(70)白杨树在山坡上站着。(静态)

(71)白杨树站在山坡上。(静态，非动态)

4 结语

"站""坐""躺"三个姿态动词表达静动态义的结构基本相同。区别手段大体是句法层面的，即由处所短语在动前或在动后区分。

像世界上许多其他语言一样，汉语姿态动词(至少"站"和

"坐")有各种扩展语义。这些扩展义是通过隐喻和/或转喻从基本义中衍生出来的。涉及语义派生(semantic derivation)。其中一些语义扩展还被语法化了(grammaticalized),特别是动词"坐"。

然而,那些中古和早期现代汉语中常见的扩展义,在当代汉语已经消失了。尤其是当这些语义扩展进入语法化链条(动词>助动词、动词>副词、动词>介词、动词>连词等),特别是涉及动词"坐"的时候。因此,说汉语姿态动词并没有被语法化也不完全正确。语法化是有的,但至今仍属极少数情况。

可以判定的是,汉语"立"/"站"和"坐"的众多扩展语义都不涉及动词到时体标记类语法化机制,汉语姿态动词没有语法化成进行-持续体标记(TAM marker),更不用说"躺"语法化成惯常体标记。这点在其他语言中常见,如玻利维亚的 Tarana 语中的"站""坐"和"躺",和韩语中"坐"和"躺"。

参考文献

白维国主编　2011　《白话小说语言词典》,商务印书馆。

江蓝生、曹广顺　1997　《唐五代语言词典》,上海教育出版社。

刘君敬　2011　《唐以后俗语词用字研究》,南京大学博士学位论文。

卢小群　2017　《老北京土话语法研究》,中国社会科学出版社。

汪维辉、[日]秋谷裕幸　2010　汉语"站立"义词的现状与历史,《中国语文》第 4 期,第 299—310 页。

徐世荣　1990　《北京土语辞典》,北京出版社。

殷晓杰、张家合、张文锦　2019　汉语"躺卧"义词的历时演变研究,《语言研究》第 1 期,第 99—105 页。

Austin, Peter　1998　Crow is sitting chasing them. Grammaticalization and the verb 'to sit' in the Matharta languages, Western Austraia. In A. Siewierska & J. J. Song (eds.). *Case, Typology and Grammar*. Amsterdam:

John Benjamins. 19—36.

Dixon Robert M. W. 1991 *A New Approach to English Grammar, On Semantic Principles*. Oxford : Clarendon Press.

Enfield, Nick 2002 Semantics and combinatorics of 'sit', 'stand', and 'lie' in Lao. In John Newman (ed.). 25—42.

Heine, Bernd & Tania Kuteva 2002 *World Lexicon of Grammaticalization*. Cambridge: Cambridge University Press.

Kuteva, Tania 1999 On 'sit' / 'stand' / 'lie' auxiliation. *Linguistics* 37 (2):191—213.

Lemmens, Maarten 2002 The semantic network of Dutch posture verbs. In John Newman (ed.). 103—140.

Lichtenberk, Frantisek 2002 Posture verbs in Oceanic. In John Newman (ed.). 269—314.

Newman, John 2002a A cross-linguistic overview of the posture verbs 'sit', 'stand', and 'lie'. In John Newman (ed.). 1—24.

Newman, John (ed.) 2002b *The Linguistics of Sitting, Standing and Lying*. Amsterdam/Philaldelphia: John Benjamins.

Noonan, Michael & Karen Grunow-Harsta 2002 Posture verbs in two Tibet-Burman languages of Nepal. In John Newman (ed.). 79—102.

Post, Mark W. 2008 Verbs of position, existence, location and possession and their grammaticalization pathways in the Tani languages. In Stephen Morey & Mark Post (eds.). *North East Indian Linguistics*. New Delhi (India), Cambridge University Press India. 127—150.

Song Jae Jung 2002 The posture verbs in Korean: Basic and extended uses. In John Newman (ed.). 359—386.

罗田方言"得"字介宾补语句
及"得"的语法化

1　引言

　　介宾补语句在上古、中古汉语里一直与双宾句并存，也见于今天几乎所有南方方言及南方官话中，但在元明清之后逐步退出了北方官话。介宾补语句的特点就是动词后既带宾语也带介词短语。为了叙述方便，我们可以把双宾语句表示为：S＋V＋O_间＋O_直（Ⅰ式），S＋V＋O_直＋O_间（Ⅱ式）。在双宾句式Ⅱ"S＋V＋O_直＋O_间"的间接宾语前插入介引成分，就形成了介宾补语句式 S＋V＋O_直＋X＋O_间（Ⅲ式）。罗田方言中，介引成分一般使用"得［te］"或"到［tau］"。介引成分"得"或"到"的语法功能没有区别，"到"轻读就为"得"，"得"重读就为"到"，一般认为"得"是"到"的弱化，可视为同一音节的不同的语音变体或书写形式。为了便于称叙，一致写成"得"，并称之为"得"字介宾补语句。如：

　　（1）你把点东西得我_{你送一点东西给我。}

　　（2）大舅送了两壶茶油得我_{大舅送了两壶茶油给我。}

（3）你今年落几多钱得我<small>你今年给多少钱给我</small>？

（4）光小毛就赢几千块得我<small>光小毛就赢了几千块给我</small>。

（5）剁一院子白菜得我<small>剁一院子白菜给我</small>。

（6）扯几根头发得我<small>扯几根头发给我</small>。

（7）他借一万块钱得我<small>他借一万块钱给我</small>。

（8）村委会租一间屋得他<small>村委会租一间给他</small>。

（9）说个事儿得你哈<small>说一件事情给你</small>。

（10）你打件毛衣得你爸爸<small>你打件毛衣给你爸爸</small>。

（11）村主任开个证明得我<small>村主任开个证明给我</small>。

（12）我驮细伢儿得家婆屋的<small>我背小孩背到娘家去</small>。

（13）挑桶水得缸里<small>挑一桶水到缸里</small>。

其中，例（1）—（2）中的"V"是"把送"类动词；例（3）—（6）中的"V"是"抢扯"类动词；例（7）—（8）中的"V"是"租借"类动词；例（9）中的"V"是"叙说"类动词；例（10）—（11）中的"V"是"制作"类动词；例（12）—（13）中的"V"是"放置"类动词。

例（1）—（13）去掉"得"，在罗田方言里就形成了双宾句式Ⅱ"S＋V＋O$_直$＋O$_间$"，如：

（14）你把点东西我<small>你送一点东西给我</small>。

（15）大舅送了两壶茶油我<small>大舅送了两壶茶油给我</small>。

（16）你今年落几多钱我<small>你今年给多少钱给我</small>？

（17）光小毛就赢几千块我<small>光小毛就赢了几千块给我</small>。

（18）剁一院子白菜我<small>剁一院子白菜给我</small>。

（19）扯几根头发我<small>扯几根头发给我</small>。

（20）他借一万块钱我<small>他借一万块钱给我</small>。

（21）村委会租一间屋他<small>村委会租一间屋给他</small>。

（22）说个事儿你哈<small>说一件事情给你</small>。

（23）你打件毛衣你爸爸_{你打件毛衣给你爸爸。}

（24）村主任开个证明我_{村主任开个证明给我。}

（25）我驮细伢儿家婆屋的_{我背小孩背到娘家去。}

（26）挑桶水缸里_{挑一桶水到缸里。}

例（14）—（26）表达的句式义与例（1）—（13）的"得"字介宾补语句没有差别。一般而言，为了表达得清晰明确，会选择"得"字介宾补语句；为了经济简省，会选择双宾句式Ⅱ。

我们研究的重点是罗田方言中此类"得"字介宾补语句与双宾语句的关系，以及"得"字介宾补语句中"得"的来源。

2　罗田方言"得"字介宾补语句与双宾语句的关系

综合诸位学者如朱德熙（1982）、马庆株（1983）、汪国胜（2000）、石毓智（2004）、陈莉琴（2009）等的研究，可将双宾语句分为："把送"类、"抢扯"类、"租借"类和其他类。我们将各类双宾语句所表现的句式意义、语序选择以及其双宾语位置能否移动、移动后是否改变意义归纳为表1。

结构类型 ＼ 构成要素		位移特征	句式意义	句式类型	可变换 不改变句意	可变换 改变句意	不可变换
"把送"类		右向	给予	Ⅱ	+	—	—
"抢扯"类		左向	取得	Ⅰ	—	+	—
"租借"类		双向	给予/取得	Ⅱ/Ⅰ	—	+	—
其他类	"叙称"类	右向	给予	Ⅰ	—	—	+
	"差欠"类	左向	取得	Ⅰ	—	—	+
	"泼洒"类	右向	给予	Ⅰ	—	—	+
	"花用"类	左向	取得	Ⅰ	—	—	+
	"制作"类	右向	给予	Ⅱ	—	—	+
	"放置"类	右向	给予	Ⅱ	—	—	+
	"急吓"类	左向	致使				

262

将以上各类双宾语句在罗田方言中能否插入介引成分"得",形成"得"字介宾补语句的情况,统计为表2。

结构类型	构成要素	句式类型	能否加入介引成分	例　句
"把送"类		Ⅱ	能	(27)你把点东西得我 你送一点东西给我。
				(28)大舅送了两壶茶油得我 大舅送了两壶茶油给我。
"抢扯"类	"拿抢"类	Ⅰ	否	(29)你今年落得我几多钱 你今年给我多少钱?
				(30)光小毛就赢得我几千块 光小毛就赢了我几千块。
		Ⅱ	能	(31)你今年落几多钱得我 你今年给多少钱给我?
				(32)光小毛就赢几千块得我 光小毛就赢了几千块给我。
	"撕扯"类	Ⅰ	否	(33)*剁得我一院子白菜。
				(34)*扯得我几根头发。
		Ⅱ	能	(35)剁一院子白菜得我 剁一院子白菜给我。
				(36)扯几根头发得我 扯几根头发给我。
"租借"类		Ⅰ	否	(37)?他借得我一万块钱 他借给我一万块钱。
				(38)?村委会租得他一间屋 村委会租给他一间屋。
		Ⅱ	能	(39)他借一万块钱得我 他借一万块钱给我。
				(40)村委会租一间屋得他 村委会租一间屋给他。
其他类	"叙称"类	Ⅰ	否	(41)*呾骂得你么事。
				(42)他老子经常骂得他二百五。
		Ⅰ/Ⅱ①	否/能	(43)?说得你个事儿哈 说给你一件事情。
				(44)说个事儿得你哈 说一件事情给你。
	"差欠"类	Ⅰ	否	(45)?你该得我几多钱 你欠我多少钱?
				(46)?短得我一斤秤 少一斤秤。
	"泼洒"类	Ⅰ	否	(47)?喷得我一脸的馋 喷我一脸的口水。
				(48)?踩得我一脚的泥巴 踩了我一脚的泥巴。
	"花用"类	Ⅰ	否	(49)?三胜一年出国花得了我10万钱 三胜出国一年花了我10万钱。
				(50)?已经耗得我半个月了 已经耗我半个月了。
	"制作"类	Ⅱ	能	(51)你打件毛衣得你爸爸 你打件毛衣给你爸爸。
				(52)村主任开个证明得我 村主任开个证明给我。
	"放置"类	Ⅱ	能	(53)我驮细伢儿得家婆屋的 我背小孩到娘家去。
				(54)挑桶水得缸里 挑一桶水到缸里。
	"急吓"类	Ⅰ	否	(55)?你吓得我一身汗 你吓了我一身汗。
				(56)?你累得我一身病 你累了我一身病。

263

加"﹡"表示不能说,加"？"表示能说,但是加上的"得"在此类句式中是"结构助词",与直接宾语和间接宾语之间的"得"不具备同一性。

对照表1和表2,罗田方言除了"抢扯"类与其他方言句式类型稍有差异外,其他大致相同。

从上表2可以看出,只有间接宾语居后的双宾句式Ⅱ才可以插入介词"得",形成介宾补语句Ⅲ式。这些间接宾语居后的句式Ⅱ通常被赋予了"给予"义,如表中的"把送"类、"制作"类、"放置"类动词构成的双宾句式,还有些表达给予句式义的"租借""抢扯"类动词构成的双宾句式。如果采用句式Ⅰ,间接宾语前就不能插入"得",如例(33)(34)(41)(42);插入介引成分"得"能说,但句式改变,如例(29)(30)(37)(38)(43)(45)—(50)(55)(56)。此句式中的"得"不再是起介引作用的"得介"。

"给予"义双宾语句中,间接宾语居后的双宾语句式Ⅱ能插入介引成分"得",似乎是通则,这也说明了句式Ⅱ与介宾补语结构有比较密切的关系。更加普遍的看法是,它并非原生双宾形式,而是介宾补语式(与格结构)省略与格介词的结果,不少学者如清水茂(1972),Xu & Peyraube(1997)、刘丹青(1997)、项梦冰(1997)、汪国胜(2000)、邓思颖(2003)等在讨论粤语、吴语、客家话、赣语里双宾Ⅱ式的来历时均持此说,亦即省略Ⅲ式中的介词"X"就产生出双宾句Ⅱ式来。对此,张敏(2011)也给予了更多的证据支持,认为南部方言中介宾补语句Ⅲ式的高频使用,按照奥卡姆剃刀原则,会导致语言成分的磨损或缩减,与事介词就很自然地脱落,因而认为"省略说"应是不易之论。这种观点也广为历史语言学界所接受。为此,张敏先生提出了三条普遍规律:

A. 给定任何一个给予类双宾Ⅱ式用例,都存在一个间接宾语式(Ⅲ式)与之相对应;反之不必然。

B. 只能用Ⅰ式、不能用Ⅱ式的非给予类双宾结构,一定没有相应的间接宾语式。

C. 表达边缘性给予类事件的双宾Ⅱ式在某一方言或某一场景里的可接受性,与相应的间接宾语式在同一个方言或同一场景可接受性的程度大致相当。

张文用这三套规律表达了介宾补语句Ⅲ式与双宾句式Ⅱ之间的紧密关系。根据刘丹青(2001),介宾补语式作为汉语方言里最具优势的双及物形式得到观念距离象似性这一最优先原则的支持。这种介宾补语式自中古汉语以来就产生,是来自连动结构后一个动词的弱化。刘文亦指出,双宾句式Ⅱ之所以常用于汉语的双宾句,是话题前置和重成分后置两个倾向性原则合力的结果。"语言中的某一成分所表示的意义如果不甚显著的话,那它就容易在人们的印象中逐渐消失掉……"(祝敏彻,1957)据此,我们也认同双宾句式Ⅱ来源于介宾补语式中的"介入成分"的省略。

我们再看"得"在罗田方言中所起的介引作用,它引进前一个动作Ⅴ所涉及的对象,起介词作用,"得"的介入对句式意义无影响。普通话中"制作"类、"放置"类动词是单及物二价动词,只能将一个受事题元赋予其后的宾语,因而普通话中双及物句式里的与事论元必须依赖另一赋元成分"X"才能被引入。相应罗田方言也可以插入介引成分"得",但这个"得"是可有可无的。虽然"得"介入的作用对句式语义没影响,但对句式结构有影响,"得"引入后,改变了句子的结构,将句子由原来的双宾句Ⅱ式转换成了"得"字介宾补语句。

3 其他方言介宾补语句中的介引成分

双宾句间接宾语前使用介引成分,这种情况不光是罗田方言中有,许多南方方言中也有,只是所介引成分形式上会有所不同。下面将各地双宾句加入介引成分的"S+V+O直+X+O间"的介宾补语句式的使用情况统计为下表3。

方　言	介引成分	例　句	来　源
江淮官话鄂东方言	得	(57)我做个灯儿得小毛。 (58)我送了三块钱盘缠得他女儿。	黄伯荣,1996:729
赣语宿松方言	在	(59)送十八块钱在奶奶。	唐爱华,2005
赣语泰和方言	得	(60)乾旺叔要还一笔钱得你。 (61)木生买矣一块地基得水生。	戴耀晶,见李如龙等,1997:244
赣语大冶方言	了	(62)你扣一百块钱了渠。 (63)咱买两套衣裳了渠。	汪国胜,2000
赣语安仁方言	得	(64)得本书得你。	陈满华,1995:231
赣语赤壁方言	搭	(65)我还要找七块钱搭他。	陈莉琴,2009
赣语安义方言	到	(66)渠借得十块钱到我。 (67)我租得一间房到渠。	万波,见李如龙等,1997:267
湘语新化方言	来	(68)送封信来你。 (69)寄张贺年片来同学。	罗昕如,1998:302
湘语益阳方言	得	(70)把杯茶得我。 (71)还一百块钱得他。	崔振华,1998:290
湘语邵阳方言	把	(72)把本书把我。 (73)借一块钱把你。	储泽祥,1998:192—193
吴语温州方言	给	(74)学校奖他一套大百科全书给他。 (75)我送一本书给小李。	潘悟云,见李如龙等,1997:58
吴语苏州方言	拨	(76)拨一条活鱼拨郑国葛子产_{给一条活鱼给郑国的子产}。 (77)俚拨仔交交关关衣裳拨乡下葛亲眷_{他给了许许多多衣服给乡下的亲戚}。	刘丹青,见李如龙等,1997:12
闽东方言福州话、长乐话	乞	(78)书驮蜀本乞我_{给我一本书}。	林寒生,2002:118

266

方　言	介引成分	例　句	来　源
闽语福建永春话	互	(79)这赔一本书互我。	林连通、陈章太，1989：191
闽语汕头方言	分	(80)厂奖咿摩托车分伊。 (81)伊无发电影票分我。	施其生，见李如龙等，1997：145
客家方言长汀方言	得	(82)你交一封信得大哥，送几本书得老弟。 (83)女这几色果子拿得石水(尝)，解那一斗米量得大伯(食)。	饶长溶，1997
客家方言连城方言	分/拿	(84)偷一张邮票分/拿我。 (85)收两百块钱分/拿尔。	项梦冰，见李如龙等，1997：182
客家方言广东南雄珠玑话	过	(86)拿一本书过伊。	林立芳、庄初生，1995：135
客家方言石城话	等	(87)送份礼等渠。	曾毅平，2003
客家方言梅县话	分	(88)二姑分一张邮票分蹐。 (89)工会发张邮编分剀。	林立芳，见李如龙等，1997：235
粤语香港话	畀	(90)我送咗一本书畀佢。	邓思颖，2003：67

从上表可以看出，苏州话的"拨"，温州话的"给"，永春话的"互"，香港话的"畀"，梅县话、汕头话、连城话的"分"，鄂东话、泰和话、安仁话、益阳话、长汀话的"得"，南雄珠玑话的"过"，闽东话的"乞"，安义话的"到"，邵阳话的"把"，大冶话的"了"，赤壁话的"搭"，石城话的"等"，宿松话的"在"，新化话的"来"，都是跟罗田方言介词"得"相当的语法成分。它们只是在不同的方言中，其对应的语音形式不同。

参照曹志耘(2008)第96图，我们可以观察到，南方方言在双宾给予式中，多采用句式Ⅱ或者是介宾补语式Ⅲ，北方话多用句式Ⅰ且基本不使用介宾补语式，这可能与北方话"动词后不容任何介宾结果"以及"动词后不容双宾构型（即两个NP）之外的任何双成分"(张敏，2011)这两个演变趋势相关，而含有两个动后成分介宾补语式恰好违背了这两个演变的大趋势，故其出局势所必然。相对于南方话而言，第一个演变趋势"动词后不容任何介宾结果"在唐五代已大体完成，南方话受到了较大影响，但程度不及北方话；第二项演变主要形成于元明清时期，南方话受到的影响较少，因此介宾补语式才有广泛使用的可能性。

4 "得"的相关研究

"得"表介引成分的介词用法在其他方言区和汉语史中也存在，学界早已注意到这一语法现象，但对其来源却是见仁见智。

前贤们早已注意到"得"和"到""在"的介词用法之间有紧密关系。徐丹(1994)、太田辰夫(1987)、林焘(1962)、赵元任(1979)、陈刚(1985)等的大致观点是"得"的介词用法来自"在/到"的音变。郭熙(1986)认为，由于[ts]与[t]发音部位相同，这促使其发音方式有互转的可能性。王兴才(2008)认为，介词"得"的"到""在"意义当由"得"的本义引申演嬗而来。这些观点都具有一定的合理性。总之，介词"得"和"到""在"有不可分割的关系。

黄晓雪(2007)将介引成分来源分为了三种：一是来源于给予义动词，如"把""分""互""拨"等；二是来源于处所介词，如"在""到"等；三是来源于表完成的动态助词，如"得""了"等。但根据一些方言事实和"得"与"到、在"的紧密关系，黄晓雪"三个来源说"有待商榷。

罗田方言、武汉方言的介引成分"得"重读时可以念"到"，有时候也可以用"把"作为介引成分，如：

　　(91)你把本书得/到我。

（92）你把本书把得/到我。

（93）你把本书把我。

（94）你把本书我。

从例（91）—（93）可以看出,罗田方言、武汉方言中的介引成分"得""到"和"把"可以互换,不影响句意。鄂东方言、武汉方言等地"把得""把到"都可以表示"给予"义,"得"与"到"的作用相同。[②] 不仅在罗田方言中如此,"得"表"给予、到、在"义在其他方言地区也存在,学界早有关注,如长沙、南昌、芜湖、孝感等地方言的"得"用作介词可以表示"给予、到、在"等意义。

黄文认为"得""了"来源于完成时态助词,不确。其例证主要来自汪国胜（2000）,认为大冶方言中介入成分"了"的功能作用相当于完成时态"了",而据笔者深入调查,大冶方言的介引成分"了"不一定用在完成时态中,这种介引成分可以用在将来时态的祈使句中,如:明日送本书了渠。|下个星期买两套衣服了渠。

张敏（2010）也有考察,他认为:大多数方言与格标记的形式是"过、到、倒、得、来、勒、了"等,其来源是方所（目标）标记,多由趋向动词虚化而来。虽然有些方言也用"V给"同形的与格标记,但历史文献及方言比较的证据显示它们均为晚起,更早的形式仍是与方所标记同形者。张文的研究,似乎能在下列两种语言现象中得到印证:

罗田方言里的"得""到"可以作为一种处所介词,甚至是一种方所标记,用于位移空间有关的动词后面引出方所,如:

（95）甲:你把手机搁得/到哪儿了? 乙:搁（得/到）床上了。

"放置类"动词双宾句间接宾语前都可以加上"得/到"引出方所,如:

（96）接点水得/到缸里。

（97）放点盐得/到锅里。

在古代汉语中，早就有用处所介词引出间接宾语的现象，如介词"于"，既可以引出处所："投之于江"（《论衡》），"置炉于炭火中"（《抱朴子·内篇16》）；也可以引出间接宾语："公问族于众仲"（《左传·隐公八年》）。

罗田方言中的介引成分"得"是否也源自古汉语"于"的遗迹呢？笔者认为虽然有一定的道理，但仍不算是最合理的解释。"得""到"固然可以作为一种方所标记，放在处所宾语前引出方所，但这毕竟不是介引成分"得/到"在双宾语句中的主要作用，其大部分功能应是前附于指人的给予对象前面，表示转让关系。因而这种转让关系是含有给予的意义。黄伯荣（1996：730）论及鄂东方言双宾句介引成分"得"的省略与否的条件时，证明"得"是有给予意义的。

那罗田方言的介引成分"得"到底是什么来源？考察泰和、益阳、长汀、安仁、常宁、鄂东等地方言包括罗田方言的"得"并不表示完成时态，其主要作用跟普通话中的介引成分"给"相当，表示一定的"给予"义。不仅是"得"，其他方言中的"过、到、把、了、搭、拉、来"的功能和普通话的"给"也差不多，都是用在与事对象的前边，表示转让关系。因此，我们认为各方言的介引成分功能相同，只是语音形式不同，因而不应把它们的来源割裂开来，认为分别有不同的来源。

5　介引成分"得"的来源

从词义变化来看，介引成分"得"源于"给予"义的嬗变。

汉语中包括各种方言普遍存在着给予义动词向介词的转化，

如"给"（普通话）、"与"（古汉语、山西临汾话、闽南话）、"把"（鄂东方言、湖北通山）、"畀"（广东话）、"拿"（赣方言）、"分"（客家话）、"拨"（吴语）等。我们认为，介引成分"得"是由动词"得"的"给予"义虚化而来的。如，很多方言中"得"可表"给予"义或兼表"介引成分"。

(98)他得给了人家一拳，还有理吗？（东北官话，转引自王兴才，2008）

(99)得不得我？再不得我，我告诉老师咯_{给不给我？再不给我，我告诉老师去}。∣妈妈买哒只乌猪得我吃_{妈妈买了个乌龟给我吃}。（赣语安仁方言，转引自朱军、张展，2011）

(100)得你一甲碗_{给你一只碗}。∣得杯水_{得我一杯水}。（赣语常宁方言，转引自占升平，2010）

(101)得其吃_{给他吃}！（赣语耒阳话，转引自兰小云、刘利新，2014）

(102)箇件衣服得你穿_{这件衣服给你穿}。（湘语衡阳方言，转引自周偈琼、林源，2009）

(103)得侬吃_{给你吃}。∣本书得侬望_{这本书给你看}。（吴语金华方言，转引自曹志耘，1996:247—248）

(104)你交一封信得_给大哥。∣送几本书得_给老弟。（闽语福建长汀，转引自饶长溶，1997）

朱军、张展（2011）说：安仁方言里的"得"字双宾语句及相关句式与普通话"给"字句相近，有双宾"得其一本书"和连动式"买一本书得其"，做介词时，有介宾补语式"送一本书得其"和复合式"送得其一本书"。赣语耒阳方言、常宁方言中的"得"兼表"获得"与"给予"义。

汉语方言特别是赣语中的"得"做动词比较有特色,"得"是内外双向同体动词,既能够表示获取义,又能够表示给予义。杨树达先生的"施受同辞"观点能够很好地解释这一现象。在现代汉语中仍有"借、租、贷"等少数双向同体动词,英语中也有"lend, rent"这样的双向同体动词。古汉语词汇学中如"乞/丐:求也,与也"的反训,充分反映了双向同体动词的特点。词义的特点决定了词义引申的方向。"得"之所以能产生给予义,还是由其本义"获取"决定的,因为既然有了"获取"的结果,那么"给予"就有可能。

罗田方言"把"是比较强势的"给予"义动词,因此,"得"表示"给予"在此方言中不常见,但是罗田方言和赣语有亲缘关系(徐英,2017),因此不影响我们得出结论:"得"的"给予"义来自"获取"义,介引成分"得"来自"给予"义,它的虚化有其词义演变的基础。

从语境影响来看,"得"常与"给与"义动词连用与同现,诱使"得"虚化为表引进对象、目标等功能的介词。

"得"放在"给与"类动词后引进给与对象或关联对象,这一介词用法不仅在罗田口语中存在,还见于汉语的其他方言,如:

(105)把这材料给得教务处王老师。|这香蕉把得那小孩。(西南官话重庆话,转引自王兴才,2008)

(106)送得他。|拿得他看。(西南官话武汉话)

(107)他昨天把得给我的十块钱,我都用光了。|他交得我一封信。(江淮官话孝感话,转引自王求是,2018)

(108)几只好碗送得他打尽哒。(湘语长沙话,转引自黄伯荣,1996:529)

(109)编成这种白话报,印起出来,把得给列位来看。|才买来的鱼就送得猫拖起去哒 才买来的鱼就送给猫拿去吃了。(长沙话,转

引自张大旗,1985)

(110)渠介囡许得汤溪他的女儿许给了汤溪(的一户人家)。（吴语金华汤溪话,转引自曹志耘,2001)

(111)两块钱卖得你。（赣语常宁话,转引自占升平2010)

(112)阿比佢多出一块钱,卖得我吗我比他多出一块钱,卖给我吧!（赣语宜丰话,转引自邵宜,2007)

(113)我把锁匙交得你。（赣语樟树话,转引自习晨,2019)

(114)等我话得你听让我说给你听。（赣语永修话,转引自刘伦鑫,1999:720)

(115)借得他借给他。（赣语湖口、星子、修水、高安、新余、吉安、永丰话,转引自刘伦鑫,1999:633)

(116)过里来,我做得你望过来,我做给你看。（赣语耒阳话,转引自兰小云、刘利新等,2014)

(117)借得我借给我。（赣语南昌话,转引自徐阳春,1998)

"得"经常与"给与"类动词连用,因受语境的制约和影响,"得"对前面动词的依附并与前面动词词义的重合,减弱了它的动词性,进一步虚化为介词"给"义。"结构性语义羡余是语法化的特色诱因。"（江蓝生,2016)当"动词＋得＋宾语"中的宾语成分不表动作结果,也不表达动作完成、实现的状态,而是表动作的目标或归向时,放在"给与"义动词后面的"得",在人们认知心理的作用下,就可能朝着具有引进对象、目标等功能的介词进行虚化。语法化是一个连续统,每个实词的虚化都有各自的诱因和具体的演变历程。正是"得"经常与这种"给与"义动词的连用与同现,就促成"得"开始走上虚化的道路,并在功能特征上发生一定转变。

可见,"得"用作介词表示"给与"义,不仅有其本义引申的基础,而且其具体运用的语言环境也是一个很重要的外在诱因。

从句法位置的改变来看,介宾补语式是来自连动结构后一个动词的弱化,介引成分"得"可能来自动词"得"的"虚化"。

萧红(1999)认为"动₁＋直＋动₂＋间"很可能是在当时复杂谓语包括"并列谓语""连动式""动补式"等日益发展成熟的大环境的直接影响下产生的。"动₁＋直＋动₂＋间"式结构与"连动式"相同,只是动词语义受到限制,它们更像一般的"连动式"。如:

> (118)争持牛羊酒食献餐军士。(《史记·高祖本纪》)

> (119)乃出其怀中药予扁鹊。(《史记·扁鹊仓公列传》)

> (120)遂取所爱阏氏予东胡。(《史记·匈奴列传》)

如上例(118)—(120),动₂一旦弱化,连动式"动₁＋直＋动₂＋间"就演变成介宾补语式"动₁＋直＋X＋间"式。据萧文考察,动₂最后统一为"与"大约在唐五代。因此从汉语语法史来看,介宾补语式自中古汉语以来就产生了,来自连动结构后一个动词的弱化。

随着这种结构日益增多以及语义重心向主要动词倾斜,其"给予"义特征因不易被感知而被削弱、被泛化,于是便对这种结构进行了重新分析,在连动式的基础上再发展成为功能词,因此就出现了将原来连动结构重新分析为一种动补结构的新情况。随着重新分析而带来的结构上的改变,"得"的意义也就不再那么具体实在。于是就在原有"给与"意义的基础上进一步虚化为表引进给与对象的介词。

这种推测可以在一些汉语方言里得到反证。在鄂东、孝感、武汉、益阳、太湖、赤壁、通山、阳新、长沙等地的方言中都可以用"把

得/把到"表示"给予"。如,罗田方言句式Ⅲ中,也可以在介引成分前加给予动词"把",句式意义不变,如:

(121)你把点东西把得/到我 _{你送点东西给我。}

(122)大舅送了两壶茶油把得/到我 _{大舅送了两壶茶油给我。}

"得"字变化的起点是动词"得"进入连动式,处于第二动词位置的"得"字在语境(语义、前面动词词义等)影响下动词性减弱,引起结合关系变化(对动词选择性减弱),再进一步到"给予"动词义逐渐消失,最终发展成只表示介引的语法意义的功能介词。汉语许多动词的历时演变规律告诉我们,处于句子非中心主要位置的动词往往会减弱动词性甚至虚化。"给予"动词"得"也就虚化为介词。事实上,罗田当地人说普通话一般把介引成分"得"对译为"给"。

6 结语

罗田方言的双宾句中只有间接宾语居后的句式Ⅱ才可以用介词"得",这些间接宾语居后的句式Ⅱ通常被赋予了"给予"意义。这种特殊的句式Ⅱ有可能来自介宾补语句式Ⅲ(S＋V＋O_直＋X＋O_间)中介词"得"的省略。"得"字介宾补语句则可能是来自连动句后一个动词的弱化,"得"虚化为表"引进给予对象或者关涉对象"的介词。

我们认为汉语方言"得"的介词用法,来源于"得"的词义引申虚化、句法环境影响、句法结构演变的合力作用。当介词"得"引进给予对象或者关涉对象时,"得"就可以根据上下文分别理解为介词"给""到"或"在"。"动词＋直接宾语＋得＋间接宾语"中的动词更多的是把送类动词,即使是一般动词,一旦放到这样的语境中,语境也赋予其"位移""给予"的临时意义。由此我们可以知道介引成分"得"是由"给予"义动词发展来的,其发展途径是"获取义→给予义→介引义"。

附 注

① 几个"叙说"义动词,如"带_{捎话}、说、讲、唱、劝"等动词双宾语句两式均可用。

② 关于"得""到"的产生,张敏(2011:153)认为这是因为由"持拿义"动词"把"产生"给予义"时,与事角色的赋元需要依靠其他赋元成分,常常要含一个与事标来形成复合形式,"得""到"就是这种赋元成分,笔者认为有一定的解释力。

参考文献

曹志耘编 1996 金华方言词典,载李荣主编《现代汉语方言大词典》,江苏教育出版社。

曹志耘 2001 金华汤溪方言的"得",《语言研究》第 2 期。

曹志耘编 2008 《汉语方言地图集:语法卷》,商务印书馆。

陈 刚 1985 北京人口头不规范字音分析,《文字改革》第 6 期。

陈莉琴 2009 《赤壁方言双宾语句及相关问题》,首都师范大学硕士学位论文。

陈满华 1995 《安仁方言》,北京语言学院出版社。

储泽祥 1998 《邵阳方言研究》,湖南教育出版社。

崔振华 1998 《益阳方言研究》,湖南教育出版社。

邓思颖 2003 《汉语方言语法的参数理论》,北京大学出版社。

郭 熙 1986 "放到桌子上""放在桌子上""放桌子上",《中国语文》第1期。

黄伯荣 1996 《汉语方言语法类编》,青岛出版社。

黄晓雪 2007 汉语方言与事介词的三个来源,《汉语学报》第 1 期。

江蓝生 2016 超常组合与语义羡余——汉语语法化诱因新探,《中国语文》第 5 期。

兰小云、刘利新 2014 耒阳方言的"得"字及其相关句式,《毕节学院学报》

第 5 期。

李如龙、张双庆　1997　《动词谓语句》,暨南大学出版社。

林寒生　2002　《闽东方言词汇语法研究》,云南大学出版社。

林立芳　1997　梅县方言的动词谓语句,载李如龙、张双庆主编《动词谓语句》,暨南大学出版社。

林立芳、庄初生　1995　《南雄珠玑方言志》,暨南大学出版社。

林连通、陈章太　1989　《永春方言志》,语文出版社。

林　焘　1962　现代汉语轻音和句法结构的关系,《中国语文》第 7 期。

刘丹青　1997　苏州方言的动词谓语句,载李如龙、张双庆主编《动词谓语句》,暨南大学出版社。

刘丹青　2001　汉语给予类双及物结构的类型学考察,《中国语文》第 5 期。

刘伦鑫　1999　《客赣方言比较研究》,中国社会科学出版社。

罗昕如　1998　《新化方言研究》,湖南教育出版社。

马庆株　1983　现代汉语的双宾构造,《语言学论丛》第十辑,商务印书馆。

潘悟云　1997　温州方言的动词谓语句,载李如龙、张双庆主编《动词谓语句》,暨南大学出版社。

饶长溶　1997　长汀方言表"得到"和表"给予"的"得",载饶长溶主编《汉语层次分析录》,北京语言文化大学出版。

邵　宜　2007　赣语宜丰话"得"的研究,《语文研究》第 1 期。

施其生　1997　汕头方言的动词谓语句,载李如龙、张双庆主编《动词谓语句》,暨南大学出版社。

石毓智　2004　汉英双宾结构差别的概念化原因,《外语教学与研究》第 2 期。

[日]太田辰夫　1987　《中国语历史文法》(修订译本),蒋绍愚、许昌华译,北京大学出版社。

唐爱华　2005　《宿松方言研究》,中国社会科学出版社。

万　波　1997　安义方言的动词谓语句,载李如龙、张双庆主编《动词谓语句》,暨南大学出版社。

汪国胜　2000　《大冶方言句法研究》,华中师范大学博士学位论文。

王求是　2018　孝感方言的"得"字句,《湖北工程学院学报》第 4 期。

王兴才　2008　重庆方言"得(dei)"来源考察,《重庆三峡学院学报》第 5 期。

习　晨　2019　赣语樟树方言中的"得",《普洱学院学报》第 4 期。

项梦冰　1997　连城方言的动词谓语句,载李如龙、张双庆主编《动词谓语句》,暨南大学出版社。

萧　红　1999　也说中古双宾语结构的形式与发展,《古汉语研究》第 1 期。

徐　丹　1994　关于汉语里"动词＋X＋地点词"的句型,《中国语文》第 3 期。

徐阳春　1998　南昌话"得"字研究,《南昌大学学报》(哲社版)第 4 期。

徐　英　2017　从罗田方言的语法特征看江淮官话黄孝片与赣语的亲缘关系,《中国语言地理》(第一辑),崇文书局。

占升平　2010　常宁方言中的"得"的语法化,《遵义学院学报》第 1 期。

曾毅平　2003　石城(龙岗)方言的被动句、双宾句、"来、去"句、"有"字句和"添"字句,载戴昭铭主编《汉语方言语法研究和探索——首届国际汉语方言语法学术研讨会论文集》,黑龙江人民出版社。

张大旗　1985　长沙话"得"字研究,《方言》第 1 期。

张　敏　2010　"语义地图模型":原理、操作及在汉语多功能语法形式分析中的作用,《语言学论丛》第四十二辑,商务印书馆。

张　敏　2011　汉语方言双及物结构南北差异的成因:类型学研究引发的新问题,《中国语言学集刊》第 2 期。

赵元任　1979　《汉语口语语法》,商务印书馆。

周偈琼、林　源　2009　衡阳话的"得",《濮阳职业技术学院学报》第 1 期。

朱德熙　1982　《语法讲义》,商务印书馆。

朱　军、张　展　2011　湖南安仁话的"得"字与"得"字句,《南华大学学报》第 5 期。

祝敏彻　1957　论初期处置式,《语言学论丛》第一辑,新知识出版社。

[日]清水茂　1972　粤方言双宾句の词序,载鸟居久靖《鸟居久靖先生花甲纪念论集——中国の言语と文字》,[日]天理大学出版。193—208 页。

Xu,L. and A. Peyraube　1997 On the double-object construction and the oblique construction in Cantonese. *Studies in Language* 21.1:105—127.

确认与强调：
"实"的主观意义和语用功能

杨永龙

（中国社会科学院语言研究所）

1 确认事实

在先秦汉语中，"实"可以用作名词（果实）、动词（填满）、形容词（充实），也可以用作副词。作为副词，"实"的基本功能是确认事实，大体相当于现代汉语的"确实""果然""其实"等。例如：

(1)文嬴请三帅，曰："彼实构吾二君，寡君若得而食之，不厌，君何辱讨焉？使归就戮于秦，以逞寡君之志，若何?"公许之。(《左传·僖公三十三年》)

(2)及栾弗忌之难，诸大夫害伯宗，将谋而杀之。毕阳实送州犁于荆。(《国语·晋语五》，刘淇《助字辨略》卷五引上文曰："此'实'字，犹云果也。"引自《汉语大词典》)

(3)今吾子爱人则以政，犹未能操刀而使割也，其伤实多。(《左传·襄公三十一年》)

确认事实的"实"在句法上修饰谓语，语义上则主要与言者有关，表明说话人对命题的态度，具有明显的主观性。具体来说，

"实"所在句子表达一个命题,加上"实"则表明说话人对该命题的真实性的确认。这类副词汉语学界一般称之为语气副词,张谊生(2000)进一步明确为评注性副词。

国外语言学界对主观性副词有较多讨论,Jackendoff(1972)等称作言者指向的副词(speaker-oriented adverb),如英语 probably、amazingly、frankly,以区别于 loudly 之类的方式副词(manner adverb),和 cleverly 之类主语指向的副词(subject-oriented adverb)。言者指向的副词可进一步分为言语行为副词(speech-act adverb[①])、认识情态副词(epistemic adverb)、评价副词(evaluative adverb)等。如(引自 Ernst,2009):

(4)a. **Honestly**, I don't know what you mean.

b. Karen is **probably** going to dance a tango.

c. **Luckily**, Aaron did not fall off his bicycle.

Ernst(2009)指出,在英语中言语行为副词可以通过"I say ADV that P"来理解(P 为命题),如(4a)可以改写为(5a);而认识情态副词和评价副词则可以通过含有相应形容词的判断句形式"It is ADJ that…"来理解,如(4b)(4c)可改写为(5b)(5c):

(5)a. I say honestly that I don't know what you mean.

b. It is probable that Karen is going to dance a tango.

c. It is lucky that Aaron did not fall off his bicycle.

汉语似乎缺乏言语行为副词,认识情态副词和评价副词可以通过"命题意义+言者主观看法"来进行语义分析。上述表示确认的"实"字句可以理解为"命题+事实确实如此"。如例(1)意思是:

(6)他让我们两国国君结仇(命题意义),事实确实如此(言者主观看法)。

进一步说，上述三例"实"虽然都是对命题真实性的确认，但是预期意义（expectation meaning）各不相同。在言谈过程中，所断言的情形与说话人、听话人或社会群体预先设想的情形，往往存在着不同的关系：或者相同（in accordance with expectation），或者相反（counter to expectation），或者没有明显的关联（neutral to expectation），可以分别称之为正预期（expectation）、反预期（counter-expectation）、中性预期（neutral-expectation）。[②] 如一个断言"他知道"，在孤立语境中可能不具有特定的预期，这个时候可以称之为中性预期。若在此之上加上不同的副词则可能体现出不同的预期意义，如：

> (7)a. 他确实知道。
>
> b. 他果然知道。
>
> c. 他其实知道。

(7a)在孤立语境中仍然是中性预期，当然在特定语境中可能具有正预期意义或反预期意义。如："大家都觉得他知道这件事情，他确实知道。"即含有正预期意义。(7b)具有正预期意义，预想的情形是"他知道"；(7c)具有反预期意义，预想的情形是"他不知道"。上述例(1)—(3)的"实"分别相当于"确实""果然""其实"，分别具有中性预期语义、正预期意义、反预期意义。

如果从语用出发观察分析上述例子的焦点结构，还可以看到，这类句子一般没有对比焦点，其常规焦点恰恰是"实"后面的谓语部分，有没有"实"可能都是如此，但是"实"在某种程度上具有一定的凸显常规焦点的功能。关于焦点，下节会进一步讨论。

综上可见，表示确认的"实"在句法、语义、语用方面的特征可概括为：

(8)句法：用于谓语前面，修饰谓语；

语义1：评价义，言者对命题真实性的肯定；

语义2：预期义，或中性预期，或正预期，或反预期；

语用：句子的焦点是"实"后的谓语部分。

2 强调主语

与确认事实相关而又不同的另一种用法是表示强调。以往文献中对"强调"多有涉及，如"强调副词""强调语气"等，但是通常缺少严格的界定。本文综合前人研究认为，强调（emphasis）是对焦点的凸显，即通过重音、虚词、语序等手段对句子中某些成分所负载的信息加以凸显的语用操作方式。强调可能与虚词存在关联，但往往和重音如影随形。例如现代汉语的例子（前面加′表示重读）：

(9)a.′这个苹果才红。

b. 这个′苹果才红。

(9a)意思是：是这个苹果红而不是别的苹果红；"这"重读，此时强调的是"才"前面主语中的修饰成分"这"，排除其他（如"那"）。

(9b)意思是：是苹果红，不是别的东西红；"苹果"重读，此时强调的是"才"前主语"苹果"，排除其他（如"梨子"）。

这些重读的成分是要强调的部分，即一般所说的"焦点"（focus）。焦点就是言者在句子中要强调的、希望引起听话人特别关注的信息。

上例与焦点关联的虚词"才"处于焦点之后，不重读，具有突出焦点、排除其他的功能。含有"才"的句子与"是"字句或准分

裂句意思相近,如(10);同时又可以与"是"同现,意思基本不变,如(11):

(10)a.是′这个苹果红。　准分裂句:红的是′这个苹果。

b.是这个′苹果红。　准分裂句:红的是这个′苹果。

(11)a.是′这个苹果才红。

b.是这个′苹果才红。

这类"才"可以看作"准焦点标记"(quasi-focus-marker)。所谓"准焦点标记"是指语言中介于"焦点标记"(focus-marker)和"焦点敏感算子"(focus-sensitive operator)之间的语法形式。"焦点标记"与"焦点敏感算子"的区别,简单地说主要体现在两个方面:其一,前者不改变所在句子真值,后者会改变句子的真值;其二,前者除了表明所要强调的焦点,没有别的意义,后者有独立的与焦点无关的功能(参见方梅,1995;徐杰,2001;徐烈炯、潘海华,2005;祁峰,2012等)。上述用法的"才"不改变句子的真值,同时又可能多少具有一些焦点之外的独立的功能,因此我们称之为"准焦点标记"。

先秦汉语的"实"有类似用法,本文把这种用法概括为表示强调,其中最明显的一类是强调主语。例如(画波浪线的部分是所强调的成分,即焦点):

(12)冬十二月,狄人伐卫。卫懿公好鹤,鹤有乘轩者。将战,国人受甲者皆曰:"使鹤!鹤实有禄位,余焉能战?"(《左传·闵公二年》)

(13)往岁,郑伯请成于陈,陈侯不许。五父谏曰:"亲仁善邻,国之宝也。君其许郑!"陈侯曰:"宋、卫实难,郑何能为?"遂不许。(《左传·隐公六年》)

例(12)"实"不在于肯定鹤有禄位,而在于强调有禄位的是鹤而不是我们这些要去打仗的人。这里"余"和"鹤"构成对比,句子强调"鹤"而排除"余"。例(13)郑、宋、卫三个国家构成一个集合进行对比,陈侯的意思是说,难的是宋国和卫国而不是郑国,因此宋国卫国是强调的焦点。这类用法的"实"句法上修饰谓语,用于主谓之间("NP$_主$＋实＋VP$_谓$"),但是意义上与现代汉语的强调结构"(其实)是＋NP$_主$＋VP$_谓$",或准分裂句"VP的(其实)是NP"大体相同,如例(12)"鹤实有禄位"可理解为(14)(15):

(14)(其实)是鹤有禄位。

(15)有禄位的(其实)是鹤。

可见这类句子的焦点不是谓语,而是前面的主语;其主观评价义,即对命题真实性的肯定,已经不太明显,似乎成了理所当然的内容;其预期意义往往限于反预期的一类。概括来说,强调主语的"实"所在句子有如下特征:

(16)句法:用在做焦点的主语与谓语之间,修饰谓语;

语义1:评价义(仍然存在但是已经不甚明显);

语义2:预期义(可以是中性预期但通常是反预期);

语用:句子有对比焦点,焦点是"实"前面的成分。

比较(8)与(16),可以看到表示确认和表示强调既有联系又有区别。

以往的研究大多不区分"实"的确认和强调用法,如《古代汉语虚词词典》举有例(12),解释为"用在谓语前,表示确认所述事实的真实性。可译为'确实'等"。也有的论著注意到了表强调的"实"的独特之处,如《古汉语常用字字典》专门立有一个义项:"句中语气词。用于加强语意。"所举例子是上文例(13)。这一处理很有见地,显示了编者的过人之处。不过"加强语意"的说法比较笼统,是加强什么语意? 给什么成分加强语意? 作为词典也许不必强求,但是从语法研究的角度看是应该进一步明确的。按照本文分析,这个"实"的功能是表示强调,具体说是凸显句子的焦点,排除其他。

3 "实"与焦点的关联

其实,蒲立本(1995/2006:80)早已注意到这类表强调的"实",指出其功能在于凸显主语,蒲先生的例子是:

(17)此二人者实弑寡君。(It was these two men who murdered our ruler.)(《左传·隐公四年》)

(18)非知之实难。(It is not knowing it that is diffi-cult.)(《左传·昭公四年》)

例(17)"实"仍有告诉对方真实情况的意思,但是句子主要不在于确认某人是否真的杀害了国君,因为国君被杀,新君已立,周边国家早已知道。该例要说的是到底谁杀害了国君,所以"此二人"是焦点。蒲先生用英语分裂句翻译这类句子,其敏锐的眼光值得称道。可惜说得太简略,例子也只有两个。黄易青(2016)也注意到"实"的强调用法,并列举了大量例证。现在的问题是:如何证明"实"前面的成分是焦点?

在现代汉语中,焦点的鉴别最显著的标志是重音,但是古代汉语重音难觅,只能靠语境。一说到语境,不免会见仁见智,但是总能找到一些相关的形式线索来证明"实"前面的成分是焦点。

第一,以疑问代词为线索。

首先,疑问代词本身在句中就负载着焦点信息,现代汉语还可以通过句法手段即加上焦点标记"是"进一步显示,如"谁发明的飞机?""谁"已经是焦点,还可以加"是":"是谁发明的飞机?""实"也可以加在作为焦点的疑问代词之后,构成"疑问代词+实+谓语",用于对前面焦点的凸显和强调。例如:

(19)景王问于苌弘曰:"今兹诸侯何实吉?何实凶?"对曰:"蔡凶。……"(《左传·昭公十一年》)

(20)又赋《采蘩》,曰:"小国为蘩,大国省穑而用之,其何实非命?"(《左传·昭公元年》)

例(19)"何实吉?何实凶?"一般说成"何吉?何凶?"即可,不用"实",因为疑问代词本身就能标明焦点。大概正因为如此,《助字辨略》说:"此'实'字,语助辞,不为义也。"从词汇意义上说,此"实"字确实"不为义",但是从语法功能看,却具有关联焦点并加以凸显的功能。"何实"一起用与现代汉语的"是什么"一起用如出一辙,当然"是"的强调功能可能比"实"更为纯粹。例(20)"其何实非命"直译是"什么不是命令",属于反问句,意思是"什么都是命令"。该句杜预注云:"何敢不从命?"这是意译,但也表明其中"实"除了进一步强调前面的焦点外,没有确认之类的功能。

其次,通过疑问代词这一线索还可以知道,在答句或相应的句子中与之对应的语词也是焦点。例如:

(21)文子曰:"子称盅,何实生之?"对曰:"盅之慝,谷之飞实生之。"(《国语·晋语八》)

(22)今大夫将问其故,抑寡君实不敢知,其谁实知之?(《左传·昭公十九年》)

例(21)问句"何"为焦点,答句的"谷之飞"也是焦点,其后的"实"同样都是表示强调。例(22)是子产回答晋国责问的话,大意是说郑国臣子家中出现一些变故,是上天搞乱的,连国君都不知道为什么,那么谁知道呢?"其谁实知之"是反问句,焦点仍然落在疑问代词身上;前面"抑寡君实不敢知"与此对举,其中的"寡君"也是焦点。两个小句的"实"都是用于对焦点的强调。

第二,以焦点敏感算子"唯"为线索。

"唯"(或写作"惟""维")有唯一的意思,一般看作范围副词,可以置于焦点之前,表明该焦点是唯一的、排他的,属于"焦点敏感算子"③。"唯"是后指的,紧随其后的成分往往是焦点。"实"可以用在这类焦点之后,构成"唯+焦点+实+谓语"格式。例如:

(23)王怒,少与之师,唯西广、东宫与若敖之六卒实从之。(《左传·僖公二十八年》)

(24)又与之遇,七遇皆北,唯裨、儵、鱼人实逐之。(《左传·文公十六年》)

(25)融之兴者,其在芈姓乎?芈姓夔越不足命也,蛮芈蛮矣,唯荆实有昭德。若周衰,其必兴矣。(《国语·郑语》)

同一个句子有两个虚词与焦点有关,二者的不同在于,"唯"是焦点敏感算子,强调焦点的唯一性;"实"属于准焦点标记,强调焦点的排他性。二者可以相互配合,构成框式表达。

带"实"而不带"唯"的句子,如果与"唯+焦点+实+谓语"对举,那么"实"前成分也可以鉴别为焦点。例如:

(26)苟姬未绝周室,而俾守天聚者,必武族也。武族唯晋实昌,晋胤公子实德。晋仍无道,天祚有德,晋之守祀,必公子也。(《国语·晋语四》)

(27)岂唯寡君与二三臣实受君赐,其周公、太公及百辟神

祗实永饏而赖之！(《国语·鲁语上》)

第三,以否定性焦点敏感算子"非"为线索。

"非"作为否定词常用于表示否定判断,如"子非鱼,安知鱼之乐?"(《庄子·秋水》),与此相关的另一种用法是否定焦点,这类用法往往处于"非＋焦点＋谓语"格式之中。例如:

> (28)今王非越是图,而齐、鲁以为忧。夫齐、鲁譬诸疾,疥癣也,岂能涉江、淮而与我争此地哉?(《国语·吴语》)

> (29)侨闻君子长国家者,非无贿之患,而无令名之难。(《左传·襄公二十四年》)

这两例中"非"否定的焦点分别为名词"越"和动词短语"无贿(即无财物)",都是以往所说的前置宾语,是句子要强调的成分。当否定的焦点是前置宾语时,其后通常用代词"是""之"复指;当否定的焦点是主语时,则可以在主语之后加上"实",如:

> (30)魏献子问于蔡墨曰:"吾闻之,虫莫知于龙,以其不生得也。谓之知,信乎?"对曰:"人实不知,非龙实知。古者畜龙,故国有豢龙氏,有御龙氏。"(《左传·昭公二十九年》)(知,智。)

> (31)非知之实难,将在行之。(《左传·昭公十年》)

如果说表判断的"非"相当于现代汉语"不"加系词"是"(如"你不是鱼"),那么否定焦点的"非"就相当于现代汉语的"不"加焦点标记"是"(如"不是鱼快乐,而是人快乐")。因此可以说否定焦点的"非"是一个典型的否定性焦点标记,但是因为这个标记具有否定意义,而且可以改变句子的真值,还是更适合看作焦点敏感算子。

第四,以谓语省略或谓语重复为线索。

省略或重复非焦点成分,是凸显焦点的常用手段,如问"谁

去?"回答"我。"这是谓语省略;回答"我去。"是谓语重复。两种方式都可以凸显焦点"我"。先看谓语省略例:

(32)若果行此,其郑国实赖之,岂唯二三臣?(《左传·襄公三十一年》)

(33)岂惟寡君,举群臣实受其贶,其自唐叔以下实宠嘉之。(《左传·昭公三年》)

(34)其先君鬼神实嘉赖之,岂唯寡君?(《左传·昭公七年》)

谓语重复的例子如前面的例(21)(22),再如:

(35)曰:"若何吊也? 其非唯我贺,将天下实贺。"(《左传·昭公八年》)

第五,前后语境有对比项。

对比焦点的背后总是蕴涵着一个焦点选项集合,焦点的实现过程就是说话人把集合中的特定成员拿出来加以凸显,而排除其他成员的过程。因此,在对比语境中,与焦点相对的至少有一个对比成员,或者是隐含的,或者是明确说出来的。上述四条所涉及的焦点都应该如此。在没有上述几条明显标志的情况下,如果上下文有明确说出来同一集合的对比项,也能帮助判断焦点之所在。例如:

(36)用之实难,已之易矣。(《国语·楚语上》)

(37)三败及韩,晋侯谓庆郑曰:"寇深矣,若之何?"对曰:"君实深之,可若何!"公曰:"不孙!"(《左传·僖公十五年》)

前例"用之"与"已之"对比。后例"君实深之"意思是,是您让他们深入的,强调"君",排除"寇"。

在先秦文献中"实"有时候也写作"寔"。如:

（38）是师也，唯子玉欲之，与王心违，故唯东宫与西广<u>寔</u>来。（《国语·楚语》）

上面我们分别从疑问代词等五个角度证明"实"所在句子的焦点是它前面的主语，而不是后面的谓语，从而明确地把强调主语的用法和确认事实的用法区分开来。当然，这并不是说强调主语的"实"只能出现在上述句法环境之中，只是借此说明"实"确实有强调主语这种用法，这是可以通过一些句法上的表现验证出来的。

4 "实"的来源

蒲立本（1995/2006：80）认为表示凸显的"实"与"是"一样是指示代词，在语源上与"兹""此"有联系。洪波（1991）、黄易青（2016）也有类似的看法。洪波（1991）认为上古汉语"实""寔"可用作主语和主语的复指成分，属于兼指代词。黄易青（2016）认为表强调的"实"是指示代词，是假借字，与"是"同源。我们对此不敢苟同。我们认为表强调的"实"不是代词，而是主观化程度很高的语气副词，其来源不是指示代词而是语气副词。

第一，从句法分布看，代词通常做主语、定语、宾语，而表强调的"实"不能做定语、宾语，这是与"之""是"之类指示代词的明显不同。"实"只能用于动词或谓语之前的位置，如上节各例。这个位置固然有可能是主语或主语的复指成分，但也恰好是状语的位置，是副词的位置。而且像"何实凶"之类，"实"前紧接着的是疑问代词"何"，后面再跟一个指示代词复指"何"，这样解释似乎过于迂曲，不如直接看作副词简单。当然如前所述这个副词已经高度语法化了，虽然在形式上是修饰后面的谓语，语义上则是指向句子的主语。

"实"有一种用法确实很像代词做主语，但是也可以看作表示判断确认的副词，做状语，与"乃""即""则"类同，相当于"就（是）"。如：

（39）髧彼两髦，实为我仪。（《诗经·鄘风·柏舟》）

（40）虢公、晋侯、郑伯使原庄公逆王后于陈。陈妫归于京师，实惠后。（《左传·庄公十八年》）

前例是洪波（1991）将"实"作为主语所举的例子，古代注疏也有类似的解释，陈奂《毛诗传疏》云："实，当作寔，是也。"后例是黄易青（2016）作为代词所举的例子，刘淇《助字辨略》也认为："实与寔同。《尔雅》云：'寔，是也。'……实惠后者，犹云是为惠后也。"同类例子再如：

（41）十年夏，公会齐侯于祝其，实夹谷。（《左传·定公十年》）

（42）十三年春，齐侯、卫侯次于垂葭，实郹氏，使师伐晋。将济河，诸大夫皆曰不可……（《左传·定公十三年》）

例（41）杜预注为"夹谷即祝其也"，其注释中正好用了一个"即"。例（42）很有意思，就像在讲述故事的过程中突然跳出故事之外针对所述情节中某个名词加个解释，又像误入正文的注释："十三年的时候，齐侯、卫侯驻扎在垂葭（垂葭就是郹氏），让军队进攻晋国。"这个"实"就在于表明释词与被释词的关系，类似于系词，但众所周知，上古汉语没有系动词，直接以名词做谓语表示判断，这个"实"用在判断句的谓语前，其功能是加强判断语气。它既不是"实际"的意思，也不等于"此"，而是相当于"即"。

第二，从语义、语用联系看，前文已经显示，确认事实与表示强调的"实"关系密切。其实如果从演变路径看，确认事实、加强判断、表示强调,这三个功能密切相关。

首先,确认事实其实也是一种判断,只不过是在判断之外多了一重对真实性的肯定。如"我真不知道",意思是"我不知道,这是真的",所以"真"后面可以加上表判断的"是":"我真是不知道。"同样道理,"我确实不知道"也可以说成"我是确实不知道"或"我确实是不知道"。也就是说,确认事实蕴涵着加强判断。"实"的功能从确认事实到加强判断,这是一种语义的泛化。

其次,加强判断与表示强调的功能密切相关。现代汉语表示强调的副词"是",正是从表判断的系词发展而来的。从系词发展为焦点标记,这条语法化路径在世界许多语言中都能见到,如科拉语(Cora)、拉芒语(Lamang)、伦迪尔语(Rendille)、海地克里奥尔法语(Haitian CF)等(参见 Heine & Kuteva,2002/2012:127)。当然,"实"并不是系动词,但却具有联系判断句的主语和谓语的功能,这是与系词一致的。加强判断语气在某种程度上也是一种强调,只不过就"实"而言其焦点是后面的谓语而不是前面的主语。但是强调可以针对整个句子,也可以针对句子中的特定成分,特定成分既可能是谓语,也可能是主语、宾语、定语、状语等,具体要强调的成分是什么,主要看语用的需要。[参见科姆里问卷 1.11 及刘丹青(2008)的讲解]因此,强调主语与强调谓语之间并不是隔着一道鸿沟。前面我们主要讨论"实"有强调主语的功能,蒲立本(1995/2006:80)也认为"实"是凸显主语,其实强调主语只是其强调用法最常见的语用表现之一,"实"也可用于强调宾语和谓语。如:

(43)臣闻之,鬼神非人实亲,惟德是依。(《左传·僖公五年》)

（44）重耳若获集德而归载，使主晋民，成封国，其何实不从？（《国语·晋语四》）

这两例所强调的都是前置宾语，前者是"非＋焦点＋实＋谓语"，后者是疑问代词"何"为焦点，提在前面做句子的主语。

（45）王送知罃，曰："子其怨我乎？"对曰："二国治戎，臣不才，不胜其任，以为俘馘。执事不以衅鼓，使归即戮，君之惠也。臣实不才，又谁敢怨？"（《左传·成公三年》）

"臣实不才"虽可翻译为"是臣不才"，但句子焦点不是"臣"而是"不才"，是以"不才"与"怨我"相对，所强调的是谓语。强调谓语一头与加强判断相连，另一头与强调主语相连。

先秦汉语的"则"也是既可以加强判断，也可以表示强调，④是一个很好的旁证。加强判断的例如：

（46）宣子曰：我若受秦，秦则宾也；不受，寇也。（《左传·文公七年》）

（47）又与大国执雠，以暴露百姓之骨于中原，此则寡人之罪也。寡人请更。（《国语·越语上》）

表示强调的例如：

（48）楚子将杀之，使与之言曰："尔既许不谷而反之，何故？非我无信，女则弃之。速即尔刑！"（《左传·宣公十五年》）

（49）"鸡既鸣矣，朝既盈矣。""匪鸡则鸣，苍蝇之声。""东方明矣，朝既昌矣。""匪东方则明，月出之光。"（《诗经·齐风·鸡鸣》）

（50）非阴阳贼之，心则使然也。（《庄子·庚桑楚》）

（51）大子告人曰："戏阳速祸余。"戏阳速告人曰："大子则祸余。大子无道，使余杀其母。余不许，将戕于余……"（《左

传·定公十四年》)

第三,还有一个旁证,"实"可用于标明责任主体,而副词"唯"也有平行用法。所谓标明责任主体,就是凸显事件由谁负责。在现代汉语中,介词"由"可以"引进施动者,跟名词组合","重音在后面的名词上"(吕叔湘主编,1999:628)。例如⑤:

(52)现在由老张介绍详细经过|运输问题由他们解决|花色样式,由你决定

"由"加在主语之上,而且去掉之后并不影响句子结构的完整性,因此"由"已不再是典型的介词,而是名词前的附着性成分。而"由"后的名词是重音所在,从信息结构看恰恰是句子的焦点。不过这些用作焦点的名词在范围上是有限制的,"一般都必须具有[+指人]的语义特征,至少也要有[+有生]的语义特征"(张谊生,2004:47)。从语义语用上看,"由"后名词往往是事件的责任主体,而"由"的功能恰好就在于引出责任主体。这类句子还可以在动词前加一个"来",并且可以去掉"由"直接说成"NP 来 VP"。"来"已经失去了位移意义,不再是趋向动词,功能与"由"类似,因此可以与"由"组成框式结构"由 NP 来 VP",也可以单用。"来"单用的例子如(引自吕叔湘主编,1999:345):

(53)我来说两句(我说两句)|你去打水,我来收拾屋子

吕叔湘主编(1999:345)对"来"的解释是:"表示要做某事。不用'来'意思相同。"用不用"来"确实意思变化不大,但是有了"来",对责任人的强调更为明显。

先秦汉语的"实"有类似用法,通常仅限于祈使句。先看例子:

(54)昔召康公命我先君大公曰:"五侯九伯,女实征之,以夹辅周室!"(《左传·僖公四年》)

（55）公曰："子实图之。"（《国语·晋语八》）

（56）其委诸伯父，使伯父实重图之。（《左传·昭公三十二年》）

（57）敢布腹心，君实图之。（《左传·宣公十二年》）

"女实征之""君实图之"，这类用法在《左传》《国语》中多次出现。有的是上对下，如前两例。（55）说的是，晋平公六年多人作乱，镇压后晋平公问阳毕，祸乱这么多该怎么办，阳毕说要砍掉祸乱的根子才行。于是晋平公就说："子实图之。"意思是，由你来考虑这件事情。也有的是下对上，如后两例。战败国请求战胜国不要灭了自己，先分析灭与不灭正反两个方面的利弊，最后请听话人定夺，如（57）。以往研究把这类用法或解释为语助词，用以加强语意，或解释为"切实""请"，我们认为这种用法与前述强调主语的用法一脉相承而又有所区别。这类"实"字句不能翻译为表强调的"是"字句，但语义也是指向主语，而该主语是特定的施事，是责任主体。该责任主体往往限于听话者，所以这类"实"所在的句子多是祈使句。

先秦汉语的"唯"也有与此类似的用法。例如：

（58）敢私布于吏，唯君图之！（《国语·晋语四》）

（59）若晋君朝以入，则婢子夕以死；夕以入，则朝以死。唯君裁之！（《左传·僖公十五年》）

（60）官之师旅，不胜其富，吾能无筚门闺窦乎。唯大国图之！（《左传·襄公十年》）

"敢私布于吏，唯君图之"与"敢布腹心，君实图之"几乎是完全相同的意思。"君实图之"用了语义前指的"实"，而"唯君图之"用了语义后指的"唯"，二者的共同之处都是标明责任主体。而且有意思的是"唯（隹、惟、维）"早在甲骨文时代就已经用于强调焦点，《诗

经》时代仍很常见,对此许多学者都已指出,参见张玉金(1988)、黄德宽(1988)、洪波(2000)等。如:

　　(61)勿隹王从沚戜?(合集7494)【强调主语】

　　(62)王勿隹土方正(征)?(合集6444)【强调前置宾语】

　　(63)人惟求旧;器非求旧,惟新。(《尚书·盘庚》)【强调谓语】

　　可见,不仅"实"可以从表示强调发展出标明责任主体,"唯"也有相同的演变路径。正如"唯"是副词而不是代词,"实"也是副词而不是代词。

5　结语

　　先秦汉语的副词"实"从句法上看比较简单,总是处在谓语之前,一般分析为状语,与状语最贴近的词类就是副词,因此一般把"实"看作副词。但是其语义语用功能复杂,而且主观化、语法化程度很高。通过分析可以看到,"实"的基本功能是确认事实,与此同时还可以表示强调。以往的研究大多不太注意确认与强调之间的区别和联系,或者笼统地看待,或者虽然注意到了表示强调的"实",却认为这个"实"是指示代词,从而割裂了它们之间的联系。本文通过语义语用分析试图对"实"表示确认和强调的用法进行区分,并着重从形式上证明强调用法与焦点的密切关联,进而从句法分布和语义语用关联的角度证明表示强调的用法未必是指示代词。本文注意到,除了确认和强调,"实"还可以加强判断和标明责任主体,四种用法之间存在着密切的联系,其间的演变路径可能是:确认事实>加强判断>强调主语>标明责任主体。

附　注

①　或称作 discourse-oriented adverb，pragmatic adverb，illocutionary adverb，参见 Ernst(2009:498)。

②　有关预期（expectation）、反预期（counter-expectation）的讨论参见 Heine 等(1991:7.3)，Dahl(2001)、吴福祥(2004)等。以往的研究多关注"反预期"，在术语使用上一般是"反预期"与"预期"相对，再加上"中性预期"，构成三个次类，但是当须要提到这类语义范畴时可能会说与"预期"有关，此时的"预期"则属于上位概念。这里我们用"预期"作为概括性的上位概念，其下三分为"正预期""反预期""中性预期"。

③　"唯"还可以用作焦点标记，尤其在甲骨文中。参见第四节。

④　蒲立本(1995/2006:80)已经谈到表示凸显的"则"，但所举例子大多不典型，甚至有的例子"则"前成分不是焦点，而是话题，如下例中的"圣"：

> (1)孔子曰，圣则吾不能。(Confucius said, 'to be a sage I am not capable')(孟子 2A/2)

该例上下文如下，"圣"明显属于话题：

> (2)昔者子贡问于孔子曰："夫子圣矣乎?"孔子曰："圣则吾不能，我学不厌而教不倦也。"子贡曰："学不厌，智也；教不倦，仁也。仁且智，夫子既圣矣!"(《孟子·公孙丑上》)

但是，先秦的"则"确实可以强调主语，可以通过语法形式加以鉴别。

⑤　引自吕叔湘主编(1999:628)。

参考文献

方　梅　1995　汉语对比焦点的句法表现手段，《中国语文》第 4 期。

《古汉语常用字字典》编写组　1998　《古汉语常用字字典》(1998 年版)，商务印书馆。

洪　波　1991　兼指代词的原始句法功能研究，《古汉语研究》第 1 期。

洪　波　2000　先秦判断句的几个问题，《南开学报》第 5 期。

黄德宽　1988　甲骨文"(S)更 OV"句式探踪，《语言研究》第 1 期。

黄易青　2016　先秦虚词"实""维""伊""繄"的用法及其词源关系，《北京师范大学学报》第 2 期。

刘丹青　2008　《语法调查研究手册》，上海教育出版社。

吕叔湘主编　1999　《现代汉语八百词》(增订本),商务印书馆。

伦道夫·夸克等著　1985　《当代英语语法》,王中浩等译,辽宁人民出版社。

蒲立本　1995/2006　《古汉语语法纲要》,孙景涛译,语文出版社,2006 年。

祁　峰　2012　《现代汉语焦点研究》,复旦大学博士学位论文。

吴福祥　2004　试说"X 不比 Y·Z"的语用功能,《中国语文》第 3 期。

徐　杰　2001　《普遍语法原则与汉语语法现象》,北京大学出版社。

徐烈炯、潘海华编　2005　《焦点结构和意义的研究》,外语教学与研究出版社。

张谊生　2000　《现代汉语副词研究》,学林出版社。

张谊生　2004　试论"由"字被动句——兼论由字句和被字句的区别,《语言科学》第 3 期。

张玉金　1988　甲骨卜辞中"惠"和"唯"的研究,《古汉语研究》第 1 期。

中国社会科学院语言研究所古代汉语研究室编　1999　《古代汉语虚词词典》,商务印书馆。

Dahl, Östen 2001 Grammaticalization and the life－Cycles of constructions. *Mitteilungen Der Winckelmann*. 1(40):95—102.

Ernst, Thomas 2002 *The Syntax of Adjuncts*. Cambridge: Cambridge University Press.

Ernst, Thomas 2009 Speaker-oriented adverbs. *Natural Language & Linguistic Theory*. Vol. 27.3:497—544.

Heine, Bernd & Tania Kuteva 2002/2012 《语法化的世界词库》,龙海平等译,世界图书出版公司。

Heine, Bernd, Ulrike Claudi and Friederike Hünnemeyer 1991 *Grammaticalization: A Conceptual Framework*. Chicago: University of Chicago Press.

Jackendoff, R. 1972 *Semantic Interpretation in Generative Grammar*. Cambridge, Mass.: MIT Press.

也谈中动结构"NP受＋V起来＋AP"的形成过程

杨作玲

（三峡大学文学与传媒学院）

1 引言

中动结构,也有学者称为中间结构、中动句或中动态,是与主动结构和被动结构相对的句子结构,指的是以受事为语法主语,谓语动词采用主动形式的句子,如英语中的"The book reads easily"。中动结构在有的语言中没有特定的形式标记,如英语;在有些语言中会带有特定的反身标记,如德语。最近二十年来,汉语中动结构引发了不少学者的研究兴趣,蔡淑美(2013)已有很好的综述,这里不再赘述。总起来看,立足于结构主义、形式主义或功能主义等多种范式的研究成果为我们进一步认识汉语中动结构奠定了重要的基础,学界在汉语中动结构上对所涉及的大部分问题均存在不同意见,但大多数学者认可汉语的中动结构是"NP＋V起来＋AP"结构。

结合王寒娜(2007)和胡旭辉(2019)的研究,汉语中的"起来"可以概括为以下四种功能,本文分别记为"起来₁""起来₂""起来₃"

和"起来₄":

"起来₁"为复合趋向动词,做谓语或补语。

　　(1)他起来一看,周围全是人。

　　(2)他站起来,四处看了一看。

"起来₂"为表示开始延续义或完成结果义的时体功能,用在动词或形容词后。

　　(3)潮水涨起来了。

　　(4)我紧张起来,不知道怎么办。

　　(5)我记起来了,这个人来过我们家。

"起来₃"表示言语行为的开始或延续,用在动词后形成话语标记"V 起来"。

　　(6)说起来,他那个人我并不是很了解。

　　(7)新加坡看起来不会在中美之间选边站。

"起来₄"为中动标记,用在动词后。

　　(8)这把椅子坐起来很舒服。

　　(9)菜闻起来很香。

其中胡旭辉(2019)未曾提及"起来₃";王寒娜(2007)将其定性为话语标记。由于用在动词后形成的"V 起来"整体起话语标记的功能,因此不宜将"起来₃"再概括为话语标记,本文认为"起来₃"表示言语行为的开始或延续,是"起来₂"功能的进一步扩展。李丽娟(2015)对话语标记"说起来"的研究也证明了这一点。该文指出话语标记"说起来"中的"起来"表示言说的开始和继续:出现在话轮开头标记言语行为的开始,用来引出某一不寻常或伤感遗憾的话语;出现在话轮中间表示行为的继续,用来引出与前述话语行为相关的内容。我们知道,"起来₂"是在"起来₁"基础上虚化而来,这样

"起来"功能的演化路径可以归纳为：起来$_1$＞起来$_2$＞起来$_3$。胡旭辉（2019）认为"起来$_4$"属于轻动词"V$_{BECOME}$"，未曾涉及该功能与前三者之间的关系。

从历时角度探讨汉语中动结构形成过程的主要有黄冬丽、马贝加（2008）和蔡淑美（2015）。黄冬丽、马贝加（2008）将"S＋V 起来＋AP/VP"构式视为中动结构，但该文没有限定主语的语义角色，同时"V 起来"后可以为动词性短语，因此所讨论的中动结构较本文更为宽泛。蔡淑美（2015）将"NP＋V 起来/来/着/上去＋VP$_2$"视为中动结构，对中动结构的界定也比本文更广，从而导致对"NP＋V 起来＋AP"结构形成过程和机制的讨论比较粗疏。对中动结构采取更为严格的界定有助于我们重新认识和理解相关的问题，因此本文将汉语中动结构限定为句首为受事主语的"NP$_受$＋V 起来＋AP"结构（如无特别说明或限定，下文所说的汉语中动结构即指该结构）。我们认为，汉语中动结构"NP$_受$＋V 起来＋AP"由带话题标记"V 起来"的句子（下文称为"V 起来"话题句）发展而来，"起来$_4$"源自"起来$_3$"。汉语中动结构的形成过程与该结构标记词"起来$_4$"的来源是相伴相随的整体或者说实质上是一个问题，讨论中动结构形成的过程也就解释了"起来$_4$"的来源。

2　从"V 起来"话题句到中动结构

汉语中动结构"NP$_受$＋V 起来＋AP"源自话题结构的语法化。根据对 CCL 语料库的调查，"V 起来"作为话语标记最早出现于元代。如：

（10）似这等<u>看起来</u>，与我当年在京里时，价钱都是一样。

《老乞大新释》）

（11）好袄子，别人穿著。好媳妇，别人娶去了。<u>这麼看起来</u>，活时节，为甚麼不寻些快活受用呢。（同上）

（12）师道："此靴虽是张千定造，交纳过了，与他无涉。<u>说起来</u>，我府中冠、服、衣、靴、履、袜等件，各自派一个养娘分掌。"（《元代话本选集》）

（13）今日娶过门来，果然娇姿艳质。<u>说起来</u>，比他两个姐儿加倍标致，正是：吴官西子不如，楚国南威难赛，若比水月观音，一样烧香礼拜。（同上）

元代作品中作为话语标记的"V起来"的用例不多，其中的动词主要限于言说动词"说"和感知动词"看"；"V起来"前可以受到指示副词"这等""这么"的修饰；从位置上看，"V起来"总是出现在一句话的开头，用逗号与句子其他成分隔开。作为话语标记，它们与后续的其他语言单位之间没有结构关系，后续语言单位从结构上看往往是一个动词性短语或小句，"V起来"部分的存在与否均不影响整个句子的语义真值条件，其功能标记后续话语是从说话人的角度做出的判断或表达的观点、认识。

明清时期"V起来"话题句的使用渐多，V可以是言说动词"论"、心智动词"算"和感知动词"听"，除了延续元代的用法以外，有时话语标记语"V起来"前可以直接明示该话语的发出者是说话人（如例18、例19），或者是听话人（如例20），在没有直接明示时，多要理解为是从说话人的角度做出的判断或认识，少数可能要理解为通指或泛指义（如例17）；"V起来"的位置可以是句首，也可以是句中（例22、24）。

（14）伯爵道："他曾见过甚么大头面目，比哥那咱的勾当，

题起来把他唬杀罢了。"（《金瓶梅》）

(15)素姐道："若肯送我回去，又着个女人作伴，感恩非浅！我身边还有带得盘缠，算起来也还够到得家里。"（《醒世姻缘传》）

(16)卑职们几个人，万万赶他不上。论起来这话不好说，为大局起见，这里头实实在在少他不得。（《官场现形记》）

(17)我原想给孩子娶一房十全的媳妇，如今听起来，这张姑娘的女孩儿，身分性情自然无可说了，我只愁他到底是个乡间的孩子……（《儿女英雄传》）

(18)爱娘道："据女儿看起来，这顾提控不是贪财好色之人，乃是正人君子。"（《二刻拍案惊奇》）

(19)东老道："适才邂逅之间，见他标格，如野鹤在鸡群。据下官看起来，不像是个中之人。"（同上）

(20)照你这样说起来，这一案敢只算糟透了膛了！（《儿女英雄传》）

(21)国师道："说起来话又长了些。"（《三宝太监西洋记》）

(22)那神说道："这话儿说起来且是长哩！"（同上）

(23)护院已经答应替大人想法子，看起来这事一定不要紧，等到一有喜信，卑职就立刻过来。（《官场现形记》）

(24)这桩事说起来我也不相信。（同上）

其中例22的出现具有标志性意义，该句子结构与中动结构"NP_受＋V 起来＋AP"很相似：话题 NP"这话儿"处于句首；"说起来"处于句中，与前后句子成分之间均未隔开，"说"与"这话儿"可以构成述宾关系；述题部分"且是长"是形容词性的短语。但"这话儿说起来且是长哩！"还不是中动结构，理由有三：其一，明代文献仅见此一例,同时在清代的《二十年目睹之怪现状》《儒林外史》《儿女英雄传》《孽海花》《官场现形记》和《小五义》中发现的类似例子也仅有 1 例,即例 24,但该例后续的述题部分"我也不相信"是动词性的主谓短语。其二,例 22 中的"这话儿"是"说"的结果宾语而非典型的受事宾语。其三,例 21 的存在说明此时期"说起来"韵律上虽不独立但位置不固定。综合上述三个方面,例 22 中的"说起来"仍然是话题标记。

整体来看,民国以前的"V 起来"话题句用于句首居多,仍限于言说义、感知义和心智义动词,所连接的句子结构主语部分从语义上看多是客体论元,述题部分多是动词性的短语或小句。

到了民国时期,"V 起来"话题句所在的句子有了发展,与中动结构的形成直接相关的是,话语标记"V 起来"用于句中的用例增多,同时韵律上不再独立,与后述谓语部分融为一体;此时期形容词性短语或形容词做述语的用例增多,如下面三例:

(25)人民个个嗟怨,凡是哪一处地方选秀女,那地方终是哭声遍野,说起来真是伤心。(《明代宫闱史》)

(26)我自随主公征战以来,戎马七载,从未有今天这样的大败,说起来真也惭愧。(同上)

(27)有一桩事说起来好笑,一个日本的商人,年纪和柳藤子相上下,容貌也还生得不错。(《留东外史》)

"V 起来"前出现受事名词,V 扩展为自主行为动词:

(28)我看你平日一毛不拔,偏是这种昧心钱,用起来如撒砂子一般。(《留东外史》)

(29)何况你们完全是个外行,他就有好机件,也不会卖给你。等你运回中国去了,驾驶起来尽是毛病,那时人也跌死

了,机也跌破了,你能问他赔偿损失么?(《留东外史续集》)

此时期也正式出现了中动结构的少量用例,如:

(30)那罪人听说,就从身上摸出一张说明书并一个局来,递与帝尧,原来那局是布做的,折起来并不甚大。(《上古神话演义》)

(31)这个大棚搭起来很高。(《雍正剑侠图》)

(32)靠东墙有架几案,后墙窗户支起来倒很凉快。(同上)

上述三例中例 30 和例 31 中的 AP 指向 NP,例 32 中的 AP 指向隐含施事。我们认为它们是真正的中动结构,在于其中的"V起来"不再能移位,也不能删除,以"后墙窗户支起来倒很凉快"为例,不能说成"支起来后墙窗户倒很凉快",也不等于"后墙窗户倒很凉快","V 起来"从命题外成分变为命题内成分。

3 "V 起来"话题句语法化为中动结构的机制

跨语言的研究表明,中动结构不是作为一种语言范畴而存在,它总是寄生在已有的结构中,对中动的判断不如主动和被动那样明显,因此,对中动结构的判断要看它是否具有中动语义。中动结构语义上的共性是:具有情态性、隐含施事的任意性和非事件性。汉语中动结构寄生于"V 起来"话题句的首要条件是基于这两种结构语义上的相宜性。

"V 起来"作为话题标记语,其语义与命题内容无关,主要是表达基于说话人角度的对话题的认识、看法或态度,具有主观情态,与中动语义的情态性天然合拍。

"V 起来"话题句中,极少数用例在"V 起来"前明示了其主语,如例18、例19和例20分别是"女儿""下官"和"你";绝大多数情况下默认的是言者主语,即指向说话人自己,表达说话人自身的判断、认识或看法;有些语境中,如果对该话题的判断或认识具有某种公认性,这个没有指明的言者主语就可以是任何人,具有任指性。如例17可以理解为任何人都可以判断出张姑娘的身份性情;例25则可以是"那个地方那样悲惨的景象任何人说起来都很伤心"。因此从"V起来"话题句发展而来的中动结构在语义上总是隐含有施事的存在,该施事可以是任指的。"V起来"话题句的述题部分或者是动词性短语,其中的动词主要是判断动词和比较动词;或者是描写性的句子,与形容词或形容词性短语的功能相当。"NP受+V起来+AP"来自"V起来"话题句的扩展,继承了话题结构的构式义,即汉语中动结构是对主体属性或特征的描述,不具有事件性。

从"V起来"话题句发展为中动结构的诱因则是常规结构式组合成分的变异导致重新分析。从前述梳理可以看出:汉语中动结构是由话题结构语法化而来,其主要动因是在"V起来"话题结构的不断扩展中,出现了常规句式的非典型组合。"V起来"话题结构的扩展包括NP位置扩展到受事,V从言说义动词、感知动词和心智动词扩展到自主的及物动词,从VP扩展到AP的进入,从而导致了对结构的重新分析:在带话题标记的"V起来"结构中,"V起来"标记下文是针对该话题NP的某个言语行为V的开始或继续;在该结构的用例中,大多数的"V起来"前没有明示言语行为的发出者,默认的是言者主语;少数明示动作发出者的名词成分与说话人同指,只有极少数用例明示发出者的名词性成分与说话人不同指,可见,"V起来"一般标记话语的发出者是说话人"我"。由于V限定为言说动词、感知动词或心智动词,因此带话题标记"V起

306

来"的结构一般表达的是从言者主语角度对话题 NP 做出的判断或评述。而当 V 为自主的行为动词时,不再能表述从言者主语角度做出的判断或评述;再加上 NP 为受事,动词和受事之间的语义关系近,导致认知上会对"V 起来"话题结构重新分析,"V 起来"不再被认知为话题标记,"起来"的功能就不再是该动词所表达言语行为的开始或继续,从而成为中动结构的标记。

4 从"V 起来"话题句到中动结构的语法化表现

在从话题结构到中动结构的语法化过程中,"V 起来"有以下表现:

一是句法位置的改变,最早是在句首位置,然后可以移位到句中位置。

二是语音的蚀损,主要是指话题标记"V 起来"与话语结构的前后语言单位之间语音停顿的消失,"V 起来"最初与后面的 NP＋VP 结构中间有语音停顿,然后与其前的 NP 或者与其后的 VP 在韵律上融合,但与其后的 VP 或其前的 NP 之间有语音停顿,最后是整个"NP＋V 起来＋VP"结构在韵律上融合为一个整体,中间不再有语音停顿。前两个表现可以归纳如下:

V 起来,NP＋VP→NP,V 起来＋VP 或者 NP＋V 起来,VP→NP＋V 起来＋VP

三是结构成分的扩展,主要是 NP 成分扩展到受事,V 从言说义动词、感知动词和心智动词扩展到自主的及物动词,从 VP 扩展为可以是 AP。

四是"V 起来"从命题外成分演变为命题内成分。"V 起来"

作为话题标记对句子而言没有命题意义,所以其句法位置比较自由,如果删除也不影响命题意义。但在中动结构中,"V起来"具有命题意义,不能再移位或删除。比如:

话题结构	中动结构
这件事看起来有点儿难。	这个大棚搭起来很高。
看起来,这件事有点儿难。	*搭起来,这个大棚很高。
看起来这件事有点儿难。	*搭起来这个大棚很高。
=这件事儿有点儿难。	≠这个大棚很高。

5 结语

对"NP_受＋V起来＋AP"语法化过程的探讨,可以解决学界对该结构存在的两个争议:一是该结构是不是中动结构? 二是如果是中动结构,对其中AP的语义指向是否应该限定为指向NP? 汉语NP为受事、V为自主及物动词的"NP_受＋V起来＋AP"结构寄生于话题结构,"V起来"话题句与中动结构的语义具有相宜性,因此,"NP_受＋V起来＋AP"结构可以视为中动结构。英语典型的中动结构形式是"主语＋谓语＋状语",其中副词性的状语表示的是主语具有的某种属性或特征,如"The car drives fast"是这辆小车具有"快"的特性,所以有学者把汉语的中动结构限定为必须是AP指向NP的"NP_受＋V起来＋AP"结构。我们认为无须限定其中的AP必须指向NP。这是因为对中动结构的判断基于中动语义,其构式义为:描述主语实体的内在属性或特征,其中带有某个人的经验。汉语中AP指向施事的"NP_受＋V起来＋AP"结构的语义与中动结构的构式义相合:一是自然而然地带有隐含施事的

经验之意,二是该结构描写的是主语的内在属性或特征。例30
"后墙窗户支起来倒很凉快","使某个空间让人感觉凉快"正是窗
户的属性。另外,AP 指向隐含施事与 AP 指向 NP 的"NP$_{受}$＋V 起
来＋AP"结构是同时产生的,这也可以作为一个佐证。

跨语言来看,汉语与德语同属有标记的中动结构,但德语的中
动结构标记来自反身代词,汉语来自话题结构。英语的中动结构
没有标记,但其源初结构与汉语有某种相似性,产生于中古晚期句
首为非施事论元的话题结构。(Butler,1997)因此,中动结构无论
在共时层面还是从历时来源上看都因语言而有差异,体现了中动
结构的复杂性。

参考文献

蔡淑美　2013　汉语中动句的研究现状和发展空间,《汉语学习》第 5 期。

蔡淑美　2015　汉语中动句的语法化历程和演变机制,《语言教学与研究》第
　　4 期。

曹　宏　2004　中动句对动词形容词的选择限制及其理据,《语言科学》第
　　1 期。

付　岩、陈宗利　2017　汉语中动结构的界定及其范畴,《外语研究》第 2 期。

胡旭辉　2019　跨语言视角下的汉语中动句研究,《当代语言学》第 1 期。

黄冬丽、马贝加　2008　"S＋V 起来＋AP/VP"构式及其来源,《语文研究》
　　第 4 期。

李丽娟　2015　《动词"看""想""说""知道"为核心构成的话语标记研究》,华
　　中师范大学博士学位论文。

何文忠　2004　《中动结构的认知阐释》,上海外国语大学博士学位论文。

王寒娜　2007　《现代汉语"起来"及其语法化》,扬州大学硕士学位论文。

Milton Butler　1997　Grammarticalization of topical elements in Middle Eng-
　　lish. *Proceedings of 3rd Annual Meeting of the Berkeley Linguistic So-
　　ciety*.

从汉语增量比较构式的演变
看构式化和语法化的异同

詹芳琼　韩　笑

（香港城市大学翻译及语言学系）

0　序言

构式语法起源于 20 世纪 80 年代，近年来，日益受到语言学界的关注。构式语法虽有不同的分支，但都以两个假设作为其研究前提：第一，构式由约定俗成的形式-意义配对构成，处于词汇（内容性构式）—句法（程序性构式）连续统上；第二，构式语法是非模块化的语法理论，不存在诸如句法这样的核心。（Hoffmann and Trousdale，2013）

以往构式语法研究大多采取共时角度，如今越来越多的学者着手对历时构式语法展开研究。（见 Barðdal 等，2015）构式语法种类繁多，因而存在多种不同的历时演变途径。历时构式语法囊括了构式语法的各种历史研究：构式重建（如 Barðdal 等，2013）、基于伯克利构式语法的历时研究（如 Fried，2008），以及构式化。构式化源于 Traugot and Trousdale(2013)的研究，该书中均为英语语料，主要依据的是以 Goldberg(1995、2006)的研究为基础的认知构式语法(Boas,2013)。此方法也已应用到了跨语言领域,比如汉语中系动词"是"的发展(Zhan and Traugott,2015、2019)。

本文的研究目的为两方面:a)以汉语和英语语料为例,在Traugott and Trousdale(2013)的构式化理论基础上给出该理论最新概览;b)对构式化和语法化的区分研究加以补充,重点关注两者如何引发特定的语法表达。

本文第1节对认知构式语法的若干特点加以概述。第2节给出构式化理论的实用性定义和构式演变的特征。第3节探讨语法化与构式化的关系。第4节是案例分析,从构式化角度分析汉语增量比较构式"越来越……"的演变路径。第5节为总结。

1　认知构式语法的若干特点

20世纪80年代,Charles Fillmore 及其同事们对当时欠缺考虑的一些语法问题进行了研究,比如 *What's that fly doing in my soup*?(那只苍蝇在我的汤里做什么?)Fillmore 等(1988)表示此句式(*What's X doing Y*?)应用广泛,且与复杂的语用有关。构式语法应运而生。他们后期的研究重点在于框架和构式一体化(Fillmore,2013),后者也称为伯克利构式语法(Hoffmann and Trousdale,2013)。

Goldberg(1995)在研究认知构式语法的过程中,着重关注可用于语言学习和使用的构式,这一点可以从论元结构中得到印证。Goldberg 同时关注一些被多数句法理论边缘化的构式,如致使动作构式(*Pat sneezed the napkin off the table* 帕特一个喷嚏把餐巾纸吹到了桌子下),不及物动词 sneeze 加上宾语及动作路径的形式产生了致使动作的语义,这个语义不是 sneeze 这个不及物动词带来的,而是整个构式带来的。(Goldberg,1995:204)Croft(2001)在此基础上提出了激进构式语法,将构式语法从一些论元结构和被边缘化的构式扩展至整个语言结构。[①]自此,现代认知构式语法大多以构式存在可复制的常规化特征(Goldberg,2006:5)为前提,从语法角度来处理形式-意义配对问题。

(1)中概括的构式语法的特点对本文的讨论具有重要意义,见Goldberg(2003、2006、2013)、Croft(2001)和 Bybee(2010):

(1) a)"原则上,语法理论应当能够表现说话者语言知识的方方面面。"(Boas,2013:234)

b)说话者语言知识的基本单位是形式-意义配对(即"符号")。

c)构式由许多属性组成。虽然构式的基本单位是符号,但它至少具有以下属性:从意义方面来讲,包括语义、语用和语篇功能;从形式方面来讲,包括句法、形态和韵律。(Croft,2001)换句话说,构式存在内部结构。

d)小到词缀,大到复杂句,构式可以为任意规模。相关示例将在(2)中给出。

e)构式具有具体性或图式性。[②]前者具备完全明确的韵律,称为"具体构式",如/blæk/。后者带有抽象性和普遍性。图式性可以是完全的,如双及物致使接受构式 SUBJ V OBJ1 OBJ2(例如 *Kim gave John a book* 金给了约翰一本书),也可以是部分的,如 X is the new Y(例如 *Fake is the new real*

虚假是新的真实），但所有图式都包含带变量的结构槽。

f)具体构式和图式构式都储存在"构式库"的总藏中。

g)构式类型可以在相互兼容的前提下进行组合（"统一"）。

h)构式在语言使用者的头脑中形成网络。

Saussure(1983[1916])将认知构式语法中形式-意义配对的符号概念从词汇分别扩展到更小的单位（语素）和更大的单位（短语、从句和倒置结构）(Goldberg,2003)，而且尤其关注后者。基本图式可表示为[F ＊ M]，其中 F 代表构式形式，M 代表构式义，＊代表两者之间的联系。示例如下：

(2)a. 语素构式

英 [/li/ ＊ 'adverbial marker 状语标记'] (如：swift-*ly* 迅速-地)

汉 [/le/ ＊ 'perfective marker 完成体标记'] (如：chi-*le* 吃-了)

b. 词构式

英 [/swɪft/ ＊ 'fast 快']

汉 [/chi/ ＊ 'eat 吃']

c. 短语构式

英 [/al bʌt/ X ＊ 'nearly X 几乎 X'] (如：*She all but won* 她几乎赢了)

汉 [V/de liao/ ＊ 'be able to V 有能力 V'] (如：她吃得了)

d. 双及物构式

英 [SUBJ V OB1 OBJ2 * 'X cause Y to receive Z'](如:*She gave Kim a book*)

汉 [SUBJ V OB1 OBJ2 * 'X cause Y to receive Z'](如:她给了金一本书)

e. 无标记条件构式

英 [X + rising prosody Y * 'if X, Y'](如:*You quit now, you'll regret it*)

汉 [X + rising prosody Y * 'if X, Y'](如:你现在放弃,你会后悔)

f. 助动词倒装疑问

英 [AUX SUBJ V + rising prosody * interrogative](如:*Did she win*?)

g. 疑问标记疑问

汉 [SUBJ V + Q * interrogative](如:她赢了吗?)

(2)中的例子都在某种程度上表现出特殊性,尽管跨语言间可能存在相似之处,但构式本身因语言而异。③ -*ly* 是英语中具有强能产性的状语标记,但在法语中 -*ment* 才是首选。英语中助动词倒装是典型的疑问方式,尤其是 *do*-support 形式,法语口语中表现为 *est-ce que* X(字面含义为"是 X 吗?"),汉语中则由句末疑问标记"吗"和升调构成(见上文 g)。

在产出话语/写作句子时,假定说话者/作者将相互兼容的构式加以组合。那么 *Hasn't she won*?(她没赢吗?)便是将单数代词 *she*、现在完成时、及物动词 *win* 的不及物用法、疑问、否定和倒装进行了结合。

本文探讨构式语法认知模式的基本前提是"语言经验创造并

影响语言的认知表现"(Bybee,2013:499)。构式反映了说话者的语言知识。这种知识因语言而异,且会发生部分变异和演变。构式的形式-意义配对相对灵活,其意义可通过上下文来调整。"构式库"即构式清单,构式储存在其中,有组织地与使用选项交互存在于规则网络中。该网络中最常用的类型是由一系列构式的普遍规律所构成的分类层次。^①这种普遍规律称为图式。图式由子图式(图式的子集)组成,子图式由微观构式组成。微观构式是一种具有特定类型的抽象概念,能够在实际使用中得以体现(即"构例")。

现代汉语的比较构式,如(3),一般以微观构式"更+动词短语/形容词"的单谓语简单形式来表示:

(3)小李比小明更帅。

我们称之为"普通比较构式",可将其表示成[更 X * more SEMx],SEMx 代表变量 X 的意义(此处代表动词短语或形容词)。其他比较副词如"还""越发""略"与"更"比较起来使用频率较低。相关的单谓语简单构式还包括一种"增量比较"构式,可表示成[越来越 X * more and more SEMx],如(4):

(4)现在的网络速度越来越快。

另外还有一种带有两个谓语的复杂关联构式,此处表示为[越 X 越 Y * the more SEMx,the more SEMy]:

(5)小明[越吃][越胖]。

通过总结可知,比较图式包括两种子图式,分别为结构单句和(与前者相关的)结构复杂句。结构简单的子图式可进一步划分子类型,分别为普通构式和增量构式。图 1 展示了现代汉语比较构式的部分层次网络:

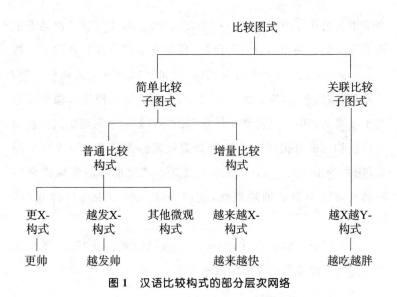

图1 汉语比较构式的部分层次网络

2 构式化与构式演变

关于将构式语法应用于历时研究,Traugott and Trousdale (2013)提出了两个问题:

a)构式角度可以为研究语言演变提供哪些信息?

b)构式是如何产生的?

第一个问题的答案是:许多关于形态句法演变的前期研究都应当重新思考,许多新的语料也值得继续探讨。因为构式语法的理论架构要求学者平等考虑其形式和意义,除了结构以外,还要接受说话者的语言知识中相对边缘的方面。第二个问题的答案是:形式或意义上的任何微小变化(即"构式演变")都可能累积起来并最终导致"构式化"(形式意义均有变化)。构式化的定义如下:

构式化是指形式[新]-意义[新](组合)符号的产生。它在一定数量说话者的语言网络中形成新的类型节点，这些节点有新的句法或形态并有新的语义。它的产生伴随着不同程度的图式性、能产性和组合性的变化。（Traugott and Trousdale，2013:22）

许多学者将构式演变等同于内部语法变化和个别语言使用者的创新行为，尤其是由 Kiparsky(1968)开启的生成传统，这其实是一个误区。个人思维的创新无疑是演变的起点，但只有一部分创新能为其他语言使用者所复制，而这些可复制的用法才是真正的研究对象。（Croft，2000）因此，如文本材料所证（见第 4 节），语言演变与常规化有关，也就是将创新融入说话或写作的习惯中。这意味着构式演变不存在"精确的起点"。（如 Börjars 等，2015:373；Hilpert，2018）

假设构式演变始于构例的产生和演绎。说话者/作家的意图与听者/读者的理解之间的不匹配往往会导致创新，一旦这些创新得以复制，那么微观构式就有常规化的可能。归纳和类推现有范本的过程可能使得一系列构式或图式发生内化。这些图式便是能够形成新构式的模板。新的微观构式通常是逐步产生的，是微小离散的变化累积的结果。[⑤]

图式的构式化往往要经历一系列微观步骤，因此也是循序渐进的。这一结论对程序性图式和内容性图式同样适用。内容性图式可以为宿主类型扩展（见第 3 节）提供模板。然而，以构词过程为例，特定内容性微观构式的构式化通常是瞬时过程，因此在构式化发生之前不需要进行渐变转换。一旦新词产生，在扩展聚集环境中使用，其形式就可能进一步发生缩减。

3　语法化研究与构式化研究的关系

许多最初致力于研究语法化的学者后转而研究历时构式语法,并从以往的研究中获取观点和案例,于是构式化与语法化的关系便成了一个非常常见的问题。(如 Noël,2007；Trousdale,2010；Traugott and Trousdale,2013:94—148；Traugott,2014；Heine 等,2016)由于"构式化"和"语法化"两者都涉及研究范式和演变过程,⑥那么便有两个问题需要考虑:两种范式之间有何关联? 两种演变过程之间又有何关联? 随着时间的推移,越来越多的研究得以完成,历时构式语法的研究范围也得以扩大,问题的答案愈加清晰。

要理解两者之间的联系,关键在于清楚两者关注的是不同的问题。语法化关注"语法成分是怎样产生的或为什么会产生?"而构式化关注的则是"构式是如何产生的?"(另见 Heine 等,2016:155—156)本节主要从研究方法和数据范围两方面来进行探讨。

语法化的定义不尽相同(见 Narrog and Heine,2011),不同学者的研究目标也有区别,不过在研究实践中存在几个共同点。如下所示(为方便与构式化研究做区分,此处列为 Ga—Ge):

Ga)关注形式上的演变(如 Lehmann 2015[1982])或意义/功能上的演变(Bybee 等,1991)。Bybee 等(1994)中一部分人侧重于形式演变,另一部分人侧重于意义,两者并未以高度整合的方式来处理。

Gb)关注形态句法的发展。⑦标准例子可从 Meillet(1958

［1912]）中获得，该例是一个内容性词汇成分从主要范畴（名词，形容词，动词）归属到次要范畴的过程，其主要功能是调节语法结构和语法关系，比如汉语了 *liao* "to finish" ＞完成时了 *le*，就 "to approach" ＞副词 "just"。⑧有时固定短语中的完整动词会缩减成屈折形式，如拉丁文 *dicere habes* "say-INF have-2SG" ＞法语 *dirais* "say-FUT-2SG"。在某些语境中，动词 *habe-* 的含义由"属于、在场"变成了"义务"（比照英语 *have to* 不得不）。这种短语必须随时间的推移经过大量重复使用，以使不定式中的-*r* 和词根 *habe-* 的使用频率降低，并最终成为将来时标记。像小句组合这样较大规模的结构也应考虑在内，比如 Lehmann(2008) 关注于将复杂的比较小句缩减为简单的主题标记从句。

Gc) 关注语法状态由较少向较多的单向性转移，并将其理论化，该过程通常表现为语音或语义方面的符号缩减（导致"语义漂白"），⑨如上文(Gb)中的示例所述（见 Lehamann，2015[1982]）。

Gd) 关注跨语言类型研究。Heine and Kuteva(2005) 提出了一种极具价值的跨语言示例列表，当中的示例按照原因、确定、下降、上升和结束等概念来排列。⑩

Ge) 拒绝将类推作为语法化过程中的主要机制。比如 Lehmann(2004) 提到的"不存在类推的纯语法化"。

近年来，下述三项语法化研究进展有助于语法化学者向构式化的思维转向：

i) 语法化引发"在新语境中的扩展使用"（Heine and Kuteva，

2002:2)。例如,拉丁文 V-INF habe-字符串中的动词范围最初仅限于一小部分,通常是引入句子补语的非言语行为动词(Pinkster,1987),不过一旦 habe-的内容意义发生缩减,其可使用的动词受限程度也会降低,称为"宿主类型扩展"(Himmelmann,2004)。Himmelmann(2004)通过将符号的缩减(尤其是内容意义的缺失)形式化,从而扩展了语法化语境。

ii) Fischer(2007)认为类推是形态句法演变的基本机制,也是语言演变的基本机制。(另见 Anttila,2003)

iii) 有一种争议性理论指出,语用标记的发展可能是语法化现象的案例之一(Brinton,2008)。语用标记例如 after all(毕竟)、I think(我想)、please(请)、surely(当然)的主要功能是组织语篇或指明说话者对文本或听者的立场。语用标记通常源于内容性成分,并且都经过了语义缩减,具备一些演变的特点,比如汉语中了 liao>le 的发展过程。然而,语用标记在句法上并未和与之伴随的小句或语篇相互融合,由此可知它其实是语用化现象的实例。(Beeching,2009;Beijering,2012 等)。

由上述讨论可知构式化与语法化存在部分重叠。特别是以下几方面:

a)关注语言演变的语境。Diewald(2002、2006)和 Diewald and Smirnova(2010)提出了四个语法化阶段。第一阶段为"非典型语境"(untypical context),是一种"将词汇语素分布到全新语境中的非特定扩展"(Diewald and Smirnova,2010:145)。非典型语境可能被复制并应用到"关键语境"

(critical context)①(第二阶段)中。该阶段具有高度不透明性,"具有多重结构和语义不透明的特点,从而会产生一些包括新的语法意义在内的不同理解"(p. 147)。处于此阶段的演变结构存在多种"潜在意义"(p. 151)。关键语境可能会催化语法化进程。第三阶段中的"隔绝语境"(isolating context)包含内容明确且可能为具有旧含义的多义结构,在此语境下,新语法化成分与旧成分存在区别,这也使新的分布成为可能。Diewald and Smirnova(2010)认为在语法化过程之后存在第四个阶段,即新语法成分"遇到与之对立的成分……逐渐将所有语法成分的共同特征整合到更加抽象的语法意义中"(p. 154)。学者们认为这种整合过程即为"范例化",也是语法化的一种标志。"范例化"即为一个整体被概念化为图式。Zhan and Traugott(2020)认为Diewald and Smirnova(2010)提出的语法化四个阶段同样适用于构式化,其中第一、第二阶段为先构式化构式演变(Traugott and Trousdale,2013:28),第三阶段为构式化本身,而第四阶段为后构式化构式演变。后构式化构式演变从第四阶段的语法整合和"范例化"角度入手,重点研究聚集扩展(Hilpert,2008、2013)和扩散演变,后者指"逐步单向扩展某一既定成分或既定构式的分布"(De Smet,2013:2,2016)。除此之外,构式化过程之后可能还会出现形式和意义的淘汰与缩减。

b)演变和使用频率密切相关(如 Bybee,2013;Hilpert,2013)。

c)两者考察的部分语料数据可能相同,这种现象大多由于历史因素而发生在早期研究中,如 Traugott(2014)对 *BE go-*

ing to（将要）的研究。"语法构式化"一词的确被广泛使用（如 Noël,2007；Traugott and Trousdale,2013:94—148），但是这种表达具有误导性，因为它暗示语法化与构式化之间的关系比实际上要近。如下文所述，事实上两者考察的数据范围存在很大差异。"程序性构式化"一词在表达语言关系这一功能方面所涵盖的范围更广，如语用标记等，因而比"语法构式化"更适用。

但是，构式化与语法化在上文 Ga—Ge 中提到的几个方面也存在很大差异。两者在特征方面的差异列为 Ca—Ce，与上文的 Ga—Ge 一一对应：

Ca) 构式是形式-意义配对，对形式和意义的演变给予同等关注。

Cb) 研究语言知识的方方面面，不仅仅是形态句法的发展。下面简略列出部分研究方向来显示构式化研究的范围之广：

i) 论元结构。论元结构始终是 Goldberg 的研究重点（如1995、2006），也自然成为了构式语法研究的主题。Colleman and Decelerck(2011)致力于研究双及物，Petré(2014)则关注早期英语中系动词 *become* 和 *wax* 的发展，及其与结果和其他构式的关系。可考证的最早关于历时构式语法的文章就对 *way* 构式进行的讨论，如 *They elbowed their way into the room*（他们挤进房间）。(Israel,1996)

ii) 以 *that* 从句，*to* 不定式，*-ing* 动名词为标记（或无标记）的补足语，如 *It should cause you to think/make you think/set you thinking*（这应该引发你的思考）(De

Smet,2013)。

      iii) 度量构式。如 *a lot/bit of chalk*（许多/少量粉笔）（Brems,2011）。

      iv) 语用标记。如 *after all*（毕竟）（Traugott,2004）。

Cc) 方向性研究重点关注宿主类型扩展（Hilpert,2008）和扩散（De Smet,2013）而非单向性的缩减（尽管缩减现象确实存在）。研究重点还包括另外三种属性的增强（Traugott and Trousdale,2013）：

      i) 图式性，或抽象性。

      ii) 能产性，即构式"可扩展"的程度，以及对其他构式的批准程度。

      iii) 组合性，形式和意义之间的关联程度大多具有透明性。[12]

Cd) 构式因语言而异，因而关于类型学或跨语言比较的现行研究比较少，不过这种现状随着对比分析（如 Noël and Colleman,2010）以及语言接触和多语言现象（Hilpert and Östman,2015）的研究已有所改观。

Ce) 构式语法与模本有关，因此采取范本类推来进行研究，如 De Smet(2013)、Busse and Möhlig-Falke(2019)。

Cf—Cg 是构式化注重而语法化研究不考虑的方面：

Cf) 图式的产生及其演变，如 Colleman and De Clerck(2011)。

Cg) 网络的重要性及其演变，如 Zehentner(2018)研究了双及物从上古到中古英语的变化关系网络，Torrent(2015)研究了巴西葡萄牙语 *para* INF"for to"（为了）构式发展的网络重组。

Ch) 多种来源的可能性（Van de Velde 等,2014），例如介词双及物可以追溯到两种来源：双及物结构和动作方向的指向义（Zehentner，2018）。

Ci)构词图式的产生，以及此领域及其与词汇化各方面的关系的研究，见 Traugott and Trousdale（2013：149—194，2014）、Hüning and Booij（2014）、Schmid and Mantlik（2015）。

下文是案例分析，我们将从构式角度来分析汉语增量比较构式，重点考察上述的 Cf—Ch。

4　汉语增量比较构式的构式化

龙国富（2013）指出汉语增量比较构式的语法化路径为：越＋处所名词＞越＋普通名词＞小句，越……＞越……越……＞越来越……。这一过程可细分为三个语法化阶段：

语法化 I：动词"越"变化为副词（公元 800 年）

语法化 II：关联比较构式（越……越……）产生（公元 1270 年）

语法化 III：增量比较构式（越来越……）产生（公元 1850 年）

根据龙文，此三个阶段为线性单向发展，即副词"越"为关联比较构式（越……越……）的单一来源，关联比较构式（越……越……）为增量比较构式（越来越……）的单一来源。我们重点考察上述语法化过程中的第三阶段，即增量比较构式（越来越……）的演变过程，从构式角度出发，得出不同于龙文的观点。第 3 节中已经提到，尽管构式化研究与语法化研究在程序性构式化领域有重叠，但两者存在很大区别。构式化视角强调对形式和意义的整合处理，此外，还关注其功能、网络、图式的扩展。

从构式角度看,关联比较构式产生之前,复杂的关联图式构式已经建立起来。条件关联构式在古汉语中出现的频率非常高,例如(6),让步关联构式也在约公元 400 年的早期中古汉语中得到证实,见(7)。

(6)若将亡之,则亦皆亡。(《左传》)(公元前 400 年)

(7)虽好水草长养其肤,但促其命无益于己。(《出曜经》)(公元 400 年)

关联比较构式具有关联功能,与复杂的关联网络连接到一起。关联网络不断扩展,到 19 世纪末已经包含了我们在现代汉语中所能见到的几乎所有关联结构,比如对比、选择、比较、让步和条件。

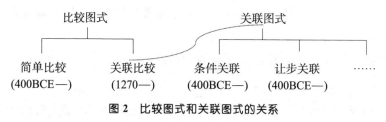

图 2 比较图式和关联图式的关系

尽管增量比较构式(越来越……)与关联比较构式有部分相同的形式,但因其没有复杂的关联义,因而无法将增量比较构式纳入关联网络。如果说增量比较构式的形式(越来越 Y)来源于关联比较构式(越 X 越 Y),那么它的增量语义是从哪里来的呢?

(8)掌柜的果然把李三德找来,酒饭座越来越多,都冲着李三德和气。(《济公全传》)(1850 年)

例(8)是文献中能够验证的最早的增量比较构式的实例之一。龙文将其中的“来”看作代动词,指代前面已经出现的动词。我们认为这一观点欠妥,因为上下文中并没有出现合适的动词能够被

"来"指代。我们认为,(8)就是上一节中所述的先构式化构式演变中的关键语境(critical context)。由于关键语境具有多重结构和语义不透明的特点,(8)中的"越来越多"可有多种理解,包括即存的关联比较构式和新的增量比较构式。第一种理解,"越来越多"仍为双谓语的关联比较构式,其中"来"是个动作动词,形容词"多"为另一个谓语,其义为"(客人)来得多了,酒饭座也就多了。(客人)都冲着李三德和气。"(这里的话题酒饭座是相对于主语客人而言的,具有关联义,没有增量义);第二种理解,"越来越多"已经是单一谓语的增量比较构式,其中"酒饭座"是主语,"越来越"是副词成分修饰唯一的谓语形容词"多",表达的是数量上的增量义。例(9)不再体现关键语境,其中的"来"不能理解为动作动词,因而只能是第二种理解,即"越来越重"已经构式化为增量比较构式。

> (9)若不依我那药方行,他的病是越来越重。(《济公全传》)(1850年)

由此可见,增量比较构式的形式是由动作动词"来"占了关联比较构式第一个"越"之后的槽位,同时形容词占了第二个"越"之后的槽位而产生的,然而这个形式上的解释仍然不能回答我们关于意义的问题:它的增量义是从哪里来的?

我们观察到在增量比较构式产生之前,上古汉语和中古汉语中已经存在了一种增量比较的子图式,这种子图式是比较图式构式的一种类型。增量比较的子图式有三种表达方式:a)副词"渐"＋形容词,如(10)所示;b)时间名词＋比较副词＋形容词,如(11)所示;c)比较副词＋形容词,如(12)中的"益、愈"＋形容词。

> (10)久而渐大。(《抱朴子》)(约公元400年)

(11)秦日益大。(《吕氏春秋》)(公元前239年)

(12)以益愈强之秦,而割愈弱之赵。(《战国策》)(公元前77—前6年)

增量副词"渐+形容词"在古汉语中使用频率非常高,"时间名词+比较副词+形容词"也很普遍,其中以时间名词"日"加比较副词"益"最为多见。通过搜索CCL古代汉语数据库,我们找到1500条左右的语料与"时间名词+比较副词"相关,其中"日益"就达793条。(10)和(11)的增量义非常直观,而(12)的增量义则比较隐晦,因为该句存在歧义,其中的"愈"既可以理解为简单比较义"更",也可以表示增量比较"越来越"。秦国与赵国是当时(公元前457—前221年)最强大的两个国家,但赵王这里并非简单比较两国的力量孰强孰弱,而是对战败的后果做出了分析。因此(12)应当是一个增量比较的语例,而非简单比较。

我们认为,增量比较的子图式均可带有形容词,使对增量比较构式的类推思维成为可能,因为最初产生的增量比较构式都是"越来越+形容词"。19世纪时,比较副词如"愈"和"益"发生衰退,其普通比较义最终被"更"替代,而"越来越"最终代替了其所表达的增量义。

由此可见,增量比较构式并非如龙文所述仅有关联比较构式这一个来源。假设在大约1850年,形容词出现在Y槽位中的关联比较构式([越X越Y * the more SEMx, the more SEMy]),同时动作动词"来"被选择了填充X槽位。而增量比较构式的意义则是由经增量比较子图式的类推而得到。增量比较构式的两种来源如图3所示:

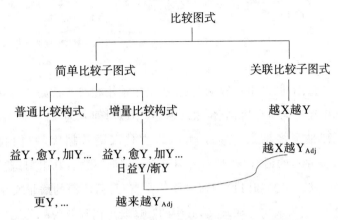

图3　19世纪中期"越来越＋形容词"构式的两种来源

增量比较构式产生以后,逐步开始与时间连词"随着"搭配使用。在 CCL 现代汉语语料库中,我们搜索到了 45,060 个增量比较构式的语例,其中 6986 个与"随着"连用(15.5％),如例(13)所示:

　　(13)随着宾客往来的增加,她的身价也越来越高。(《古今情海》)(1928 年)

　　(14)随着社会的发展,教育与经济的关系越来越密切。(《教育研究》)(1990 年)

由于最初产生的增量比较构式均表达数量上的增量(如例 8 中的"越来越多"),和"随着"的搭配使用说明其宿主类型扩展到了"随着"引导的小句或短语,其语义从数量扩展到了时间,其时间性增量义得以加强(如例 14)。这也说明该构式经过了后构式化的整合过程。

　　基于上述讨论,可从构式化的角度对增量比较构式的发展进行分析。我们认为增量比较构式的产生是形式_新-意义_新配对的程序性构式化(如例 9)。程序性构式化不是瞬时过程,正如上一节所述,同语法化一样,程序性构式化需要一系列中间发展过程,比如在"非典型"或"关键"语境中(例 8)进行使用等。此为先构式化构式演变。然而后构式化构式演变与前者相比存在显著区别,主要包括宿主类型扩展及语义的扩展(例 13、14)。

构式化与语法化在图式化和组合性层面存在显著区别。例如,当关联比较构式构式化后,其作为比较图式的新子图式也随之产生,并且会形成带有复杂关联构式的网络连接。当增量比较构式开始与"随着"连用时,将逐渐确立一种组合性集合。图式的形成过程也说明传统语法化的单向性假说值得商榷。

5　结论

本文希望能为相关研究者提供新的研究思路:

a)平等考虑形式和意义的发展;

b)关注形式新-语义新配对的发展过程,对先构式化和后构式化过程加以区分;

c)构式类型与作为言语者语言知识一部分的语言实例之间的关系。

本文中提出的认知模式需要经过跨语言的验证,但其在汉语和英语(两种不相关的语言)上的应用已表明其极强的可行性。

程序性和内容性构式化所涵盖的内容远远超出了本文的案例范围。例如,可将去语法化(degrammaticalization)的某些方面看作构式化案例来进行重新解读。(Trousdale and Norde,2013)我们希望证明语言演变中的一系列现象可以通过构式化理论来解释。构式演变与特定的语法化演变之间确实存在重叠,尤其是宿主类型扩展和形态韵律的缩减。需要指出的是,目前的语法化研究还是比较关注个别语法成分的形成以及路径,即构式网络中的偏底部的直接组合的形成和发展,对于构式化强调的整体网络的把握和各网络之间的关联,语法化并不涉及。我们认为,这是语法化和构式化的最大区别。也因为构式化强调不同构式网络之间的关联,在演变的过程中就有可能出现多个来自不同构式网络的来源,而语法化还是倾向于演变的单向性以及单一来源。因此构式化并不完全包含语法化,即使在分析方法上存在重叠,因两者在研究中提出了不同的问题,其观点和部分语料数据也不同。形式-意义配对在其相关构式网络中的产生和发展是历时构式语法和构式化研究中的主要问题。

附 注

①　目前,国内许多学者仍仅接受 Goldberg(1995)提出的所谓狭义的构式(即具有语法空槽且语义不可从字面推测得到)。

②　如果"图式性"在构式语法中指抽象且普遍的特征,那么在诸如语法化的其他研究中,则可能表示具有抽象意义的"非指称功能"。(Heine 等,2016:147)

③　Croft(2001)认为,即便涉及诸如名词、形容词和动词这样的主要语法范畴,构式也因语言而异,而非普遍存在。

④　除了分层网络,水平网络近期也收获了较多关注,它展示了与其他图式相关的多义链接类型(如 Van de Velde,2014)和包括文化类型在内的多功能链接类型(Östman and Fried,2005)。

⑤　需要注意的是,渐变过程由一系列微小步骤组成。每个说话者都要重新学习语言,因而不存在连续性变化,但是这一事实常常被具有连续性的频率变化所掩盖。

⑥　目前,国内许多学者认为构式化即为构式的语法化,且此处的构式

均为狭义构式。

⑦　形态句法的发展一直是国内大部分语法化研究关注的重点。

⑧　Meillet 也提到了将固定词序作为语法化案例,比如,法语(也包括英语)从以主题信息结构为着眼点来组织词序,到以主语谓词结构来组织的转变。

⑨　如 Givón 指出的语法化的阶段:语篇>句法>构词>构词音位>零(Givón,1979:209)

⑩　第二版正在筹备中,其中包括汉语和日语语料等大量补充资料。

⑪　Heine(2002)称该过程为"桥梁语境"。

⑫　Traugott and Trousdale(2013)将此处所说的"不透明性增强"称作"组合性降低"。

参考文献

龙国富　2013　"越来越……"构式的语法化——从语法化的视角看语法构式的显现,《中国语文》第 1 期。

吕叔湘　1980　《现代汉语八百词》,商务印书馆。

邢福义　1985　"越 X,越 Y"句式,《中国语文》第 3 期。

Anttila,Raimo　2003　Analogy:The warp and woof of cognition. In Joseph, Brian D. and Richard D. Janda (eds.). *The Handbook of Historical Linguistics*. Oxford:Blackwell. 435—440.

Barðdal,Jóhanna, Valgerður Bjarnadóttir, Serena Danesi, Tonya Kim Dewey, Thórhallur Eythórsson,Chiara Fedriani and Thomas Smitherman　2013　The story of 'Woe'. *Journal of European Studies* 41. 3:321—377.

Barðdal,Jóhanna,Elena Smirnova,Lotte Sommerer and Spike Gildea (eds.) 2015　*Diachronic Construction Grammar*. Amsterdam:Benjamins.

Beeching,Kate　2009　Sociolinguistic factors and the pragmaticalization of *bon* in contemporary spoken French. In Beeching,K. ,Armstrong,N. and Gadet,F. (eds.). *Sociolinguistic Variation in Contemporary French*. Amsterdam,Benjamins. 215—229.

Beijering,Karin　2012　expressions of epistemic modality in Mainland Scandinavian:A study into the lexicalization grammaticalization-pragmaticalization interface. Rijksuniversiteit Groningen PhD dissertation.

Boas, Hans C. 2013 Cognitive construction grammar. In Hoffmann and Trousdale (eds.). *The Oxford Handbook of Construction Grammar*. 233—254. New York: Oxford University Press.

Börjars, Kersti, Nigel Vincent and George Walden 2015 On constructing a theory of grammatical change. *Transactions of the Philological Society* 113. 3: 363—382.

Brems, Lieselotte 2011 Layering of size and type noun constructions in English. Berlin: de Gruyter Mouton.

Brinton, Laurel J. 2008 *The Comment Clause in English : Syntactic Origins and Pragmatic Development*. Cambridge: Cambridge University Press.

Busse, Beatrix and Ruth Möhlig-Falke (eds.) 2019 *Patterns in Language and Linguistics : Crossing the Boundaries in Interdisciplinary Discourse*. Berlin: De Gruyter Mouton.

Bybee, Joan L. 2010 *Language, Usage and Cognition*. Cambridge: Cambridge University Press.

Bybee, Joan L. 2013 Usage-based theory and exemplar representation. In Hoffmann and Trousdale (eds.). *The Oxford Handbook of Construction Grammar*. 49—69. New York: Oxford University Press.

Bybee, Joan L. and Pagliuca, William and Perkins, Revere 1991 Back to the future. In Elizabeth C. Traugott and Bernd Heine (eds.). *Approaches to Grammaticalization*. 17—58. Amsterdam: John Benjamins.

Bybee, Joan L. Pagliuca, William and Perkins, Revere 1994 *The Evolution of Grammar : Tense, Aspect, and Modality in the Languages of the World*. Chicago: University of Chicago Press.

Colleman, Timothy and Bernard De Clerck 2011 Constructional semantics on the move: On semantic specialization in the English double object constructions. *Cognitive Linguistics* 22: 183—209.

Croft, William 2000 *Explaining Language Change*. Harlow, Essex: Longman, Pearson Education.

Croft, William 2001 *Radical Construction Grammar : Syntactic Theory in Typological Perspective*. Oxford: Oxford University Press.

De Smet, Hendrik 2013 *Spreading Patterns : Diffusional Change in the*

English System of Complementation. Oxford: Oxford University Press.

De Smet, Hendrik 2016 How gradual change progresses: The interaction between convention and innovation. *Language Variation and Change* 28. 1: 83—102.

Diewald, Gabriele 2002 A model for relevant types of contexts in grammaticalization. In Ilse Wischer and Gabriele Diewald (eds.). *New Reflections on Grammaticalization*. 103—120. Amsterdam: Benjamins.

Diewald, Gabriele 2006 Context types in grammaticalization as constructions. *Constructions* SV1—9. http://elanguage. net/journals/index. php/constructions/article/viewFile/24/29.

Diewald, Gabriele and Elena Smirnova 2010 *Evidentiality in German : Linguistic Realization and Regularities in Grammaticalization*. Berlin: De Gruyter Mouton.

Fillmore, Charles J. 2013 Berkeley construction grammar. In Hoffmann and Trousdale (eds.). *The Oxford Handbook of Construction Grammar*. 111—132. New York: Oxford University Press.

Fillmore, Charles J. and Paul Kay and Mary Catherine O'Connor 1988 Regularity and idiomaticity in grammatical constructions. *Language* 64. 3: 501—538.

Fischer, Olga 2007 *Morphosyntactic Change : Functional and Formal Perspectives*. Oxford: Oxford University Press.

Fried, Mirjam 2008 Constructions and constructs: Mapping a shift between predication and attribution. In Alexander Bergs and Gabriele Diewald (eds.). *Constructions and Language Change*. 47—79. Berlin: Mouton de Gruyter.

Givón, Talmy 1979 *On Understanding Grammar (Perspectives in Neurolinguistics and Psycholinguistics)*. New York: Academic Press.

Goldberg, Adele E. 1995 *Constructions : A Construction Grammar Approach to Argument Structure*. Chicago: University of Chicago Press.

Goldberg, Adele E. 2003 Constructions: A new theoretical approach to language. *Trends in Cognitive Sciences* 7. 5: 219—224.

Goldberg, Adele E. 2006 *Constructions at Work : The Nature of Generaliza-*

tion in Language. Oxford: Oxford University Press.

Goldberg, Adele E. 2013 Constructionist approaches. In Hoffmann and Trousdale (eds.). *The Oxford Handbook of Construction Grammar*. 15—33. New York: Oxford University Press.

Heine, Bernd 2002 On the role of context in grammaticalization. In Ilse Wischer and Gabriele Diewald (eds.). *New Reflections on Grammaticalization*. Amsterdam: Benjamins. 83—101.

Heine, Bernd and Heiko Narrog and Haiping Long 2016 Constructional change vs. grammaticalization: From compounding to derivation. *Studies in Language* 40. 1: 137—175.

Heine, Bernd and Tania Kuteva 2002 *World Lexicon of Grammaticalization*. Cambridge: Cambridge University Press.

Heine, Bernd and Tania Kuteva 2005 *Language Contact and Grammatical Change*. Cambridge: Cambridge University Press.

Hilpert, Martin 2008 *Germanic Future Constructions: A Usage-based Approach to Language Change*. Amsterdam: Benjamins.

Hilpert, Martin 2013 *Constructional Change in English: Developments in Allomorphy, Word-Formation and Syntax*. Cambridge: Cambridge University Press.

Hilpert, Martin 2018 Three open questions in diachronic construction grammar. In Evie Coussé, Joel Olofsson and Peter Andersson (eds.). *Grammaticalization Meets Construction Grammar*. 22—39. Amsterdam: Benjamins.

Hilpert, Martin and Jan-Ola Östman (eds.) 2015 *Reflections on Constructions across Grammars*. Amsterdam: John Benjamins.

Himmelmann, Nikolaus P. 2004 Lexicalization and grammaticization: Opposite or orthogonal? In Walter Bisang, Nikolaus P. Himmelmann and Björn Wiemer (eds.). *What Makes Grammaticalization—A Look from its Fringes and its Components*. 21—42. Berlin: Mouton de Gruyter.

Hoffmann, Thomas and Graeme Trousdale (eds.) 2013 *The Oxford Handbook of Construction Grammar*. New York: Oxford University Press.

Hüning, Matthias and Geert Booij 2014 From compounding to derivation:

The rise of derivational affixes through constructionalization. In Ferdinand von Mengden and Horst Simon (eds.). Special issue on Refining Grammaticalization. *Folia Linguistica* 48. 2:579—604.

Israel, Michael 1996 The *way* constructions grow. In Adele Goldberg (ed.). *Conceptual Structure, Discourse and Language*. 217—230. Stanford:CSLI.

Kiparsky, Paul 1968 Linguistic universals and linguistic change. In Emmon Bach and Robert T. Harms (eds.). *Universals in Linguistic Theory*. 171—202. New York:Holt,Rinehart and Winston.

Lehmann, Christian 2004 Theory and method in grammaticalization. In Gabriele Diewald (ed.). *Grammatikalisierung*, special issue of *Zeitschrift für Germanistische Linguistik* 32. 2:152—187. http://www. christianlehmann. eu/.

Lehmann, Christian 2008 Information structure and grammaticalization. In Elena Seoane and María José López-Couso (eds.). *Theoretical and Empirical Issues in Grammaticalization*. 207—229. Amsterdam:Benjamins.

Lehmann, Christian 2015[1982] *Thoughts on Grammaticalization*. Berlin: Language Science Press (3rd, rev. ed. of *Thoughts on Grammaticalization:A Programmatic Sketch*. 1982).

Meillet, Antoine 1958[1912] L'évolution des formes grammaticales. In Antoine Meillet, *Linguistique historique et linguistique générale*. 130—148. Paris:Champion [originally published in *Scientia (Rivista di scienza)* XXII,1912].

Narrog, Heiko and Bernd Heine (eds.) 2011 *The Oxford Handbook of Grammaticalization*. New York:Oxford University Press.

Noël, Dirk 2007 Diachronic construction grammar and grammaticalization theory. *Functions of Language* 14:177—202.

Noël, Dirk and Timothy Colleman 2010 Believe-type raising-to-object and raising-to-subject verbs in English and Dutch:A contrastive investigation in diachronic construction grammar. *International Journal of Corpus Linguistics* 15:157—182.

335

Östman, Jan-Ola and Mirjam Fried (eds.) 2005 *Construction Grammars: Cognitive Grounding and Theoretical Extension*. Amsterdam: Benjamins.

Petré, Peter 2014 *Constructions and Environments: Copular, Passive, and Related Constructions in Old and Middle English*. Oxford: Oxford University Press.

Pinkster, Harm 1987 The strategy and chronology of the development of future and perfect tense auxiliaries in Latin. In Harris, M. and P. Ramat (eds.). *The Historical Development of Auxiliaries*. Berlin: Mouton/De Gruyter. 193—223.

Saussure, Ferdinand de 1983[1916] *Course in General Linguistics*. Translated by Roy Harris. Chicago: Open Court (first published in French in 1916).

Schmid, Hans-Jörg and Annette Mantlik 2015 Entrenchment in historical corpora? Reconstructing dead authors' minds from their usage profile. *Anglia* 133. 4:583—623.

Torrent, Tiago Timponi 2015 On the relation between inheritance and change: The constructional convergence and construction network reconfiguration hypotheses. In Barðdal, Jóhanna, Elena Smirnova, Lotte Sommerer and Spike Gildea (eds.). *Diachronic Construction Grammar*. 173—211. Amsterdam: Benjamins.

Traugott, Elizabeth Closs 2004 Historical pragmatics. In Laurence R. Horn and Gregory Ward (eds.). *The Handbook of Pragmatics*. 538—561. Oxford: Blackwell.

Traugott, Elizabeth Closs 2008 Grammaticalization, constructions and the incremental development of language: Suggestions from the development of degree modifiers in English. In Regine Eckardt, Gerhard Jäger and Tonjes Veenstra (eds.). *Variation, Selection, Development—Probing the Evolutionary Model of Language Change*. 219—250. Berlin: Mouton de Gruyter.

Traugott, Elizabeth Closs 2014 Toward a constructional framework for research on language change. *Cognitive Linguistic Studies* 1. 1: 3—21.

Slightly modified reprint in Sylvie Hancil and Ekkehard König (eds.). *Grammaticalization—Theory and Data*. 87—105. Amsterdam: Benjamins.

Traugott, Elizabeth Closs and Graeme Trousdale 2013 *Constructionalization and Constructional Changes*. Oxford: Oxford University Press.

Trousdale, Graeme 2010 Issues in constructional approaches to grammaticalization in English. In Katerina Stathi, Elke Gehweiler and Ekkehard König (eds.). *Grammaticalization: Current Views and Issues*. 51—72. Amsterdam: Benjamins.

Trousdale, Graeme and Muriel Norde 2013 Degrammaticalization and constructionalization: Two case studies. In Muriel Norde, Alexandra Lenz and Karin Beijering (eds.). *Special Issue on Current Trends in Grammaticalization Research, Language Sciences* 36: 32—46.

Van de Velde, Freek 2014 Degeneracy: The maintenance of constructional networks. In Ronny Boogaart, Timothy, Colleman and Gijsbert Rutten (eds.). *Extending the Scope of Construction Grammar*. Berlin: Mouton de Gruyter: 141—179.

Van de Velde, Freek and Hendrik De Smet and Lobke Ghesquière 2013 On multiple source constructions in language change. *Studies in Language* 37. 3: 473—488.

Zehentner, Eva 2018 Ditransitives in Middle English: On semantic specialization and the rise of the dative alternation. *English Language and Linguistics* 22. 1: 149—175.

Zhan, Fangqiong and Elizabeth Closs Traugott 2015 The constructionalization of the Chinese cleft construction. *Studies in Language* 39. 2: 459—491.

Zhan, Fangqiong and Elizabeth Closs Traugott 2019 The development of the *shì* copula construction: A constructional perspective. *Functions of Language* 26. 2: 139—176.

Zhan, Fangqiong and Elizabeth Closs Traugott 2020 A study of the development of the Chinese correlative comparative construction from the perspective of constructionalization. *Diachronica* 37. 1: 83—126.

近代汉语定语标记"的个"的形成

周卫华　　龙海平

（三峡大学文学与传媒学院）

0　引言

近代汉语不少文献中都存在定语标记"的个"，如例（1）至（3）：

（1）原来是本院的个小丫头佳蕙。（清《红楼梦》第二十六回）

（2）这才把必应瞻礼的个文昌阁抹门儿过去了。（清《儿女英雄传》第三十八回）

（3）又遇到了千刀剐万刀剁的个姓刚的。（清《老残游记》第十九回）

吕叔湘（2001:171）认为上述语例中的定语标记"的个"源于省略"一"的"的一个"结构。吕先生难以解释的是，为什么定语标记"的个"早在宋代"的个"写作"底个"之时就已出现，如例（4）和（5），而宋代及更早的文献中却并未出现"底一个"结构。[①]

（4）要识新罗僧么，只是撞着露柱底个瞎汉。（南宋《大慧普觉禅师普说》卷十四）

（5）他麻谷持锡绕禅床，既是风力所转终成败坏。且道毕

竟发明心宗底事,在什么处? 到这里,也须是生铁铸就底个汉始得。(南宋《五灯会元·长芦清了禅师》)

与吕先生的观点不同,我们认为近代汉语定语标记"的个"源于近代汉语指示代词"底个"。本文分三部分论述这一问题:第一部分通过描述定语标记"的个"在近代汉语中的发展,证明其具有独立来源;第二部分从语法化角度证明近代汉语定语标记"的个"源于近代汉语指示代词"底个";第三部分是余论。

1 近代汉语中的定语标记"的个"

宋代汉语定语标记"底个"一般用作关系小句标记,如例(4)和(5)。元代汉语定语标记"的个"除充当关系小句标记外[例(6)和(7)],还可以充当领属词[例(8)和(9)]和形容词定语标记[例(10)和(11)]:

(6)这个叫做张海棠,是员外娶的个不中人。(元《灰阑记》第二折)

(7)这个不是大虫,是我养熟了的个小猫儿,又唤做善哥。(元《张子房圯桥进履》第一折)

(8)他的个浑家生的风流,长的可喜。(元《鲁斋郎》楔子)

(9)这是我的个亲侄儿。(元《散家财天赐老生儿》第二折)

(10)自从大的个孩儿死了,婆婆又死了,家私又散尽了。如今小的个孩儿又病的重了,教老汉好生烦恼也呵。(元《崔府君断冤家债主》第三折)

(11)我活活的个人,他要养娃娃,你就一刀杀了他,便待干罢。(元《救孝子贤母不认尸》第一折)

无论是宋代汉语定语标记"底个",还是元代汉语定语标记"的个",所在定中结构的中心词在上下文语境中都具有明确的单数所指。以例(5)"生铁铸就底个汉"和例(6)"员外娶的个不中人"为例,我们很容易在上下文语境中找到各自中心词的单数所指[例(5)中的"他"和例(6)中的"张海棠"]。这进一步否定了吕叔湘(2001)关于近代汉语定语标记"的个"源于"的一个"的说法:如果定语标记"底个"或"的个"源于"底(的)一个"结构,考虑到数量词"一个"一般修饰单数不定指名词,这两个定语标记所在结构的中心词更应该是单数不定指成分而不是例(5)至(11)各例所示的单数定指成分。[②]

明代定语标记"的个"在北方文献[例(12);《元朝秘史》的作者火原洁和马沙亦黑皆为生活在北方的回族人]、帝王诏书[例(13)]和一般文人创作[例(14)和(15)]中出现,说明这一时期的定语标记"的个"已经进入主流文献:

(12)我昨前射的个雀儿,也被他夺了,今早钓的个鱼又被他夺了。(明·火原洁和马沙亦黑《元朝秘史》)

(13)牛的个等六名质留在边,宣谕歹酋之妻,使知格斗兵端原自虏起。如诸酋输情伏罪,牛的个等以军法捆打,许放生还。(明《大明神宗显皇帝实录》卷一百九十)

(14)这是他弄的个术法儿,有何难也!(明·吴承恩《西游记》第一回)

(15)小的个,都要穿起衣服来。(明·罗懋登《三宝太监西洋记通俗演义》第二十回)

明代定语标记"的个"的另一变化是中心词指称性的变化,与宋元时期定语标记"的个"只接单数定指成分不同,明代定语标记

"的个"后面开始接单数不定指成分[例(16)和(17)]:

(16)原来大圣耍了一会,吃了几个桃子,变做二寸长的个人儿,在那大树梢头浓叶之下睡着了。(明·吴承恩《西游记》第五回)

(17)八戒掣钯,往那波月洞的门上,尽力气一筑,把他那石门筑了斗来大小的个窟窿。(明·吴承恩《西游记》第二十九回)

清初定语标记"的个"在一般文人创作中仍然常见,不过限于山东及山东以南籍贯文人[例(18)《木皮散人鼓词》作者贾凫西是山东兖州人,例(19)《明珠缘》作者李清是江苏兴化人,例(20)《聊斋俚曲集》作者蒲松龄是山东淄博人,例(21)《续金瓶梅》作者丁耀亢是山东诸城人]:

(18)这不是从前说的个铁板数,就象那打骰子的凑巧拼了烘。(清·贾凫西《木皮散人鼓词(韵文部分)》)

(19)几年的个客巴巴,泼天的富贵,难道只值得这几两?(清·李清《明珠缘》第四十九回)

(20)李氏翻砖揭瓦的,找出他自己穿的个红袄来,撩过去,着他穿。(清·蒲松龄《聊斋俚曲集》慈悲曲)

(21)庵里通不成过活了,大娘进去看看。只央了俺的个亲戚来看门,我才出来走动的。(清·丁耀亢《续金瓶梅》第十八回)

清代北京籍文人的作品中很少使用定语标记"的个",我们仅在代表北京方言的清代中期文献《红楼梦》中找到定语标记"的个"的语例3例[例(1)和例(22)(23)]。而在清末北京文献《小额》和《燕京妇语》中,我们已经找不到定语标记"的个"的痕迹。

(22)你看二爷到底是个怎么样的个人?(清《红楼梦》第九十一回)

(23)我是受不得这样折磨的,倒不如死了干净。但是一时怎么样的个死法呢?(清《红楼梦》第一一一回)

我们推测清军入关以后,受满语影响形成的新方言渐趋强大,自然会挤占原有方言的生存空间。不过新方言不会在短时间内取代原有方言,而是存在一个由北往南的缓慢推进过程。这不但可以解释清初山东籍文人作品中的定语标记"的个",而且可以解释清末江苏淮安籍文人刘鹗作品《老残游记》中的定语标记"的个"[如例(3)]。

值得注意的是清代中期文献《儿女英雄传》中的定语标记"的个"[如例(2)]。自从胡适称之为"京语教科书",③《儿女英雄传》一直被视为清代中叶北京话的代表(参见荆学义,2000:94;赵志忠,1998:37;杨芳,2011:53等)。不过据我们统计,55万字的《儿女英雄传》中共出现定语标记"的个"的语例45例,其出现频率远高于同时代的其他北京话文献,甚至远高于《西游记》中定语标记"的个"的出现频率(70万字,29例)。④

我们注意到《儿女英雄传》的作者文康有在南方做官的经历,作品中在淮安府(大致现在的徐州市东部地区和淮安市大部分地区)治水的安老爷就是作者自己(参见袁锦贵,2006:50;李永泉,2009:3等)。从淮安籍文人吴承恩的作品《西游记》和刘鹗的作品《老残游记》中的定语标记"的个"[如例(3)]可知,淮安的文人创作语言从明末至清末一直接受定语标记"的个"。我们推测受淮安文人创作语言的影响,文康在自己的作品中也使用定语标记"的个"。⑤

翟燕(2007)发现《儿女英雄传》中的"老"并非尊称,而是表示排行老二,因此"李老"即"李二"。无独有偶,安老爷治水时所管辖的区域——徐州一带的某些方言(如铜山话)中目前还用"老"表示排行老二,这也证明《儿女英雄传》的语言确实受到了南方方言的影响。

2　定语标记"的个"的形成

上节证明定语标记"的个"存在于宋元明清四个时代的汉语文献中,这些文献的作者具有非常大的地域跨度,因此基本可以排除方言影响因素。所有的证据都指向一点——近代汉语定语标记"的个"有其独立的语法化来源。

要研究近代汉语定语标记"的个"的来源,最稳妥的方法是复原定语标记"的个"的前身——"底个"在近代汉语中的变化过程。遗憾的是受语料限制,我们尚无法复原这一过程。不过我们观察到"底个"在宋代汉语中除用作定语标记外,还用作指示代词:

(24)底个短檐高帽子,青莲居士谪仙人。(南宋·杨万里《海南诗》)

(25)乍雨乍晴,乍寒乍热,山僧底个,山僧自知。诸人底个,诸人自说。(南宋《五灯会元》卷一)

(26)四池,并所减底个较幂,恰是一个和自之。(金·李冶《益古演段》三十三题)

跨语言来说从指示代词到定语标记的语法化路径在世界语言中并不罕见。Herring(1991:66)证明罗塔那加语[Lotha Naga;印度东北那加兰邦(Nagaland)居民使用]的领属标记、形容词定语标记和关系小句标记皆为源于该语言指示代词-ò 或-ù 的同一成分。Diessel(1999:130—131)引用了 Foley(1980:181—192)和 Himmelmann(1997:161—162)证明南岛语系他加禄语(Tagalog)、伊洛卡诺语(Ilokano)、托巴巴塔克语(Toba Batak)、托莱语(Tolai)和沃利奥语(Wolio)的领属标记、形容词定语标记和关系小句标记皆为源于该语言指示代词的同一成分。以他加禄语（Tagalog）为例，该语言的指示代词 na(ng 为其音位变体)就语法化为了领属标记［例（27）］、关系小句标记［例（27）］和形容词定语标记［例（28）］：

(27)ang　paa　**ng**　　mama　**na**　　　　bàbaríl

　　定指　脚　　领属词　男人　　关系小句标记　开枪

　　sa　　kanyá

　　方所格　第三人称单数：与格

　　将要向他开枪的那个人的脚

(28)ang　　maliít　**na**　　　　　langgám

　　定指　小　　　形容词定语标记　蚂蚁

　　小蚂蚁

　　对照罗塔那加语和南岛语系诸语言从指示代词到定语标记的演变过程，我们倾向于认为宋代汉语指示代词"底个"和定语标记"底个"之间存在衍生关系。两方面的证据支持我们的这一结论：

　　证据一：宋元汉语定语标记"底（的）个"的定指性特征

　　Schuh(1990：605—606)以乍得语支(Chadic)不同语言从指示代词到定语标记的语法化过程为例，认为从指示代词到定语标记的语法化过程很可能经历了例（29）的演变过程（类似分析参见 Lehmann,1984：378—383)：

　　(29)［定语［指示代词 中心词]]→[[定语 定语标记]中心词]⑥

　　在语法化的初始阶段，定中结构的中心词成分受指示代词修饰，因此应该是定指成分，这与宋元时期定语标记"的个"的特征完全吻合。我们在第一部分已经证明，宋元时期定语标记"底（的）

的"所在的结构,无论是[关系小句+中心词]结构,还是[领格+属格]结构,抑或是[形容词定语+中心词]结构,其中心词皆为定指成分。这样看来宋元时期的定语标记"底(的)个"很可能经历了与例(29)类似的语法化过程。

证据二:鲁南方言中的类似现象

我们观察到鲁南临沂方言中的"的个"结构(读作/təkə/)兼作关系小句标记[例(30)]、领属标记[例(31)]和形容词定语标记[例(32)]等定语标记:

(30)我买的个书好看。

(31)我的个书丢了。

(32)新鲜的个鱼好卖。

有意思的是,临沂方言的"的个"结构(读作/tikə/)同时用作指示代词[例(33)和(34);另外参见柏恕斌、丁振芳,1995:98]:

(33)的个菜很便宜。

(34)的个家伙说话不算数。

在临沂方言中,下面的语例具有两种含义:"二虎的个儿"既可以表示"二虎这个儿"("的个"读作/tikə/;"儿"是对他人的戏谑称谓),也可以表示"二虎的儿子"("的个"读作/təkə/)。也就是说在定语标记的位置,"的个"仍然具有指示代词功能,这恰好是"的个"从指示代词到定语标记的中间状态。

(35)二虎的个儿,不好对付。

考虑到宋元以来山东方言一直是北方方言的重要组成部分,我们认为临沂话的"的个"可以反映宋代汉语从指示代词"底个"到定语标记"底个"的演变过程。

3　余论

本文从历时描述和跨语言(方言)分析这两个角度证明近代汉语定语标记"的个"可能源于宋代汉语指示代词"底个",而不是吕叔湘(2001)所认为的"的一个"结构。本文尚未回答一个问题:如果近代汉语定语标记"的个"源于近代汉语指示代词"底个",那么它遵循了怎样的演变顺序?从宋代汉语定语标记"底个"的语例[例(4)和(5)]来看,指示代词"底个"在演变为定语标记的过程中似乎首先用作关系小句标记,然后再发展为形容词定语标记和领属标记。

定语标记的跨语言演变过程也似乎支持这一观点。指示代词只演变为关系小句标记的语言在世界语言中并不少见。(参见Sankoff & Brown,1976;Heine & Kuteva,2002:113—115;刘丹青,2005;唐正大,2008等)指示代词既演变为关系小句标记,又演变为形容词定语标记和领属标记的语言在世界语言中同样存在。(参见 Foley,1980:181—192;Herring,1991:66;Himmelmann,1997:161—162;Diessel,1999:130—131等)不过我们却很难找到指示代词只演变为领属标记或形容词定语标记,而不演变为关系小句标记的语言。这样看来,关系小句标记似乎是从指示代词到形容词定语标记和领属标记演变过程的必经阶段。

附　注

① 据我们观察,"底(的)一个"的最早语例出现在商务印书馆 1925 年出版的《京本通俗小说》中,该书编者缪荃孙在"例言"部分指出全书"影元人

346

写本影印"。这样看来近代汉语"底（的）一个"最早语例的出现年代不可能早于例(4)和(5)中定语标记"底个"语例的出现年代，因此后者不可能源于前者。

也有一班妒忌魏生少年登高科的，将这桩事只当做闻风言事的一个小小新闻，奏上一本。（缪荃孙《京本通俗小说》第十五卷）

② 我们在明代以前的近代汉语文献中也没有观察到"底（的）这个"的语例，因此近代汉语定语标记"的个"同样不太可能源于近代汉语"底（的）这个"结构。

③ 《胡适文存三集》卷六，上海亚东图书馆，1931年第3版。

④ 值得指出是《儿女英雄传》的45个定语标记"的个"语例中，有22个是疑问词"怎的个"的语例（如下例）。如果不算疑问词"怎的个"这样的固化语例，《儿女英雄传》中定语标记"的个"的语例是23个，和《西游记》中定语标记"的个"的出现频率不相上下。

至于他各人到头来的成败，还要看他入世后怎的个造因，才知他没世时怎的个结果。（《儿女英雄传》首回）

⑤ 文康治水另一可能地区的方言——徐州东部睢宁话目前仍使用定语标记"的个"（参见王健，2007:62），《儿女英雄传》的语言也可能受到了该地区方言的影响。

⑥ Schuh(1990:605—606)采用的语序为[[中心词 指示代词] 定语]语序，此处照顾汉语语序，进行了相应的调整。

参考文献

柏恕斌、丁振芳 1995 鲁南方言"的""的个"及方位词的特殊用法，《山东师大学报》（社会科学版）第1期。

荆学义 2000 文康小说中的旗文化——晚清小说文化探析，《天津大学学报》（社会科学版）第2期。

李永泉 2009 文康知松江府考实，《明清小说研究》第3期。

刘丹青 2005 汉语关系从句标记类型初探，《中国语文》第1期。

吕叔湘 2001 "个"字的应用范围，附论单位词前"一"字的脱落，《中国社会科学院学者文选·吕叔湘集》，中国社会科学出版社；原载《金陵、齐鲁、华西大学中国文化汇刊》1944年第4卷。

唐正大　2008　关中永寿话的关系从句类型,《方言》第 3 期。

王　健　2007　睢宁话中"个"的读音和用法,《方言》第 1 期。

夏　军　2009　语音叠合省略误作句法省略现象刍议——以"的个"为例,《信阳师范学院学报》(哲学社会科学版)第 6 期。

杨　芳　2011　《儿女英雄传》常用词缀研究,《呼伦贝尔学院学报》第 5 期。

袁锦贵　2006　《儿女英雄传》成书过程探微,《河南广播电视大学学报》第 2 期。

翟　燕　2007　《儿女英雄传》"第老的"释义商榷,《中国青年政治学院学报》第 2 期。

赵志忠　1998　曹雪芹·文康·老舍——京味小说溯源,《民族文学研究》第 3 期。

Diessel, H. 1999 *Demonstratives: Form, Function, and Grammaticalization*. Amsterdam/ Philadelphia: John Benjamins.

Foley, W. A. 1980 Toward a universal typology of the noun phrase. *Studies in Language* 4:171—199.

Heine, B. and T. Kuteva 2002 *World Lexicon of Grammaticalization*. Cambridge: Cambridge University Press.

Herring Susan C. 1991 Nominalization, relativization, and attribution in Lotha, Angami, and Burmese. *Linguistics of the Tibeto-Burman Area* 14(1): 55—72.

Himmelmann, N. 1997 *Deiktikon, Artikel, Nominalphrase: Zur Emergenz Syntaktischer Struktur*. Tübingen: Niemeyer.

Lehmann, C. 1984 *Der Relativsatz: Typologie seiner Strukturen, Theorie seiner Funktionen, Kom Pendium seiner Grammatik*. Tübingen: Narr.

Sankoff, G. and P. Brown 1976 The origins of syntax in discourse: A case study of Tok Pisin relatives. *Language* 52(3):631—666.

Schuh, R. G. 1990 Re-employment of grammatical morphemes in Chadic: Implications for language history. In P. Baldi (ed.). *Linguistic Change and Reconstruction Methodology*. 599—618. Berlin: Mouton de Gruyter.

汉英日虚词的长度对比
——兼论与语法化的关系

朱俊玄

（商务印书馆汉语编辑中心、
中国语言资源开发应用中心）

0　引言

　　介词表示其介引的名词性成分与其他句子成分（主要是谓语动词）之间的关系。在 Greenberg 总结的 45 条语序共性中，与介词有关的有 7 条，排在第二位，仅次于 SOV 语序。不同语言中介词的地位、称谓不同，如与汉语、英语中的介词大致对应的成分，在日语中为格助词。为了研究称说的方便，本文在日语等单语论述时尽量采用格助词，而在多语比较时统一使用介词称说。但需要说明的是，日语的格助词与汉语或者英语的介词并非一一严格对应，本文只是基于其深层格关系的基本对应，而统一称说的。

　　本文以介词为切入口，比较汉语、英语和日语中虚词的长度。先介绍三语介词的音节表现，然后展示其莫拉表现，再分析三语各类虚词的长度对比。本文的研究目的主要是引入韵律音系学中的音节和莫拉概念，对比三语虚词的长度，力求发现三语虚词在韵律和语法方面的共性和特性表现,最后结合语法化理论进行论述。

1 介词的音节表现

音节是各个语言基本的感知单位,世界上的语言一般都可以音节为基本结构。

1.1 汉语介词

不同的学者或收录介词的工具书中的介词多有不一致的情况。我们参考了《介词与介引功能》(陈昌来著,安徽教育出版社,2002 年)、《现代汉语虚词词典》(张斌主编,商务印书馆,2013 年)、《现代汉语虚词词典》(侯学超编,北京大学出版社,1999 年)、《现代汉语虚词例释》(北京大学中文系 1955、1957 级语言班编,商务印书馆,2010 年)等中的介词部分,它们分别收录了 149、123、119、94 个介词。通过合并提取,我们得到四者共有的介词 79 个:[①]

单音节:挨、按、把、被、奔、本、比、朝、趁、冲、除、从、打、当、到、对、赶、给、跟、管、归、和、将、叫、较、教、借、尽、就、据、距、离、连、临、拿、凭、齐、让、任、顺、随、替、同、往、望、为(wéi)、为(wèi)、向、沿、依、以、因、用、由、于、与、在、照、至、自

双音节:按照、按着、本着、趁着、打从、对于、根据、关于、尽着、顺着、随着、通过、为了、为着、沿着、依照、照着、自从、遵照

上述介词为四书共同收录,说明其介词的身份是被高度认可的,可以作为现代汉语介词的核心成员,或者说基本成员。其中单音节介词 60 个,占比 76%;双音节介词 19 个,占比 24%;多音节介词没有。(仅《介词与介引功能》中有一条"依仗着")。

如果我们将单音节介词看作介词的基础形式或者简单形式,那么双音节的介词就可以看作介词的复合形式或者复杂形式——由介词和介词、介词和其他词类复合而成。在上文统计的 79 个介词中,通过派生(X 着/了)产生的双音节介词有 11 个,[2]占全部双音节介词的 58%;通过复合产生的有 8 个,占比 42%。复合的方式有:介词(性语素,下同)+介词(如"依据")、动词+介词(如"关于")、名词+介词(如"根据")等。如果双音节介词为复合介词的话,我们可以将单音节介词视作基础介词。

汉语中的介词,数量上以单音节为主体,使用频率上单音节更高,句法上单音节更自由,语义上单音节范围更广。双音节介词的自由度相对较低,使用相对受限——分布上多现于句首,后多接双音节宾语;构词上语义范围弱于单音节介词,不能降格为构词语素、不常用于框式介词,构词能力弱。因此,单音节介词"词多势众","势力范围"明显要强于双音节介词。

1.2 英语介词

介词在英语中的使用极其灵活,被称为英文的"润滑剂",甚至有学者将英语称为"介词的语言"。Curme(1998)将英语介词分为四类:简单介词(in、on、at、for、with 等)、派生介词(behind、below、across、along 等)、复合介词(inside、outside、within、without 等)、组合介词(because of、in front of、in accordance with 等)。其中使用频率最高的是简单介词 at、by、in、for、of、on、to、from 和 with 等,其使用率占所有介词的九成以上。

为了便于同汉语介词进行比较,我们也将英语介词分为基础介词和复合介词,前者多为单语素的简单形式。我们调查了《英语介词用法词典》(李士钧编著,天津科学技术出版社,2003 年)、《英语介词词典》(周汉林、曾松碧编著,青岛出版社,1999 年)、《当代英语介词词典》(雍和明编,上海译文出版社,2007 年)等,统计发现英语基础介词约有 24 个:about、against、as、at、by、down、during、for、from、in、like、of、off、on、over、round、since、than、through、till、to、under、up、with。后者由基础介词组合(介词+介词,介词+其他词)而成,如 into、below、throughout、inside、without、from behind、according to、by means of、in spite of;另外,分词性质的介词我们也暂归复合介词中,如 considering、concerning 等。

由此可见,英语中的基础介词以单音节为主,在上述 24 个基础介词中约占 79%。基础介词的使用频率极高,在现实交际中更常用于复合单词。(Tiee,1969)其绝对数量有限;而复合介词虽然使用频率较低,但绝对数量确实明显高于前者。这就与汉语的两类介词形成了鲜明对比——汉语的基础介词不仅在绝对数量上大于复合介词,而且在使用频率上也高于复合介词。

1.3 日语格助词

作为一种黏着语,日语很少出现与名词高度融合的格形态,如同其他屈折语那样。其格关系或格意义一般通过句法关系表现出来,相关的格标记作为题元标记,可归入助词而称为格助词。格助词作为后置词,一般都被认作表示语法意义的虚词,拥有独立虚词的地位,相应可归入介词。一般有独立的音节,甚至还有双音节、多音节。日语常用格助词共有 9 个,我们视作基础格助词:

> が[ga](主语)③、の[no](定语)、を[wo](方向、对象、起点、经过)、に[ni](在、……上/下/里、到、比较、原因、对象、方向、目的地、结果)、へ[he](向、到)、と[to](和、同、跟)、から[kara](来自、因为)、より[yori](从、由于、比、除

了)、で[de](方式、场所、原因、范围)。

其中が、の为主格助词,の还为连体格助词,在本文讨论范围内的格助词只有を、に、へ、と、から、より、で等7个。而复合格助词,日语学界早已存在该术语(仁田义雄在《日本语教育事典》中提出),只是对其成员及数量一直未有定论。根据我们的统计,除了上述7个基础格助词,"まで、について、によって、について、に関して、に対して、によって、において、にとって、として、にしたがって、につれて、に応じて、に基づいて、にあたって、にわたって、を通して、にむけて、にむかって、に限らず、にかかわらず、を問わず"等有时也可以代替基础格助词表示介词介引的名词宾语与谓语动词之间的关系,可归入复合格助词。日语复合格助词多来自"介词+动词的连用形+接续助词て"(李庆祥,1986),其中を、に参与构成的较多。

日语的基础格助词以单音节为主,占比约71%;复合格助词为多音节,以四音节为主,占比59%。复合格助词可以使用汉字,主要用于正式场合,而基础格助词则广泛用于随意和正式场合。

1.4 讨论

我们根据形体长度,将汉语、英语、日语的介词分为基础介词和复合介词。基础介词都是以单音节介词为主,在三语介词中分别占76%(汉语中为单音节介词占所有介词的比例)、79%、71%。[④]复合介词以多音节为主,2—5个不等,汉语的都是双音节,日语多为四音节,英语不定。从数量上看,英语和日语中复合介词的绝对数量明显多于基础介词,汉语中相反。从用频上看,基础介词虽然数量少,但更为常用,自由度更高。

陈卫恒(2019)指出语言如果按照音节划分,世界语言有单音节语、双音节语、三音节语以及 X 音节语。现代汉语普通话、古老玛雅语、巴布亚新几内亚和澳大利亚语言、中非的丁家语（Dinka）等都是单音节语。班图语族、南岛语系等诸语言为双音节语，亚非（闪含）语系等为三音节语。而诸如英语等音节没有明显数量优势的语言，归入 X 音节语。陈卫恒指出，随着音节数目增多，语素和音节对应的语言从分析型到黏着型变化，而不对应的语言多为黏着语。

我们认为，以音节为标准观照语言确有其意义，但试图以"一把尺子"衡量人类所有语言，恐有不少扞格之处。首先，将大量语言，尤其是非音节凸显型语言统统扔进了 X 音节语这个大筐内，而未加进一步的分析和分类，这可能使得音节标准的覆盖面及其说服力打折扣。其次，即使在音节凸显型语言中，如陈卫恒（2019）提出的双音节语言中，也存在"异质成分"。例如，陈卫恒提出夏威夷语为双音节语，但经过我们对 *A Dictionary of Hawaiian Language*（Andrews L.，Parker H. H.，Board of Commissioners of Public Archives of the Territory of Hawaii，1922）中介词的整理，发现夏威夷语单音节、双音节、三音节介词分别有 11、10、11 个，双音节的倾向性不太明显。再次，音节数目较多的语言是否严整对应于黏着语，我们也尚未见到实证数据。最后，陈卫恒（2019）探求的是语素-音节的关联，提取的也是语言单位中的下位层级单位。但按照音系学的层级单位划分，音节下还有莫拉。世界上存在不少对莫拉敏感的语言，而且有学者（如 Duanmu，1999；杨彩梅，2008）提出汉语虽然对音节敏感，但汉语也拍莫拉。止步于音节层级恐不能精准反映不少语言，尤其是非音节凸显型语言的特性。因此，我们还需考察汉英日的介词在莫拉上的表现。

2 介词的莫拉表现

2.1 莫拉理论

莫拉(也称韵素)是音节的下位单元,是音节的重量单位和长度单位,处于韵律音系学中各个单位的最底层。长韵母有两个莫拉,短韵母有一个莫拉。长韵母可以是双元音,也可以是长元音。一个长音节有两拍,从而构成一个双拍步,形成两个莫拉,因此也就有了重音。短元音只有一拍,不能构成双拍步,只能形成一个莫拉。一个莫拉构成的音节是轻音节(light syllable),由两个莫拉构成的音节是重音节(heavy syllable),两个以上莫拉构成的音节则是超重音节。如在古英语和当代英语中,就存在四个莫拉的音节;从古英语到当代英语,实词必须有至少两个莫拉。(Richard,1992)一个典型的音步由两个音节或者两个莫拉组成,音步和重音共存,有音步就有重音,反正亦然。一个音步下的两个音节或者莫拉也有强弱或者轻重区别,从而分别形成一个强分支和弱分支。

2.2 汉语介词

从汉语普通话的音节特征和莫拉理论来看,一个完整的音节都要有两个莫拉。Duanmu(1999)提出普通话中所有完足的音节都是重音节,即双莫拉。这里的"完足"包括声韵调等各方面的完整,韵母央化、弱化以及轻声等的都不算完足。轻声音节只有一个莫拉,非轻声音节一般有两个莫拉。"拉 la"和"罗 luo"分别由单元音和双元音构成,双元音有两个莫拉,但是单元音呢?

根据莫拉理论,单元音一般只有一个莫拉单位,但根据 Duanmu(1999),十足带调的韵母最少是两个莫拉。Duanmu 的解决方案是:将"拉 la"的韵母看作长元音——aa,从而形成两个莫拉单位;或者认为 la 后存在一个空位 0,该空位也占据一个莫拉单位,这样该音节仍为双莫拉单位。

语音实验数据支持了 Duanmu 的分析。杨彩梅、李冰(2003)和杨彩梅(2008)分别用 Cool Edit 和 Praat 两种工具测试了"缔造""珍惜"的语音特征,发现"'缔'(dì)为单韵母,'造'(zào)为双韵母,但两个字的元音音长基本一致。同样,'zhēn'为双韵母,'xī'为单韵母,但两个字的元音音长也基本一致",分别为 0.231 vs0.223 秒,0.270 vs0.289 秒。

根据上文分析,汉语大部分单音节介词为双元音,或单元音+尾音(如"本、奔、趁、冲、当、同、往"等),从而形成常规完足的双莫拉单位(我们暂称为 A 类);单元音的有"把、比、除、打、和、据、距、离、拿、起、替、依、以、于、与、至、自",从而形成所谓"带空位"的双莫拉单位(我们暂称为 B 类)。包含 B 类介词的双音节介词有 6 个:打从、对于、根据、关于、依照、自从。

我们拟利用 Praat 软件,考察 A、B 介词以及双音节介词的表现。实验选例原则如下:

1)介词。a.单音节介词选取 A 类 4 个、B 类 4 个,并分别选取阴平、阳平、上声、去声字,以尽量排除声调差异的干扰。b. 双音节介词,先在 A、B 两类中各取一个单音节介词,再找出其对应的近义双音节介词,以尽量排除语义差异的干扰。

2)介词短语。a.介词短语选取用于动词前的。b.单音节介词的宾语分别有单音节和双音节的,双音节介词的宾语分别有双音节和多音节的。c.例子多来自《现代汉语词典》(第 7 版),有适当改动。

依照上述原则,我们选出如下例词及其例句。

因、连、给、向(A 类);依、于、把、自(B 类)

因为、依照

会议因故改期。/他因这件事而被处分。

你连他都不认识？/她臊得连脖子都红了。

羊给狼吃了。/医生给他们看病。

向东走/向英雄们致敬

这事要依法处理。/交易依惯例进行。

形势于你有利。/来信已于日前收到。

大家把头扭过去。/姐姐把衣服洗了。

他们自东而来。/我们自北京出发。

他因为发烧而缺席。/处长因为行贿受贿接受调查。

可依照原样复制。/你们依照他说的做。

我们分别统计了各词单念以及在负载句中的时长(毫秒)。

表1 介词单念的时长

例词	因	连	给	向	因为
时长	0.423	0.451	0.428	0.417	0.268
例词	依	于	把	自	依照
时长	0.388	0.405	0.377	0.382	0.230

表2 介词在句中的时长

例句	因	连	给	向	因为
时长	0.160/0.164	0.217/0.227	0.154/0.164	0.163/0.186	0.301/0.244
例句	依	于	把	自	依照
时长	0.180/0.195	0.170/0.187	0.146/0.179	0.137/0.182	0.174/0.156

单念时,A、B 两类介词的时长呈现出规律性差异,B 类较为一致地短于同样声调的 A 类介词,但差异不明显。因此,B 类介词中的确存在元音"抻长"现象,[5]但与 A 类介词中完足的韵母存在细微差异。[6]

B类介词在与单音节宾语、双音节宾语搭配时,介词的独立性或者说介词与其宾语的凝固度有明显差异——与单音节宾语搭配时,介词的时长更短,独立性更差,对宾语的依附性更强。而与之对应,A类介词与单音节宾语、双音节宾语搭配时,其独立性差异不够大。由此,也说明B类介词对其宾语成分,尤其是单音节成分的依附性更强一些。

2.3 英语介词

与汉语基础介词中多单音节一致,英语基础介词中也是单音节多,单音节介词中有多种类型:长音V、VV、VC。基本为常规的双莫拉单位,无单莫拉介词,因此也无须使用汉语中的"抻长"/补空位操作。复合介词为双音节及其以上。由此可见,与汉语一致,英语也以音节为基本感知单位,对莫拉不敏感。

2.4 日语格助词

一般认为日语是典型的以莫拉为基本编码单位的语言,对莫拉单位敏感。在其他语言中作为最小的可拼读单位,音节一般由元音充当音核(nucleus),而日语中的莫拉可以根本就没有元音,如拨音、促音等。当然特殊音段类型并非多数,日语中"超过70%的莫拉属于简单的CV型"(Otake,1990)。莫拉常常与音节重合,很多莫拉本身就是音节。但是日语仍以莫拉而不是音节构成音步。

日语中基础格助词を、に、へ、と、から、より、で多为单莫拉的,复合格助词为双莫拉、多莫拉的。复合格助词和基础格助词一样,都是附属词,不能单独使用,主要接在体言后面,构成连用修饰语,表示时间场所、限度、根据、原因、理由、对象、目的、内容、手段、方法、范围、比例等。不少情况下,复合格助词和基础格助词可以互换而意义不变。与英语一样,从绝对数量上看,在日语中单莫拉格助词不占上风,却为使用主体,为常用的优势格助词。

2.5　三语对比

现代汉语属于音节凸显型语言,对莫拉的敏感度较低。基础介词虽有不少为单元音的,但是可以通过"抻长"而长音化,从而获得双莫拉地位。双元音介词与单元音介词"抻长"后的韵母时长虽有差别,但比较细微。长短元音在现代汉语中没有音位差异,也没有意义区分。汉语母语者以音节为基本的感知单位。英语的基础介词也以单音节为主,但一般为双莫拉单位,且无须"抻长"操作。与莫拉相比,英语母语者同样对音节更为敏感。与汉语和英语不同,日语以莫拉为基本的感知单位,对莫拉敏感。常用的基础介词多为单莫拉的,复合格助词为双莫拉、多莫拉的。

三种语言的基础介词,虽然从音节层面上看都是单音节的,但在莫拉层面上却有明显区别:英语的基础介词都是天然的双莫拉;汉语的部分介词为天然的双莫拉,部分介词尚需"抻长"操作才能实现为双莫拉;日语多为单莫拉。双莫拉的为重音节,单莫拉的为轻音节。这也为汉语和英语称"介词"而日语称"格助词"提供了佐证——介词和格助词分属不同层级的语法类别,日语中表示同类格关系的语法单位不能自立为一个词类介词,而和其他多类助词归入一个大类,充分说明了日语这种黏着语中格助词的从属地位。这也是我们在介词的语法研究中,引入音节尤其是莫拉这些韵律概念的意义。

3　其他虚词的长度

3.1　汉语

笔者对 1.1 节提及的几种现代汉语虚词类著作与工具书做了

大致梳理,其主体虚词类别涉及副词、介词、连词、助词(包括语气词)、叹词。

副词属于开放词类,数量众多。根据我们的统计,汉语副词以双音节为主;英语副词没有明显的音节倾向,且有大量的-ly式副词,不易判断其音节倾向;日语副词种类繁杂,词尾不统一使得词形不统一,来源复杂导致词性不稳定、认定不一致,甚至有日语学者称其为"日语词汇的垃圾箱"。因此,我们暂不考察副词的音节和莫拉表现。"愿、要、能、可、得、该"表示意愿、可能、必要等情态的助动词,有一定的实义,且能单用成句,也暂不纳入考察范围。叹词并非汉语的典型虚词,不少语法类工具书都未收录叹词,故也不考察。另外,我们尽量考察各个语言共有的虚词,如英语的冠词、汉语的量词及方位词等暂不纳入考察范围。

连词连接词、短语或者句子,如"和、与、跟、因此、但是、即使"等,连接短语尤其是连接句子的连词多成对出现,且双音节的居多,如"或者……或者……""虽然……但是……""因为……所以……",单音节的如"既……又……""又……又……"。我们这里考察的是词汇性单位而非框式结构,因此我们关注的是成对使用之前的连词,如"因为、所以"等。由此可见,汉语的连词以单音节为辅,双音节为主,与介词正好相反。因连词多连接两个小句,连接的两端体量较大,单音节难以"担负重任",双音节连词(甚至三音节等,如"要不然")应运而生。同介词一样,单音节连词中有常规完足的双莫拉的"跟",也有"拉长"后形成双莫拉的"和、与"。而双音节连词中,几乎不存在弱化或者轻声,都是双莫拉单位。

助词表示附加意义,如结构助词"的、地、得"、时态助词"着、了、过"、语气助词"呢、吗、吧、啊"。因为助词多是轻声音节,因此其天生为单莫拉单位。其中结构助词 de 和时态助词都是单莫拉单位,且无句末的延音用法,因此无法形成合格的音步,独立性极差,无论充当定语、状语还是补语,都需要附着在相关成分之上。另外,"的"还可以作为名物化标记,附着在其他单位之后,形成名词性的"的"字结构,这里的"的"独立性最差。而语气助词位于句末,处于韵律边界,可能出现延音现象。但因轻声的缘故,一般也不能产生双莫拉。

综上,将上述几类虚词根据音节数量排在一起,大概依次为:

连词＞介词＞助词

仅就单音节词的莫拉数量来说,连词和介词都有完足的常规双莫拉,也有"抻"出来的双莫拉;助词几乎都是单莫拉的。因此,将上述几类汉语虚词的单音节词按照莫拉排在一起,大概依次为("/"表同级):

连词/介词＞助词

不同词类不同的音节和莫拉数量,与其词类的独立性密切相关。连词和介词虽然在单音节词的莫拉数量上表现基本一致,但因双音节词多于单音节词,因此连词的独立性要明显高于介词,尤其在现代汉语中双音节化的大趋势下。助词一般需依附在其他成分之上,不能独立使用,独立性最差。因此,若按照独立性排序的话,上述几类介词大概依次为:

连词＞介词＞助词

3.2 英语

与介词类似,英语中的连词同样可分为基础连词和复合连词,在每类句法关系中几乎都有基础和复合的整齐对应。基础连词一般音节结构简单,多为单音节单词,双莫拉(VV 或者 CVC 等)。复合连词为多音节,包括分词、复合词、短语等形式。

助动词如 be、have/has、do/does/did、shall/should、will/would,[⑦]一般为单音节,双莫拉(VV 或者 VC 结构等)。

将上述几类虚词根据音节数量排在一起,大概依次为:

连词/介词>助动词

连词、介词、助动词中都有常见的音节类型,都是完足的双莫拉结构。因此,将上述几类中的单音节虚词根据莫拉数量排在一起,大概都为同级关系:

连词/介词/助动词

3.3 日语

日语中的实词与虚词、虚词的下位分类一直存在纷争,见彭广陆(2009)。我们主要讨论助词和接续词。

3.3.1 助词。助词是没有活用(词尾变化)的附属词,接在其他词的后面,不能独用。中国的《高等院校日语专业基础阶段教学大纲》和《大学日语教学大纲》把日语助词分为六类:格助词、接续助词、提示助词、副助词、并列助词和语气助词(日语多称"终助词")。在助词内部,格助词和语气助词可大致归入一类——单音节、单莫拉为主;接续助词、提示助词、副助词、并列助词等四类助词归入另一类——双音节、双莫拉为主。

接续助词:て、ながら、し、から、ので、ば、と、ては、が、けれども、のに、ても、たって、とも。

提示助词:は、こそ、しか、さえ、すら、も、でも、だって。

副助词:ほど、だけ、ばかり、くらい、きり、まで、ずつ、など、なん。

并列助词：と、や、たり、とか、だの、か、なり、に。

语气助词：か、かしら、ね、よ、わ、ぞ、ぜ、な、さ、とも、の、こと、もの、ものか、け。

3.3.2 接续词。与汉语的连词相当的是日语的接续词。助词中的接续助词是用言或者助动词（有词形变化）等活用形后添加的助词，功能和接续词基本一致。（王日和，2006）接续词一般由名词、代名词、副词、动词与助词/助动词加和构成。由下面列举的各类词可见，接续词以多音节词为主，双音节词为辅。

并列：あるいは［aruiwa］（或者）、および［oyobi］（及，和）、それとも［soretomo］（还是）、または［matawa］（或者）

转折：けれども［keredomo］（但是，然而）、しかし［shikashi］（但是，可是）、そうして［soushite］（然后）、ただ［tada］（不过，可是）、ただし［tadashi］（但是，可是）、でも［demo］（可是）、ところが［tokoroga］（可是，不过）

因果：したがって［shitagatte］（因而）、そこで［sokode］（所以）、それで［sorede］（所以）、それゆえ［soreyue］（因此）、だから［dakara］（所以）、ですから［desukara］（因此）

顺承：さて［sate］（那么）、すると［suruto］（于是）、では［dewa］（那么）

条件：それでも［soredemo］（尽管）、それなのに［sorenanoni］（尽管）

递进：しかも［shikamo］（并且，而且）、そのうえ［sonoue］（而且，并且）、それから［sorekara］（还有，其次）、それに［soreni］（并且，而且）、なお［nao］（还有，再者）

假设：それなら［sorenara］（如果）

363

3.3.3 日语的助词中单双音节都有,接续助词、提示助词、副助词、并列助词等四类助词双音节居多,而语气助词和格助词单音节居多。接续词以多音节为主,双音节为辅。因此,将上述几类虚词根据音节数量排在一起,大概依次为:

接续词＞接续助词/提示助词/副助词/并列助词＞语气助词/格助词

根据我们的观察,上述几类虚词中音节与莫拉一般对应,したがって[shitagatte]、なお[nao]等少数虚词的音节数量小于莫拉数量。因此,上述虚词中的单音节虚词若根据莫拉数量排在一起,词序是一致的,都是单莫拉的单位。虽然日语的助词都是附属性单位,不能单用,但单莫拉的格助词依附于前面的名词性成分,语气助词依附于整个句子,它们的依附性要比双莫拉甚至多莫拉的助词以及其他虚词更强。

3.4 三语对比

在上述三种语言各类虚词排出的序列中,我们发现:

1)介词与连词的关系较为密切,常常一起出现。但日语中格助词距离接续词最远,恰好处于上述各类虚词的两端。这也反映出在日语中,作为助词的一个下位类别,格助词处于从属地位,与其他具有独立地位的词类不可同日而语。

2)在各音节数量对比序列中,连词一般位于最前端,代表其音节数量较大,或者长音节成员较多,这与其连接的"繁重"的句法成分密切相关。

3)与连词相比,介词处于较为靠后的位置,尤其是莫拉层面,日语的格助词直接就处于末位。这也印证了日语格助词的虚化程度更高。汉语和英语的介词有的还保留部分动词性,而日语的格助词却没有对应功能,只有引导和介入名词的语法意义。

第四节 结语与余论

4.1   从几种语言的对比来看,我们可以将介词大致分为基础介词和复合介词。一般来说,基础介词比较短小,为单音节、双莫拉(日语中有单莫拉的格助词,与介词分属不同层级的语法类别),自由度和使用频率较高,倾向于随意语体;复合介词长大,如双音节或者多音节/多莫拉,自由度稍稍受限,倾向于正式语体。两种介词在不同类型的语言中,有不同的消长变化。音节凸显型语言中,基础介词居多,用频高于复合介词;非音节凸显型语言中,复合介词绝对数量一般大于基础介词。

从莫拉层面看,汉语和英语都对莫拉的敏感度较低,基础介词多为单音节双莫拉的,汉语对音节敏感。日语以莫拉为基本的感知单位,对莫拉敏感,常用的基础介词多为单音节单莫拉的。虽然都是单音节的基础介词,但分别表现为重音节和轻音节。英语的基础介词都是天然的双莫拉;汉语的部分介词为天然的双莫拉,部分介词尚需"抻长"操作才能实现为双莫拉;日语多为单莫拉。双莫拉的为重音节,单莫拉的为轻音节。汉语和英语中的介词独立成类,而日语中的格助词,只是众多助词中的一类,介词和格助词分属不同层级的语法类别。这也为汉语和英语称"介词"而日语称"格助词"提供了佐证,日语这种黏着语中格助词是处于从属地位的。

4.2   根据语法化理论,与实词相比,介词在内的虚词一般在单向性虚化的路径上意义越来越虚化、语音形式越来越弱化甚至

零形化,如从双音节变为单音节,单音节变为轻声或者其他屈折变化等。经过我们的梳理,需明确以下几点:

1)就介词来说,在语法化过程中发生虚化的一般是基础介词;而复合介词音节结构复杂、音节数量较大,与语法化的弱化方向相反。

2)从韵律序列上看,介词处于虚词序列较靠后的位置,尤其是在莫拉层面上的日语格助词,这与其语法化程度较高有一致性。一般来说,介词是句法手段,独立性高,有明显的音韵表现,语法化程度低;而格是形态手段,独立性低,主要靠附着或内部屈折实现(有时连独立的音韵表现都没有),语法化程度高。汉语和英语的介词有的还保留部分动词性,而日语的格助词却没有对应功能,只有引导和介入名词的语法意义。

3)在各音节数量对比序列中,连词一般位于最前端,代表其音节数量较大,或者长音节成员较多,这与其连接的"繁重"的句法成分密切相关。

4)从语法化角度看,连词和介词分别呈现了"强化"和"弱化"的两个方向;但从韵律角度看,尤其是从多音节性看,连词和介词关系更为密切,在多类虚词的对比序列中紧邻。自然语音有两种主要的调节变化策略——发音的增强和减缩。一方面,通过增强,突出关键位置音段的发音,以最大限度为感知提供方便;另一方面,通过减缩,淡化非关键位置音段的发音以尽可能节省言语产生和感知的资源。可见,无论强化还是弱化,都是为了交际中关键信息的感知。

附 注

① "即、及至、较之、一任"等共有介词,我们认为并非介词,故未计入。

② 王丽娟(2008)认为此类双音节介词是相应的单音节介词通过补偿机制产生的。我们认为该机制没有普遍性,如"论、从、据"等就不能通过补偿机制附着"着/了"等。

③ 日语格助词一般多义多功能,我们这里只列出主要的常见用法。

④ 我们观察到的班图语也能提供支持:Benga 语:O(to、from、on、upon、against、in、over)、na(to);Chindali 语:kwaa(before)、na(by)、pa(by)、kwaa(at)、pa(for)、mu(in)。

⑤ 此类"抻长"通过了实验的证明,但不可随意推广。也就是说,汉语音节并不可随意"抻长",轻声字(包括单用和后字为轻声的双音节词)就不能。单音节动词后与动词可能发生词汇化的介词,不仅不可"抻长",还有被省略的可能,如"放(在)桌上一本书"。

⑥ 与杨彩梅、李冰(2003)和杨彩梅(2008)的实验数据相比,我们的数据显示 A、B 两类介词的元音时长差距更大一些。

⑦ 表示意愿、可能、必要等情态的助动词 can/could、may/might、must、need、dare、ought to、had better 不纳入考察范围。

参考文献

陈卫恒 2019 《语素-音节关联类型的非洲观:兼论从汉语出发提取语言通则之路》,视频讲座 PPT。

崔四行 2012 《副词的句法分布与音节长度的关系探析》,《云南师范大学学报》(对外汉语教学与研究版)第 2 期。

冯胜利 1997 《汉语的韵律、词法和句法》,北京:北京大学出版社。

冯胜利 2013 《汉语韵律句法学》(增订本),北京:商务印书馆。

李庆祥 1986 试谈日语的复合格助词,《日语学习与研究》第 6 期。

彭广陆 2009 从语言类型学看日语"格助词"的特点,载西南交通大学外国语学院主办《华西语文学刊》第一辑,成都:四川出版集团·四川文艺出版社出版。

王丽娟 2008 从韵律看介词的分布及长度,《语言科学》第 3 期。

王曰和编 2006 《日语语法》,北京:商务印书馆。

杨彩梅　2008　Hayes 的重音理论与汉语词重音系统,《现代外语》第 1 期。

杨彩梅、李　兵　2003　重音(音步)理论与汉语的词重音系统,《第六届全国现代语音学学术会议论文集(下)》,天津。

张洪明　2014　韵律音系学与汉语韵律研究中的若干问题,《当代语言学》第 3 期。

张晓希　1998　日语复合助词的认定与分类,《日语学习与研究》第 3 期。

周　韧　2010　《现代汉语韵律与语法的互动关系研究》,北京:商务印书馆。

[日]仁田义雄　1982　《日本语教育事典》,[日]大修馆。

Dasher,R. & Bolinger,D. 1982 On pre-accentual lengthening. *Journal of the International Phonetic Association* 12:58 – 69.

Duanmu,San 1990 A formal study of syllable, tone, stress and domain in Chinese languages. Doctor thesis of Massachusetts institute of technology.

Duanmu,San 1999 Metrical structure and tone:Evidence from Mandarin and Shanghai. *Journal of East Asian Linguistics* 8:1 – 38.

George O. Curme 1998 *A Grammar of The English Language*. Verbatim Books.

Han,M. S. 1962 The feature of duration in Japanese. *Study Sounds* 10:65 – 80.

Henry Hung-yeh Tiee 1969 contrastive analysis of the monosyllable structure of American English and mandarin Chinese. *Language Learning*. VOL. XM,NOS. 1 & 2.

Hogg,Richard 1992 Phonology and morphology. *The Cambridge History of the English Language* 1. UK:Cambridge University Press. 95 – 98.

Homma,Y. 1981 Durational relationship between Japanese stops and vowels. *J. Phon.* 9:273 – 281.

Nespor,M. 1990 On the rhythm parameter in phonology. In I. M. Roca (ed.). *Logical Issues in Language Acquisition*. Dordrecht:Foris. 157 – 175.

Otake,T. 1990 Rhythmic structure of Japanese and syllable structure. *IEICE Technical Report* 89:55 – 61.

Robert F. Port 1981 Linguistic timing factors in combination. *Acoustical Society of America* 69:262 – 274.

Robert F. Port, Jonathan Dalby & Michael O'Dell 1987 Evidence for mora timing in Japanese. *Acoustical Society of America* 81:1574 – 1585.

Sun-Ah Jun 2005 Prosodic typology. In Sun-Ah Jun (ed.). *Prosodic Typology—The Phonology of Intonation and Phrasing*. Oxford University Press, New York. 430 – 458.

Takashi Otake, Giyoo Hatano, Anne Cutler & Jacques Mehler 1993 Mora or syllable? Speech segmentation in Japanese. *Journal of Memory and Language* 32:258 – 278.

上古和中古时期汉语
称谓名词的人称代词化
——兼谈汉译佛经在其中的作用 *

朱庆之

（香港教育大学中国语言学系/
中国语言与中文教育研究中心）

1　问题的由来

　　现代研究汉语语法的学者们早就留意到，古代汉语文献语言中有一种现象，有些原本为称谓名词的词语"用如"人称代词，因此或将这些词与人称代词放在一起讨论。如作为汉语语法研究开山之祖的《马氏文通》，在"代字"之"指名代字"，即人称代词部分的"代与语者"，即第二人称代词中，在"尔、汝、若、而"之后，举出"子"

　　* 本文为中国香港特别行政区大学教育资助委员会（UGC）研究资助局（RGC）的优配基金（GRF）项目"汉语代词在历史上几个重要变化之动因研究——以佛教及佛经翻译对汉语发展演变的影响为视角"（18600915）的后续成果。论文的初稿"汉译佛经中的第二人称代词'卿'——一个名词是如何变为人称代词的"曾在"2019 中国社会科学院中国社会科学论坛暨第十届汉语语法化问题国际学术讨论会"（湖北宜昌）做过交流。此次发表做了大的修改。写成后请董秀芳教授和李博寒博士审读，感谢她们的宝贵意见。

这个词,云:

> 经史内指与语者,习用"子"字。"子",男子美称,名也,然每用如代字,……文中凡语所亲者曰"尔""汝",此韩《祭十二郎》与《祭女挐文》叠呼"尔""汝"者也。而语所友者,古曰"子",今曰"君",曰"公",曰"执事",曰"阁下",则又以代"尔""汝"之代字矣。(1998:45)[①]

其中将原本是称谓名词但"用如代字"的"子""君""公"等称为"代'某某代字'之代字"。但是显然,能够进入马建忠法眼的这类词语相当有限。[②]

《马氏文通》之后,在 20 世纪上半叶,研究者在讨论和描写汉语的人称代词时,大都会同时讨论和描写这些词语,但对其性质和归属出现了意见分歧。[③]大体而论,可分为两类。一类可以杨树达为代表,认为它们是人称代词系统的一部分(以下或称"代词说");另一种可以王力为代表,主张它们仍是名词而非代词(以下或称"名词说")。

杨树达在 1930 年正式出版的《高等国文法》的第三章"代名词"的"人称代名词"节中,列有"A 自称""B 对称""C 他称""D 人称代名词加字表众数"和"E 表己身诸字"五项,其中每一项下又分若干小项。在"A 自称"之下第一小项是"古书中之自称代名词",依次举出"朕、台、卬、身、予、余、臣、走、仆"九个词,但在"臣"字条加按,说明该词及以下的"走、仆"均为"谦称"(1984:44—46);"B 对称"之下的第一小项"古书中之对称代名词"中,依次举出"若、女、而、尔、乃/迺、戎、子/吾子、公、君、夫子、卿、先生"等十二个词语,同样,在"子/吾子"条加按,说明该词及以下的"公、君"等均为"敬称"(1984:49—53)。不难看出,在杨氏的古汉语人称代词系统里,在自称,即第一人称,和对称,即第二人称中,有"家常式"和"礼貌式"的对立(参看表1)。杨树达的"代词说"在当时代表了主流的意见。④

表 1　杨树达《高等国文法》的人称代词系统

A 自称		B 对称		C 他称
[平称]⑤	谦称	[平称]	敬称	[通称]
朕、台、卬、身、予、余	臣、走、仆	若、女、而、尔、乃/迺、戎	子/吾子、公、君、夫子、卿、先生	彼、夫

　　针对杨树达等将那些原本是称谓名词的词纳入人称代词系统的做法,王力则根据欧洲语言由人称代词充当的"敬语代词"(honorific pronoun)和由称谓名词充当的"敬语代词同等词"(honorific pronoun-equivalent)的区别提出了不同的意见,主张这些词并不是人称代词,而是名词。在 1944 到 1945 年期间正式出版的《中国语法理论》一书中,⑥作者将第二十六节"人称代词"分为"代词的定义及其范围"等十二个专题。在最后的"礼貌式"专题中,王力说:

　　《孟子·尽心》有云:"人能充无受尔汝之实,无所往而不为义也。"可见中国自古就以径用人称代词称呼尊辈或平辈为一种没有礼貌的行为。自称为"吾""我"之类,也是不客气的。因此古代对于称呼有一种礼貌式,就是不用人称代词,而用名词。称人则用一种尊称,自称则用一种谦称。……直到现代,对于自己所尊敬的人,仍旧是避免"你""我"的字样的。……西洋的礼貌式,往往只是"人称的变换"。在中古英语里,thou是家常称呼的"你",you 是礼貌式的"你",这是借复数来表示敬意。……法语至今仍用第二人称复数 vous 为礼貌式,家常的"你"是 tu,在较古的时代,法国在下的人(如婢仆)称在上的人为"他"或"她"(il 或 elle),不称"你"。德语的礼貌式是以"他们"(sie)替代"你"(du)。以名词为礼貌式也不是没有,象法国老规矩也是以"先生"(monsieur)或"太太"(madame)替代"你"的;又如称帝王为 sa majesté(his Majesty)之类,但是,终不像中国古代有那样多的当称呼用的名词。

王力认为汉语的谦称和敬称,就相当于法语的 monsieur "先生"或 madame"太太"之类。因此,他将"礼貌式"扩大到五种类型的称谓名词:(1)称人以字,自称以名;(2)称人以爵位,如"令尹""将军";(3)称人曰"君""公""子""先生"等,自称曰"臣""弟子"等;(4)称人以德,故曰"大人"之类,自称以不德或贫贱,故曰"寡人""不穀""孤""下走""贱子""贫道"之类;(5)称人曰"陛下""足下""阁下"等。(1984:273—277)

表 2 王力《汉语史稿(中册)》的人称代词系统

	家常式(人称代词)			礼貌式(名词)	
	第一称	第二称	第三称	称自	称人
上古	吾、我、卬;余予、台、朕	汝、尔、若、乃、而、戎	系、其、之;厥	己名;臣、弟子;寡人、不穀	人字;大夫、君;子、先生、叟;陛下、足下;执事
中古近代	咱	你	伊、渠、他	下走、贱子、贫道	君、公、左右、大人、丈人、卿

王力的意见显然是对流行观点的一种挑战。根据现有的资料,在 20 世纪 50 年代之前,该"名词说"独树一帜,自成一派;但因为王力巨大的学术影响力,在 20 世纪 50 年代之后,足以与"代词说"分庭抗礼,影响至今。

2 "代词说"的后续发展与问题

尽管王力对"代词说"提出了挑战,但"代词说"中的合理性应当可以肯定。这一点,我们可以先看看高名凯在 1948 年出版的《汉语语法论》中的相关论述。这部汉语语法专著第二编第二章为"人称代名词"。其中有两处相关的文字涉及人称代词的"客气用语"。一处在介绍古代第二人称代词时,以下面的话开头:

> 古代的第二身代名词,除了客气用语的"子","君"之类的字眼外,只有"女"(或作"汝")和"尔"两字。(页 301)

另一处在介绍完古代第三人称代词之后,紧接着开启了一个新话题:

> 在古代语中,第二身人称代名词,尚有一种客气的说法,即称一般人为"子",而称主人为"君"等等。这是封建社会的自然的现象。"子"本来是五等爵中之一爵,是贵族的称谓,因为尊敬人,就用"子"来称人,……"君"是国君,对国家元首而称"君",乃是必然的称谓,不足怪,后来却变为普通的客气称呼。古时对于国君,自称曰"臣",后来还有"奴"的办法。然而这只是对主人而称,并不是到处都说的。可是,在有些方言之中,这"臣"和"奴"竟有变成一般的第一身代名词,而失去其谦卑的意义者。安南语第一身代名词为 tôi。tôi 就是中国语的"臣"字,传入安南语而渐渐变为普通的第一身人称代名词。现在福州语的第一身代名词除了 ŋuai(我)之外,还有 nu(奴),"奴"已变成普通的代名词,渐渐的失去谦卑的意味。(页 306—307)

虽然没有做系统的讨论,但作者关于"子""君"从专称变为"普通的客气称呼",同样用作普通客气称呼的"臣"和"奴"失去原有的谦卑意义发展成为"一般的第一身代名词"的论述,既反映了他对这些词语性质的基本态度,也初步揭示了一个汉语重要的历史演

374

变现象——这就是称谓名词的人称代词化。而开始于上古,在中古时代达到高潮的称谓名词的人称代词化,是汉语人称代词在有文字记载以来发展进程中的重要一环。详细的讨论我们放在后面来说。

"代词说"的早期重要著作或许可以以周法高 1959 年出版的《中国古代语法·称代篇》为代表。该书第二章"第一、第二身代词"第一节"第一身代词"下设 10 个专题,分别是:壹、"余""予";贰、"台";叁、"朕";肆、"卬";伍、"我";陆、"吾""我"之别;柒、"吾";捌、"身";玖、"侬";拾、谦称。"谦称"与"余、予、吾、我"等第一人称代词并列,下举"孤、臣、走、仆、民、下官"等(页 63—87)。在第二节"第二身代词"下设 7 个专题,分别是壹、"汝";贰、"尔(你)";叁、"若";肆、"戎";伍、"乃";陆、"而";柒、尊称。"尊称"与"汝、尔、若、乃"等第二人称代词并列,下列举了"子、夫子、公(明公、明府)、君(君侯)、卿、官、足下、先生"等(页 87—111)(参看表 3)。在文中周氏花了相当多的笔墨证明这些"谦称"和"敬称"较之其本义在语义和用法上的变化。例如"臣"下注云:

> 《史记·刺客列传·聂政》:"久之,聂政母死。既已葬,除服,聂政曰:嗟乎! 政乃市井之人,鼓刀以屠;而严仲子乃诸侯之卿相也,不远千里,枉车骑而交臣。臣之所以待之,至浅鲜矣。"《韩策》二亦作"臣"。按此乃自语时称"臣",非对他而言,与代词"我"已相似。(页 83—84)

"公"下注:

> 原爵位之称,后来变为对人之尊称,往往和姓连称。至于单称对方为"公"的,已经和第二身代词接近了。(页 102)

又引《史记·陆贾列传》:"无久恩公为也。"云:

《汉书·陆贾传》作"毋久溷女为也"，王先谦曰：《史记》"恩"下"女"作"公"。上文"与女约"《集解》引徐广曰："女一作公"，则"公"是称其子。"无久恩公为"与"毋久溷女为"义同。汉人称公，无尊卑贵贱皆用之。（页103）

表3　周法高《中国古代语法·称代编》的人称代词系统

	第一身代词		第二身代词		第三身代词和指示代词
	［平称］	谦称	［平称］	尊称	
上古	余，予，台，朕，卬，我，吾	孤，臣，走，仆	汝，尔，若，戎，乃，而	子，夫子，公，君，足下，先生	（略）
中古	身，侬	民，下官		卿，官	

需要特别提到的是，作者在最先出现的"谦称"名目下有一个注，引述前举王力《中国语法理论》"古人对于称呼有一种礼貌式，就是不用人称代词，而用名词。称人则用一种尊称，自称则用一种谦称"云云（页82）。这个注或许会给人以他是王力追随者的印象，但其实不然。周法高1941年在昆明西南联大北京大学文科研究所硕士毕业。他在读期间，王力正在西南联大讲授《中国现代语法》这门课。在讨论相关问题时，不忘提到老师的著作和观点，是前辈学人的美德。但是他将"尊称""谦称"与一般的人称代词并列，分别作为第一人称和第二人称下属的小类，而非如王力放在"人称代词"的系统之外，而且在正文通篇没有明确说这些词是名词。这与王力有本质上的不同。[⑦]

后来与周法高的处理相类似并且有所发展的重要著作大概应是杨伯峻、何乐士在1992年出版的《古汉语语法及其发展》。这部书在前人研究的基础上，依照自己的语法体系从共时和历时相结合的角度对"古汉语"的语法面貌进行了新的描写和解释。其中第二章"代词"第二节"人称代词"，将人称代词分为"自称代词""对称代词""他称代词"和"己身称""旁称"共五种。"自称代词"下，将"我、余、吾、朕"等"家常式"与"最高统治者的自称之词""谦称"和"傲称"并列；同样，在"对称代词"下，将"女、尔、而、乃"等"家常式"与"敬称""昵称"和"特称"并列(参看表4)。杨、何对用例的搜罗更全面，分类也更细。与周法高一样，他们将王力视为名词的称谓词归入人称代词中，一般不说这些词是名词(2001:100—151)。⑧

表4 杨伯峻、何乐士《古汉语语法及其发展》人称代词三身系统⑨

	2.2 自称代词				2.3 对称代词				2.4 他称代词
	2.2.1 [平称]	2.2.2 最高统治者自称	2.2.3 谦称	2.2.4 傲称	2.3.1 [平称]	2.3.2 敬称	2.3.3 昵称	2.3.4 特称	
上古	我、余、吾、朕、台、卬	余一人、不穀、朕、孤、寡人	称名；臣、走/下走、妾/下妾、婢子、仆	而公/尔公	女/汝、尔、你、而、乃/迺、戎、若	子、夫子、公、君、先生、足下、执事	尔、汝	陛下、殿下	夫、彼、之、厥、其
中古	身、侬/阿侬		下官、民	老子	你、奴	公/明公、明府、君侯、官、执事、卿、侍者、座前、几右	卿	阁下、节下、麾下	渠、他、伊
近代	侬家、奴/阿奴、俺、咱		儿、儿家						

与《马氏文通》当中提到的"用如代字"的寥寥数词相比，后来的"代词说"在收词方面显然过于"放肆"了，与人类语言中代词这个词类所共有的封闭而数量极其有限的特点明显相悖。没有守住"代词"的底线，事实上将代词与名词混为一谈，这是"代词说"的致命弱点。

3 "名词说"的疑问与后续发展

如果只看王力(1944)列举的"礼貌式"的内容,相信没有人会不同意他的看法,这五类都是名词。但是,王力的处理同样有一个致命的弱点。如果从他借鉴的西洋语法的角度看,那些欧洲语言中的敬语代词和普通代词的对立是人称代词内部的对立,属于同一语法范畴;而作为敬语代词同等词的名词则不属于人称代词的语法范畴。因此,在从语法的角度讨论人称代词时,严格地说,只应涉及敬语代词,而不应涉及那些由名词充当的敬语代词同等词。换句话说,王力的"家常式"和"礼貌式"是跨词类的"家常式"和"礼貌式",属于语义范畴或语用范畴,而非语法范畴。如果王力坚持自己的看法,所有的"礼貌式"的成员都是名词,就不应当将这种性质的"礼貌式"定义或命名为"人称代词的礼貌式",并跟从杨树达等的做法,放在人称代词中进行讨论。

或许王力后来自己也意识到了这个问题,在1958年出版的《汉语史稿(中册)》和1989年出版的《汉语语法史》中对其表述先后做了两次调整。在前者中,他虽然仍将其"礼貌式"定义为"人称代词的礼貌式",但是删除了对西洋语法人称代词系统内部的"家常式"和"礼貌式"的对立的介绍(页275);到了后者,他甚至将之前一贯的"人称代词礼貌式"的说法也做了如下的修改:"这里附带谈谈有人称代词作用的尊称和谦称。这些尊称和谦称都是名词或名词性的词组。"(页58)字里行间明显淡化了这些尊称和谦称与人称代词之间的联系。

但是为什么王力不彻底抛弃这部分呢?因为有他的难题。他无法完全否认那些"用如代字"的称谓名词经过语法化成为人称代词的可能性，无法完全否定马建忠和杨树达等意见中的合理部分。也就是说，汉语称谓名词在上古和中古所发生的人称代词化的语言事实是没有办法完全忽视的。关于这一点，我们同样放在后面再讨论。

20世纪50年代以降，主张"名词说"的重要研究，如太田辰夫1958年出版的《中国语历史文法》，基本上跟从了王力。在12.2"人称代名词"下，太田先介绍了现代汉语（北京话）的人称代词，除了分三个人称和疑问以外，每个人称还分为单数、复数和尊称。第二人称的尊称是您、第三人称的尊称是怹。接着介绍古代汉语的人称代名词，但没有复数项和尊称项（页98）。之后他讨论了"第三人称""复数""排除式和包括式""尊称"等8个范畴。在12.3.4"尊称"节中，太田说：

> 上古汉语的人称代名词中没有尊称。因此，是借"子""君""公""卿""先生"等名词在第二人称的情况下使用。像这样的把名词作为第二人称使用，在现代汉语中也有，如"先生""老哥""阁下""诸君""各位"等等有不少。但他们和"您"不同，不能看成代名词。名词用作第三人称的情况也是同样的，"令尊""令堂"等和"怹"不同，不能看成代名词。（页104）⑩

20世纪80年代之后，沿用王力的框架和说法的如张昊的《古汉语语法特征》，是一部介绍古代汉语语法特点的小册子。该书第四章设有代词的专节，共讨论了11个问题，前7个是关于人称代词的，第7个是"古汉语有很多表示谦称和尊称的词"。在举出一些谦称词语和尊称词语之后，作者说："谦称和尊称的词一般都是名词，或动词、形容词用如名词。它们在词义的性质上，谦称代替第一人称,尊称代词第二人称。但在词性上又和人称代词不同,不具备代词所有的语法特点,这是值得注意的。"(页50)类似的还有张文国、张能甫合著的《古汉语语法学》。近期的一项研究是邓军2008年出版的《魏晋南北朝代词研究》。该书的第三章人称代词分为六节,前五节分别讨论第一人称、第二人称、第三人称、反身、旁称,第六节为"人称代词的礼貌式"。作者的开场白是:"中国古代社会礼尚往来,为适应交往的需要,在漫长的历史发展过程中逐渐形成了一整套用于称谓的礼貌式。……这些称谓多用名词或形容词,但其作用却相当于人称代词。"(页160—161)他把这些词笼统称为"称谓词",按三身进行分类。一、自称。有"鄙、小人、民、下官、奴、弟子、贫道、老子";二、对称。有"殿下、节下、使君、明使君、卿、君、府君、明府、侯君、大兄/大弟、大人、官、尊、贤、仁、上人";三、他称。有"主公、先主、后主"。邓军虽然对这些词在中古文献中的用法做了较前人更为精细的分析和统计,从中已经不难看出它们之间的明显差异,但他坚持认为这些词是名词或者形容词,没有看到其中的关键变化。作为一部汉语代词历史研究的专著,颇为可惜。

除了被人沿用,王力"名词说"在后来也有发展,但方向完全不同。

一个发展是向"代词说"靠拢。与王力将"礼貌式"的位置放在人称代词论述的末尾不同,有学者将它们分派在各身代词之后,例如向熹的《简明汉语史》。这部王力《汉语史稿》之后最重要的全景式汉语历史大著以上古、中古和近代三个时间段为纲。其中"上古汉语代词的发展"的"人称代词"条,第一人称代词介绍完"我、余/予;朕;吾、台、卬"之后,紧接着介绍"谦称",列出"孤、寡人、不穀、臣、不肖、仆、鄙/鄙臣,下臣,走/下走"(2010:73—79);同样,第二人称代词介绍完"女、乃、尔、而、戎、若"之后，紧接着介绍"尊称词"，列出"大王、明主、公、子、君/君侯、夫子、吾子、先生、执事、足下、左右"（2010:79—83）；"中古汉语人称代词的发展"的"第一人称代词"条，在介绍"我、吾、余/予；身、奴/阿奴、侬/侬家（阿侬、侬阿、我侬）"之后，接着介绍"第一人称谦称"，列举出了"鄙、民、下官"（2010:355—361）；"第二人称代词"条介绍了"汝、尔；伊"之后，接着介绍了"礼貌式"的"卿、官、仁、贤、尊"等（2010:362—368）（参看表5）。向熹是王力20世纪50年代在北大的研究生。对于这些"礼貌式"的性质，作者在上古第一人称谦称介绍的末尾说："这些谦称都是名词而不是代词，但它们在句中起称代的作用。"（2010:79）在介绍第二人称礼貌式时，他用了"尊称词"的说法（2010:82）。表明作者坚持了乃师的观点。但是，将这些"礼貌式"分属在各身代词之下，或许受到了"代词说"学者的影响；而且他用了一定的篇幅说明入选者在指称的对象上大都较原本有程度不同的扩大，反而拉近了它们与相对的家常式代词的距离。这与前面所述王力晚年在《汉语语法史》中所表现出来的倾向似乎正好相反。

表5　向熹《简明汉语史》(修订本)人称代词系统①

	第一人称代词		第二人称代词	
	[家常式]	谦称（名词）	[家常式]	尊称（名词）
上古	我、余/予、朕；吾、卬、台	孤、寡人、不毂、臣、不肖、仆、鄙/鄙臣、下臣、下走、走	女、乃、尔、而、戎、若	大王、明主、公、子、君/君侯、夫子、吾子、先生、执事、足下、左右
中古	我、吾、余/予；身、奴/阿奴、侬/侬家（阿侬、侬阿、我侬）	鄙、民、下官	汝、尔；伊	卿、官、仁、贤、尊

另一个发展是,有不少学者在讨论和描写古代汉语人称代词系统时,完全不涉及这些"礼貌式"称谓词。笔者所见如潘允中的《汉语语法史概要》,史存直的《汉语语法史纲要》,魏培泉的《汉魏六朝称代词研究》,孙锡信的《汉语历史语法要略》、王传德、尚庆栓的《汉语史》,徐威汉的《古汉语语法精讲》,史存直的《汉语史纲要》,以及殷国光等主编的《汉语史纲要》等均如此。如前所述,这种处理方式早在 20 世纪 20 年代就有,尽管没有形成气候。但考虑到王力的学术影响力,我们宁可相信,这样的处理也是王力方案的延续——既然这些词不是人称代词而是名词,就干脆将其移除,以免枝蔓。⑫

4　我们的看法

不论是"代词说"还是"名词说",其分歧的焦点是这些词语的词性,而非这些词语本身。他们的共同问题是收词太宽,没有注意它们的内部差异。其结果,各执一词,谁也说服不了谁。现在我们尝试从另外的角度来看待这个问题。

前面已经说过,"代词说"有其合理性。但这个合理性只有将其放在汉语人称代词历史演变发展的大背景当中才能得到显现。这些原本的称谓名词在上古和中古出现人称代词的用法,其实是一次新的称谓名词的人称代词化,是汉语人称代词系统在有文字的历史开始之后的一次重要发展的具体表现。

众所周知,代词是人类语言普遍共有的词类。与其他词类相比,代词一般具有数量封闭、语义高度抽象和理据多不可知的特点。其中理据不可知并不是说它们没有理据,而是理据已经不可知。这说明代词应是人类思维和语言发展到一定阶段的产物。古代汉语的代词，包括人称代词也大体如此。

古代汉语的人称代词是如何产生的？绝大多数的人称代词我们已经不知道它们的来源。因为当汉字产生、能够记录语言时，汉语的人称代词系统已经基本建立，其中包括独有的一身和二身以及与指示代词共用的第三身。

第一身和第二身的来源，目前几乎一点儿眉目都没有。不过，今天的语言理论已经足以让我们相信，它们，哪怕不是全部，应该是表示相关的但同时又是具体的概念的词语经过长时间的发展变化的结果。所谓的"人称代词"所"代"的，就是"人称"；而所谓的"人称"，最有可能的当然就是称谓名词。因此，进一步的合理推测是，汉语在史前的漫长发展过程中，必定经过一次甚至多次的称谓名词人称代词化。我们在汉语最早的文献语言中所见的人称代词，哪怕不是全部，正是这些称谓名词人称代词化的产物。但是，汉语人称代词化的进程在史前或许没有彻底完成。因为汉语的人称代词还没有产生平行对立的礼貌式系统。而汉语在上古开始、在中古达到高峰的礼貌称谓词系统的快速发展，正好为人称代词的礼貌式系统的建立，同时也是整个人称代词系统的完善创造了必要的条件。反过来，我们也可以通过对这一次称谓名词的人称代词化的研究，来推测史前的人称代词化的可能性并构拟这种人称代词化的具体样貌。

这里所谓的称谓名词人称代词化，实质上就是一种任何语言在历史发展演变过程中习见的语法化。同样，这个语法化的过程从开始到完成，也应分为若干个阶段；而每个阶段也都应有可量化的指标。任何一个称谓名词，在一开始，它的意义和所指都是相对具体的,有许多限制。但当它们被用来作为"礼貌式"的一种手段时,一般来说,它们的外延就会扩大,从指称一个或一类具体的人,变为指称所有被使用者认为具备相同特质的人。这时语法化就开始了。但是不是足以导致其语法性质的改变,以及到何种程度就会导致这种质变,还需要做具体的研究。遗憾的是,由于缺乏可资利用的基于大语料库用例调查和精细的分析研究结果,本文只能先提出上述原则,作为进一步研究的基础。

这里先提出以下的假设(hypothesis),留待今后的证明。

第一,先秦的上古时代只是称谓名词人称代词化的初始阶段。"用如代字"的称谓名词虽然开始了语法化的进程,但整体上并没有发生质变。个别的词,如"仆"和"子",即使可以分别算作第一人称的谦称代词和第二人称的敬称代词,但或许只是例外。

第二,汉代之后的中古时代称谓名词人称代词化的进程明显加快。一些上古时代开始人称代词化的词语,此时完成了这个进程,成为礼貌式人称代词,例如谦称的"奴"、尊称的"公"和"君";还有的词语是在这个阶段之初才加入该进程,但很快完成了这个进程,例如谦称的"鄙""下官"和敬称的"卿"。这些词填补了汉语人称代词"礼貌式"的空白。但最终完成该进程的词语数量相当有限。

第三,个别的礼貌式人称代词并没有停止其语法化的脚步,它们继续发展,将"礼貌"的语义丢失,成为普通的人称代词。例如谦称代词"奴"和敬称代词"卿""君"。

上述假设当然同样基于已往的研究,并非无根之谈。例如"卿",本为官爵。《周礼》有"六卿"之说。大概到西汉,"卿"出现了普通尊称的用法。如司马迁《史记》与孟子同传的荀卿,传文开头说:"荀卿,赵人也。"或以为此人姓赵名卿。但司马贞索隐说:"卿者,时人相尊而号为卿也。"可见"荀卿"的"卿"与"孟子"的"子"性质差不多。到了魏晋南北朝,这个词的用法进一步变化。根据牛岛德次(1971)对《三国志》及裴注、《后汉书》、《宋书》、《南齐书》和《世说新语》及刘注的统计,共有114个用例,主要有三种用法。一是上称下,主要是帝王称属下,共26见;二是夫称妻,共5见;三是平辈人互称,共83见(页158—160)。如果说第一种用法接近本义的话,只占22.8%,其他两种则是新用法,占77.2%。俞理明(1990、1993)较早对"卿"在六朝的用法做过较深入的调查和分析。他说:

> "卿"本是官名,这一官位,在大多数人面前是显贵的,但对帝王公侯却是卑下的,作为第二人称称谓词的"卿"意义也具有两重性,一方面它有抬高(礼敬)对方的含义,另一方面它并无绝对尊崇对方的意味,因此主要用于称呼身份与自己相当或较低的人,比第二人称代词"尔""汝"略具客气或礼貌的意味。(1990,又1993:109)

他还说:

> 由于"卿"的普遍使用,成为一种与第二人称代词"尔、汝"差不多的称谓词,有时用"卿"称人,并无明显地给对方特殊礼遇的意思,只是说话人在习惯上不用"尔""汝"称人,以显示自己知礼或不那么粗俗而已。(1990,又1993:110)

他还提到"卿"不仅可以用于夫妻、兄弟互称,陌生男女之间互称,还可以用于叔婶称侄儿,甚至称呼囚犯、敌贼、盗劫等,甚至骂人也称"卿"。因此,俞理明将"卿"称为"一般化的第二人称礼貌式",是一个"比较随便又略带客气的称谓词"(1990)。

邓军的《魏晋南北朝代词研究》中也有对"卿"的统计和分析（参看表6）。他说：

> 魏晋时期"卿"的使用范围扩展到日常交际的各个方面，男女老幼、尊卑贵贱都可称呼，没有特殊礼尊的意味；语法功能比较完备，可作主语、宾语、定语、兼语、同位语。（页178）

上述结论除了指称对象，这一点与俞理明大体相同，还对"卿"的句法功能做了说明。

表6　邓军《魏晋南北朝代词研究》"卿"在魏晋南北朝的用法一览表

上称下				下称上		称亲属						侪辈互称			
君称臣	官尊称官卑	官称民	称门生	官卑称官尊	卑幼称尊长	妻称夫	夫称妻	叔婶称侄	兄称弟	父母称子	其他	朋友、同僚、相识	敌对者、俘虏、囚犯、强盗、降人	鬼神与人相称	动物间相称
后汉书	三国志	三国志裴注	晋书	三国志裴注	生经	六度集经/生经	生经/世说新语	三国志裴注	三国志裴注	三国志裴注	三国志	生经/三国志裴注	三国志	列异传/幽明录	生经

值得注意的是，俞理明和邓军都对"卿"在六朝所具有的表轻贱用法做了描写。如《世说新语·惑溺》："王安丰妇常卿安丰。安丰曰：'妇人卿婿，于礼为不敬，后勿复耳。'"这说明"卿"在当时已经有了人称代词"尔、汝"所具有的轻贱的用法（详后）。

从俞理明和邓军的描述和分析，大体可以看出，"卿"在中古大概经历了两个阶段。第一阶段是从称谓词到第二人称代词的敬语代词，第二阶段是进一步失去敬语意味，变为"一般化"的第二人称代词。

类似的还有"君"。从文献用例看，"君"最初可能只指最高统治者,后来扩大到一般的统治者。战国时有了敬称的用法。先从统治者扩大到位尊者。如《谷梁传·庄公二十二年》:"癸丑,葬我小君文姜。小君,非君也。其曰君何也?以其为公配,可以言小君也。"这是称诸侯之妻。《易·家人》:"家人有严君焉,父母之谓也。"这是称先祖及父母。《礼记·内则》:"君已食,彻焉。"郑玄注:"凡妾称夫曰君。"再到一般的尊称。《史记·张仪列传》:"张仪曰:'嗟乎,此在吾术中而不悟,吾不及苏君明矣!'"邓军说:

> "君"原为"君上"之称,先秦时借用为对人的尊称。宋洪迈《容斋随笔》:"东坡云:'凡人相与呼者,贵之则曰公,贤之则曰君,其下则尔、汝之。虽王公之贵,天下貌畏而心不服,则进而君、公,退而尔、汝者多矣。'"魏晋南北朝又逐渐失去尊称的意味,不分尊卑贵贱都可称"君",在佛经和小说中甚至可用于动物、鬼神。(页185)

表7　邓军《魏晋南北朝代词研究》"君"在魏晋南北朝的用法一览表

上对下				下对上			称呼亲属		侪辈互称		
君称臣	官尊称官卑	官称民	尊长称卑幼	官卑称官尊	民称官	其他	妇称夫	弟称兄	朋友、同僚、相识	称强盗、囚犯、敌人	称鬼神、动物
三国志	三国志	三国志	三国志/宋书	三国志	三国志	三国志/世说新语	曹植诗/生经	三国志	汉/史记/刘宋	三国志/宋书	生经/裴子语林/幽明录

根据邓军,"君"甚至还可以用于斥责的场合。如《三国志·蜀书·许靖传》:"卓怒愍曰:'诸君言当拔用善士,卓从君计,不欲违天下人心。'"《晋书·王衍传》:"衍自说少不豫事,欲求自免,因勒称尊号。勒怒曰:'君名盖四海,身居重任,少壮登朝,至于白首,何得言不豫世事邪! 破坏天下,正是君罪!'"(页189)

可见,"君"从先秦到六朝,经历了从一个专指统治者的称谓名词,到敬语代词,再到一般代词的发展过程。

最后再看看"奴"。这个词在绝大多数学者,不论是代词说还是名词说的体系里,都被放在礼貌式中;但是,在名词说主将向熹的《简明汉语史》中,干脆放在"家常式"当中(参看表5)。他说:

> "奴"的本义是奴隶。六朝时北方方言中用为臣下对国君的谦称。《宋书·鲁爽传》:"虏群下于其主称奴,犹中国称臣也。"进一步引申为一般的自称。也作"阿奴",男女尊卑都可以用。(2010:357)

这里所谓"一般的自称"指的就是第一人称代词。[13]

与"奴"相关的还有"侬"。向熹说:"第一人称代词'侬'产生于六朝。"他进一步认为,这个词是从"北方话里'奴'由名词变为第一人称代词的谦称,南方话音转为'侬',也用作第一人称代词"。(2010:359)这说明,向熹也承认在中古时代,曾经发生过我们所谓的称谓名词的人称代词化,有称谓名词在这个过程中变为家常式的人称代词。

其实,如果我们不管研究者如何标签,只看他们的材料,其中有不少词的确从上古到中古在用为所谓的"人称代词礼貌式"时,指称范围发生了持续性的变化。这种变化或小或大,其实质就是程度不同的语法化。有少数词语从称谓名词变为人称代词,正是这个语法化的必然结果。研究者之所以不愿意光明正大地承认它们是人称代词,其中一个可能的原因是受到对于人称代词特点的一般认知的影响。这就是它们的理据不可知,用来记录它们的大都是假借字;而这些词不仅理据可知,其原本的用法都还没有消失。但是,如果我们承认那些理据不可知的人称代词仅仅是因为时间久远,理据到后来才不可知,而且它们肯定是从名词发展演变来的,只不过这个过程没有被记录下来的话,就不应该受到这样的约束。

5　一个值得注意的现象——佛经翻译的影响

有历史文献记载以来的第一次汉语称谓名词的人称代词化从上古起步,在中古达到高峰。为什么会在中古达到高峰?除了学者们之前提出过的种种原因之外⑬,根据我们的观察,还有另外一个重要的原因,这就是佛经翻译的影响。

从之前学者们的研究中,也从过往的用例观察中,我们注意到一个现象,有许多出现人称代词用法的称谓词,最先见于汉译佛经中。先以向熹《简明汉语史》为例。在介绍完中古汉语第一人称代词"我、侬"等之后,作者接着介绍了3个"第一人称谦称",排第一的是"鄙"。作者说:"'鄙'单独用作第一人称谦称,开始于汉末,多用于有地位、有身份的人。"为此,作者举了5个用例,分别来自东汉昙果共康孟详译《中本起经》、西晋竺法护译《正法华经》、北凉昙无谶译《佛所行赞》和《晋书·愍怀太子传》、唐李复言《续玄怪录》(2010:359)。前三个都是汉译佛经。又在中古汉语的第二人称代词"你、伊"等之后,作者说:

> 汉魏以后,汉语产生的第二人称礼貌式有"卿"、"官"、"仁"、"贤"、"尊"等,后三个主要用于佛经翻译中。(2010:364)

然而,不仅是"仁""贤""尊"的第二人称礼貌式用法首见于汉译佛经,"卿"也如此。向熹引用的6个用例,时间在前的前两个同样来自汉译佛经。(2010:364)

我们再看邓军(2008)的调查和分析。"鄙",在他统计的10部文献中,出现用例最早的有翻译的《正法华经》和本土的《三国志》,时代都是西晋。《正法华经》11个用例,《三国志》15个用例。但在句法功能上,《三国志》只可做定语和同位语,而《正法华经》还可做主语和宾语,功能更为全面(页161)。

"卿",有16种用法(参表6),其中4种先见于汉译佛经。这就是"卑幼称尊长",最早见于西晋竺法护译《生经》:"年尊梵志曰:'伤我年高,勿相毁辱。'年少答曰:'不可越法以人情。我应纳之,何为与卿?'""妻称夫",最早见于三国吴康僧会译《六度集经》:"妻曰:'百千万世,无人如卿。'""夫称妻",最早见于《生经》:"梵志便还,到家问妇:我兴异术,令王欢喜,许我所愿。汝何所求?以诚告我,为卿致来。""动物间相称",只见于佛经,如《生经》:"猕猴答曰:'吾处陆地,卿在水中,安得相从?'其鳖答曰:'勿当负卿!亦可任仪。'"(页178—185)

不过,最集中说明译经的这种语料特点的,当属俞理明(1993)之"从佛经用语研究中古代词"中的"佛经中常用的三身称谓词"部分。其中讨论了"第一人称谦称'鄙、奴'""第二人称敬称'尊、仁、贤'"和"一般化的第二人称礼貌式'卿'"。显示出这些称谓词在中古出现人称代词礼貌式用法,大多首见于汉译佛经。

受到篇幅的限制,这里只将"卿"的表示轻贱的用法略做讨论。比较之前的研究,俞理明(1990、1993)举到的最早用例是东晋僧伽提婆译《中阿含经》卷56中的一段话:

> 时,五比丘呼我姓字,及卿于我。我语彼曰:"五比丘!我如来、无所著、正尽觉,汝等莫称我本姓字,亦莫卿我。"(CBETA,T01,no.26,p.777,c11—13)

但是,我们在东汉昙果共康孟详翻译的《中本起经》中,也看到了这样的"卿"。话说本为太子的释迦牟尼出家时,父亲心痛儿子,就派遣五个亲信去伺候他。这五个人跟着太子吃了不少苦,心怀不满。但当释迦牟尼觉悟成道后,还是感念五人的贡献,第一时间去为他们说法。五人看到释迦牟尼前来,不愿意搭理:

> 是时世尊,为其五人,现道神足,五人身踊,不觉作礼,执侍如前。佛告五人:"共议勿起,今作礼何谓?"五人悉对曰:"吾坐悉达,更历勤苦,悦头檀王,暴逆违道,皆由于卿。"佛告五人:"汝莫<u>卿</u>无上正真、如来、平等觉也,无上正觉,不可以生死意待也。何得对吾面称父字?"(CBETA,T04,no.196,p.148,a21—b1)

五个人受到释迦牟尼神通的控制,不得不向原来的主人行礼,但言语上却故意用了带有贬义的"卿"来称呼释迦牟尼。有意思的是,根据《大正藏》校勘记,宋、元、明三藏的编者不明其理,将"卿"改为"轻"。

为什么像"卿"和"鄙"这样代词用法非常典型的词语会最先出现在汉译佛经当中?或者为什么这些词语在汉译佛经中的用法往往更为灵活,包括所指更为广泛,句法位置更为多样?过去的解释是说译经具有口语化的特点,这些都是当时汉语口语实际面貌的表现。但是随着佛教汉语研究的不断深入,现在我们已经不这么看,或者不完全这么看。仍以上面的"卿"为例。

杨树达(1930)有"尔汝表示轻贱或亲爱"条。他说:

> 禹告舜曰:"安汝止!"(按见《皋陶谟》。郑君云:安汝之所止,无妄动,动则扰民。)伊尹告太甲,呼尔者四,呼汝者三。箕子戒武王陈《洪范》,呼汝者十有三。《金滕》呼三王为尔者六。

《召诰》呼汝者七。《立政》呼尔者二,《诗·卷阿》呼尔者十三,又《民劳》"王欲玉汝"。古君臣尚质,不加嫌忌。《孟子·尽心下篇》云:"人能充无受尔汝之实,则义不可胜用也。"此可知孟子时尔汝二字已为轻贱之称。《魏书·陈奇传》云:"游雅常众辱奇,或尔汝之。"《隋书·杨伯丑传》:"见公卿,不为礼;无贵贱,皆汝之。"亦以尔汝为轻贱之称。

　　然轻贱之称,往往兼含亲爱之意。例如:"祢衡与孔融为尔汝交。"(文士传)"忘形到尔汝。"(杜诗)(1984:53)

同样,"卿"有了轻贱的用法,随后也很自然地有表示亲爱的用法。这就是大家都熟知的"卿卿我我"。[15]

"尔""汝"的上述表示"轻贱"或"亲爱"用法,都应是在"尔""汝"成为人称代词之后才出现的;同理,"卿"的表示轻贱的用法,也应当是在"卿"成为人称代词之后才有可能产生。那么,如果"卿"的轻贱用法在东汉时就已经产生,是不是"卿"在此之前就已经完成了人称代词化的过程呢?显然,汉译佛经以外的语料并不支持这样的假设。那么问题就来了。《中本起经》中的这种"卿"到底是怎么来的?为了方便读者,我先将我的结论说出来——这些"卿"的人称代词用法应该是佛经译者的误用,在东汉的地道汉语中,"卿"虽然已经有"礼貌式"的用法,但其人称代词化的进程只是刚刚开始,远没有完成,更不可能产生轻贱和亲爱的用法。

由于俞理明、邓军等当时受到研究条件的限制,其提供的资料未必能够精确反映实际的情况。我们利用 CBETA 对"卿"在东汉汉译佛经的用例做了新的调查。共在 6 部可靠的译经中[16]找到了 44 个用于称谓的"卿",其中昙果共康孟详译的《中本起经》中就有 22 个用例。而且,邓军归纳的 16 种用法中,有更多的早见于其

392

中。例如:

　　支谶译《遗日摩尼宝经》:"两比丘复问言:'卿曹淫怒痴悉尽未?'五百人复报言:'亦无内亦无外也。'"(CBETA,T12,no.350,p.193,c12—14)

　　支谶译《般舟三昧经》卷上:"譬如,颰陀和!愚痴之子,有人与满手栴檀香,不肯受之,反谓与之不净栴檀香。其货主语其人言:'此栴檀香,卿莫谓不净乎。且取嗅之知香不?试视之知净不?'痴人闭目不视、不肯嗅。"(CBETA,T13,no.418,p.907,a17—22)

　　竺大力共康孟详译《修行本起经》卷上:"优陀语善觉言:'太子技艺,事事殊特。卿女裵夷,今为所在?'"(CBETA,T03,no.184,p.466,a13—15)

　　昙果共康孟详译《中本起经》卷上:"佛言:'大善!报汝弟子。卿是国师,今入法服,岂可独知乎?'"(CBETA,T04,no.196,p.151,c9—10)

　　安玄译《法镜经》:"我所施行能奉行之,如其所受,尔乃能满卿所愿及天下人。"(CBETA,T12,no.322,p.18,c21—22)

汉译佛经中的这些"卿"到底是称谓名词还是人称代词?首先,我们可以通过梵汉对勘,看看它们对应的梵文是什么;然后再进一步看看译者用它们来翻译该平行梵文的原因是什么。

　　尽管早期汉译佛经的源头语文本传世的极少,但已足够我们进行上述的研究。手头正好有三种资料可以利用。它们是(1)辛嶋静志的《道行般若经校注》和《道行般若经词典》,(2)Vaidya 的精校本梵文法华经 *Saddharmapuṇḍarīkasūtram*、辛嶋静志的《正法华经词典》和黄宝生的《梵汉对勘妙法莲华经》,(3)SGBSL 的

《梵藏汉对照〈维摩经〉》和黄宝生的《梵汉对勘维摩诘所说经》。其中辛嶋的著作都是在梵汉对勘的基础上完成的。

东汉支谶译《道行般若经》有 5 个"卿"的用例,依次如下:

(1)卷 8"贡高品":"是菩萨于阿惟越致中功德少,自贡高,轻余菩萨言:'<u>卿</u>不及我所行。'"(CBETA,T08,no. 224,p. 464,b4—5)

无平行梵文。后秦鸠摩罗什译《小品般若波罗蜜经》卷 8"恭敬菩萨品":"若菩萨轻余菩萨言:'我是远离行者,汝等无此功德。'"(CBETA,T08,no. 227,p. 573,b20—22)"卿"作"汝等"。(辛嶋,2010:369)

(2—4)卷 9"萨陀波伦菩萨品":"婆罗门语萨陀波伦菩萨:'<u>卿</u>欲供养于师故。'婆罗门语萨陀波伦菩萨:'善男子! 今我欲大祠,欲得人血,欲得人肉,欲得人髓,欲得人心。<u>卿</u>设能与我者,我益与<u>卿</u>财。'"(CBETA,T08,no. 224,p. 472,b22—25)

与"卿设能与我者,我益与卿财"平行的梵文为 tad dāsyasi tvaṃ krayeṇa (Those you may give me, and I shall pay for them),与"卿"对应的是第二人称代词 tvam。宋施护译《佛母出生三法藏般若波罗蜜多经》卷 24"常啼菩萨品":"尔时,婆罗门谓常啼菩萨摩诃萨言:'我不须人无所施作,我于今时将欲大祠,须用人心人血人髓,<u>汝</u>今可能而相与不?'"(CBETA,T08,no. 228,p. 671,a28—b1)译作"汝"。(辛嶋,2010:369)

(5)卷 9"萨陀波伦菩萨品":"是时婆罗门语萨陀波伦菩萨言:'善哉,善哉! 善男子! 如是精进难及。欲知我不? 善男子! 我是天王释提桓因,故相试耳。欲求索何等愿,我悉与

卿。’”(CBETA,T08,no.224,p.472,c16—19)

平行梵文为 te,是第二人称代词 tvad 的单数形式。支谦译《大明度经》卷 6“普慈阇士品”:“梵志言:‘善哉,善哉! 阇士高行精进难及。吾非梵志也,是天王释矣,故来试子。子欲何求,我悉与子。’”(CBETA,T08,no.225,p.505,a14—16)译作“子”。(辛嶋,2010:369)

根据辛嶋静志(2010、2011)中所提供的梵汉对勘和异文比对资料,这些“卿”都是一般的第二人称代词,用在称呼级别较低的人的场合(2010:368)。

《维摩经》有三个译本传世:(1)三国吴支谦译《维摩诘经》(T474),(2)姚秦鸠摩罗什译《维摩诘所说经》(T475),(3)唐玄奘译《说无垢称经》(T476)。这里只讨论最早的支谦译本。这个本子中也有 5 个“卿”的用例。依次如下:

> (1)卷 1“菩萨品”:“时维摩诘来谓我言:‘卿,弥勒! 在一生补处,世尊所莂无上正真道者,为用何生得?’”(CBETA,T14,no.474,p.523,c18—20)

与“卿,弥勒! ……为用何生得”平行的梵文是 tvaṃ maitreya ekajātipratibaddho bhagavatā vyākṛto 'nuttarāyāṃ samyaksaṃbodhau │ (SGBSL (2004) 20b4—5)[今译:弥勒啊,世尊授记你过了这一生就会获得无上菩提而成佛。(黄宝生,2011:105)]其中与“卿”对应是的第二人称代词 tvam。

> (2)同上:“卿,弥勒! 与天人谈,莫为非时。佛者无往,亦无还返。”(CBETA,T14,no.474,p.524,a4—5)

平行的梵文是 tasmād iha maitreya mā etān devaputrān ullāpaya mā visaṃvādaya │ [SGBSL (2004) 21a4—5][今译:因此,弥勒啊,你不要在这里愚弄和迷惑这些天子。(黄宝生,2011:107)]与

"卿"对应的是第二人称动词 ullāpaya（你诱惑）和 visaṃvādaya（你迷惑）中的隐性第二人称的语法意义。

  （3）卷 2"香积佛品"："一切大众皆见香积如来与诸菩萨坐食，维摩诘问众菩萨言：'诸族姓子！谁能致彼佛饭？'皆曰不能。即复问文殊师利：'卿！此众中未悉了乎？'"（CBETA，T14，no. 474，p. 532，a16—19）

与"卿！此众中未悉了乎？"平行的梵文是 na tvaṃ mañjuśriḥ paryapatrapasa īdṛśyā parṣadā ｜［SGBSL（2004）54b7—55a1］［今译：文殊师利啊，你不为这样的会众感到羞愧吗？（黄宝生，2011：277）］与"卿"对应的是第二人称代词 tvaṃ。鸠摩罗什译《维摩诘所说经》译作"仁此大众无乃可耻"，将 tvaṃ 译为"仁"；玄奘译《说无垢称经》作"汝今云何于此大众而不加护令其乃尔"，将 tvaṃ 译为"汝"。

  （4）同上："维摩诘曰：'如卿等言，此土菩萨于五罚世，以大悲利人民，多于彼国百千劫行。'"（CBETA，T14，no. 474，p. 532，c23—25）

与"如卿等言"平行的梵文是 evam eva satpuruṣāḥ tathaitad yathā vadatha ｜［SGBSL（2004）58b6］［今译：诸位贤士啊，正如你们所说。（黄宝生，2011：293）］"卿等"来自第二人称复数动词 vadatha（你们说）中的隐性第二人称语法义。

  （5）卷 2"见阿閦佛品"："维摩诘言：'如卿，贤者！以法为证，没当何生？'"（CBETA，T14，no. 474，p. 534，c12—13）

平行梵文是 yaḥ sthavireṇa dharmaḥ sākṣ ātkṛtaḥ, kaccit tasya dharmasya cyutir upapattir vā ｜［SGBSL（2004）67b4—5］［今译：尊者是否证得某种法的灭和生？（黄宝生，2011：92）］但其中没

有与"卿"对应的成分。这段话罗什译作"汝所得法有没生乎?"玄奘译作"唯舍利子! 汝于诸法遍知作证,颇有少法可没生乎?"可知他们的"汝"即是"卿"的同义词。

从《维摩经》的梵汉对勘资料和同经异译看,佛经的译者是将"卿"当作第二人称代词来用的。

《法华经》也有三个传世译本。(1)西晋竺法护译《正法华经》(T263),(2)姚秦鸠摩罗什译《妙法莲华经》(T262),(3)隋《添品妙法莲华经》(T264)。我们仅看最早的竺法护译中的材料。辛嶋静志对这部经也做过精细的文献学研究,其成果集中体现在《正法华经词典》里。

《正法华经》中有 21 个"卿"和 10 个"鄙"的用例。先看"卿"。前 5 条如下:

(1)卷 1 善权品:"<u>卿</u>,舍利弗! 及诸声闻,今现在者,且皆默然。"(CBETA,T09,no. 263,p. 73,a10—11)

(2)卷 2"应时品":"尔时世尊以偈颂曰:<u>卿</u>,舍利弗! 于当来世,得成为佛。"(CBETA,T09,no. 263,p. 74,b26—28)

(3)同上:"告舍利弗:<u>卿</u>当知是,计有一乘,则无有二。"(CBETA,T09,no. 263,p. 78,a23—24)

(4)卷 3"信乐品":"勅之促起,修所当为,则当与<u>卿</u>,剧难得者,以德施人。"(CBETA,T09,no. 263,p. 82,a17—18)

(5)同上:"<u>卿</u>当执御,父之基业。"(CBETA,T09,no. 263,p. 82,b14—15)

辛嶋静志(1998:332—333)在"卿"条之下,对 21 个用例做了逐条说明,内容包括平行梵文和同经异译的情况。我们利用其材料制作了表8。

表8 辛嶋静志《正法华经词典》"卿"条资料一览表

编号	页码	正法	梵文	妙法	编号	页码	正法	梵文	妙法
1	73a10	卿	tava	汝等	2	74b27	卿	tuhaṃ(tvaṃ)	—
3	78a23	卿	tvam(tva)	汝	4	82a17	卿	te	汝
5	82b14	卿	—	—	6	85b15	卿	te[⑰]	—[⑱]
7	85b17	卿	te	—	8	85b21	卿	saṃjānīṣe[⑲]	—[⑳]
9	86a20	卿	—	—[⑳]	10	94a25	卿	—	—
11	95a9	卿	—	—	12	95a9	卿	—	—
13	97a22	卿	tvaṃ	汝	14	97b7	卿	tvaṃ[㉒]	丈夫
15	97b19	卿	yuṣmākaṃ	汝等	16	127a15	卿	tvam	汝
17	127b14	卿	tava	汝	18	127b17	卿	—	汝
19	127c10	卿	—	—	20	128a8	卿	tvam	汝
21	131b15	卿等	yuvayoḥ	汝等					

其中，tava 是第二人称代词 tvad 的单数属格形式；tuhaṃ 是其单数主格形式；tvam 是其单数主格形式；te 是其单数为格形式；yuṣmākaṃ 是其复数属格形式，yuvayoḥ 是其双数属格形式。除了 7 个没有平行梵文（用"—"表示）的用例外，"卿"对译的梵文都是第二人称代词；而其同经异译也大都用"汝"。

西晋竺法护译《正法华经》中 10 个"鄙"的用例，是这三部经中唯一的，弥足珍贵。前 5 个是：

（1）卷 1"善权品"："今鄙等怀疑，说道诸漏尽，其求无为者，皆闻佛所赞。"(CBETA, T09, no. 263, p. 68, c26—28)

（2）同上："我独度无极，鄙意在沈吟，不能自决了，究竟至泥洹。"(CBETA, T09, no. 263, p. 69, a4—6)

（3）卷 2"应时品"："唯然世尊！鄙当尔时用自克责。"(CBETA, T09, no. 263, p. 73, b18)

（4）同上："诸尘劳垢，鄙已蠲尽。"(CBETA, T09, no. 263, p. 73, b25)

（5）同上："当问世尊，如是之谊，鄙何所失，当复所失。"

(CBETA,T09,no.263,p.73,c12—13)

辛嶋静志(1998:21)在"鄙"条之下,对 10 个用例做了逐条说明,内容同样包括平行梵文和同经异译的情况。我们利用其材料制作了表 9。

表 9　辛嶋静志《正法华经词典》"鄙"条资料一览表

编号	页码	正法	梵文	妙法	编号	页码	正法	梵文	妙法
1	68c26	鄙	—		2	69a5	鄙	mama	我
3	73b16	鄙	ahaṃ	我	4	73b23	鄙	mama	我
5	73c12	鄙	ahaṃ	我	6	80a17⑳	鄙	vayaṃ	我
7	80a21	鄙	vayaṃ㉑	我等	8	97a27	鄙之徒等	vayaṃ	我等
9	107a1	鄙	adhivāsiṣyāmas㉒	我等	10	110b19	鄙之徒类	vayaṃ	我等

其中,mama 是第一人称代词 mad 的单数属格形式;ahaṃ 是 mad 的单数主格形式;vayaṃ 是 mad 的复数主格形式。它们在《正法华经》中译为"鄙",在《妙法莲华经》中译作"我"。

有了梵汉对勘材料的证明,我们可以进一步推测,那些目前还没有平行梵文可供我们对勘的早期译经中的用例,大多也是人称代词的翻译。

佛经的译者用"卿"来翻译源头语的第二人称代词,说明在他们看来,目的语汉语的"卿"是一个第二人称代词。但到底是不是? 前面已经说过,至少在汉魏时代,"卿"还没有发展成为一个人称代词。

从东汉到宋代,延续上千年的印度佛经的汉译,是印度佛教向中国传播的重要条件和基础。印度佛教向中国的传播,在唐代之前,尤其在南北朝之前,中国是被动一方,是被传教的一方。来中国传教的,都是印度或者西域佛教国家的传教高僧大德。为了传教,他们学习汉语,再将用印度语文或者他们自己的语言翻译的经典翻译成汉语。也就是说,目的语汉语并不是这些因传教的需要而翻译佛经的高僧大德的母语。但有一点是可以明确的,这就是至少在东汉的中后期,也就是大约公元170年之前,汉语的"卿"在这些二语的汉语学习者的眼中,已经非常"像"人称代词了。但是可以肯定地说,以汉语为母语的人,并不会如此大量地、几乎与"汝、尔"没有区别地使用"卿"的。因此,从二语习得理论的角度来看,早期译经中的"卿"的人称代词用法,实质是二语习得者对汉语的误用。笔者(朱庆之,2019)对这个问题有详细的讨论,在此不赘。

毫无疑问,从已有的研究看,被佛经译者"误用"的称谓名词当然不止"卿"一个。俞理明(1990、1993)特别提到的另外几个"佛经常用的三身称谓词""鄙、奴、仁、贤、尊"应该都在其列。

作为汉语历史语言学研究者,到了这一步,我们感兴趣的是,译经这种对汉语称谓名词的大量的"误用"对于汉语称谓词人称代词化的发展是否有作用? 回答当然是肯定的。语法化的一个前提条件是新用法的大量和反复出现。其中有两个因素,一是新用法,一是大量和反复出现。汉译佛经正好包含了这两个因素。因此,佛经翻译对于起始于上古时期、完成于中古时期的汉语有文字记载以来第一次称谓名词的人称代词化进程无疑起到了十分重要的作用。当然,这个作用的全部内容和具体细节,目前知道得并不足够,还需要今后的更多努力。

6 结语

从上古到中古时代的汉语文献语言中,出现了一种称谓名词"用如"人称代词礼貌式甚至人称代词的情形。从《马氏文通》开始,现代学术界就注意到这些词语,大家的注意力集中在它们的词性上,并产生了分歧。或认为是人称代词的一部分,或认为是名词。成为一桩百年公案,至今无解。也有学者因此在自己的汉语语法史论述中采取回避的态度,干脆将其从描写或者讨论中剔除。但这并不可取,因为语言事实就在那里,问题的关键是应该如何提出更好的解释。

本文根据已有的研究,不论是"代词说"还是"名词说"中所做的对于语言事实的挖掘和描写,尝试从新的角度,也就是对称谓名词用如人称代词这一真实现象进行汉语历史语言学的解释,期望能够收到纲举目张的功效。

首先,应该将其视为一次动态的"称谓名词的人称代词化",是汉语历史上语法化的一个组成部分;其次,它是有文字记载以来汉语人称代词内部一次新的系统性调整,目的是建立起人称代词自己的"家常式"与"礼貌式"的对立。

已有的材料已经能够帮助我们从上述视角观察到,尽管还是初步的,这个人称代词化的主要过程有两个阶段:第一阶段主要发生在上古时期,大量称谓名词"用如"人称代词的"礼貌式";第二阶段,主要发生在中古时期,有少数使用频繁的有如此用法的词语进一步发展成为"礼貌式人称代词",形成了汉语人称代词"家常式"和"礼貌式"的对立。而更为重要的是,这个进程并没有到此为止,个别礼貌人称代词继续其语法化,从"礼貌式"变为"家常式"。

我们同时注意到东汉开始的汉译佛经在第二个阶段的发展中可能起到的重要的作用。汉语为第二语言的外来译者从一开始就"创新性"地、大量地将汉语的称谓名词当成人称代词使用。这种用法积非成是,又随着佛教的传播,影响到本土文人的言语行为,无疑会对这一进程产生推动作用。这是印度佛教的传入和佛经翻译对汉语历史发展演变影响的又一例证。

除以上已在正文中详加讨论过的内容之外，我们还注意到，上古到中古的礼貌式人称代词，或者说在人称代词系统内所形成的"家常式"与"礼貌式"的对立，或许并不是当时汉语的一种普遍现象，而仅仅是书面语系统的一种现象。⑧之所以会有这样的认识，是我们在调查"卿"在东汉译经中的用例时意外发现，在东汉口语程度最高的安世高的二十余部可靠译经中，没有"卿"的影子；在口语程度最低，基本上可以确定使用的是书面语的康孟详译经中，它的使用率最高。口语系统是不是同样形成了这种对立，因为口语资料太少，目前无法完全确定。但书面语的主要特征之一是具有足够的典雅，而礼貌式词语的运用，应当是形成语言典雅度的重要手段。如果这个观察能得到进一步的证明，可以成为帮助我们有效地区别口语和书面语的一个手段。

另外，与王力提及的欧洲语言相比，古代汉语具有家常式和礼貌式对立的人称代词系统，表现出汉语的特点。其一，礼貌式不是人称代词自身分化的结果，而是能够表达礼貌义的称谓名词通过语法化的运作形成的。这与家常式的来源相同。其二，汉语人称代词的礼貌式不仅仅第二人称的敬语，也有第一人称的谦语。这是否反映出汉语在人称代词共性之中的个性？

由于还需要更大范围的语料调查和分析的支持和验证，我们宁可将上述的看法都视为一种科学假设。最后，还有一个问题需要研究。

语言的历史是一个伴随人类存亡的历史。语言在这个过程中会不断发展变化，过去如此，现在如此，将来也如此。汉语历史语言学的主要任务,就是研究从有历史记载到今天的"现在"已发生的变化,并在此基础上,研究不知的过去(史前)和未知的未来的变化。

古代汉语人称代词的史前史我们几乎一无所知。从上古到中古期间发生的称谓名词人称代词化是汉语有史以来第一次可以被观察到的人称代词的系统性调整,它不但产生了人称代词的礼貌式,还进一步产生了新的家常式人称代词。这个的新人称代词的产生过程应当有助于我们认识和了解古代汉语原有人称代词的可能来源。那么我们可以做些什么?对于汉语人称代词未来的发展,我们是否能够做出一些预测?希望就教于大方之家。

附 注

① 在"所语者",即第一人称代词的叙述中,作者在"吾、我、予、余"之后,还举出"朕、臣"这两个词,云:"亦发语者自称也,《书经》用之。古者贵贱皆自称'朕',……古者'臣'字亦对人之通称,非如后世之专指臣下也。"(页71)这里透露出马氏选择"用如代字"的词语的标准。

② 刘复《中国文法讲话》(1932,上海,北新书局)在第二分名词和代词一章里有"名词代代词"一节(81)。他说:"代词是替代名词的,但有时可以转用名词替代代词,例如前文所引:臣市井鼓刀屠者,而公子亲数存之。一例中的'臣',是代'我','公子',是代'你'。"(页96)

③ 20世纪初也有少数学者在描写汉语人称代词时,将这一类词完全排除在外。如陈承泽著《国文法草创》(1922)、金兆梓著《国文法之研究》(1922)和姜证禅的《国文法纲要》(1923)。但我们重点统计了20世纪80年代商务印书馆"汉语语法丛书"收入的1949年以前出版的10部汉语法语著作:(1)马建忠《马氏文通》(1898—1900),(2)陈承泽《国文法草创》(1922),(3)金兆梓《国文法之研究》(1922),(4)黎锦熙《新著国语文法》(1924),(5)杨树达《高等国文法》(1930),(6)吕叔湘《中国文法要略》(1941—1944),(7)何容《中国文法论》(1942),(8)陈望道等《中国文法革新论丛》(1943),(9)王力

《中国语法理论》(1944),(10)高名凯《汉语语法论》(1948)。其中(7)《中国文法论》和(8)《中国文法革新论丛》并非系统的汉语语法著作。其他8部著作，只有(2)《国文法草创》和(3)《国文法之研究》例外。此外，邹炽昌的《国语文法讲义》(1925)和谭正璧的《国文文法》(1944)等也都将该类词语纳入其人称代词的系统。

④ 杨树达之前，黎锦熙的《新著国语文法》(1924)和邹炽昌的《国语文法讲义》(1925)中已有类似的处理。但它们讲的都是现代汉语语法。黎著第七章"代名词细目"下分为75.代名词的分类，76.称谓代名词，77.指示代名词，78.疑问代名词，79.联接代名词等五项(页112—121)。在(4)"疑问代名词"节的末尾，作者加了一个"附言"：代名词在国语文法中，本是很简单而有条理的一种东西；比西文法那种烦琐无谓的变化，自然好得多。但是国语中也有三个特点：(一)方言最不齐一的也在这点。只从南京沿沪宁路线到上海，人称和指示代名词就变到五六个样子。……(二)在古代文法中，用代名词也间有'位'的限制。……(三)习惯上，人称代名词还有许多特别称呼：或借用名词，或径用量词，或于名词上加形容词"令""敝"等以代领位"你的""我的"。虽然是此尚虚文的旧套，并且已有删除的趋势；但不免还有些照旧套流行在社交的语言中。附表于下，以备改革：自称(谦称)——兄弟，小弟，鄙人……/对称(尊称)——先生，老哥，老兄，君，公，阁下……[单数]；诸君，各位，列位……[复数]/他称(通指)这位，那位，[单数]；这几位，那几位，[复数]；(特指)(尊称)令尊，令堂，令兄，尊夫人，令郎，令爱，宝眷……；(谦称)家严(家父)，家慈(家母)，舍弟，贱内，小儿，敝戚……(页119—121)邹著"人称代词"分为三种，"自称代词""对称代词"和"他称代词"，每一种中又分为"普通的"和"特殊的"。其"特殊的"就是由称谓名词构成的。如"特殊的自称代词"中有"寻常用"的"小的、门生、孩儿"，"官事用"的"知事"和"本省长"，等等(页24—25)。杨树达之后，王力之前，采用同样处理方式的还有吕叔湘的《中国文法要略》(1942年上卷，1944年中卷和下卷)和谭正璧的《国文文法》。在吕著第十章"指称(有定)"中，作者讨论了14个专题：(1)第一身(古今)，(2)第二身(古今)，(3)第三身(今)，(4)之、其、彼，(5)们：我们和咱们，(6)的、之，(7)相、见，(8)尊称和谦称，(9)称名，(10)确定指称：特指，(11)承指，(12)助指，(13)指称复数，(14)指称容状和程度。其中(8)"尊称和谦称"说："中国旧社会的习惯，社会地位较低的对于社会地位较高的，如卑幼对尊长，仆人对主人，平民对官长，穷人对阔人，是不能用普通第一第二身指称词的，得用尊

称和谦称。虽无地位的差别(如一般来往的人或路人)也得用尊称和谦称,除非很熟的朋友之间。有时连地位高的对于地位低的也有特定的尊称,如'卿',这是礼貌,否则是无礼貌。这个习惯古代就有。……然则称什么呢?一种办法是用尊贵的字样。"接着作者用举例的方式,提到了尊称的"子、公、卿、先生、伯父、将军、豫州、足下、阁下、左右、执事、长者"和谦称的"臣、妾、仆、愚"等,并说"现代用不着这样麻烦,客气点称'您'就够了。以上的例句,尊称用来代'你',谦称用来代在'你'面前说话的'我'。此外,在称及第三身而恰为地位较高的人的时候,有时也不便直说'他',得酌量用尊称,很普通的就是身分关系措词",如"我母亲"或者"她老人家"。"但是文言里则仍称'先生'、'君'、'公'等等。……在一般文章(非对话,非书信)里头,作者对读者有时也用'愚'、'不佞'等谦称。……现代的文章中常用'作者'、'笔者'自称,这是受欧洲文字的影响。"(页50—54)此外,(9)"称名"讨论的也是"谦称":"早先还有一种谦称的方式,称自己的名字。这个习惯在古时口语里很通行。"(页54)谭著第三章"代名词"分为"称谓代名词""指示代名词""疑问代名词""联接代名词"和"特称代名词"等。其中"特称代名词"条说:"特称代名词本来是称谓代名词的一种,用来表示说话的人对于听话的人的敬意或谦意的,也有自称、对称、他称三种。"举的词目为"臣、仆、小子"——表自称;"大王、阁下、长者"——表对称;"此子、诸子、此獠"——表他称。(页32—33)

⑤ "平称"是笔者添加的,以便与"谦称"和"敬称"相对。下同。

⑥ 《王力文集》第一卷《中国语法理论》之"编印说明":"《中国语法理论》和《中国现代语法》原是王力先生1938年在昆明西南联合大学的一部讲义,就叫《中国现代语法》。1939年把它分为两部书:一部专讲规律,就是后来的《中国现代语法》;一部专谈理论,就是这部《中国语法理论》。两部书都分为上、下册,由商务印书馆印行。《中国语法理论》上册出版于1944年9月,下册出版于1945年10月。"

⑦ 詹秀惠《世说新语语法探究》也是一部主张"代词说"有代表性的著作。该书第一编"称代词"第一章"三身称代词",第一节"第一身称代词"。甲,通称:我、吾、余、予、朕、身;乙,礼貌式——谦称:民、臣、仆、孤、贱民、下官、微臣、寡人、小人、弟子、贫道;丙,特殊的第一身称代词:阿、老兄、老子、上人、丈夫、新妇[妾]。第二节"第二身称代词"。甲,通称:汝、尔;乙,礼貌式——尊称:公、卿、官、君、子、尊[尊侯等]、陛下、足下、明公、明府、府君、君侯、使君、大人、丈人、夫子、先生、道人、上人;丙,特殊的第二身称代词:阿奴、

老奴、老贼、小郎、新妇、姥。第三节"第三身称代词"。甲、通称：之、其、彼、伊；乙、礼貌式：公、官；丙、特殊的第三身称代词：奴。(页 2—132)

⑧　该书的两位作者，虽然先后毕业于北京大学中文系，但学术师承并不相同。杨伯峻是杨树达的侄子，家学渊源深厚，自有其学术来源和师承。他 1932 年北京大学毕业，但与王力没有师承关系；何乐士 1961 年本科毕业，可算王力的学生。从他们的相关论述来看，总体上应属杨树达为代表的"代词说"，但其中难免有王力的影子。例如虽然没有明确纳入其谦称和敬称系统，却也提到了自称以名和称人以字的现象。因此，如果我们在其中还能找到王力的痕迹，一点儿也不奇怪。但这不会影响我们将杨、何之说纳入"代词说"的基本判断。

⑨　还有 2.5 己身称，只有一个"己"；2.6 旁称，只有一个"人"。

⑩　牛岛德次的《汉语文法论》是日本学术界在该问题处理上深受王力影响的另一部重要著作。但作者将王力的"礼貌式"或者太田辰夫的"尊称"项从正文中移出，改为"付"项，并且称为"称呼"。

⑪　第三人称没有"礼貌式"；另外，"近代汉语人称代词"中也没有介绍"礼貌式"。故相关的部分都省略。

⑫　柳士镇的《魏晋南北朝历史语法》第十一章"人称代词"分为"第一人称代词""第二人称代词""第三人称代词""反身代词"和"与人称代词相关的几个问题"五个小节，将用"名词和名词性词组"充当的"尊称与谦称"放在了第五个小节之内，应是一种比较聪明的做法。(页 191)

⑬　邓军(2008:166—169)也有比较详细的讨论，可参看。

⑭　俞理明(1990)对此有较多的讨论，可参看。

⑮　《世说新语·惑溺》："王安丰(戎)妇常卿安丰。安丰曰：'妇人卿婿，于礼为不敬，后勿复尔。'妇曰：'亲卿爱卿，是以卿卿。我不卿卿，谁当卿卿？'遂恒听之。"又，《世说新语·方正》："王太尉不与庾子嵩交，庾卿之不置。王曰：'君不得为尔。'庾曰：'卿自君我，我自卿卿。我自用我法，卿自用卿法。'"说明"君"也有类似的用法。

⑯　汉译佛经的通行版本是日本《大正新修大藏经》。但这部藏经对于译者或译年的认定因袭传统，将许多晚出并失译的经典附会在早期著名的译者名下，殊不可靠。目前学术界有较多人采信的东汉三国时代的译经目录为许理和(1978)和那体慧(2008)的研究。详见朱庆之(2015)正文及附录。

⑰　辛嶋原作 bhoh purusa，恐误。第 6—8 条平行的梵文是 tena ca samayena pañcābhijñā ṛṣayo bhaveyur divya-cakṣur divya-śrotra-para-cinta-jñāna-pūrva-nivāsānusmṛti-jñāna-rddhi-vimokṣa-kriyā-kuśalās te taṃ puruṣam evaṃ vadeyuḥ（这时有五位神通仙人，具有天眼、天耳、他心通、知往事、擅长智慧、神通、解脱行为，他们对这个人说道）：kevalaṃ bhoḥ puruṣa tvayā cakṣuḥ pratilabdham ǀ na tu bhavān kiṃcij jānāti ǀ kuto 'bhimānas te samutpannaḥ ǀ na ca te 'sti prajñā ǀ na cāsi paṇḍitaḥ ǀ（喂！男子汉！你只是获得视力，然而您一无所知。你的傲慢从何而生？你没有智慧，还不是智者。）ta enam evaṃ vadeyuḥ ǀ yadā tvaṃ bhoḥ puruṣāntar-gṛham niṣaṇṇo ba-hir anyāni rūpāṇi na paśyasi na ca jānāsi nāpi te ye sattvāḥ snigdha-cittā vā drugdha-cittā vā ǀ na vijānīṣe pañca-yojanāntara-sthitasya janasya bhāṣamāṇasya ǀ bherī-śaṅkh'ādīnāṃ śabdaṃ na prajānāsi na śṛṇoṣi ǀ krośāntaram apy anutkṣipya pādau na śaknoṣi gantuṃ ǀ jāta-saṃvṛddhaś cāsi mātuḥ kukṣau tāṃ ca kriyāṃ na smarasi ǀ tat kathaṃ asi paṇḍitaḥ kathaṃ ca sarvaṃ paśyāmīti vadasi ǀ tat sādhu bhoḥ puruṣa yad andha-kāraṃ tat prakāśam iti saṃjānīṣe yac ca prakāśaṃ tad andha-kāram iti saṃjānīṣe ǀǀ（Vaidya,1960:92,1）〔他们对这个人说道："喂！男子汉啊！当你坐在家中，你看不见也不知道外面其他事物，众生心地善良还是恶毒。有人在距离五由旬的地方讲话，你都不能辨认，听不见，也认不清鼓螺一类的声音。即使一俱卢舍的距离，你也不能抬脚就到。你不会记得在母亲腹中生长之事。那么，你怎么会是智者？怎能说'我看见一切'？因此，喂！男子汉！您正是把黑暗当作光明，把光明当作黑暗啊。"按，本文梵文部分的现代汉语翻译，如果没有特别说明，都是姜南完成的。又，以上整段黄宝生（2018：284—285）的翻译是："这时，有一些五神通仙人，具有天眼通、天耳通、他心通、宿命通和神变通。他们对这个人说：'你只是恢复了视力，对一切还无知，哪里来的这种骄傲？你没有智慧。你不是智者。'他们对他这样说：'若是你坐在屋内，你就看不见外面的物象，也就不知道。你也不知道众生心善或心恶。你不知道五由旬外说话的人们，听不见那里的鼓声或螺号声。你不抬脚，甚至不能到达一拘卢舍远的地方。你在母胎中出生发育，而你不记得这事。你怎么可能是智者？你怎么能说你看见一切？哎，你这人哪！你这是将黑暗认作光明，将光明认作黑暗。'"〕其中与第6条相关的内容在第二段中。这段文字（喂！男子汉！你只是获得视力，然而您一无所知。你的傲慢从何而生？你没有智慧，还不是智者。）可分为两部分，竺法护的译文只有第二部分，没有第一部分；而鸠摩罗什的译本整段文字都没有。或许他们所依据的版本与我们现在的本子或有不同。而呼语 bhoḥ puruṣa〔bhos:小品词（particle），用在呼叫人的时候，相当于汉语的"喂""哎"；puruṣa:名词呼格，男子汉，先生〕正出现在第一部分。因此，我们认为"卿莫矜高自以为达"对应的是 kutas abhimānas te samutpannas（你从哪里生起贡高?），其中与"卿"对应的应是第二人称代词 te。

⑱ 《添品妙法莲华经》译作"汝"。

⑲ 辛嶋原作 bhoḥ puruṣa，恐误。参看第 6 条注。bhoḥ puruṣa（"喂，男子汉！"）是一个呼语形式，为插入语，并不是句子成分。竺法护译文中的"今吾察卿身"是不是 bhoḥ puruṣa 的灵活翻译? 即使是，也很难说其中的"卿身"是 bhoḥ puruṣa 的翻译；倒不如说是第二人称谓语动词 saṃjāniṣe（saṃ-√jñā，pres. 2. sg. A."你认作，你当作"）的第二人称语法义的显性翻译。

⑳ 《添品妙法莲华经》译"汝"。

㉑ 《添品妙法莲华经》译"汝"。

㉒ 辛嶋原作 tvaṃ…puruṣa，恐误。《正法华经》卷 5"授五百弟子决品"："慈室长者而谓之曰:'卿何以故而自劳烦?'"（CBETA，T09，no. 263，p. 97，b6—7）与其中的引语平行的梵文是 kiṃ tvam bhoḥ puruṣa kṛcchram āpadyase āhāra-cīvara-paryeṣṭi-hetor yadā yāvad bhoḥ puruṣa mayā tava sukha-vihārārthaṃ sarva-kāma-nivartakam anargheyaṃ maṇi-ratnaṃ vastrānta upanibaddham ｜（Vaidya，1960:134,1)（喂！先生！你为何因求衣食之故而生苦厄呢?）与"卿"对应的不应包括没有译出的呼语 bhoḥ puruṣa，只是它前面的第二人称代词 tvaṃ。这种情形在汉译佛经中多见，因为汉语中原本很少这样的表达方式。

㉓ 辛嶋误为 14。

㉔ 辛嶋认为与"卿"对应的是 asmād，恐误。这段话《妙法莲华经》卷 2"信解品"："所以者何? 世尊令我等出于三界，得涅槃证。又今我等年已朽迈，……"（CBETA，T09，no. 262，p. 16，b17—19)平行的梵文为 yad ca asmāt bhagavan traidhātukāt nirdhāvitāḥ nirvāṇa-saṃjñinaḥ vayam ca jarā-jīrṇāḥ ｜ （Vaidya，1960:71,1)（为什么? 世尊啊！我们已经出离三界，认为已经涅槃，并且年迈体衰。)（黄宝生，2018:220)其中与法护译"鄙"和罗什译"我等"平行的梵文是 vayam。但因为 asmāt 是指示代词 idam 的中性单数从格形式，意为"从此"，限定后面的 traidhātukāt（三界）。此外，行数亦误为 17。

㉕ 辛嶋以为此处没有平行梵文词语。其实，该句的平行梵文是

ākrośām tarjanām ca eva daṇḍa-udgūraṇāni ca | bālānām saṃsahiṣyāmas adhivāsiṣyāmas nāyaka ||(Vaidya,1960:164,1)[那些愚夫的谩骂、威胁和棍棒加害,导师啊,我们会全部忍受和顶住。(黄宝生,2018:514—515)]其中与"鄙当忍"对应的是 adhivāsiṣyāmas。这是动词词根 adhi-√ vas 的第一人称复数形式,意思是"我将忍受"。显然,竺法护的"鄙当忍"中的"鄙"和鸠摩罗什的"我等皆当忍"中的"我等"都是这个动词谓语中的第一人称语法义的显性承载者。

㉖ 这里要强调的是,所谓口语(spoken language)和书面语(written language),指的是在语体(style)上对立的两种语言变体,它们是任何有文字的语言在其文字产生和大量使用之后必然会形成的。它们与是不是用嘴巴说和是不是用笔书写没有必然或直接的关系。

参考文献

陈承泽 1922 《国文法草创》,商务印书馆。

邓 军 2008 《魏晋南北朝代词研究》,上海人民出版社。

高名凯 1948 《汉语语法论》,开明书店。

何 容 1942 《中国文法论》,开明书店。

陈望道等 1943 《中国文法革新论丛》,文书出版社。

黄宝生 2011 《梵汉对勘维摩诘所说经》,中国社会科学出版社。

黄宝生 2018 《梵汉对勘妙法莲华经》,中国社会科学出版社。

姜证禅 1923 《国文法纲要》,大东书局。

金兆梓 1922 《国文法之研究》,中华书局。

黎锦熙 1924 《新著国语文法》,商务印书馆;第 12 版订正本,商务印书馆,1947 年。

刘 复 1932 《中国文法讲话》,北新书局。

柳士镇 1992 《魏晋南北朝历史语法》,南京大学出版社;修订本,商务印书馆,2019 年。

吕叔湘 1944 《中国文法要略》中卷,商务印书馆;第 4 版,1951 年。

马建忠 1898 《马氏文通》,商务印书馆;汉语语法丛书本,商务印书馆,1998 年。

潘允中 1982 《汉语语法史概要》,中州书画社。

史存直 1986 《汉语语法史纲要》,华东师范大学出版社。

史存直　2008　《汉语史纲要》,中华书局。

孙锡信　1992　《汉语历史语法要略》,复旦大学出版社。

谭正璧　1944　《国文文法》,世界书局。

王传德、尚庆栓　1996　《汉语史》,济南出版社。

王　力　1944　《中国语法理论》,商务印书馆;《王力文集》第一卷,山东教育
　　　出版社,1984 年。

王　力　1958　《汉语史稿》(中册),科学出版社。

王　力　1989　《汉语语法史》,商务印书馆。

魏培泉　2004　《汉魏六朝称代词研究》,中央研究院。

向　熹　1993　《简明汉语史》,高等教育出版社;修订本,商务印书馆,
　　　2010 年。

徐威汉　2002　《古汉语语法精讲》,上海大学出版社。

杨伯峻、何乐士　1992　《古汉语语法及其发展》,语文出版社;修订本,语文
　　　出版社,2001 年。

杨树达　1930　《高等国文法》,商务印书馆;汉语语法丛书本,商务印书馆,
　　　1984 年。

殷国光等主编　2011　《汉语史纲要》,人民大学出版社。

俞理明　1990　从佛经材料看六朝时代的几个三身称谓词,《中国语文》第
　　　2 期。

俞理明　1993　《佛经文献语言》,巴蜀书社。

詹秀惠　1973　《世说新语语法探究》,台湾学生书局。

张　昊　1981　《古汉语语法特征》,湖北人民出版社。

张文国、张能甫　2003　《古汉语语法学》,巴蜀书社。

周法高　1959　《中国古代语法(称代编)》,中研院;重印本,中华书局,
　　　1990 年。

朱庆之　2015　"R 为 A 所见 V"式被动句的最早使用年代,载洪波等编《梅
　　　祖麟教授八秩寿庆学术论文集》,首都师范大学出版社。

朱庆之　2019　东汉译经中作单句或根句主语及各类宾语的第三身代词
　　　"其",载朱冠明、龙国富主编《佛教汉语研究的新进展》,中国社会科学出
　　　版社。

邹炽昌　1925　《国语文法讲义》,商务印书馆。

[日]牛岛德次　1971　《汉语文法论(中古编)》,[日]大修馆书店。

［日］太田辰夫　1958　《中国语历史文法》,［日］江南书院;蒋绍愚等中译修订本,北京大学出版社,2003年。

［日］辛嶋静志　1998　《正法华经词典》,［日］创价大学。

［日］辛嶋静志　2010　《道行般若经词典》,［日］创价大学。

［日］辛嶋静志　2011　《道行般若经校注》,［日］创价大学。

SGBSL　2004　《梵藏汉对照〈维摩经〉》(*Vimalakīrtinirdeśa : Transliterated Sanskrit Text Collated with Tibetan and Chinese Translations*),SGBSL,The Institute for Comprehensive Studies of Buddhism,Taisho University,Tokyo.

Vaidya,P. L.　1960　Saddharmapuṇḍarīkasūtram,Darbhanga : The Mithila Institute of Post-Graduate Studies and Research in Sanskrit Learning.

On the Relationship between Grammaticalization and Comparative Linguistics

Brian D. Joseph

(Department of Linguistics, The Ohio State University)

1　Introduction

The late Eric Hamp, one of the most important American historical linguists of the 20th century,[①] once said that historical linguistics was to be regarded as the "queen of historical sciences"[②]. Hamp was referring to historical linguistics as it has traditionally—that is, since the early 18th century—been practiced in the West, what is generally known as "Historical Comparative Linguistics" or simply "Comparative Linguistics".

Relatively recently, since the mid-1980s, another paradigm for examining language history has emerged: Grammaticalization. Writing over a decade and a half ago, in 2004, I observed that there was ample evidence that grammaticalization had "arrived" as a movement within the study of language history. In particular, I wrote then (Joseph 2004: 45):

Among the evidence that points towards such a 'movement' are the following indicators. First, there is a huge amount of relevant literature now, with textbooks and surveys (e.g. Lehmann 1982/ 1995, Heine, Claudi & Hünnemeyer 1991; Hopper & Traugott 1993; Diewald 1997); two dictionaries or similar compendia (Lessau 1994; Heine & Kuteva 2002), singly-authored studies (e.g. Bowden 1992; Heine 1993, 1997; Ziegeler 2000; Kuteva 2001, to name a few), and numerous edited volumes (such as Traugott & Heine 1991; Pagliuca 1994; Ramat & Hopper 1998; Wischer & Diewald 2002, among many others) all dedicated to different aspects of the study of grammaticalization phenomena. Second, there are now many conferences devoted to aspects of grammaticalization.

In the roughly 15 years since then, the number of works and conferences and such dealing with grammaticalization has only increased, seemingly exponentially, and some of the works cited above have been revised and have come out in updated editions (e.g. Hopper & Traugott 2003, Lehmann 2015, Heine et al. 2019).

Even though I have been critical of grammaticalization along a variety of dimensions (see Joseph 2001, 2003, 2004, 2006, 2011, 2014), my goal today is not to add to these critiques. Rather, I intend to explore the relationship between these two paradigms for studying language change—traditional historical linguistics and grammaticalization—through a consideration of a couple of empirical examples and what they reveal about the similarities and differences in how these two paradigms approach the facts of grammatical change.

413

2 A bit of history, leading to foundational principles and methods

Appropriately enough for a discussion of paradigms to approach language history, I start with a bit of history of the emergence of the field. This brief historical survey serves also to highlight various key foundational principles for understanding language change and key methods used to study it.

The beginnings of historical comparative linguistics in the West date to the early 19th century with the work of two scholars in particular being foundational:Franz Bopp (of Germany, 1791 – 1867) and Rasmus Rask (of Denmark, 1787 – 1832). Both were among the earliest scholars who focused on the study of the ancient Indo-European languages and who worked especially with materials from Sanskrit making comparisons with the classical languages of Europe. In doing so, they pioneered the comparative methodology that is at the heart of historical linguistic research to this very day. [3]

The 19th century development of historical linguistics was the basis for the development of linguistics as a science. The stunning successes of the so-called "Neogrammarian" scholars—figures, besides Bopp and Rask, such as Jakob Grimm (of Germany), Karl Verner (of Denmark), Hermann Grassmann (of Germany), and Karl Brugmann (of Germany), among numerous others—especially with regard to the exceptionless nature of sound change, i.e. the principle of regularity of sound change ("Ausnahmslosigkeit"), gave a predictive character to historical investigations that established it as a scientific enterprise.

It is important to consider what it means to be a "historical science". By a "science", what is meant is a quest for knowledge and understanding of some subject matter that is observable and from which data can be collected, organized, codified, and, more generally, analyzed, in such a way as to allow for predictions to be made about new data. By a "historical science", what is meant is a science whose subject matter must have something to do the past. On both criteria, historical linguistics certainly qualifies.

A basic issue in any historical science is how to fill in the gaps in the historical and prehistorical record. This issue is based on the simple fact that the record and documentation of history are necessarily spotty and imperfect, so that inferences about intermediate stages and hypothetical prior states need to be made. William Labov, in his 1994 opus on studying language change, put it this way: historical linguistics is the "art of making the most of bad data" (though cf. Janda & Joseph 2003 regarding substituting "imperfect" for "bad"). Thus, a lot of what we do in historical linguistics is a type of internal reconstruction, working with an understanding of how languages change in general to try to work out what the steps were that led from one attested or posited stage to a later attested or posited stage.

Some very precise and powerful tools are available to guide historical linguists in this exercise of filling in the gaps, both already alluded to above:

- the regularity of sound change (as a principle).
- the comparative method (as a methodology).

It should be noted that these are perhaps more precise and powerful than anything available for historical endeavors in other areas (e.g. literary history or political history or even biological history, i.e. evolutionary investigation).

A basic element of all historical linguistic studies is comparison, in at least two distinct but related ways:

- comparing two stages of the same language to see what is different between them (what can be referred to as "vertical comparison").
- comparing two different languages that have sprung from a common source (what can be referred to as "horizontal comparison").

A further necessary part of the comparative study of any grammatical system is a concern for where the system and its pieces came from. This concern is common in traditional studies in historical linguistics and is the driving force behind modern studies within the grammaticalization framework.

This historical and essentially philosophical overview of the study of language change offers the necessary foundation for considering how different frameworks deal with the same set of facts. In the next two sections, case study from within the Indo-European language family form the basis for a comparison of the different approaches.

3   Case study ♯1

As a first case study through which to explore differences between a traditional historical linguistic approach and a grammaticalization approach, I turn to the matter of personal endings and personal pronouns in Proto-Indo-European. Early Indo-European comparativists such as Rask and Bopp noticed similarities between some reconstructible personal endings for verbs and some pronominal forms, e.g.

1SG. ENDING	$^*-m(i)$ (cf. Greek $-mi$, Slavic $-m_b$, Sanskrit $-mi$)
1SG. ACCUSATIVE	$^*me$ (cf. Greek me, Sanskrit $m\bar{a}$)
1SG. DATIVE	$^*moi-$ (cf. Greek moi, Latin $mi(-hi)$, Sanskrit ma($-hyam$))
3SG. ENDING	$^*-t(i)$ (cf. Doric Greek $-ti$, Slavic $-t_b$, Sanskrit $-ti$)
3PERS. DEICTIC	$^*to-$ (cf. Sanskrit tad, Latin (is) tud)

The similarity in form is suggestive, to be sure, and thus intriguing, perhaps pointing to a derivation of personal endings on verbs from pronouns that originally signalled the overt subject associated with the verbs in question. Moreover, the relationship that is implicit in recognizing such a similarity is certainly plausible, especially if one keeps in mind the observation made by Givón (1971), an earlier harbinger of grammaticalization, that today's morphology is yesterday's syntax. That is, a putative sequence of VERB # SUBJECT PRONOUN can be hypothesized as the predecessor to the VERB+PERSONAL ENDING structure. [4]

Nonetheless, though plausible, such a hypothesis is not without some potential problems. For one thing, it may not be sensible syntactically to posit a stage of early Indo-European in which verbs were followed by subject pronouns (thus, a V-S order), as this is an order which is not found consistently in any branch of the Indo-European family except for Celtic and thus is probably not the best reconstruction for Proto-Indo-European (PIE) or a stage prior to that. Second, and more important, it is actually not easy to motivate the passage phonetically from VERB # *to* ··· $\longrightarrow$ VERB + *t*(*i*) for third person or from VERB # *mV* ··· $\longrightarrow$ VERB + *m*(*i*) for first person. Saying it is not easy to motivate does not mean that processes cannot be invoked to accomplish that outcome. In fact, one can simply posit that a final syllable was apocopated, which is a quite ordinary process in sound change; however, what makes it hard to motivate this is that there is no independent evidence for such a process for PIE. And, in the various languages that sprung from PIE, even prosodically weak pronouns, such as the unaccented enclitic forms like 1SG accusatives Greek *me* and Sanskrit *mā*, do not show reduction to just a consonantal core. Therefore, such an account could only work if there were a sound change that was specific to a grammatical category, e.g.

XXXX # *to* X # $\longrightarrow$ XXXX + *t* when *to* is the subject pronoun

However, such a sound change, by referring specifically to subject pronoun *to*, violates the Neogrammarian principle—a crucial building block for understanding language change in the traditional approach under consideration here—of regularity of sound change, because such regularity is achieved through sound change being blind to the grammatical category of items it operates on and just operating at the level of sound sequences.

Therefore, the plausible connection posited by Bopp could not stand up to scrutiny according to accepted Neogrammarian principles of sound change and thus must be rejected as a viable account of the origin of the personal endings for Indo-European verbs.

Moreover, some other seemingly attractive connections that could be made, such as the 2SG verbal ending $*$-si (cf. Sanskrit -si, Latin -s) and the 2SG pronoun base suggested by the Greek 2SG accusative pronoun se, also fail once the regular sound correspondences that provided the basis for positing regular sound changes are taken into account. In particular, Greek s- corresponds not to Sanskrit -s- but rather to Sanskrit tv-, as shown by the equating of Greek sakos 'shield' with Sanskrit tvac- 'skin'.[5] Therefore, assuming regularity of sound change, and from that the regularity of sound correspondences across related languages, the Greek pronoun se would be expected to match a form with tv- in Sanskrit, and that is precisely what is found, as the 2SG pronoun base in Sanskrit is tv-, as in nominative tvam, accusative tvām, locative tvayi. Thus Greek se is from PIE $*$twe, not $*$se, and thus does not match the personal ending $*$-si very well at all from a historical perspective. Moreover, just to cover all possibilities, it turns out that Greek h- is the element that regularly corresponds to Sanskrit s- (e.g. Greek hepta 'seven' = Sanskrit sapta), so that a starting point with PIE $*$s would yield a form with h- in Greek, demonstrating further that Greek se cannot be from $*$se.

Thus once again, the regularity of sound change, a principle which was unknown to Bopp and thus he is not to be faulted for not adhering to something he could not have known about, proves to be a guiding beacon in refining our understanding of the likely prehistory of subject-marking affixes in Indo-European.

Furthermore, additional forms came to light after Bopp's time, especially with the discovery of Hittite in the early 20th century as an Indo-European language of great antiquity, that affected the viability of Bopp's pronoun-to-personal ending analysis. For instance, in Hittite, there is a sound that is transcribed as -ḫ- and derives from PIE so-called "laryngeal" consonants and this sound occurs as the nucleus for a 1SG verbal ending (e.g. the past tense ending -ḫun). This laryngeal consonant is also associated in most branches of Indo-European with the lengthening of a preceding vowel; thus, another 1SG ending *-ō found in many of the languages, often alongside the ending *-mi referred to above (e.g. Latin and Greek -ō), can be decomposed and reconstructed further as *-o-H. ⓖ This *-H-nucleus for a 1SG ending shows no connection with any first person pronominal form. In addition, Hittite shows a 2SG ending -tta that derives from *to, thus not matching well in form with a second person pronominal (*tw-) nor in function with the reconstructible *to-, which is a deictic third person pronominal. Thus with this added data from Hittite, it became less compelling to try in general to derive personal endings from pronominal forms.

Notably, Bopp's conjectures were certainly an early attempt to do what grammaticalization studies now focus on, namely to offer speculation as to the source of grammatical morphemes. Thus what is an attractive hypothesis from a grammaticalization perspective turns out not to be viable within a traditionally based historical linguistic approach. The lack of success of these attempts shows the importance of keeping in mind the Neogrammarian principle of regular and phonetically conditioned sound change.

4   Case study ♯2

A second case study allows for a similar point and again highlights the difference between a grammaticalization approach and a traditional approach to a set of historical facts. In this case, the data comes from Albanian and concerns the 2PL nonpast ending, as discussed by Rasmussen (1985) and Joseph (2010).

The ending in question is *-ni*, as seen in 2PL present form *keni* 'you all have', and the 2PL imperative *kini* 'have!'. The facts that are relevant here are the following curious (i.e. unexpected) properties:

- the intervocalic *-n-* in *keni/kini* is unusual, since the ending is the same in the two major dialects of Albanian, Geg (north) and Tosk (south) even though usually an intervocalic *-n-* in Geg corresponds to an *-r-* in Tosk (so-called "rhotacization")

- it can be used with nonverbal items, e.g. the greeting *mirëdita* ('Good day!; hello') can be "pluralized" if addressed to more than one person, thus *mirëditani!*, and the interjection *forca!* 'heave-ho', which if addressed to multiple people can be *forcani!*

- in the imperative plural, with a weak object pronoun, the pronoun occurs inside of (i.e. to the left of) the plural marker *-ni*, e.g.

singular	*hap!*	'Open!'
plural	*hapni!*	'Open!'
singular	*hap-e*	'Open it!'
plural	*hap-e-ni!*	'Open it!' (not: **hapni(j)-e!*)

The etymology for this ending that was proposed by Rasmussen is that it derives from the PIE adverb *nū 'now', seen in Greek nū and Old English nū (modern English now). Its development can then be explained in the following way. If it originated in the PIE word for 'now', then presumably it started in imperatives, since imperatives are a class of utterances where a reinforcing element like 'now' is appropriate; e.g. *shiko* 'see' / *shiko # ni!* "See now" (cf. English *See here!* with the reinforcement by a different deictic element). This sequence must have been interpreted as marking imperative, and if the distinction was *Shiko!* vs. *Shiko ni!*, then a likely re-interpretation would be as marking singular vs. plural, as number is a relevant distinction in Indo-European imperatives (and verbs) more generally. As a plural marker, it could come to be more tightly bound to the verbal form, thereby losing its integrity as a free adverb, and yielding forms like *shiko + ni* for the plural imperative. That reanalysis would then allow it to spread to other 2PL forms, especially the present indicative.

This account explains the curious characteristics of -*ni* noted above, as well as other details about its use. First, in particular, the lack of rhotacization in Tosk is explained since the *ni* was originally an independent word and thus not word-internally intervocalic at the time of the rhotacization change. Second, the restriction of -*ni* to nonpast contexts, specifically the present indicative and the imperative (note that the 2PL past ending is -*t*) is explained by the original semantics of the source form, in that 'now' would not be an appropriate meaning to combine with past tense forms. Third, the ability of -*ni* to attach to non-verbs, e.g. *mirëditani* cited above, is explained by the fact that in this analysis -*ni* originally was a more freely occurring adverb and not an ending restricted to verbs. Finally, the occurrence of weak object pronouns inside of -*ni* in the imperative plural [e.g. *hapeni* '(you all) open it!'] is understandable since in the original syntactic construction, the weak pronoun would attach to the verbal form—the so-called Wackernagel's Law second-position placement of prosodically weak forms—and the adverb, as a free word, would have followed that combination. This account thus explains the synchronically unusual behavior of -*ni* by reference to its original status and the persistence of certain characteristics as tracer bullets, as it were, shedding light on the origin of this ending.

Moreover, this account is bolstered by parallels on the phonological side, consistent with what is known about regular sound changes in Albanian, since the change of $^*\bar{u}$ to Albanian *i* in final position occurs also in *thi* 'pig' < $^*s\bar{u}$ (cf. Sanskrit *sū-*'pig', Latin *sūs* 'pig').

The principle of regularity of sound change is important here in two ways. First, it is to be invoked with regard to rhotacization and why this change does not apply in the case of -*ni*. Second, it is relevant regarding the shift in the vowel, in the change of $^*\bar{u}$ to *i*. Moreover, comparison, a hallmark of traditional historical linguistic methodology, is important in this account through the recognition of cognate forms in other languages (e.g. *nū*, *sū-*).

A grammaticalization account here would not have access to regularity of sound change as it does not recognize the purely phonetic basis of sound change that is at the heart of regularity. It would thus not be able to properly avail itself of this bedrock principle of historical analysis. Moreover, a grammaticalization approach would not add any greater understanding to the developments with *nū that are outlined above. All that grammaticalization can really contribute here is the ability to attach a label to the carryover of an element's earlier characteristics into the behavior of its success or in later stages of the language; that is, Hopper (1991), working within a grammaticalization paradigm, refers to this fact about language history as the "principle of persistence", namely that the properties of a grammatical element reflect properties of its historical source element.

It must be admitted that to some extent, this "principle" seems like just a matter of common sense, in that it is to be expected that the nature of the starting point for a particular development is going to have an effect on where it can go after that. Nonetheless, the label proposed by Hopper is a convenient one that sums up the insight that many traditional historical linguists have been working with. In that way, perhaps it is not anything that needs to be elevated to the level of a guiding "principle" articulated within a framework but rather is just a "rule of thumb" that we operate with in studying language change.

5 Conclusion

Given the results from the case studies in Sections 3 and 4, it should be clear that traditional historical linguistics offers insightful accounts of the developments under examination whereas grammaticalization at best duplicates those efforts but only at the expense of giving up a well-established principle, namely regularity of sound change. In following time-tested methodology in our historical analyses, regardless of the framework, when it comes to understanding grammatical change, we are not necessarily doing "grammaticalization" or "traditional historical linguistics". Rather, we are simply doing "historical linguistics" and, with the right methods (e.g. the Comparative Method) and principles (e.g. Regularity of Sound Change) to guide us, we are simply doing it well.

Notes

① For appreciations of Hamp's career and contributions, see Meckler (2019); Friedman (2020); Greenberg (2020); Joseph (2020).

② This characterization was offered during an invited lecture at The Ohio State University in March 2004.

③ See Joseph (2016) on Bopp and the Comparative Method, held by Calvert Watkins (see Watkins 1995: 4) as "one of the most powerful theories of human language put forth so far and the theory that has stood the test of time the longest". It is one of the most powerful tools there is for historical research in general and especially for historical linguistic research, as discussed below.

④ I am using # here to indicate a word boundary and + to indicate a word-internal morpheme boundary.

⑤ The semantics of this connection are that a skin was used to create a shield by being stretched over a frame.

⑥ In most of the literature on Indo-European, a capital (or for some, lower-case) "h" is used as the symbol for the laryngeal consonant that yielded the Hittite "ḫ".

References

Bowden, John 1992 *Behind the Preposition: Grammaticalisation of Locatives in Oceanic Languages*. Canberra: Dept. of Linguistics, Research School of Pacific

Studies, Australian National University.

Diewald, Gabrielle 1997 *Grammatikalisierung: Eine Einführung in Sein und Werden grammatischer Formen.* Tübingen: Niemeyer.

Friedman, Victor A. 2020 *In Memoriam*: Eric Pratt Hamp (November 16, 1920 – February 17, 2019), *Balkanistica* 33: 185 – 196.

Givón, Talmy 1971 Historical syntax and synchronic morphology: An archaeologist's field trip. *CLS* 7: 394 – 415.

Greenberg, Marc L. 2020 Eric P. Hamp (1920—2019). A life in words and stuff. *Slavia Centralis* 13. 1: 255 – 258.

Heine, Bernd 1993 *Auxiliaries: Cognitive Forces and Grammaticalization.* New York: Oxford University Press.

Heine, Bernd 1997 *Possession: Cognitive Sources, Forces, and Grammaticalization.* Cambridge: Cambridge University Press.

Heine, Bernd, Ulrike Claudi and Friederike Hünnemeyer 1991 *Grammaticalization: A Conceptual Framework.* Chicago: University of Chicago Press.

Heine, Bernd and Tania Kuteva 2002 *World Lexicon of Grammaticalization.* Cambridge: Cambridge University Press.

Hopper, Paul J. and Elizabeth C. Traugott 1993 *Grammaticalization.* 1st edition. Cambridge: Cambridge University Press.

Hopper, Paul J. and Elizabeth C. Traugott 2003 *Grammaticalization.* 2nd edition. Cambridge: Cambridge University Press.

Janda, Richard D. & Brian D. Joseph 2003 Reconsidering the canons of sound change: Towards a big bang theory. In Barry Blake & Kate Burridge (eds.), *Historical Linguistics 2001: Selected Papers from the 15th International Conference on Historical Linguistics.* Melbourne, 13 – 17 August 2001. 205 – 219. Amsterdam: John Benjamins.

Joseph, Brian D. 2001 Is there such a thing as "Grammaticalization"? *Language Sciences* 23: 163 – 186.

Joseph, Brian D. 2003 Morphologization from Syntax. *The Handbook of Historical Linguistics*, ed. by Brian D. Joseph & Richard D. Janda, 472 – 492. Oxford: Blackwell Publishers.

Joseph, Brian D. 2004 Rescuing traditional (historical) linguistics from grammaticalization "theory". In Olga Fischer, Muriel Norde & Harry Perridon (eds.), Up and Down the Cline – The Nature of Grammaticalization. 44 – 71. Amsterdam: John Benjamins.

Joseph, Brian D. 2006 How accommodating of change is grammaticalization? The case of "lateral shifts". *Logos and Language: Journal of General Linguistics and Language Theory* 6.2: 1 – 7.

Joseph, Brian D. 2010 Revisiting the Origin of the Albanian 2pl. Verbal Ending *-ni*. In Ronald Kim, Norbert Oettinger, Elisabeth Rieken & Michael Weiss (eds.), Ex Anatolia Lux: Anatolian and Indo-European studies in honor of H. Craig Melchert on the occasion on his sixty-fifth birthday. 180 – 183. Ann Arbor: Beech Stave Press.

Joseph, Brian D. 2011 Grammaticalization: A General Critique. In Heiko Narrog & Bernd Heine (eds.), *The Oxford Handbook of Grammaticalization*. 193 – 205. Oxford: Oxford University Press.

Joseph, Brian D. 2014 What counts as (an instance of) Grammaticalization? *Folia Linguistica* 48.2: 361 – 383.

Joseph, Brian D. 2016 The Comparative Method: Simplicity + Power = Results. *Veleia* 33: 39 – 48 (Special issue for Bopp Bicentennial).

Joseph, Brian D. & Richard D. Janda (eds.) 2003 *The Handbook of Historical Linguistics*. Oxford: Blackwell.

Kouteva, Tania, Bernd Heine, Bo Hong, Haiping Long, Heiko Narrog and Seongha Rhee 2019 *World Lexicon of Grammaticalization*. 2nd edition. Cambridge: Cambridge University Press. [Revision of Heine & Kuteva 2002]

Kuteva, Tania 2001 *Auxiliation: An Enquiry into the Nature of Grammaticalization*. Oxford: Oxford University Press.

Labov, William 1994 *Principles of Linguistic Change. Volume 1: Internal Factors*. Oxford: Blackwell.

Lehmann, Christian 1995 *Thoughts on Grammaticalization*. München: Lincom Europa. [Originally published as *Thoughts on grammaticalization: a programmatic sketch*. V. 1. Köln: Institut für Sprachwissenschaft der Universität, 1982. (Arbeiten des Kölner Universalienprojekts; 48).]

Lehmann, Christian 2015 *Thoughts on Grammaticalization*. 3rd edition. Berlin:

Language Science Press. [Revision of Lehmann 1982/1995]

Lessau, Donald A. 1994 *A Dictionary of Grammaticalization* (3 volumes). Bochum: Universitätsverlag Dr. N. Brockmeyer.

Pagliuca, William 1994 *Perspectives on Grammaticalization.* Amsterdam: John Benjamins.

Ramat, A. Giacalone & Paul J. Hopper (eds.) 1998 *The Limits of Grammaticalization.* Amsterdam: John Benjamins.

Rasmussen, Jens Elmegård 1985 Miscellaneous morphological problems in Indo-European languages (I – II). *Lingua Posnaniensis* 28: 27 – 62.

Traugott, Elizabeth C. & Bernd Heine (eds.) 1991 *Approaches to Grammaticalization* (2 volumes). Amsterdam: John Benjamins.

Wischer, Ilse & Gabriele Diewald (eds.) 2002 *New Reflections on Grammaticalization.* Amsterdam: John Benjamins.

Ziegeler, Debra 2000 *Hypothetical Modality: Grammaticalisation in an L2 Dialect.* Amsterdam: John Benjamins.

Prosodic Evidence for the Iconicity Hypothesis in Grammaticalization[*]

Nicole Dehé

(Department of Linguistics, University of Konstanz)

1   Introduction

According to Hopper & Traugott (2003: 2), grammaticalization as a phenomenon refers to "the steps whereby particular items become more grammatical through time", i.e., it is "part of the wider linguistic phenomenon of structuration, through which combinations of forms may in time come to be fixed in certain functions". The evolution of discourse markers (DM) has been argued to be an instance of grammaticalization (rather than pragmaticalization, see, for example, Diewald 2011 and Degand &

---

* Some parts of this paper, especially in Section 2, are based on published work by Dehé & Stathi (2016) and Dehé & Wichmann (2010a, 2010b). I would like to use the opportunity to thank both Katerina Stathi and Anne Wichmann for fruitful and very pleasant collaborations. Furthermore, I would like to thank Haiping Long, Fang Wu, and the organizers of the Grammaticalization conference held in Yichang, China, in October 2019 for inviting me, as well as all the people (colleagues and students) who took care of me during my time in Yichang for their extraordinary hospitality. Thanks also go to the audience at the conference for comments and discussion.

Evers-Vermeul 2015). Specifically, pragmatic functions incorporated by DMs are seen as grammatical functions that make an indispensable contribution to the organization of discourse.

Grammaticalization is commonly conceived of as involving (at least) four interrelated mechanisms (e.g. Heine 2003): (i) Desemanticization, or "bleaching", refers to semantic reduction, i.e. loss in meaning content. (ii) Extension (or: context generalization) refers to the use of an item in a new context. (iii) Decategorialization refers to the loss of morpho-syntactic properties, including the loss of independent word status. (iv) Erosion is phonetic reduction, i.e. loss in phonetic substance. The present paper focuses on the relation between two of these mecha-nisms—desemanticization and erosion. As an example, consider the English futurity auxiliary *going to*. It derives historically from the motion verb *go* (see Hopper & Traugott 2003: 1-3), acquiring the grammatical meaning of futurity, i.e. it is subject to a semantic change, losing the meaning of motion verb in these contexts (desemanticiza-tion). The grammaticalized auxiliary *going to* (but not the motion verb) may be phonetically reduced to *gonna*. The question pursued in the present paper is how the two mechanisms (desemanticization and erosion) unfold over time. Does one process precede the other or do desemanticization and erosion go hand in hand, i.e. happen at the same time?

According to Hopper & Traugott (2003: 3), erosion follows de-semanticization, as well as decategorialization. While the lexical verb takes a prepositional object (verb phrase [*going*prepositional phrase [*to*...]]), the de-

430

semanticized form, i.e. the auxiliary, forms a morphosyntactic unit with the preposition ([*going to*]). According to Hopper & Traugott (2003: 3), the absence of the phrasal prosodic boundary between *going* and *to* then facilitates erosion. This view about the chronological order of desemanticization and erosion is also held elsewhere in the literature (e.g. Givón 1991; Haspelmath 1999; Francis & Yuasa 2008; Traugott 2008). An alternative approach advocates the parallel existence of a semantic and a phonetic continuum, thus semantic and phonetic reduction proceed in parallel (Bybee et al. 1991, 1994).

It is also important to keep in mind that the term "erosion" comprises changes at different levels within phonology. As Wichmann (2011: 331) notes, the phonological changes described in the grammaticalization literature are generally "segmental, involving reduction and elision, and in some cases syllable loss". However, she argues (ibid.) that these changes are "secondary consequences of underlying suprasegmental (prosodic) changes, and that the prosodic changes are primary". In particular, the loss of prosodic prominence may lead to segmental change (Wichmann 2011: 333). This view is also in line with the phonetic literature on sound change (see Beckman et al. 1992, who explain how reduction or lack of prominence increases gestural overlap, which in turn may lead the listener to reinterpret the coarticulation as an intentional feature of the relevant segmental sequence). The focus of the empirical work reviewed in the present paper is on suprasegmental (prosodic) features.

The relation between semantic and phonological reduction has been attributed to two important factors: iconicity and/or frequency (Dehé & Stathi 2016). According to the *iconicity hypothesis*, loss of semantic content is directly mirrored in formal reduction. According to the *frequency hypothesis*, phonological reduction may not be a direct consequence of semantic reduction, but may instead be attributable to the higher token frequency of a grammaticalizing item (Bybee 2001: 11, 2003: 604), which in turn leads to phonetic reduction. The resulting predictions are given in (1) (from Dehé & Stathi 2016: 912f.).

(1) Predictions made by the iconicity hypothesis (a) and the frequency hypothesis (b)

   a. If the iconicity hypothesis is true, then semantic and phonological changes should proceed in parallel.

   b. If the frequency hypothesis is true, then phonological changes should lag behind semantic change (and resulting increase in frequency).

How can these hypotheses about language change be tested? Written data from different historical stages of a given language document change in meaning and morphosyntactic form. But how can changes in phonological structure and phonetic substance be studied without access to spoken language from the past? One option is to use written language and study changes in orthography, rhyming patterns in verse, punctuation, and other written reflects of (or comments on) phonological/phonetic form. Another is to make use of synchronic data. This is possible because of layering (Hopper 1991; Heine 2003; Hopper & Traugott 2003), i.e. co-existence of the various stages of grammaticalization of a

432

certain item at a certain point in time. As Wichmann (2011: 334) points out, in cases of synchronic layering, where older lexical and more recent grammatical forms coexist, the degree of prosodic prominence may contribute to the disambiguation of possible interpretations of certain expressions in conversation, and, it has been argued, to different degrees of grammaticalization. In other words, different prosodic patterns correlate with different semantic meanings (i.e. reflect different degrees of grammaticalization, or different stages of the development from a lexical source form to a grammatical form).

Studies dealing with the relation between differences in meanings and how they are reflected in prosody have one observation in common, namely the strong tendency that more phonetic substance goes along with propositional meaning and semantic transparency, while less prominence (or: less phonetic substance) goes along with semantic bleaching and with discoursal, interactional, and interpersonal meanings (e.g. Hirschberg & Litman 1993; Dehé & Wichmann 2010a, b; Wichmann et al. 2010; Dehé & Stathi 2016 for English; Hansen 2005 for French; Long et al. 2018 for Modern Chinese). Interestingly, this holds for languages with typologically different prosodic systems; see below.

In the remainder of this paper, I review some case studies from different languages (Section 2) and discuss the results in light of the predictions in (1) and, more generally, in reply to the question of how desemanticization and erosion unfold over time (Section 3). Section 4 is a brief conclusion.

2 Case studies

In this section, I review case studies on the relation between prosody and semantic meaning in the context of grammaticalization, showing that different prosodic patterns correlate with different semantic meanings. I include three languages with typologically different prosodic systems: English (Sections 2.1, 2.2), French (Sections 2.2, 2.3) and Modern Chinese (Section 2.2). English is a head-prominence intonation language (Jun 2005, 2014). Phrase-level prosodic prominence is marked by the phrase head using post-lexical (or intonational) pitch accents associated with the head. F0 is used to convey meaning at a post-lexical level, for example, to distinguish between illocution types (e.g. questions vs. statements), or to convey attitudinal or expressive meaning (e.g. surprise, anger) or information structure. Focus and syntactic/semantic groupings are typically marked by pitch accents and/or deaccenting. Along with pitch accents, the pitch at the edge of a prosodic constituent, most importantly the right edge of an utterance or intonational phrase, may be used to convey meaning. (European) French is a head/edge-prominence language (Jun 2005, 2014). Post-lexical phrasal prominence is marked by both the head and the edge of a phrase. French lacks lexical prominence marking but has post-lexical pitch accents and edge tones. Edge tones have a demarcative function (French intonation, for example, is perceived by sequences of rising pitch movements; see Delais-Roussarie et al. 2015). Focus and syntactic/semantic groupings in head/edge-prominence languages are typically marked by changes in prosodic constituency (Jun 2014). Modern Chinese is a head-prominence tone language (Jun 2005, 2014). It has lexical tone, i.e. F0 is used to distinguish meanings at the lexical level (e.g. Yip 2002; Gussenhoven 2004). Phrasal prominence is derived from the tonal specification in the lexicon. The overall shape of the F0 contour is considerably constrained by the canonical form of the lexical tones, but post-lexical prominence is achieved by manipulating phonetic parameters such as pitch range and duration (Jun 2014). Along with its lexical function, F0 in tone languages serves post-lexical functions, such as marking focus or interrogativity (e.g. Xu 2019; Chen forthcoming). As the case studies surveyed below reveal, layering is reflected in the prosody of languages of all types: different meanings come with different prosodic patterns. Generally, as noted above, more phonetic substance/prosodic prominence goes along with prepositional meaning and semantic transparency, while less phonetic substance goes along with semantic bleaching and with discoursal, interactional, and interpersonal meanings.

2. 1 English *sort/kind/type of* (SKT) construction

The English *sort/kind/type of* (SKT) construction serves as our first case study. In (2), D is a determiner (e.g. *this, that, the*), N1 is *sort/kind/type*, X is a noun or another lexical category, and parentheses signal optionality; see the examples in (3).

    (2) SKT construction: (D1) N1 *of* (D2) (X)

    (3) SKT construction:

       a. this sort of dish

b. that kind of plant

c. sort of funny

Using data from the International Corpus of English, British Component (ICE-GB; Nelson et al. 2002), Dehé & Stathi (2016) analyse the prosody of three main types of the SKT construction: binominal, qualifying, and adverbial. While these three types all occur in present day English (layering), they represent different stages in the grammaticalization of SKT nouns from the original lexical meanings to the adverbial construction, in which *sort of* and *kind of* function as pragmatic markers (e.g. Brinton 1996; Aijmer 2002; Denison 2002; Keizer 2007; Traugott 2008; Davidse 2009; Brems & Davidse 2010; Margerie 2010).

In the binominal construction (Dehé & Stathi 2016: 915f.), also known as referential construction (Keizer 2007), N1 (*sort/kind/type*) is a full noun that has lexical content, and which is the semantic and syntactic head of NP that can serve as a referential index for the NP. The example and syntactic structure in (4) are taken from Keizer (2007: 162).

(4) Binominal construction

a. Collagen is *the sort of material* that is found already in the dermis of the skin (ICE-GB: s2a-058 # 137)

b. [$_{NP}$ [$_{Det}$ *the*] [$_{N'}$ [$_{N}$ *sort*] [$_{PP}$ of [$_{N}$ *material*]]]]

In the qualifying construction (Dehé & Stathi 2016: 916f.), only *kind* and *sort* (but not *type*) are attested (Keizer 2007; Dehé & Stathi 2016; among others). N1 does not have referential potential, and it does not refer to a subtype of a superordinate class. Instead, qualifying *kind of/ sort of* serve as downtowners or hedges (Quirk et al. 1985; Biber et al.

1999; Keizer 2007; Fetzer 2009, 2010), and N1 can often be para-
phrased by ' something like ', ' more or less ', or ' almost '. Keizer
(2007) assumes that the qualifying construction developed from the
binominal construction through semantic bleaching and subsequent
change of syntactic structure. Syntactically, N1 is not considered a full
noun or the semantic or syntactic head of an NP, but rather a kind
of pre-modifier of X; see (5), from Keizer (2007: 169), Dehé & Stathi
(2016: 916).

    (5) Qualifying construction

        a. ⋯ it's on *a sort of hill* ⋯ (ICE-GB: s1a-036 # 158)

        b. [$_{NP}$ [$_{Det}$ *a*] [$_{N'}$ [$_{Qual}$ *sort of*] [$_{N}$ *hill*]]]

In the adverbial construction (Dehé & Stathi 2016: 917f.), which—like
the qualifying construction—is only available with *kind* and *sort* but
not with *type*, X is not a noun, but an adjective, verb, adverb or prepo-
sition, or *kind of* / *sort of* may be used independently. Pre-and post-
modifiers are impossible. Adverbial *sort of* / *kind of* function as dis-
course markers with a hedging function (Aijmer 1984, 2002; Margerie
2010).

    (6) Adverbial construction

        a. You're being *kind of melodramatic*, aren't you? (Deni-
           son 2005)

        b. [$_{XP}$ [$_{Adv}$ *sort/kind of*] [$_{XP}$ X YP]]

        c. [$_{PP}$ [$_{Adv}$ *kind of*] [$_{AP}$ *melodramatic*]]

All available evidence suggests that in terms of grammaticalization,
the binominal construction is the source construction (Dehé & Stathi
2016). Based on the *Oxford English Dictionary* (*OED*), Dehé & Stathi

(2016) show that historically, the binominal construction occurs as early as 1470 for *kind* (*sort* from 1529, *type* from 1854), while the qualifying construction shows up around 1600 for *kind* and around 1700 for *sort*, and the adverbial construction emerges at the beginning of the nineteenth century (*kind, sort*). See Dehé & Stathi (2016: 916–918) for examples.

Dehé & Stathi (2016) analyse the semantics and prosody of 1155 SKT constructions (31 *type of*, 333 *kind of*, 791 *sort of*) taken from the ICE-GB. Of the 1155 tokens, 391 (33.85%) were binominal, 296 (25.63%) were qualifying, and 347 (30.04%) were adverbial SKT constructions, with 121 (10.48%) other. Of the three nouns (*type, kind, sort*), *type of* is generally binominal (N = 28, 90.32%), *kind of* is mostly binominal (N = 175, 52.55%), followed by qualifying (N = 82, 24.62%) and adverbial (N = 51, 15.32%), and *sort of* functions most frequently as adverbial (N = 296, 37.42%), followed by qualifying (N = 214, 27.05%) and binominal (N = 188, 23.77%).

The prosodic analysis (Dehé & Stathi 2016: 925ff.) reveals four possible patterns: First, only the first part of the SKT construction receives post-lexical prominence, i.e. a nuclear or non-nuclear accent is associated with D1 or N1. Second, only the second part (D2 X) is prominent. Third, both parts receive prominence, and fourth, all parts are unstressed, i.e. without prosodic prominence. The results regarding the relation between prosodic pattern and type of SKT construction is plotted in Figure 1, taken from Dehé & Stathi (2016: 933); see their Sections 3.2 and 3.3 for more details on the prosodic analysis and results.

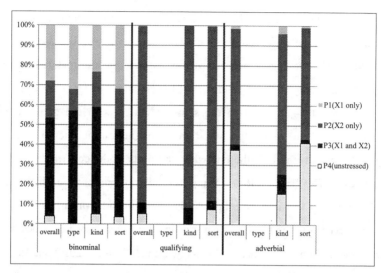

Figure 1 Relation between prosodic pattern and type of SKT construction (binominal, qualifying, adverbial); from Dehé & Stathi (2016: 933). P: prosodic pattern; X1 only (light grey, top of columns): prominence only on first part of the SKT construction (D1 N1); X2 only (dark grey, second from top): prominence only on second part of the SKT construction (D2 X); X1 and X2 (black): prominence on both parts of the SKT construction; unstressed (light grey, framed, bottom): no prominence anywhere in the SKT construction

Figure 1 reveals the following relation between prosody and SKT construction. First, of all three SKT constructions, binominals are most often realized with prosodic prominence on both the first and the second part of the construction (N = 193 of 391 tokens, 49.36%), followed by prominence only in the first part of the construction (N = 110, 28.13%) and prominence only in the second part of the construction (N = 72, 18.41%). Only 4% of all binominals (N = 16) were unstressed. This distribution can be observed for all three SKT nouns. For the qualifying construction, we find that a great majority (N = 262 of 296 tokens, 88.51%) are realized with prominence only in the second part of the construction. This distribution can be observed for both *kind* and *sort*. For the adverbial construction, we again observe that most tokens are realized with prominence only in the second part of the construction (N = 202 of 347 tokens, 58.21%), but not to the same extent as with the qualifying construction. Unlike for the qualifying construction, another frequent pattern for adverbials is the one where all parts of the construction are unstressed (N = 130, 37.46%). Again, the distribution can be observed for both *kind* and *sort*. In other words, most prosodic prominence can be observed with the binominal construction, least prominence is associated with the adverbial construction. Crucially, Dehé & Stathi's (2016) statistical analysis confirmed that prosodic prominence "is a very good predictor for the degree of grammaticalization" (p. 936).

2.2 Comment clauses (English, Modern Chinese, French)

Comment clauses (CCs) serve as our second case study. For the purpose of the present paper, CCs are elements such as *I think, I believe, I suppose, I assume, I'm afraid*, etc. They typically consist of a first-person pronoun and a verb of knowledge, belief or conjecture or a corresponding adjectival construction, but lacking an object (Quirk et al. 1985: 1112–1114 "type (i)" comment clause). They occur in initial (7a), medial (7b) and final (7c) position in the sentence, even intervening within a syntactic constituent (see Dehé 2014 for numerous examples).

(7) Comment clauses

a. initial: *I think* John came later than Sue.

b. medial: John came later *I think* than Sue.

c. final: John came later than Sue *I think*.

There is a controversial discussion in the literature about whether elements like *I think* in (7) are best analysed as main clauses (MCs), taking the rest of the sentence as their object, or whether they have parenthetical or adverbial status (see Dehé 2014: 64 – 71 for an overview and discussion). I follow Dehé (2014), who concludes that medial and final CCs are parentheticals in syntax. For sentence-initial CCs, Dehé & Wichmann (2010b) conclude that MC use is only one of three possible uses of initial CCs (see below).

Brinton (2008: 4–7, 18) defines comment clauses (CCs) as "epistemic/evidential parentheticals", which are in a linear but not a hierarchical syntactic relationship with their host sentence, and which are "positionally mobile" and "semantically independent ··· expressing speaker attitude". Brinton (2008) sees CCs as the result of a process of grammaticalization. She shows, however, that there is no historically solid evidence for an unambiguous grammaticalization path from matrix clause to CC. This goes against Thompson & Mulac's (1991) strict matrix clause hypothesis, which holds that sentence-initial first person CCs "are grammaticized forms of subjects and verbs introducing complement clauses"(Thompson & Mulac 1991: 317). Both authors agree, however, that present-day epistemic CCs are the result of grammaticalization (see also Aijmer 1997). In present-day English, there is an obvious situation of layering, where propositional meanings of CCs coexist with interactional meanings and discoursal functions.

Based on speech data taken from the ICE-GB, Dehé & Wichmann (2010a) investigate the relation between the interpretation of CCs in discourse and their prosodic realisation. They analyse the semantics/

pragmatics and prosody of 156 CCs in clause-medial [N = 113; e.g. (8a)] and clause-final [N = 43; e.g. (8b)] position.

> (8) CCs in medial (a) and final (b) position, from (Dehé & Wichmann 2010a: 7)
>
> a. And the work that I've done with him in the early stages has uhm *I think* helped a lot (ICE-GB: s1a-003 # 90)
>
> b. The rice is marvellous *I think* (ICE-GB: s1a-022 # 92)

Dehé & Wichmann (2010a) identify three main prosodic patterns (see also Dehé 2014 for the prosody of CCs in English). First, CCs in medial and final position may be phrased in their own prosodic domain, with prosodic boundaries preceding and (in the case of medial CCs) following them, and bearing prosodic prominence, i.e. with their own nuclear accent, which can be associated with either the pronoun (*I*) or the verb (*think, believe,* etc.) (Dehé & Wichmann 2010a: 9-12). This pattern corresponds to assumptions in the literature that CCs, as parentheticals, are phrased in their own intonational phrase, or intonation unit (e.g. Quirk et al. 1985; Nespor & Vogel 1986). Second, CCs may be prosodically integrated into the surrounding material, i.e. without preceding or following prosodic boundaries and without prosodic prominence, typically as part of unstressed postnuclear material, and occasionally in unstressed prenuclear position. In this pattern, there may be pitch movement associated with the CC, for example as part of a postnuclear rise. Prosodic integration and lack of prominence is the most frequent pattern in Dehé & Wichmann's (2010a) data set (see Dehé & Wichmann 2010a:12-14). In the third pattern, the CC occurs

442

as (part of) a hesitant phase (Dehé & Wichmann 2010a: 14f.). CCs may co-occur with silent or filled pauses, and lengthened syllables or segments, all of which are symptoms of a hesitant planning phase. Pitch level across these phases is maintained from where the hesitant phase begins.

Dehé & Wichmann's (2010a) analysis of the relation between prosody and meaning of CCs reveals the following patterns. First, prosodically separated CCs are best interpreted as epistemic markers of stance, which is also consistent with Kärkkäinen's (2003) finding that stance markers may be encoded in a separate intonation domain. Specifically, CCs are genuine expressions of uncertainty, a strong degree of reservation or doubt on the part of the speaker. The exact position of the nuclear pitch accent yields differences in interpretation (Dehé & Wichmann 2010a: 18). If the accent is placed on the verb, speaker uncertainty or doubt is expressed. If it is realised on the pronoun, the focus is on the speaker's opinion and may involve a contrast to his/her interlocutors' attitude. Second, prosodically integrated, unstressed CCs contribute little to the truth value of the proposition. Instead, they have a discoursal or interactional function, for example, they may create narrative cohesion, or function as a courteous gesture of modesty or politeness towards the hearer. The third pattern, use of the unstressed CC (with level pitch) as (part of) a hesitant phase, is associated with the most opaque and least informative end of the transparency scale for meaning. The table in (9), taken from Dehé & Wichmann (2010a: 24) summarizes these findings.

(9) Comment clauses: Relation between meaning, prosody and grammaticalization

propositional -- ► formulaic		
Prosodic separation and prominence go along with semantic transparency: expression of speaker attitude (genuine uncertainty, doubt, etc).	Prosodic integration and deaccentuation go along with semantic bleaching: comment clauses are used for discoursal, interactional and interpersonal purposes (politeness, mitigation, narrative cohesion).	Comment clauses mark phases of disfluency and hesitation; they reflect mental planning and word-searching phases or are used as floor-holding device; they co-occur with other disfluency markers.

In a separate study, Dehé & Wichmann (2010b) investigate the relation between interpretation and prosody for sentence-initial CCs as in (7a). They analyse 82 tokens: 21 cases of *I believe that* ⋯ , 20 cases of *I believe ∅* ⋯ (without *that*), 21 cases of *I think that* ⋯ , and 20 cases of *I think ∅* ⋯ . Two examples from their corpus are given in (10).

> (10) Initial CCs (from Dehé & Wichmann 2010b: 46); (a) *I believe that* ⋯ , (b) *I think ∅* ⋯
>
> a. *I believe that* good maps will help good decision-making ⋯ (ICE-GB: s2b-045 # 19)
>
> b. *I think* he would be an extremely good leader of a cabinet (ICE-GB: s2b-009 # 74)

Initial CCs in Dehé & Wichmann's (2010b) dataset occur either as main clauses (MC) taking the following clauses as clausal object of the verb *believe* or *think*, or as comment clauses (CC-adv)[①], or as discourse markers (DM). This is in line with existing literature which had already shown that initial CCs can function as either MCs or have adverbial or discoursal meanings (e.g. Aijmer 1997; Diessel & Tomasello 2001; Kärkk äinen 2003; Kearns 2007; among many others). In MC use, they express the main proposition of the overall utterance. In CC-adv use, CCs express the speaker's attitude, or provide a comment on the proposition of the rest of the sentence, i.e., they have functions otherwise served by adverbials. As DMs, they have mitigating function, i.e. can be used as politeness markers and the like. In present-day English, all uses occur simultaneously, i.e., we have a situation of synchronic layering.

Dehé & Wichmann's (2010b) prosodic analysis yields three different prominence patterns: (i) accent on the pronoun, (ii) accent on the verb, and (iii) the whole sequence is unstressed. There is also variation with regard to prosodic phrasing. Specifically, initial CCs with accents on either the pronoun or the verb may be in their own prosodic domain (i.e. the accent on the pronoun or verb is a nuclear accent within that domain), or they may be prosodically integrated into one domain with following material (i.e. the accent is a prenuclear one, while the nuclear accent of that domain is located within the following material). Unstressed CCs are always phrased with following material.

Relating prosody and meaning, Dehé & Wichmann (2010b) make the following generalizations for sentence-initial *I think (that)/I believe (that)*. First, if only the pronoun is prominent, the target sequence functions as a propositional MC, independent of whether the accent on the pronoun is a nuclear or a prenuclear one, i.e. whether the CC is phrased in its own domain or not. Second, if the verb is prominent, the target sequence functions as a CC-adv, again independent of phrasing and of whether the accent is a nuclear or non-nuclear one. Third, and in consistence with the results for medial and initial CCs in Dehé &

445

Wichmann (2010a), prosodically integrated, unstressed *I think/believe (that)* has a discoursal function, being used, for example, with a hedging function for politeness purposes. In other words, prosodic prominence is found with propositional (MC) and adverbial use, but not with discoursal use.

Although the picture drawn by Dehé & Wichmann (2010a,b) is a little bit more complex, we may safely conclude that for CCs in English, prosodic erosion (loss of prominence) goes along with desemanticization.

Moving away from English, Long et al. (2018) study the morphosyntax and prosody of Modern Chinese *wo xiang* 'I think', and the implications for grammaticalization. They compare two uses of *wo xiang*, given in (11) (from Long et al. 2018: 213).

(11) Modern Chinese *wo xiang*

a	我	想		他	会	不	会	不	帮		我	呢?	(W1)
	Wo	**xiang**	ta	hui	bu	hui	bu	bang		wo	ne?	
	I	think	he	will	NEG	will	NEG	help		me	Q	
	'I thought, will he refuse to help me?'												
b	我	想,		他	会	不	会	不	帮		我	呢?	(W2)
	Wo	**xiang,**	ta	hui	bu	hui	bu	bang		wo	ne?	
	I	think	he	will	NEG	will	NEG	help		me	Q	
	'I thought, will he refuse to help me?'												

Based on production data elicited from eight native speakers of Modern Chinese, Long et al. (2018) study the relation between prosody and interpretation. Specifically, they investigate durational properties and local characteristics of the F0 contour. Their results show substantially longer durations for both *wo* and *xiang* in W2 than in W1. *Wo xiang* in W2 is also separated from the following clause by a break, while in the W1 construction, there is no break between *xiang* and the pronoun *ta*. Finally, in terms of F0, both constructions start at a low level and show a rise, but *wo xiang* in W2 starts at a lower level and rises higher than *wo xiang* in W1. Overall, the W1 construction is prosodically integrated with the following clause and phonetically reduced compared to the W2 construction. Together with morphosyntactic properties (W2 is morphologically richer than W1), Long et al. (2018) take the prosodic properties as evidence for a grammaticalization relation between W1 and W2, where W2 is the source construction, and W1 is the more grammaticalized construction.

Avanzi (2010) investigates the prosody of CCs in French (e.g. *je crois* 'I believe', *je pense* 'I think', *je trouve* 'I find', *il me semble* 'it seems to me', *il paraît* 'it appears'). Their distribution and interpretation is very similar to the one of English CCs, i.e. they occur in sentence-initial, medial and final position. For CCs in medial and final positions, Avanzi (2010) reports a variety of prosodic patterns reminiscent of English. In particular, medial CCs may be preceded and/or followed by prosodic boundaries, but they may also be prosodically integrated with material of the host utterance. Final CCs may or may not be separated from preceding host material by a prosodic boundary. Avanzi (2010) puts this variation down to multiple reasons. One important reason, he argues, is the use of CCs as discourse markers. According to Avanzi (2010), weakening (or absence) of a higher-level prosodic boundary, i.e. prosodic integration of CCs, is a strong cue to discourse function.

2. 3   French *enfin*

Another example from French is the development of pragmatically multifunctional *enfin*. It developed from a prepositional phrase referring to a temporal event (Latin *in fine*, French *à/en la fin* 'in the end') to a single word *enfin* used as an adverb referring to the end of a sequence of events in time ('finally'), or a particle (or: discourse marker) with non-temporal meaning and discourse-oriented functions (Hansen 2005). According to Hansen (2005), *enfin* is attested from the late 12th century, and *en (la) fin* is still found in 16th century texts. Temporal interpretation is the only possible interpretation of almost all instances of *enfin* until the Middle French period (to the 16th century). From the second half of the 16th century, two new uses emerge, both of which are metadiscursive in function and thus extend the use of *enfin* to a new context, specifically from the propositional level to the speech act level of the utterance. The two uses are: the 'listing' use (*enfin* marking its host utterance as the last element in a discourse sequence), and the 'synthesizing' use (*enfin* marking a "specific reformulation of the preceding discourse") (Hansen 2005: 47). Further non-temporal, discourse-oriented meanings emerge over the course of the centuries (summarized by Hansen 2005: 63; see also Bertrand & Chanet 2005). The 20th century sees the increase in use of *enfin* with hedging, interjectional, intersubjective, and corrective functions, as well as the introduction of *enfin* in contexts of hesitation.

Bertrand & Chanet (2005) study the prosody of different uses in present-day conversational, spontaneous French, showing that prosodic cues distinguish between meanings. In particular, they compare the prosody of *enfin* used as a particle (or: discourse marker) vs. non-particle, where *enfin* is analysed as particle whenever it does not contribute to the propositional content of the utterance, but when its function is instead metadiscursive. In the corpora they used, non-particle use was extremely rare, thus any generalization would rest on a very limited dataset. Keeping this in mind, Bertrand & Chanet (2005) report the following differences between particle and non-particle uses. First, particle uses of *enfin* are more often truncated to monosyllabic elements than non-particle uses. With disyllabic realizations, non-particle *enfin* was longer in duration than particle *enfin*. All examples of non-particle use are prosodically prominent, which is never the case for particle use. In terms of F0, non-particles are produced at a higher register, and they show rising intonation contours, which is not the case for particle uses. Overall, particle *enfin* is realized with less prosodic prominence / phonetic substance than non-particle (adverbial, discoursal) *enfin*.

3   Discussion

We started our discussion by raising the question of how desemanticization and erosion unfold over time. Two predictions were formulated in (1), repeated for convenience in (12). It turns out that all our available evidence is in support of the iconicity hypothesis, because semantic and phonological changes proceed in parallel.

(12) Predictions made by the iconicity hypothesis (a) and the frequency hypothesis (b)

　　a. If the iconicity hypothesis is true, then semantic and phonological changes should proceed in parallel.

　　b. If the frequency hypothesis is true, then phonological changes should lag behind semantic changes (and resulting increase in frequency).

The three case studies reported in Section 2 above all have the following important generalizations in common. First, all phenomena (English SKT constructions, comment clauses in English, Modern Chinese and French, French *enfin*) exhibit layering. Various meanings, reflecting different degrees of grammaticalization, co-exist in the present-day languages. Second, in all languages, regardlcss of their pro sodic systems, the loss of transparent, propositional meaning and the emergence of discoursal meaning (i. e. desemanticization) go along with loss of phonetic substance. This is plotted in (13), from Dehé & Stathi (2016: 941).

(13) Relation between grammaticalization and prosodic change

Stage I	lexical/content item	prominence (presence of pitch accent)
Stage II	desemanticization	weakening of prominence
Stage III	grammatical/pragmatic meaning	loss of prominence (absence of pitch accent)

It is striking that we find the same strong tendencies independent of the prosodic systems of the languages we discussed in Section 2. Crucially, all meanings and related prosodic patterns exist simultaneously in all three languages, and desemanticization goes along with prosodic erosion, even if the exact prosodic parameters relevant for the mechanism of prosodic erosion may differ. In previous literature, it has been argued that in isolating tonal languages, grammaticalization is reflected more often in suprasegmental features (Ansaldo & Lim 2004). Specifically, the following prosodic characteristics have been observed to be relevant in tone languages: duration (grammaticalized items are generally shorter than their lexical counterparts), local characteristics of the fundamental frequency (F0) contour (grammaticalized items are generally lower in pitch than their lexical counterparts), and intensity (grammaticalized items have lower intensity than their lexical counterparts); see Ansaldo & Lim (2004), Long et al. (2018). [2] Section 2 above shows that suprasegmental features are relevant in all three languages surveyed here (English, French, Modern Chinese). In the head-prominence intonation language English, loss of post-lexical prosodic prominence, specifically whether an item is associated with a (nuclear or non-nuclear) accent—a feature of intonation—is highly relevant. In the head/edge-prominence language French, prosodic prominence has also been shown to be relevant, along with prosodic phrasing, pitch height and movement of the F0 contour. In the head-prominence tone language Modern Chinese, phrasing, duration and local characteristics of the F0 contour such as pitch height/register are relevant. [3] Prosodic prominence manifested in local characteristics of the F0 contour is thus relevant in all three languages, whether it is via accent placement in an intonation language, or pitch height/register in a tone language.

As indicated above, our findings are in line with prediction (1a)/ (12a). Synchronically different prosodic patterns have been shown to reflect different degrees of grammaticalization, and prosodic patterns turned out to be a good predictor for degree of grammaticalization (see, for example, Dehé & Stathi's 2016 statistical analysis). We can therefore conclude that semantic and phonological changes must proceed in parallel, in support of the iconicity hypothesis. Overlap between the prosodic patterns used for each construction (e.g. the second part of the SKT construction is prosodically prominent in a high number of both qualifying and adverbial SKT constructions) does not go against this conclusion. Instead, it results from overlap in meaning (e.g. the hedging function is served by both the qualifying and the adverbial SKT construction), or is otherwise attributable to factors other than grammaticalization (see also Dehé & Stathi 2016).

This point about overlap in meaning may also serve as a reply to Joseph (2011:195), who maintains that the more grammatical use of *sort of/kind of*, specifically the one we refer to as the adverbial use, occurs with both the unreduced and the reduced prosodic form, and "so reduction does not correlate directly with grammatical use". [④] First, Dehé & Stathi (2016) demonstrate that reduction does correlate with grammatical use. Second, while it is true that even in the adverbial construction the first part of the construction (i.e. D1 N1) may be prosodically prominent and thus possibly unreduced, case numbers of prosodically prominent adverbial *sort of/kind of* are very low indeed, at least in Dehé & Stathi's (2016) dataset, see Section 2.1 above. For cases where they are unreduced, other factors affecting prosody may be responsible for their non-prototypical prominence patterns. One such factor is information structure, which may lead to lack of prominence in binominal constructions (e.g. when the SKT noun is information-structurally given or otherwise not in the foreground, see Dehé & Stathi 2016: 942), as well as to placement of prosodic prominence on *kind/sort* in qualifying or adverbial constructions. For example, as Keizer (2007: 165) notes for the qualifying construction, "the downtoner quality of *sort-of/kind-of* forms [may be] the focus of the predication" and thus prominent. This option easily extends to the adverbial construction. Other factors include position in the sentence and eurhythmy.

I would also like to respond to another point raised in the literature about erosion with SKT constructions, because it relates to the timing of phonetic reduction and desemanticization in language acquisition. [5] Using *kind of/kinda* and *sort of/sorta* as an example, Joseph (2014: 371) suggests that children might be "more likely to learn the reduced forms first, since the reduced forms *kinda/sorta* are commoner in conversation and thus represent more likely input to early language acquisition" than the full forms (see also Joseph 2011: 201f.). If this were the case, Joseph (2014) argues, then children would be rebuilding the fuller forms from the reduced ones, thus would be operating "counter-directionally, in a degrammaticalizing way" (p. 371). Given the empirical results presented above, the following points can be made in response. First, there is not one reduced form *kinda/sorta* and it is not always clear in the literature what orthographic *kinda/sorta* actually corresponds to in phonetic realization. According to Aijmer (2002), adverbial *sort of*, for example, can be either realized with prosodic prominence, or it can be unaccented and reduced to *sorta*, i.e. segmental reduction in her analysis goes along with lack of prosodic prominence, suggesting that all instances with prominence in that part of the utterance should be unreduced. As Dehé & Stathi (2016) outline in detail, N1 and X in any SKT construction will generally be in one prosodic phrase with the main accent being rightmost, unless N1 has contrastive (or narrow) focus in the first part of the construction (but that will only change the position of the accent, not phrasing). The preposition *of* will never be prominent and in this position will unlikely be produced in its full form with any of the three meanings (binominal, qualifying, adverbial), except perhaps in very careful speech. In other words, if orthographic *kinda/sorta* points to a reduced preposition, it may not represent a difference between the prosodic patterns. By the same token, there is no obvious reason why the preposition should have been articulated in its full form at any stage in the history of the language. If *kinda/sorta* represent all phonetically reduced forms, including reduction of N1, they represent all patterns with a lack of prominence on D1 N1 (i.e. patterns 2 and 4 in Figure 1), and thus two prosodic patterns with very different distributions in relation to meaning. Second, if the different prosodic patterns reflect different meanings, then all patterns will be part of the input in language acquisition. Third, *kind of* and *sort of* do not behave alike. While *kind of* occurs most frequently as a binominal, *sort of* is most frequently used as an adverbial. In binominals, X1 is typically prominent, thus there is less phonetic reduction in that part of the utterance than for adverbials. In other words, for *kind of* at least (and even more so for *type of*, not included by Joseph 2014), children would perhaps not operate "counter-directionally". Given the input, it is conceivable that children have access to and may acquire different prosodic patterns and different meanings at the same time. This, of course, makes sense given the present day situation of layering.

4 Conclusion

To conclude, all reported evidence is in support of the iconicity hypothesis, according to which loss of semantic content is directly mirrored in formal (here: phonetic) reduction. This holds for all three languages studied here (English, French, Modern Chinese), i.e. for languages with different prosodic systems alike, although naturally there are differences regarding the exact prosodic parameters that are most affected by erosion.

Notes

① This notion of comment clause is different from the more general one we use here; it relates to a subgroup of our CCs. Our general term comment clause relates to relevant pronoun-verb combinations in all positions and regardless of function (MC, CC, DM). Dehé & Wichmann's (2010b) more narrow use of comment clause refers to adverbial use only. To avoid terminological confusion, I abbreviate this more narrow use as CC-adv.

② Both Ansaldo & Lim's (2004) and Long et al.'s (2018) findings are based on experimental (production) studies on linguistic items which show layering occurrence of both lexical and grammatical variants in present-day language. Ansaldo & Lim (2004) conclude that grammaticalized items in tone languages show phonetic erosion as compared to their lexical counterparts, and they take erosion as "a significant diagnostic of grammaticalization" (p. 360).

③ Note incidentally that duration will in all likelihood be relevant in English and French, too, because unstressed items are often shorter than stressed/accented ones.

④ Joseph (2011: 195) lists other examples of semantic shift without phonetic reduction, as well, which I have nothing to say about. My point relates to SKT constructions, and, by extension, to CCs and French *enfin*, and to prosodic rather than segmental reduction. I am not saying that semantic bleaching may not occur anywhere without phonetic reduction, or vice versa.

⑤ Joseph (2014) raises this point in the context of unidirectionality in grammaticalization, arguing that it may provide evidence against it.

References

Aijmer, Karin 1984 'Sort of' and 'kind of' in English conversation. *Studia Linguistica* 38: 118–128.

Aijmer, Karin 1997 *I think*—an English modal particle. In Toril Swan and Olaf Jansen Westvik (eds.), *Modality in Germanic Languages: Historical and comparative perspective.* 1–47. Berlin/New York: Mouton de Gruyter.

Aijmer, Karin 2002 *English Discourse Particles: Evidence from a Corpus.* Amsterdam/Philadelphia: John Benjamins.

Ansaldo, Umberto and Lisa Lim 2004 Phonetic absence as syntactic prominence: Grammaticalization in isolating tonal languages. In Olga Fischer, Muriel Norde and Harry Perridon (eds.), *Up and Down the Cline—The Nature of Grammaticalization.* 345–362. Amsterdam/Philadelphia: John Benjamins.

Avanzi, Mathieu 2010 La prosodie des verbes parenthétique en français parlé. *Linx, Revue des linguistes de l'université Paris X Nanterre* 61: 131–144.

Beckman, Mary E., Kenneth De Jong, Sun-Ah Jun and Sook-Hyang Lee 1992 The interaction of coarticulation and prosody in sound change. *Language and Speech* 35: 45–58.

Bertrand, Roxane and Catherine Chanet 2005 Fonctions pragmatiques et prosodie de enfin en français spontané. *Revue de Sémantique et Pragmatique.* Presses de l'Université d'Orléans. 41–68.

Biber, Douglas, Stig Johansson, Geoffrey Leech, Susan Conrad and Edward Finegan 1999 *Longman Grammar of Spoken and Written English.* Harlow: Pearson Education Limited.

Brems, Lieselotte and Kristin Davidse 2010 The grammaticalisation of nominal type noun constructions with *kind/sort of*: Chronology and paths of change. *English Studies* 91:180–202.

Brinton, Laurel J. 1996 *Pragmatic Markers in English: Grammaticalization and Discourse Functions.* Berlin/New York: Mouton de Gruyter.

Brinton, Laurel J. 2008 *The Comment Clause in English: Syntactic Origins and Pragmatic Developments.* Cambridge: Cambridge University Press.

Bybee, Joan 2001 *Phonology and Language Use.* Cambridge: Cambridge University

Press.

Bybee, Joan 2003 Mechanisms of change in grammaticalization: The role of fre-
quency. In Brian D. Joseph and Richard D. Janda (eds.), *The Handbook of His-
torical Linguistics*. 602 – 623. Malden, MA: Blackwell.

Bybee, Joan,William Pagliuca and Revere D. Perkins 1991 Back to the future. In
Elisabeth C. Traugott and Bernd Heine(eds.), *Approaches to Grammaticaliza-
tion, vol. II : Focus on Types of Grammatical Markers*. 17 – 58.Amsterdam/
Philadelphia: John Benjamins.

Bybee, Joan, Revere D. Perkins and William Pagliuca 1994 *The Evolution of
Grammar: Tense, Aspect, and Modality in the Languages of the World*. Chica-
go: Chicago University Press.

Chen, Yiya forthcoming Tone and intonation. In C.-R. Huang, Y.-H. Lin and I.-H.
Chen (eds.), *The Cambridge Handbook of Chinese Linguistics*. Cambridge:
Cambridge University Press.

Davidse, Kristin 2009 *Complete* and *sort of*: From identifying to intensifying?
Transactions of the Philological Society 107: 262 – 292.

Degand, Liesbeth and Jacqueline Evers-Vermeul 2015 Grammaticalization or
pragmaticalization of discourse markers? More than a terminological issue.
Journal of Historical Pragmatics 16: 59 – 85.

Dehé, Nicole 2014 *Parentheticals in Spoken English: The Syntax-Prosody Rela-
tion*. Cambridge: Cambridge University Press.

Dehé, Nicole and Katerina Stathi 2016 Grammaticalization and prosody: The case
of English *sort/kind/type of* constructions. *Language* 92: 911 – 947.

Dehé, Nicole and Anne Wichmann 2010a The multifunctionality of epistemic par-
entheticals in discourse: prosodic cues to the semantic-pragmatic boundary.
Functions of Language 17: 1 – 28.

Dehé, Nicole and Anne Wichmann 2010b Sentence-initial *I think (that)* and *I be-
lieve (that)*: Prosodic evidence for use as main clause, comment clause and dis-
course marker. *Studies in Language* 34: 36 – 74.

Delais-Roussarie, Elisabeth, Brechtje Post, Mathieu Avanzi, Carolin Buthke, Albert
Di Cristo, Ingo Feldhausen, Sun-Ah Jun, Philippe Martin, Trudel Meisenburg,
Annie Rialland, Rafèu Sichel-Bazin and Hiyon Yoo 2015 Intonational Phon-

ology of French: Developing a ToBI system for French. In Sónia Frota and Pilar Prieto (eds.), *Intonation in Romance*. 63 – 100. Oxford: Oxford University Press.

Denison, David   2002 History of the sort of construction family. Paper presented at the Second International Conference on Construction Grammar (ICCG2), 6 – 8 September 2002, Helsinki.

Denison, David   2005 The grammaticalisations of *sort of*, *kind of* and *type of* in English. Paper presented at the conference 'New Reflections on Grammaticalization 3', 17 – 20 July 2005, Santiago de Compostela.

Diessel, Holger and Michael Tomasello   2001 The acquisition of finite complement clauses in English: A corpus-based analysis. *Cognitive Linguistics* 12: 97 – 141.

Diewald, Gabriele   2011 Pragmaticalization (defined) as grammaticalization of discourse functions. *Linguistics* 49: 365 – 390.

Fetzer, Anita   2009 Sort of and kind of in political discourse: Hedge, head of NP or contextualization cue? In Andreas H. Jucker, Daniel Schreier and Marianne Hundt (eds.), *Corpora: Pragmatics and Discourse. Papers from the 29th International Conference on English Language Research on Computerized Corpora (ICAME 29), Ascona, Switzerland, 14 – 18 May 2008*. 127 – 149. Amsterdam/ New York: Rodopi.

Fetzer, Anita   2010 Hedges in context: Form and function of *sort of* and *kind of*. In Gunther Kaltenböck, Wiltrud Mihatsch and Stefan Schneider (eds.), *New Approaches to Hedging*. 49 – 71. Bingley: Emerald.

Francis, Elaine J. & Etsuyo Yuasa   2008 A multi-modular approach to gradual change in grammaticalization. *Journal of Linguistics* 44: 45 – 86.

Givón, Talmy   1991 Serial verbs and the mental reality of 'event': Grammatical vs. cognitive packaging. In Elisabeth C. Traugott and Bernd Heine (eds.), *Approaches to Grammaticalization, vol. I : Focus on Theoretical and Methodological Issues*. 81 – 127. Amsterdam/Philadelphia: John Benjamins.

Gussenhoven, Carlos   2004 *The Phonology of Tone and Intonation*. Cambridge: Cambridge University Press.

Hansen, Maj-Britt Mosegaard   2005 From prepositional phrase to hesitation marker: The semantic and pragmatic evolution of French *enfin*. *Journal of Historical*

Pragmatics 6: 37 – 58.

Haspelmath, Martin 1999 Why is grammaticalization irreversible? *Linguistics* 37: 1043 – 1068.

Heine, Bernd 2003 Grammaticalization. In Brian D. Joseph and Richard D. Janda (eds.), *The Handbook of Historical Linguistics*. 575 – 601. Malden, MA: Blackwell.

Hirschberg, Julia and Diane Litman 1993 Empiricial studies on the disambiguation of cue phrases. *Computational Linguistics* 19: 501 – 530.

Hopper, Paul J. 1991 On some principles of grammaticalization. In Elisabeth C. Traugott and Bernd Heine (eds.), *Approaches to Grammaticalization*. 17 – 35. Amsterdam/Philadelphia: John Benjamins.

Hopper, Paul J. and Elizabeth C. Traugott 2003 *Grammaticalization*. 2nd ed. Cambridge: Cambridge University Press.

Joseph, Brian D. 2011 Grammaticalization: A general critique. In Heiko Narrog and Bernd Heine (eds.), *The Oxford Handbook of Grammaticalization*. 193 – 205. Oxford: Oxford University Press.

Joseph, Brian D. 2014 What counts as (an instance of) grammaticalization? *Folia Linguistica* 48:361 – 383.

Jun, Sun-Ah 2005 Prosodic typology. In Sun-Ah Jun (ed.), *Prosodic Typology: The Phonology of Intonation and Phrasing*. 430 – 458. Oxford: Oxford University Press.

Jun, Sun-Ah 2014 Prosodic typology: by prominence type, word prosody, and macro-rhythm. In Sun-Ah Jun (ed.), *Prosodic Typology II: The Phonology of Intonation and Phrasing*. 520 – 540. Oxford: Oxford University Press.

Kärkkäinen, Elise 2003 *Epistemic Stance in English Conversation: A Description of Its Interactional Functions, with a Focus on I think*. Amsterdam/Philadelphia: John Benjamins.

Kearns, Kate 2007 Epistemic verbs and zero complementizer. *English Language and Linguistics* 11: 475 – 505.

Keizer, Evelien 2007 *The English Noun Phrase: The Nature of Linguistic Categorization*. Cambridge: Cambridge University Press.

Long Hai-Ping, Bernd Heine, Gui-Jun Ruan and Meng-Yue Wu 2018 The grammaticalizational relation between two Modern Chinese *wo xiang* ' I think ' constructions. *Language Sciences* 66: 212 – 225.

Margerie, Hélène 2010 On the rise of (inter)subjective meaning in the grammaticalization of *kind of/kinda*. In Kristin Davidse, Lieven Vandelanotte and Hubert Cuyckens (eds.), *Subjectification, Intersubjectification and Grammaticalization*. 315 – 346. Berlin/New York: Mouton de Gruyter.

Nelson, Gerald, Sean Wallis and Bas Aarts 2002 *Exploring Natural Language: Working with the British Component of the International Corpus of English*. Amsterdam/Philadelphia: John Benjamins.

Nespor, Marina and Irene Vogel 1986 *Prosodic Phonology*. Dordrecht: Foris.

Quirk, Randolph, Sidney Greenbaum, Geoffrey Leech and Jan Svartvik (eds.) 1985 *A Comprehensive Grammar of the English Language*. New York: Longman.

Thompson, Sandra A. and Anthony Mulac 1991 A quantitative perspective on the grammaticization of epistemic parentheticals in English. In Elisabeth C. Traugott and Bernd Heine (eds.), *Approaches to Grammaticalization.* 313 – 327. Amsterdam/Philadelphia: John Benjamins.

Traugott, Elizabeth C. 2008 The grammaticalization of *NP of NP* patterns. In Alexander Bergs and Gabriele Diewald (eds.),*Constructions and Language Change*, 23 – 45. Berlin/New York: Mouton de Gruyter.

Wichmann, Anne 2011 Grammaticalization and prosody. In Heiko Narrog and Bernd Heine (eds.),*The Oxford Handbook of Grammaticalization*. 331 – 341. Oxford: Oxford University Press.

Wichmann, Anne, Anne-Marie Simon-Vandenbergen and Karin Aijmer 2010 How prosody reflects semantic change: A synchronic case study of *of course*. In Kristin Davidse, Lieven Vandelanotte and Hubert Cuyckens (eds.), *Subjectification, Intersubjectification and Grammaticalization*. 103 – 154. Berlin/New York: Mouton de Gruyter.

Xu, Yi 2019 Prosody, tone and intonation. In William F. Katz and Peter F. Assmann (eds.), *The Routledge Handbook of Phonetics*. 314 – 356. Abingdon: Routledge.

Yip, Moira 2002 *Tone*. Cambridge: Cambridge University Press.

On Grammaticalization of
Truthfulness-Based Emphatic Discourse Markers

Seongha Rhee

(Department of English Linguistics and Language Technology,
Hankuk University of Foreign Studies)

1 Introduction

Korean has a large inventory of discourse markers (DMs) that carry diverse discursive functions (Koo 2018). DMs develop from various source lexemes and constructions. Among the universal needs and desires of the speakers in interaction is the desire to emphasize the message they intend to convey. The propensity for emphasis is noted by Mustanoja (1960:316), who states that "[i]ntensifying adverbs are far more numerous than those with a weakening effect". The strategies to fulfill this presumably universal desire may materialize in various linguistic forms, including the use of DMs of emphasis (EDMs), and it seems that EDMs are ubiquitous across languages, as shown in a few languages from a cursory survey, partially listed in (1):

(1) a. English *absolutely, certainly, surely, of course, com-*

pletely, exactly, indeed, really, all, pure, and every-thing, actually ⋯ (Benzinger 1971, Traugott 1995, Aijmer et al. 2006, Buchstaller & Traugott 2006, Athanasiadou 2007, Aijmer 2016, Rhee 2016b⋯)

b. Chinese *lingrenjingya* (令人惊讶) 'amazingly', *queshi* (确实) 'actually', *feichangbuxing* (非常不幸) 'very unfortunately', *haowuyiwen* (毫无疑问) 'no doubt', *shishishang* (事实上) 'actually', *xianran* (显然) 'obviously', *zhende* (真的) 'really', *dique* (的确) 'indeed' ⋯ (Feng 2008, Liu 2009, Wang 2017, Yuan and Hara 2019⋯)

c. Hebrew *be etsem* 'in a bone/actually', *be emet* 'really, actually, indeed' (lit. 'in truth') (Maschler and Estlein 2008, Bardenstein 2018⋯)

d. Japanese *ne, yo, ano, zo, na, sa*⋯ (Suzuki 1990, Makino and Tsutsui 1995, Fujita 2001, Belicova 2011, Puckett 2014⋯)

e. Spanish *en efecto* 'in truth', *efectivamente* 'truly', etc. (Marello 2013⋯)

f. French *en fait* 'in fact', *vraiment* 'really', etc. (Defour et al. 2010, 2012⋯)

As is the case with DMs in general, EDMs develop from diverse sources. For instance, based on a study on Korean EDMs, Rhee (2020) suggests that there are six major conceptual categories from which EDMs develop, i.e. Totality/Plurality, Exactness/Truthfulness, Force/

Impact, Disregard (of alternatives), Metalinguistic reference, and Question/Challenge. According to Rhee's (2020) list, the Exactness/ Truthfulness category is the primary source, which seems to be the case in other languages as well, as is evident in (1). Obviously, most lexemes in this category make reference to truth and its closely related concepts, i. e. fact, reality and correctness. This research addresses EDMs developed from the four 'truth'-related source lexemes in Korean, as shown in (2):

> (2) a. Four core lexemes: *cham* 'true/truth', *sil* 'reality, truth, fact', *cin* 'truth, fact', *ceng* 'correct (ness)'.
>
> b. Eight DMs with source meanings: *cengmal* 'correct word', *cham* 'true', *chammal* 'true words', *chammallo* 'in true words', *sasil* 'fact', *sasilun* 'fact is', *silun* 'reality is', *cincca* 'genuine thing'.

The present paper intends to address (i) how EDMs emerged from the 'truth'-related lexemes and constructions; (ii) how those EDMs developed similar functions, yet displaying slightly different specializations; and (iii) how EDMs at different positions led to different specializations in function.

The data are taken from two major sources, i.e. a 24-million word contemporary drama and cinema corpus, a collection of 7,454 scenarios of dramas and movies dating from 1992 through 2015, compiled by Min Li, and a 15-million word historical section of the Sejong Corpus, a 200-million word corpus developed as part of the 21st Century Sejong Project by the Korean Ministry of Culture and Tourism and the

463

National Institute of Korean Language (1998 - 2006). The texts in the historical section date from 1446 through 1913. The tool used to retrieve the data was UNICONC, a search engine developed by Jin-ho Park. [①]

The paper is organized in the following manner: Section 2 presents a brief description of DMs as a preliminary issue; Section 3 presents the data, in which the 'truth'-EDMs are used; Section 4 discusses select issues that bear significance in DM studies, e.g. diachronic development in meaning and function, conceptual network, diachronic development in form and structure, specialization and divergence, peripheral positionality, and prosody; and Section 5 summarizes the findings and concludes the paper.

2 DMs and EDMs

Identification of a DM is not always straightforward, due to diverse definitions and terminologies. In her pioneering work, Schiffrin (1987: 31) proposed an operational definition of DMs 'as **sequentially dependent** elements which bracket units of talk' (emphasis original). With respect to their characters, she lists (i) syntactic detachability, (ii) typical occurrence at the initial position, (iii) a range of prosodic contours, and (iv) operating at both local and global levels of discourse, and on different planes of discourse. Fraser (1999) defines DMs as a "pragmatic class, lexical expressions drawn from the syntactic classes of conjunctions, adverbials, and prepositional phrases" (p. 950) which "contribute to the interpretation of an utterance rather than to its pro-positional content" (p. 946). Fraser (1999) further characterizes DMs as occupying the space between the first segment of discourse (S1) and the segment they introduce (S2), signaling the relationship between S1 and S2. In contrast to these configurational definitions, Lewis (2006, 2011) proposes a more functional definition: 'an expression that com-bines the semantics of discourse-relational predications with syntactic dependency on a clausal host and low informational salience' (2011: 420). In a more concrete and analytical manner, useful as a diagnostic, Heine (2013: 1209) and Heine et al. (forthc.) present a list of defining properties of DMs with respect to various levels of grammar, as in (3):

(3) Properties defining DMs

    a. They are syntactically independent from their environ-ment.

    b. They are typically set off prosodically from the rest of the utterance.

    c. Their meaning is non-restrictive.

    d. Their meaning is procedural rather than conceptual-propositional.

    e. They are non-compositional and as a rule short.

Rhee (2017) distinguishes DMs of 'local' organization, whose major function is to connect clauses and sentences, and those of 'global' or-ganization, whose major function is to organize segments of a dis-course with the speaker's evaluative stance toward the propositional information, discourse situation, or the discourse participants. This is

465

similar to Vincent's (2005) distinction between 'connectors' and 'modal elements'. One benefit of this distinction is that we can include in the DM category the discourse particles carrying the stance-marking function, e.g. *now, I mean, oh, y'know,* which are explicitly excluded in a narrower definition of DMs (e.g. Fraser 1999: 933). Korean has about 180 DMs with the global organization function, 22 of which are EDMs, 7 of which are those that developed from the 'truth'-lexemes.

3   Semantic Changes of Source Lexemes

3. 1   *Ceng* 'correct (ness)'

Among the most frequently used EDMs in Korean is the DM *cengmal,* which can be broken down as *ceng,* a Sino-Korean lexeme denoting 'correct (ness)' and *mal,* a native Korean word denoting 'word, speech', thus, together 'true words'. In Late Middle Korean (LMK), the source Sino-Korean lexeme *tyeng* (which was later palatalized as *cyeng,* and further dediphthongized as *ceng*) was often used in the form of an adverb *tyenghi* (< *tyeng* 'correct' + -*hi* adverbializer), with the meaning 'correctly, really, truly'. This adverb, however, is obsolete in Present-Day Korean (PDK), but its reduced counterpart *ceng* is still in use when the speaker is displaying discontent toward someone who is obstinate in pursuing something. It is highly intersubjective but it only functions as a modifier of a verb phrase and has not developed into a DM.

A historical survey shows that the meaning of *ceng*, starting from 'correctness', has been continuously extended over time as shown in Figure 1. And PDK EDM *cengmal* carries the functions related to most of these extended meanings (see below for description of functions).

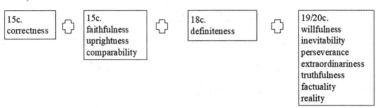

Figure 1   Semantic extension of *ceng*

3. 2   *Cham* 'truth'

The DMs *cham, chammal,* and *chammallo* are based on the native Korean lexeme *cham* 'true/truth'. The longest form *chammallo* involves the source lexeme *cham* 'true/truth', *mal* 'word, speech', and *-lo* 'with', and the other two are its shortened forms. The lexeme *cham* first occurs in the 16th century data and it has also undergone semantic changes as shown in Figure 2. The DMs carry the functions largely related to the extended meanings (see below for description of functions).

Figure 2   Semantic extension of *cham*

3. 3   *Sil* 'truth'

Another Sino-Korean lexeme *sil* 'truth' is the basis of a number of DMs that either served at certain times in history, or are still used, i.e. *sillo* (< *sil-lo* [truth-INST] 'in truth'), *silun* (< *sil-un* [reality/truth-TOP] 'reality is'), *kisilun* (< *ki-sil-un* [that-truth-TOP] 'its truth is'), *sil-sang* (< *sil-sang* [true-facet] 'true facet'), *silsangun* (< *sil-sang-un* [true-facet-TOP] 'the true facet is'), *sasil* (< *sa-sil* [affair-truth] 'fact'), *sasilun* (< *sa-sil-un* [affair-truth-TOP] 'the fact is'), etc. Of these only *silun, sasil,* and *sasilun* function as DMs in PDK. The lexeme *sil* is first attested in the 15th century data with the 'truth, reality' meaning, and has undergone semantic changes as sketched in Figure 3. The DM functions of the three extant forms are discussed below.

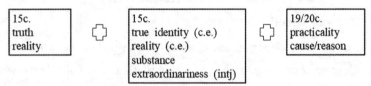

Figure 3 Semantic extension of *sil*

3. 4 *Cin* 'truth'

The last source lexeme is the Sino-Korean *cin* 'truth', largely with respect to religious truth. The words and phrases derived from it, serving or having served the DM functions, are *cinsillo* (< *cinsil-lo* [truth-INST] 'in (true) fact'), *cincca* (< *cintis* < *cin-tis* [true-thing] 'a true thing', now obsolete), *cinceng* (< *cin-ceng* [truth-correctness] 'true and correct'), *cincengulo* (< *cin-ceng-ulo* [truth-correctness-INST] 'in truth and correctness'), *cincengkho* (< *cin-ceng-ha-ko* [truth-correctness-be-and] 'after being true and correct'), etc. Of these numerous forms, only *cincca* is in use as an EDM in PDK. The semantic extension pattern of the source lexeme *cin* is shown in Figure 4.

| 15c.
truth (religious) | ⇨ | 15c.
substance
genuineness
reality (c.e.)
factuality
extraordinariness (intj) | ⇨ | 16c.
sincerity | ⇨ | 19/20c.
depth
strength
truthfulness
true identity |

Figure 4   Semantic extension of *cin*

4   Discourse-Pragmatic Functions of DMs

We have seen in the preceding exposition that the four source lexemes that served as basis of 'truth'-EDMs have undergone extensive semantic extension in history. Now we turn to the description of the discourse-pragmatic functions of the eight EDMs, with examples taken from the Drama-Cinema Corpus. Since some of the eight DMs are reduced variants, we group them in four categories in the exposition below.

4.1   The DM *cengmal* 'correct word'

With the meaning of 'correct word', *cengmal* is a noun in form. Without doubt, the EDM usage must have started with its adverbial form *cengmallo* 'with/in correct words' (note that *lo* is the instrumental marker), but *cengmallo* is used largely as an intensifying verbal modifier and thus positionally not so flexible, whereas its reduced form is an EDM, syntagmatically freer, carrying the function of signaling diverse speaker stances. The most prominent function of the EDM *cengmal* is to signal strong affirmation of seriousness, as exemplified in (4):

>   (4) The "I am serious" Function

>   A: [I'm lucky to have a great friend like you.]
>   B: [Great? What's great in a retiring old man?]

cengmal	na-n	son	ttey-l	sayngkak-i-ney
DM	I-TOP	hand	take. off-ADN	thought-be-END

'DM (seriously), I am thinking about retiring. '

(2003, Drama *1%-uy etten kes* Episode # 26)

The EDM *cengmal* is also used as a confirmation request token, like the English DM *"Really?"*, but also like its English counterpart, its illocutionary force as a question has been bleached to such an extent that it may not signal genuine disbelief or true request of confirmation. It carries the nuance of mild surprise (see below) and mild reluctance to agree (especially with respect to compliments, for politeness), and thus performs the gap-filling function. For instance, in excerpt (5) below, B, in response to A's compliment, says *"Cengmal-yo?"*, but does not solicit an answer, and A does not interpret it as a question, either.

(5) The Filler Function

(A and B are at the early stage of a romantic relationship. A neatly splits and peels an apple for B.)

A: [There's a saying that girls who neatly split an apple make good girlfriends.]

B: *cengmal-yo?*

DM-POL

'Really?! (= well…)'

A: [(shyly) Wow, this apple tastes good!]

Also as an intersubjective marker, the EDM *cengmal* signals the speaker's annoyance or frustration from the interlocutor or the discourse situation, as exemplified in (6), in which the EDM receives the expletive interpretation:

(6) The "I am annoyed/frustrated" Function

> A: [Hey, Mr. Na. Where's Mr. Ha? I don't see him since hours ago. What's he doing? Go get him quickly.]
>
> B: (irritated and stands up) *a   cengmal   il*
>
>   INTJ   DM   work
>
> *mos   ha-keyss-ney*
>
> cannot   do-fut-excl
>
> 'O, DM (xxx) I can't work!'

>   (2001, Drama *Swuhochensa* Episode # 13)

Another function of *cengmal* is to signal surprise, a function inherently subjective in that it represents the speaker's mental world. When the EDM is uttered, however, the function is also intersubjective, in that the speaker intends the utterance to be heard by the interlocutor and be interpreted with respect to the speaker's intent. This is reminiscent of the strategic uses of monologues spoken with sufficient audibility, as discussed in Koo and Rhee (2013). For instance, in the following excerpt, the speaker is using the EDM *cengmal* 'in true words' to represent his surprise about a convict committing a crime soon after serving the prison term (subjective) and thus to rebuke the suspect for his relapse (intersubjective).

(7) The "I am surprised" Function

> (A police officer is dragging a suspect (an ex-convict) out of a coffee shop to where A is.)
>
> A: *i   salam   cengmal ··· chwulsoha-nci*
>
>   this   person   DM   be. out. of. jail-since

> *elmana   tway-ss-tako   ila-y*
>
> how. long become-pst-CONN do. this-end
>
> 'This guy is DM (How pathetic!) ⋯ How long ago was it that you finished your prison term, and now you do this (again)?'

(2000, Drama Kkokci Episode # 41)

Another function of the EDM *cengmal* is to signal sudden remembrance, which functions like an interjection, and often occurs with an interjection, such as *a!* 'oh!', as exemplified in (8), one of the earliest attestations of the EDM at the beginning of Modern Korean (MoK). Incidentally, this function is being overtaken by another 'truth'-based EDM *cham* (see 3. 2 below), in PDK.

> (8) *Cengmal*: The "That reminds me" Function
>
> *a   cengmal   nic-epeli-lpenhA-ys-kwun*
>
> oh   DM   forget-CMPL-AVERT-PST-EXCL
>
> 'Oh, DM (right), I almost forgot (it)!'

(1912 Twukyenseng)

4. 2   The DMs *cham(mal(lo))* '(in) true (words)'

As indicated earlier, the lexeme *cham* signifies 'truth', and it is thus a noun in form. However, supposedly from compounding, it has acquired the adjective function, which is interpreted as a prefix to mean 'genuine' by contemporary lexicologists. Modern dictionaries also list it under the adverbial and interjective categories, which seem to be related to, or even have developed from, the EDM function of *cham-mal(lo)*[< *cham-mal(-lo)*]'(in) true words'. Since the EDMs *cham* and *chammal(lo)* are evidently related both in form and function, we discuss them together. All EDMs in this family carry the functions of marking emphasis, annoyance, and surprise, and *cham* has an additional function of marking sudden remembrance. The emphasis-marking function is illustrated by the excerpts (9) through (11):

(9) *Cham*: The "I am serious" Function

na-to   cham   mos   sal-keys-so
I-too   DM   cannot   live-FUT-END
'I, too, DM (indeed), cannot go on. '

(1908, Komokhwa)

(10) *Chammal*: The "I am serious" Function

(The speaker is following a wagon carrying tributary goods for the king, under the order of protecting it from robbers that frequent the wagon route.)

chammal   mwusin   il-i-nci⋯   na-nen
DM   what. kind   matter-be-CMPL⋯   I-TOP
hanato   molu-kes-naney
one-even   not. know-FUT-END
'DM (truly), I don't understand what this (fuss) is all about⋯ '

(2009, Drama Thamnanuntota Episode # 7)

(11) *Chammallo*: The "I am serious" Function

[Perhaps you think we are bad guys just because you always hang around bad guys.]

chammallo   ile-myen   nay-ka
DM   do. this-if   I-NOM
sepsepha-yci-nuntey⋯

be. disappointed-CAUS-END

'DM (really), I am disappointed if you do this to me···'

(2000, Drama *Kkokci* Episode #42)

Closely related to the seriousness-marking function described above is
the function of marking annoyance and frustration, as exemplified in
the following excerpts:

(12) *Cham*: The "I am annoyed/frustrated" Function

cham nay kuman com kwungsilengtay-ø-yo.

DM my so. much a. little complain-END-POL

'DM (O my), stop complaining, please.'

(2003, Drama *1-pheseynthuuy ettenkes* Episode #6)

(13) *Chammal*: The "I'm annoyed/frustrated" Function

(The speaker's brother complains to his father about his
parents' frequent fighting, and the speaker thinks that
his brother doing so is not polite to his worrying
father.)

ni-ka an kula-yto apeci cikum ssok-i

you-NOM not do. so-CONN father now mind-NOM

ssok-i ani-lki-ntey ni chammal

mind-NOM be. not-FUT-CONN you DM

wa ikha-no

why do. this-Q

'Father is worrying even without your complaint, and
DM (why on earth) are you doing this?'

(1993, Drama *Kimkaika* Episode #4)

(14) *Chammallo*: The "I am annoyed/frustrated" Function

474

(The speaker's son, a police officer, has been reported as absent without leave. She is lamenting her son's irresponsibility.)

haikwu… i   nwum-ul   ettekhe-n-tey,
INTJ   this   fella-ACC   do. what-PRES-END
chammallo…
DM

' Alas, what can I do with him… DM (how frustrating!)'

(2000, Drama *Kkokci* Episode # 25)

Annoyance and frustration are negative emotions, and their more neutral version of emotion is surprise, even though surprise *per se* implies mismatch between the expectation and the perceived reality, and thus often has the potential of arousing a negative feeling. The surprise-marking function is carried by *cham,chammal* and *chammallo*, as exemplified by the following excerpts, in which the EDMs occur with an interjection as a common feature:

(15) *Cham*: The "I am surprised" Function

aikwu   cham   emenim-to…   huycini-ka   acik
INTJ   DM   mother-too   [name]-NOM   yet
ilehkey   eli-ntey…
like. this   be. young-while

' O, my, DM (how can) you [mother] (say so)… Hijin is still so young… (and she cannot be my girl-friend)'

(2002, Drama *Kyewulyenka* Episode # 3)

(16) *Chammal*: The "I am surprised" Function

(The speaker admires a westerner who speaks Korean

very well.)

atta   *chammal*   *ekswulo*   *cosen-mal*

INTJ   DM   very. much   Korean-language

cal   *ha-ney*

well say-EXCL

' Wow, DM (surprisingly), (you) speak Korean so well!'

(2009, Drama *Thamnanuntota* Episode # 11)

(17) *Chammallo*: The "I am surprised" Function

(The speaker just tripped over something in the dark, and with the help of a lantern tries to find out what it was.)

eyku   *tyekes-i*   *mwues-i-ya?*   *chammallo*

INTJ   that-NOM   what-be-Q   DM

songcang-i-lsyey   *nay-ka* *tyekuy* *kely-e*

corpse-NOM-EXCL   I-NOM   that   be. caught-NF

nemecy-es-kwun

fall-PST-EXCL

' Oh my, what is that? DM (OMG) (It) is a corpse! I tripped over that thing!'

(1908, *Pinsangsel* # 103)

An additional function of *cham*-based EDMs is that of marking sudden remembrance, but is carried only by the EDM *cham*. This is exemplified in the following excerpt:

(18) *Cham*: The "That reminds me" Function

cham   *sunglyong-a* *keki* *cim* *com*   *tule-se*

DM   [name]-VOC   there box please lift-and

nay   cha-eyta   sil-ecw-e

my   car-to   load-BEN-END

'DM (O, right!), Seunglyong! Pick up the boxes over there and load them into my car.'

(2002, Drama *Kyewulyenka* Episode # 5)

The EDM *cham* with the sudden remembrance function may be translated as 'O, right!' or 'O, I almost forgot!' 'O, that reminds me!', etc. Even though this function is also carried by another DM, i.e. *cengmal*, discussed above, *cham* is the primary marker of sudden remembrance in PDK.

4.3 The DMs *(sa)sil(un)* '(the) fact (is)'

The next group of 'truth'-based EDMs is those based on *sil*, a Sino-Korean lexeme denoting 'truth, reality, fact'. Since there is formal variation, this group is comprised of three DMs, i.e. *sasil* (< *sasil* 'fact' < *sa-sil* [affair-truth]), *sasilun* (< *sasil-un* [fact-TOP] 'fact is' < *sa-sil-un* [affair-truth-TOP] 'the truth of the matter is'), and *silun* (< *sil-un* [reality/truth-TOP] 'the reality is'). As indicated, the Korean word *sasil* is a combination of two Chinese semantograms *sa* 'affair, event, matter, etc.' and *sil* 'truth, substance, fruit, etc.', fully univerbated in MoK. The source component lexemes *sa* 'affair' and *sil* 'truth' are not used as independent words. The rare instance of *sil* being used as a full-fledged noun is the DM *silun*, which can be morphologically broken down into the noun *sil* and the topic-marking particle *un*. The functions of the DMs in this category are not uniform, though some are similar. The EDMs *sasilun* and *silun* tend to be preludes marking some types of revelatory information about to follow.

(19) *Sasilun*: The "to tell the truth" Function (Prelude to Revelation, 'this may surprise you')

(A is the bodyguard of the son of the President, B. B wants to temporarily stay at A's apartment to which he comes with luggage without notice.)

A: [What's the reason that you want to move in?]

B: *sasilun   na   chwum   tayhoy   naka-ø*

    DM   I   dance   competition go-END

    'DM (this may surprise you), I am competing in a dance competition. '

A: (raising one eyebrow in surprise)   *chwum* ⋯

                                    dance ⋯

    'Dance ⋯?! (Did you mean 'dance'?)'

                        (2008, Drama *Kangcektul* Episode # 12)

(20) *Silun*: The "to tell the truth" Function (Prelude to revelation 'this may surprise you')

(A is talking to her friend's mother, B. A is worried about her boyfriend and B's son's girlfriend.)

A: [You know Yoojin is working at a ski resort construction site?]

B: [Yes, what about it?]

A: *silun   ku   kongsa   chaykimca-ka   cey*

    DM   the construction supervisor-NOM my

    ayin-i-ey-yo

    boyfriend-be-END-POL

'DM (this may surprise you, but) the supervisor at the construction site is my boyfriend. '

(2002, Drama *Kyewulyenka* Episode # 8)

One of the functions of the EDM *sasil* is to signal the presence of weak contrast with the supposed expectation of the interlocutor. This is similar to the revelatory function described above, but its surprise value is much weaker. This is exemplified in (21):

(21) *Sasil*: The "as a matter of fact" Function

A: [If you two loved each other from your childhood, you guys must be the first and the only love to each other.]

B: *sasil   kulayse   com   ekwulha-ki-n*

   DM   SO   a. little   feel. unfair-NOMZ-TOP

   ha-y-yo

   be-END-POL

'DM (as a matter of fact; to think of it) I feel that it's a little unfair (to me). '

(2009, Drama *Naycouy yewang* Episode # 4)

Another function of the DM *sasil* is to signal conformity to what the interlocutor has said. In this case, the surprise value, though present, is minimal. It has the nuance of ' since you say so, I would add this, which you may find interesting'. This is well illustrated by (22):

(22) *Sasil*: The "as you may have expected" Function

(B is visiting his girlfriend's father, A, who is eager to see his daughter marry.)

A: [How come you don't take (=marry) Miok?]

B:*sasil   kukes   ttaymwuney   w-ass-supnita*

DM   that   because. of   come-PST-DEC

ce   miok-ssi-lang   kyelhonha-pnita apenim

I:HUM   [name]-HON-with   marry-DEC   father

'DM (I'm telling you since you say so), I came just because of that. I'm marrying Miok, Father(-in-law)!'

(2004, Drama *Kkochpota alumtawe* Episode #22)

Another function of the EDM *sasilun* is to show the speaker's apologetic attitude toward the interlocutor, with the nuance of 'I'm sorry to tell you this but…' Thus, the information about to follow may carry some noteworthiness, a much weaker version of revelation. This is well illustrated by the following excerpt:

(23) *Sasilun*: The "I am sorry to tell you" Function

(A wants to open a confectionary factory. B is knowledgeable about machinery for confectioners.)

A: [I want to make a factory for cookies so people can give a delicious treat to their children. It's not just business but that's my aspiration. Wouldn't you be a part of our enterprise?]

B: *sasilun   casin-i   eps-ese*

DM   confidence-NOM   not. exist-because

kula-y-yo

do. SO-END-POL

'DM (I'm sorry but) I'm reluctant because I don't have confidence (that I would get investment for it.)'

(1999, Drama *Kwukhuy* Episode #12)

4. 4   The DM *cincca* 'real thing'

The last source category of the 'truth'-based EDMs is that of *cin* 'truth, fact, real', with only one member *cincca* 'genuine thing'. The contemporary word *cincca* has an interesting history, as briefly introduced in 3. 4, in that its predecessor is *cintis* 'true thing, real thing', which is obsolete in MoK. Its MoK counterpart is *cincca*, likely to have developed from a Sino-Korean morphological derivation of *cin* 'true' and *ca* 'thing', of which the last consonant /c/ became tensed to /cc/ for emphasis (see Koo 2007 for discussion of force-dynamic representation of tensed and aspirated sounds). The newer form *cincca* is not attested in the historical section of the Sejong Corpus (1446— 1913); it occurs first in a 1961 radio drama. [2] In addition to its nominal function, i.e. 'a real thing, a genuine article', it has the adverbial function, i.e. 'truly', from which the EDM function developed. As an EDM, *cincca* has a number of discourse functions, some of which are similar to those of the other EDMs described above, such as emphasis, challenge, surprise, and filler functions. The emphasis marking function, signaling 'I am serious', is illustrated in the following excerpt:

(24) *Cincca*: The "I am serious" Function

[Hearing knocks on the 2nd floor window C is scared and is in the arms of his father. His siblings A and B look at him pathetically.]

A: [You are in your father's arms because you don't want to study (in your room).]

B: [No doubt. I, too, used to say I had stomachache to avoid studying when I was young.]

481

C: *ani-lanikkanyo!   cincca nwuka   changmwun-ul*
   be. not-END   DM   someone window-ACC

   twutuly-ess-takwu-yo!
   knock-PST-END-POL

   'No! DM (truly) someone knocked at the window!
   (and that's why I am so scared!)'

                    (2008, Sitcom *Khokkili* Episode # 116)

Another function of the EDM *cincca* is to mark the speaker's annoy-
ance or frustration toward the interlocutor or the proposition. This
function is close to the seriousness-marking emphatic function described
above, but it signals, in addition, a strong negative feeling of the
speaker. Since this function signals high emotionality, the EDM often
occurs in elliptical contexts, thus with a long unfilled pause following,
or sometimes without continuation of the speech at all (thus occurring
at the right periphery). This is illustrated in the following example:

(25) *Cincca*: The "I am annoyed/frustrated" Function

   (The speaker runs after his girlfriend, who saw him
   with a woman. His girlfriend gets in a taxi and drives
   away before he could stop her.)

   sencwu-ssiii (taxi drives away; A watches it blankly)
   [name]-HON

   a   cincca···!
   INTJ   DM···

   'Sunjoo~! Alas, DM (it's so frustrating!)'

                      (2007, Drama *Talcauy pom* Episode # 8)

Another function of the DM *cincca* with strong negative emotionality is to mark the speaker's challenging attitude toward the interlocutor. This function also frequently occurs in elliptical contexts, a state of affairs expected from its high emotionality, which overwhelms the speaker and makes him or her unable to complete the utterance. This is exemplified in the following excerpt, in which the EDM *cincca* occurs twice, with the second one in elliptical utterance:[③]

(26) *Cincca*: The "I am challenging you" Function

(A and B are traveling companions without mutual acquaintance. A says he is indebted to B, because B helped him get released from the prison. A wants to be of B's help in return, but B is a royal envoy incognito, who does not want A to follow him.)

A: [Even beasts know how to pay back. They pluck their own hair to make clothes for their owner.]

B: [(plucking hair from his nostril) Here's one. Make a fur jacket with it.]

A: (in fury) *i   yangpan-i cincca po-ca   po-ca*

this guy-NOM   DM   see-HORT see-HORT

ha-nikka…

say-CONN

'(Look at) this guy DM (I'm challenging you). I've been patiently swallowing insult but… '

B: (in fury) *mwe? i   yangpan? ike-y*

what? this guy?   this. thing-NOM

cwuk-ullakwu   cincca…

'What? This guy? (Look at) this fella. He's begging
to die, DM (I'm challenging you).'

(2011, Cinema *Cosen myengthamceng*)

Still another function of the EDM *cincca* is to mark surprise. Unlike
the annoyance-or challenge-marking functions described above, this
function does not signal negative feelings of the speaker. For the surprise
value, the EDM often functions like an interjection or often occurs
with one, as illustrated in the following excerpt, in which the interjec-
tion *wa~* occurs with the EDM:

(27) *Cincca*: The "I am surprised" Function

(The speaker is impressed by the luxury of the house in
which his friend used to live.)

[Is this the house you used to live?]

wa~	*ne*	*cincca*	*coh-un*		*tey*
INTJ	you	DM	be. good-ADN		place

sal-ass-kwuna

live-PST-EXCL

'Wow ··· you DM (what a surprise!) lived in a wonder-
ful place!'

(2009, Drama *Kutay wuseyo* Episode # 6)

The final function of the DM *cincca* is the filler-function, i.e. no dis-
tinct function other than filling the gap of speech. Thus, the DM used
in this function is semantically near-vacuous. It is uttered simply to
fill the gap or sometimes with the 'I am speechless' meaning, often in
mild embarrassment, and thus often signaling that the speaker is in

search of appropriate words. In the following excerpt, B uses *cincca* as a gap-filling DM (but without continuation of speech), whereas A in response to B's utterance uses it as a lexical item meaning 'real', modifying 'what':

(28) *Cincca*: The Filler Function

> (A learns that his girlfriend's (B's) father remarried. Now in reference to B's younger sister he met the other day:)
>
> B: [So I live with my stepmother's daughter, and the girl you met the other day is ···]
>
> A:[Aha, I got it. She is the collaborative production of my would-be father-in-law and his new wife!]
>
> B: (smiles) ··· *aa* ···   *cincca* ···
>
>   INTJ   DM ···
>
>   'Oh, DM (come on ···)'
>
> A:*cincca   mwe-yo?*
>
>   real   what-pol
>
>   'Real what?'

(2009, Drama *Chenmanpen salanghay* Episode #22)

5   Discussion

In the preceding rather long exposition, we have seen the various functions of the 'truth'-EDMs. The development of these EDMs brings forth a number of issues that merit our discussion, e.g. diachronic development of meaning/function, structure, conceptual network, positionality, and prosody, to which now we turn.

5.1 Diachronic Functional Development and Conceptual Network

As is evident from the description of functions, the 'truth'-EDMs have undergone diachronically the processes of abstraction in meaning and intersubjectification in function. Some notable change from the source lexemes to the EDM functions can be shown as in Table 1.

Table 1   Semantic changes in EDM development

	DM	Source Meaning	DM Functions
a.	*cengmal*	'correct words'	Emphasis; Frustration; Surprise; Sudden Remembrance; FILLER
b.	*cham*	'truth, true'	Emphasis; Frustration; Surprise; Sudden Remembrance
c.	*chammal*	'true words'	Emphasis; Frustration; Surprise
d.	*chammallo*	'in true words'	Emphasis; Frustration; Surprise
e.	*sasil*	'fact'	Weak Contrast; Expectation Conformity
f.	*sasilun*	'the fact is'	Strong Contrast; Apologetic Revelation
g.	*silun*	'the reality is'	Revelation
h.	*cincca*	'a genuine thing'	Emphasis; Frustration; Surprise; Challenge; FILLER

With reference to the summary of semantic changes in Table 1, the following aspects are noteworthy. First of all, we see that the notions 'correctness', 'truthfulness', and 'reality' are closely related, as shown in their meanings that are often polysemic in individual lexemes and also in their lexical development. The general pattern also suggests that how we experience the world is often regarded as superficial, i.e. not real. Thus, the use of 'truth'-based EDMs are recruited to signal seriousness/earnestness, emphasis (intensification), counterexpectation, surprise, etc. Also noteworthy with this regard is that the notion of 'reality' extends to surprise, frustration, annoyance, seriousness, factuality, challenge, etc.

It is also notable that the EDMs containing the topic marker -*(n)un*, e. g. *sasilun* and *silun*, carry stronger contrast meaning than their counterpart without one. This is partly due to the fact that the topic marker functions as a contrast marker in Korean, which means that the semantics in the source construction is inherited in the functional development of the DMs.

The general pattern of semantic changes shows that EDMs of similar semantic sources show considerable similarity in the resultant EDM functions, a situation reminiscent of 'the source determination hypothesis' (Bybee et al. 1994). However, equally notable is that the development is not deterministic, as shown by differences in functions (e.g. sudden remembrance, etc.). In other words, even though the source meaning often lingers in the EDM functions, there are instances in which no such connection is observable. For instance, in EDM developments, the 'reality/correctness' meaning sometimes deteriorates through bleaching and routinization, especially with high-frequency DMs. Furthermore, one of the common patterns of change in EDM developments is that most change patterns are affective, interactional, and intersubjective. This is in consonance with the semantic-pragmatic tendencies, proposed by Traugott and König (1991).

Another minor point to mention in semantic changes is that nouns and adjectives in the source category often carry the adverbial function as an EDM. The fact that the adjectival form *cham* 'true' (which can also function as a noun 'truth') is itself functioning as a DM, i.e. an intensifying adverb. This adjective-adverb connection in intensification usage seems to be a general tendency, as attested in English, e.g. *very* adj. (< L. *vērus* 'true'), which now functions as an adverb, and other adjective-turned adverbs used as intensifiers, often replacing the older adverbs, e.g. *real* vs. *really*; *very* vs. *verily*; *precious* vs. *preciously*; *awful* vs. *awfully* (Rhee 2016: 420).

As noted, the 'truth'-EDMs share similarity in source semantics and the resultant functions are closely related as well. The chained nature of the development from the source to the resultant function forms a conceptual network as shown in Figure 5.

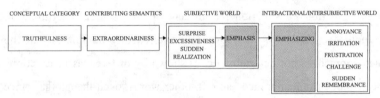

Figure 5 Conceptual network of the 'truth'-EDMs

5. 2 Diachronic Development in Form/Structure

The EDMs are evidently modifiers. As a modifier, the scope of modification of a DM generally changes from narrow to wide. This scope-widening has stimulated a heated debate (cf. Waltereit 2006 vs. Diewald 2006, 2011 vs. Heine et al. 2012) as to if the development of a DM should be regarded as an instance of grammaticalization, because a grammaticalizing form, according to Lehmann's (2015[1982]: 174) parameters and processes, undergoes scope-reduction, known as 'condensation'. As Degand and Evers-Vermeul (2015) point out, the controversy stems from different conceptualizations about what constitutes grammatical functions, the rise of which is defined as 'grammaticalization.' Following Diewald (2006, 2011), Dostie (2004), Wischer

(2000), Traugott (1995), and many others, this research takes the position that the development of DMs is grammaticalization. This is largely due to the fact that DMs carry the function of discourse organization, which may well entitle them to a grammatical category, and consequently their developmental process constitutes an instance of grammaticalization (Rhee 2014: 11 – 12).

Even though a detailed description with contrastive examples is not optimal due to space limitation, a brief discussion on positionality is warranted. The EDMs under discussion show that they have undergone change in morphosyntactic positionality, i.e., from argument positions (or clause-internal positions) to peripheral positions, typically at the left-periphery, thus acquiring positional freedom. Most of them further moved to the right-periphery, with additional functional changes (see Table 2). When they moved from clause-internal position to the left-periphery, their functions changed with increased discursive meaning, resembling the change from 'content' unit interpretation to 'speech act' unit interpretation in the sense of Sweetser (1990). Thus, for example, the 'true' meaning of the lexical *cham* (e.g. 'true love', 'true identity', etc.) changed into the discursive meaning of 'What I say truthfully is that ⋯ ' as it becomes an EDM. This observation is largely in line with the hypothesized functional asymmetry between the peripheries (Degand 2014; Traugott 2014a,b; Beeching and Detges 2014 and works therein; Onodera and Traugott 2016; Rhee 2016a; among others).

However, a closer look shows a different picture. For instance, 'emphasis' (in the sense of noteworthiness) is a subjective function, supposedly preferring the left-periphery. However, the distributional patterns of EDMs do not support the alleged positional preference, as shown in Table 2. Further, 'emphasizing' (in the sense of "I want you to note this") is an interactional function often overlapping with intersubjectivity, but the EDMs with this intersubjective function also occurs in the right-periphery.

Table 2   Positionality of 'truth'-EDMs

Left-Periphery	Medial	Right-Periphery
sasil 'the fact'	*sasil* 'the fact'	
sasilun 'the fact is'	*sasilun* 'the fact is'	
silun 'the reality is'	*silun* 'the reality is'	
chammal 'true words'	*chammal* 'true words'	
cham 'true/truth'	*cham* 'true/truth'	*cham* 'true/truth'
chammallo 'in a true word'	*chammallo* 'in a true word'	*chammallo* 'in a true word'
cengmal 'a correct word'	*cengmal* 'a correct word'	*cengmal* 'a correct word'
cincca 'a genuine thing'	*cincca* 'a genuine thing'	*cincca* 'a genuine thing'

Another issue that merits our attention is the prosody of the 'truth'-EDMs (cf. Dehé and Kavalova 2006; Wichmann et al. 2010; Heine 2013; Song 2013; Sohn and Kim 2014; Kim and Sohn 2015; Sohn 2016; Dehé 2016; Rhee 2017; Long et al. 2017). It is notable that they came to have differential specialization which is often reflected in distinctive prosody. For instance, the EDMs at the left-periphery are often followed by a short pause, thus, signaling their higher-order nature of referring function, i.e. to propositions or propositional attitudes rather than concrete entities. When they occur at the right-periphery, however, they often accompany a trailing intonation, which suggests that the speakers are employing ellipsis because they are unable to complete the utterance due to overwhelming emotions such as irritation, frustration, etc. This state of affairs supports the previous research that observed the crucial role of 'insubordination' (Evans 2007; Evans and Watanabe 2016) in grammaticalization in Korean (Sohn 1995; Rhee 2012; Koo 2012).

Another short note is in order with respect to the differential specialization as EDMs, especially because their source semantics are similar and their EDM functions are also remarkably similar. Among the difficulties in determining their relative strength as EDMs are that the number of their occurrence tokens is too large and that the functions of the individual tokens cannot be easily determined because the distinction between intensifying adverb (as a modifier of a lower level constituent) and the EDMs is often too subtle. These difficulties notwithstanding, a corpus-based search shows the differential token frequencies of the EDMs, as in Figure 6 (caveat: the figures contain noises and the EDM frequencies are shown in four groups according to the core lexeme). As shown in Figure 6, the EDM *cengmal* is the most productive one, whereas *sasil* is the least productive.

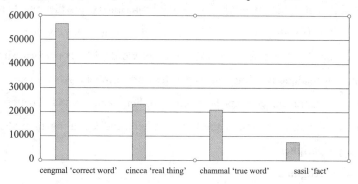

Figure 6　Differential Token Frequency of the 'Truth'-EDMs

6 Summary and Conclusion

This paper addressed seven DMs developed from four core lexemes: *ceng* 'correct(ness)', *cham* 'true/truth', *sil* 'truth, reality', and *cin* 'truth'. We have noted that due to their semantic similarities these DMs have undergone similar developmental paths, and their pragmatic functions include marking Emphasis, Frustration, Surprise, Sudden Remembrance, Challenge, Contrast, Conformity, Revelation, etc. Of particular importance with respect to the meaning and function is that in EDM developments, most change patterns are affective, interactional, and intersubjective.

Most EDMs have acquired positional freedom in their development, largely first leftward then rightward. In PDK, the most commonly used EDM among them is *cengmal* 'true words' whereas *sasil* is the least common EDM. We have also noted that there is no distinct correlation between left-periphery vs. right-periphery on the one hand and subjectification vs. intersubjectification on the other, with respect to the diverse functions of EDMs. In other words, EDMs perform similar (inter)subjective functions regardless of periphery. Also notable is that there are correlations between periphery and prosodic patterns, e.g. a comma intonation at the left-periphery and a trailing intonation at right-periphery.

Acknowledgment

Special thanks go to Professors Haiping Long, Fang Wu and the organizers of the 2019 Chinese Social Science Forum of the Chinese

Academy of Social Science, the 10th Chinese Grammaticalization International Symposium & Youth Forum on Grammaticalization, China Three Gorges University, Yichang, China, Oct. 26 – 27, 2019. This research was supported by the Ministry of Education of the Republic of Korea and the National Research Foundation of Korea (NRF-2019S1A5A2A01035042).

Abbreviations

ACC: accusative; ADN: adnominalizer; AVERT: avertive; BEN: benefactive; CAUS: causative; CMPL: complementizer; CONN: connective; DEC: declarative; DM: discourse marker; EDM: discourse marker of emphasis; END: sentence-ender; EXCL: exclamative; FUT: future; HON: honorific; HORT: hortative; HUM: humiliative; INST: instrumental; INTJ: interjective; NOM: nominative; NOMZ: nominalizer; POL: polite; PRES: present; PST: past; PURP: purposive; Q: question/interrogative; TOP: topic; VOC: vocative.

Notes

① Special thanks go to the developers of these valuable resources for generously granting their use.

② The radio drama is entitled Kkochkwa nakyepi issun entekkil [The hilly road with flowers and fallen leaves], broadcast by Korean Broadcasting Service in 1961. But since the author does not have a corpus of data between 1914 and 1956, we cannot rule out the possibility that *cincca* predates 1961. Its first EDM use is observed in a 1964 drama Culkewun wulicip [Our sweet home].

③ The word yangpan is ambiguous between 'a noble man' and 'a fella', the latter a result of semantic deterioration from the former. B takes offense from A's use of the term, because A's speech is emotional, which compels B to interpret it in the second, derogatory usage.

References

Aijmer, Karin 2016 You're absolutely welcome, thanks for the ear: The use of *absolutely* in American soap operas. *Nordic Journal of English Studies* 15.2: 78 – 94.

Aijmer, Karin Ad Foolen and Anne-Marie Simon-Vandenbergen 2006 Pragmatic markers in translation: A methodological proposal. In Kerstin Fischer (ed.), *Approaches to Discourse Particles*. 101 – 114. Amsterdam: Elsevier.

Athanasiadou, Angeliki 2007 On the subjectivity of intensifiers. *Language Sciences* 29: 554 – 565.

Bardenstein, Ruti 2018 Intensifying discourse markers and processes of pragmaticalization: The case of Hebrew *be'etsem*. Paper presented at the Historical Pragmatics Conference, University of Padua, Italy, February 16 – 17, 2018.

Beeching, Kate and Ulrich Detges (eds.) 2014 *Discourse Functions at the Left and Right Periphery: Crosslinguistic Investigations of Language Use and Language Change*. Leiden: Brill.

Belicova, Jana 2011 Japanese discourse markers: An analysis of native and non-native Japanese discourse. MA diploma thesis. Palacky University Olomouc, Czech Republic.

Benzinger, Edith M. 1971 Intensifiers in current English. Ph. D. dissertation, University of Florida, U.S.A.

Buchstaller, Isabelle and Elizabeth C. Traugott 2006 *The lady was al demonyak*: Historical aspects of adverb *all*. *English Language and Linguistics* 10.2: 345 – 370.

Bybee, Joan L., Revere Perkins, and William Pagliuca 1994 *The Evolution of Grammar: Tense, Aspect, and Modality in the Languages of the World*. Chicago: Chicago University Press.

Defour, Tine, Ulrique D'Hondt, Anne-Marie Simon-Vandenbergen, and Dominique Willems 2010 *In fact, en fait, de fait, au fait*: A contrastive study of the synchronic correspondences and diachronic development of English and French cognates. *Neuphilologische Mitteilungen* 111.4: 433 – 463.

Dominique Willems 2012 Degrees of pragmaticalization: The divergent histories of *actually* and *actuellement*. In Peter Lauwers, Gudrun Vanderbauwhedeand

494

Stijn Verleyen (eds.), *Pragmatic Markers and Pragmaticalization: Lessons from False Friends.* 37 - 64. Amsterdam: John Benjamins.

Degand, Liesbeth 2014 'So very fast very fast then' Discourse markers at left and right periphery in spoken French. In Kate Beeching and Ulrich Detges (eds.), *Discourse Functions at the Left and Right Periphery: Crosslinguistic Investigations of Language Use and Language Change.* 151 - 178.Leiden: Brill.

Degand, Liesbeth and Jacqueline Evers-Vermeul 2015 Grammaticalization or pragmaticalization of discourse markers? More than a terminological issue. *Journal of Historical Pragmatics* 16.1: 59 - 85.

Dehé , Nicole 2016 The prosodic phrasing of parenthetical comment clauses in spontaneous spoken language: Evidence from Icelandic *held ég. Studia Linguistica* 72.1: 128 - 164.

Dehé, Nicole and Yordanka Kavalova 2006 The syntax, pragmatics, and prosody of parenthetical *what. English Language and Linguistics* 10.2: 289 - 320.

Diewald, Gabriele 2006 Discourse particles and modal particles as grammatical elements. In Kerstin Fischer (ed.), *Approaches to Discourse Particles.* 403 - 425. Amsterdam: Elsevier.

Diewald, Gabriele 2011 Pragmaticalization (defined) as grammaticalization of discourse functions. *Linguistics* 49.2: 365 - 390.

Dostie, Gaetane 2004 *Pragmaticalisation et marqueurs discursifs: Analyse sémantique et traitement lexicographique.* Brussels: De Boeck & Larcier.

Evans, Nicholas and Honoré Watanabe (eds.) 2016 *Insubordination.* Amsterdam: John Benjamins.

Evans, Nicholas 2007 Insubordination and its uses. InIrina Nikolaeva (ed.), *Finiteness: Theoretical and Empirical Foundations.* 366 - 431. Oxford: Oxford University Press.

Feng, Guangwu 2008 Pragmatic markers in Chinese. *Journal of Pragmatics* 40: 1687 - 1718.

Fraser, Brice 1999 What are discourse markers? *Journal of Pragmatics* 14.3: 383 - 398.

Fujita, Yasuko 2001 Functions of discourse markers in Japanese. *Texas Papers in Foreign Language Education* 6: 147 - 162.

Heine, Bernd 2013 On discourse markers: Grammaticalization, pragmaticalization, or something else? *Linguistics* 51.6: 1205 – 1247.

Heine, Bernd Gunther Kaltenböck, Tania Kuteva,and Haiping Long 2012 An outline of Discourse Grammar. In Shannon Bischoff and Carmen Jeny (eds.), *Reflections on Functionalism in Linguistics*. 155 – 206. Berlin & Boston: De Gruyter Mouton.

Heine, Bernd Gunther Kaltenböck, Tania Kuteva,and Haiping Long forthcoming *The Rise of Discourse Markers*. Cambridge: Cambridge University Press.

Kim, Stephanie Hyeri and Sung-Ock Sohn 2015 Grammar as an emergent response to interactional needs: A study of final *kuntey* 'but' in Korean conversation. *Journal of Pragmatics* 83: 73 – 90.

Koo, Hyun Jung 2007 Force dynamics as a variational factor: A case in Korean. *LACUS Forum* 33: 201 – 210.

Koo, Hyun Jung 2012 On grammaticalization of *-kinun* construction in Korean. *Discourse and Cognition* 19.3: 1 – 28.

Koo, Hyun Jung 2018 Hankwuke tamhwaphyoci yenkwuuy tonghyangkwa cenmang [Current trends and prospects of Korean discourse marker research]. In Yong-kwon Shin et al. (eds.), *Hankwuke Yenkwuuy Saylowun Hulum* [New Trends in Research on the Korean Language]. 221 – 255 (in Korean). Seoul: Pakijong Press.

Koo, Hyun Jung and Seongha Rhee 2013 On an emerging paradigm of sentence-final particles of discontent: A grammaticalization perspective. *Language Sciences* 37: 70 – 89.

Lewis, Diana M. 2006 Discourse markers in English: A discourse-pragmatic view. In Kerstin Fischer (ed.), *Approaches to Discourse Particles*. 43 – 59. Bingley, UK: Emerald Group Publishing.

Lewis, Diana M. 2011 A discourse-constructional approach to the emergence of discourse markers in English. *Linguistics* 49.2: 415 – 443.

Liu, Binmei 2009 Chinese discourse markers in oral speech of mainland Mandarin speakers. In Yun Xiao (ed.), *Proceedings of the 21st North American Conference on Chinese Linguistics (NACCL-21)* , Bryant University, Smithfield, Rhode Island,volume 2. 358 – 374.

Long, Haiping, Bernd Heine, Gui-Jun Ruan, and Meng-Yue Wu 2017 The gram-
maticalizational relation between two Modern Chinese *wo xiang* 'I think'
constructions. *Language Sciences* 66: 226 – 233.

Makino, Seiichi and Michio Tsutsui 1995 *A Dictionary of Basic Japanese Gram-
mar.* Tokyo: Japan Times.

Marello, Carla 2013 Translating captions in comic books: A way to teach dis-
course markers. Paper presented at SLE-2013, University of Split.

Maschler, Yael and Roi Estlein 2008 Stance-taking in Hebrew casual conversation
via *be'emet* ('really, actually, indeed', lit. 'in truth'). *Discourse Studies* 10.3:
283 – 316.

Mustanoja, Tauno F. 1960 *A Middle English Syntax. Part 1, Parts of Speech.* Hel-
sinki: Societe Neophilologique.

Onodera, Noriko and Elizabeth C. Traugott 2016 Periphery: Diachronic and cross-
linguistic approaches. *Journal of Historical Pragmatics* 17.2: 163 – 177.

Puckett, Emma C. 2014 Japanese discourse particles in use. MA thesis, University
of Oregon, Eugene, OR, USA.

Rhee, Seongha 2012 Context-induced reinterpretation and (inter) subjectification:
The case of grammaticalization of sentence-final particles. *Language Sciences*
34.3: 284 – 300.

Rhee, Seongha 2014 "I know you are not, but if you were asking me": On Emer-
gence of Discourse Markers of Topic Presentation from Hypothetical Ques-
tions. *Journal of Pragmatics* 60: 1 – 16.

Rhee, Seongha 2016 On the emergence of the stance-marking function of English
adverbs: A case of intensifiers. *Linguistic Research* 33.3: 395 – 436.

Rhee, Seongha 2016a LP and RP in the development of discourse markers from
"what" in Korean. *Journal of Historical Pragmatics* 17.2: 255 – 281.

Rhee, Seongha 2016b On the emergence of the stance-marking function of English
adverbs: A case of intensifiers. *Linguistic Research* 33.3: 395 – 436.

Rhee, Seongha 2017 Periphery and prosody as determinants of discourse marker
functions: A case in Korean. An invited talk at the 2017 Meiji International
Symposium, Meiji University at Nakano, March 20, 2017.

Rhee, Seongha 2020 On the emergence of discourse markers of emphasis in Korean. In Shoichi Iwasaki, Susan Strauss, Shin Fukuda, Sun-Ah Jun, Sung-Ock Sohn and Kie Zuraw (eds.), *Japanese/Korean Linguistics* 26: 335 – 345. Stanford: CSLI Publications.

Schiffrin, Deborah 1987 *Discourse Markers*. Cambridge: Cambridge University Press.

Sohn, Sung-Ock S. 1995 On the development of sentence-final particles in Korean. *Japanese/Korean Linguistics* 5: 219 – 234.

Sohn, Sung-Ock S. 2016 Development of the discourse marker *kulentey* ('but, by the way') in Korean: A diachronic and synchronic perspective. *Journal of Historical Pragmatics* 17.2: 231 – 254.

Sohn, Sung-Ock S. and Stephanie Hyeri Kim 2014 The interplay of discourse and prosody at the left and right periphery in Korean: An analysis of *kuntey* 'but'. In Kate Beeching, and Ulrich Detges (eds.), *Discourse Functions at the Left and Right Periphery: Crosslinguistic Investigations of Language Use and Language Change*. 221 – 249. Leiden: Brill.

Song, Inseong 2013 Functions and prosodic features of discourse marker *mweo*. *Korean Linguistics* 58: 83 – 106.

Suzuki, Ryoko 1990 The role of particles in Japanese gossip. *Berkeley Linguistics Society* 16: 315 – 324.

Sweetser, Eve E. 1990 *From Etymology to Pragmatics: Metaphorical and Cultural Aspects of Semantic Structure*. Cambridge: Cambridge University Press.

Traugott, Elizabeth C. 1995 The role of the development of discourse markers in a theory of grammaticalization. Plenary lecture at the 12th International Conference on Historical Linguistics (ICHL), Manchester, UK.

Traugott, Elizabeth C. 2014a Intersubjectification and clause periphery. In Lieslotte Brems, Lobke Ghesquière and Freek Van de Velde (eds.), *Intersubjectivity and Intersubjectification in Grammar and Discourse*. 7 – 27. Amsterdam: Benjamins.

Traugott, Elizabeth C. 2014b On the function of the epistemic adverbs *surely* and *no doubt* at the left and right peripheries of the clause. In Kate Beeching & Ulrich Detges (eds.), *Discourse Functions at the Left and Right Periphery*. 72 – 91. Leiden: Brill.

Traugott, Elizabeth C. and Ekkehard König 1991 The semantics-pragmatics of grammaticalization revisited. In Elizabeth C. Traugott and Bernd Heine (eds.), *Approaches to Grammaticalization*. Volume 1: 189 – 218. Amsterdam: John Benjamins.

Vincent, Diane 2005 The journey of non-standard discourse markers in Quebec French: Networks based on exemplification. *Journal of Historical Pragmatics* 6.2: 188 – 210.

Wang, Wei 2017 Prosody and functions of discourse markers in Mandarin Chinese conversation: The cases of *ranhou, wo juede,* and *meiyou.* Ph. D. dissertation, UCLA, U. S. A.

Wichmann, Anne, Anne-Marie Simon-Vandenbergenand Karin Aijmer 2010 How prosody reflects semantic change: A synchronic case study of *of course.* In Kristin Davidse, Lieven Vandelanotte and Hubert Cuyckens (eds.), *Subjectification, Intersubjectification and Grammaticalization.*103 – 154. Berlin: Walter de Gruyter.

Wischer, Ilse 2000 Grammaticalization versus lexicalization: 'Methinks' there is some confusion. In Olga Fischer, Anette Rosenbach and Dieter Stein (eds.), *Pathways of Change. Grammaticalization in English,* 355 – 370. Amsterdam: John Benjamins.

Yuan, Mengxi and Yurie Hara 2019 Guiding assertions and questions in discourse: Mandarin *dique* and *zhende. Natural Language and Linguistic Theory* 37: 1545 –1583.

后　记

　　2019 年 10 月 26 日至 27 日，"中国社会科学论坛（2019·语言学）暨第十届汉语语法化问题国际学术讨论会、语法化问题青年论坛"在湖北宜昌三峡大学举行。会议由中国社会科学院语言研究所和三峡大学联合主办、三峡大学文学与传媒学院承办、商务印书馆协办。来自美国、德国、法国、韩国、新加坡、中国内地及中国香港的 80 余位学者出席了会议，会议收到论文 80 余篇。

　　现将部分会议论文辑成《语法化与语法研究》（十）。收入本集的论文大都在这次会议上宣读过，会后又经过作者认真修改。由于各种原因，还有一些会议论文未能收入本集，这是我们引以为憾的。

　　本论文集的编辑和出版得到商务印书馆的大力支持，谨致谢忱。

《语法化与语法研究》（十）编委会

2020 年 12 月